A SURVEY OF

French Literature

VOLUME TWO:
THE SEVENTEENTH CENTURY

A SURVEY OF

French Literature

VOLUME TWO:
THE SEVENTEENTH CENTURY

MORRIS BISHOP

NEW REVISED THIRD EDITION

KENNETH T. RIVERS

Focus Publishing
R. Pullins Co.

For Dianna Lipp Rivers

with added appreciation to
Beatrice Rivers and Alison Jolly

A Survey of French Literature
Volume 1: The Middle Ages and The Sixteenth Century
Volume 2: The Seventeenth Century
Volume 3: The Eighteenth Century
Volume 4: The Nineteenth Century
Volume 5: The Twentieth Century

NOTE ABOUT ILLUSTRATIONS

One of the most easily noticed differences between this edition and its predecessors is the addition of extensive visual material. Many of the new illustrations included have come from the Bibliothèque nationale de France (the French National Library), which was of considerable help to the editor. The remaining illustrations are, except for the few noted otherwise, in the public domain and derived primarily from rare books in private collections. The line drawings illustrating each century are by Alison Mason Kingsbury; they constitute the only pictures carried over from the previous editions.

Table of Contents

(All works are complete unless otherwise indicated.)

Preface

The editors of this compilation have been guided by certain principles: to introduce the student to the greatest masters of French literature; to make a Survey of Literature rather than a course in literary history; to choose famous examples rather than obscure ones; to choose examples more for their merit, interest, and present vitality than for their "significance" or importance for other than literary reasons; to present one long selection in preference to a collection of tiny *morceaux*; and to make the entire text as user-friendly as possible for instructor and student alike.

Each of the five volumes represents a complete era or century. This division is designed to give the instructor maximum latitude in course utilization of the texts. Whether instruction is intended for a course spanning a year, a semester, a trimester or a quarter, the instructor can plan a syllabus using the number of volumes appropriate to the time allotted.

The editors have leaned toward inclusion rather than exclusion in deciding which literary texts to present. Even so, in the choice of selections, the editors have been compelled to make certain compromises, recognizing the impossibility of including everyone's favorites. And not every work that we admire has all the desirable qualities appropriate for an anthology, such as being famous, interesting, self-contained, and of convenient length. The editors will embark on no long defense of their own judgment, which others have every right to dispute. We have preferred Boileau to Malherbe, and La Bruyère to Saint-Simon, for reasons which seemed to us good. With so many great writers demanding to be heard, we have inevitably excluded some of considerable merit. But over the course of our five volumes we have more than enough authors' works for anyone's needs.

Literary periods, usually centuries or half-centuries, and all the major individual authors have introductory material included. Biographical information about the writers has been presented in a concise, informative and hopefully entertaining fashion designed to help make the authors come alive for the reader. In addition to the essentials about these lives, we have also focused on how certain biographical facts may be relevant to the specific texts. The introductions provide such facts and generalizations as a student will need for reference, in view of examinations as well as overall comprehension. It is evident that today's student is often in need of background information about the historical, artistic, social, and geographical context of the literature. This we have tried to provide. For example, our presentation of French classical literature begins with a clear eleven-point summary of what literary Classicism was. The generalizations that we present are not meant to be taken by the student as absolute truth, but rather are intended to give the student a compact body of common knowledge and prevalent opinion; the student will then have something solid to agree or disagree with upon encountering the literature. And our contribution is designed to leave plenty of scope for the instructor's own commentary.

Introductions and footnotes are in English. Whereas classroom discussion is best held in French, a textbook all in French would not necessarily be ideal. It is necessary to consider the serious time restraints that life today has imposed on most students. When doing their reading, they desire to get through the introductory material as quickly as possible without the intrusion of language difficulties. They need not labor with an editor's French; they might better get on as fast as possible to the memorable words of the great authors. And all the texts of the authors are presented with modernized spelling and punctuation, except where poetic concerns dictate otherwise.

In the footnotes, words and phrases which would not be in the vocabulary of a typical student are translated, and other aids to fluent reading and ready comprehension are given. Since footnotes should aid and not distract, the editors have struggled against the temptation to give superfluous information.

In the preparation of this Third Edition, the advice of many instructors and scholars has been heeded. By popular demand, there is now greater representation of women authors; for example, the first volume sees the addition of Christine de Pisan and Louise Labé. We have found it possible also to add another requested author, such as Charles Perrault in this volume. (Later volumes add to their tables of contents several notable writers previously absent, such as Choderlos de Laclos, Bernardin de Saint-Pierre, Lesage, Vauvenargues, Sade, de Maistre, Chénier, Bonaparte, Sand, Maeterlinck, and a variety of modern French and Francophone luminaries.) The selections from a few authors throughout the edition have been further abridged to make them more manageable for class assignments, and a handful of authors whose reputations have fallen have been excised. Footnotes have been amplified throughout, in order to assist students who may not have the strongest of vocabularies or much knowledge of French culture. The Time Lines have been augmented with additional information. The introductions have been expanded, updated, and reorganized. Bibliographical information is now included at the end of the volume. And numerous visual materials have been added, including, where possible, portraits of authors and pictures of their homes or home-town areas in order to give a sense of social context and make their work seem all the more real to the reader. Moreover, both the organization and appearance of our text have been modernized to enhance clarity and ease of use.

The kindness of French publishers who have permitted the use of copyrighted translations into modern French is acknowledged in footnotes at the beginning of each such selection.

Introduction

Literature is the best that man has ever thought and dreamed. As such, it has always been the substance of liberal education in the Western world, in ancient Greece and Rome, in Moslem lands, in China. It has served to form young minds according to the tradition of their culture and of the world. It has been welcome to the young, for it has given them access to understanding, strength, solace, and joy.

Among the literatures of the world, each nationality naturally chooses its own as the most helpful and harmonious to its spirit. For most of us, English literature, including American, is the richest and the most directly appealing. There may be some dispute as to which literature is second in importance. Some would elect Greek literature, some German; and other claims may be made. But for the great majority of educated Americans, French literature comes second to English for its past and present meaning.

Each national literature has its general characteristics, as well as its list of masterpieces.

In the first place, French literature, by comparison with others, is a *serious* literature. French writers have always been deeply concerned with the essential problems of man in his world, with the definition of his relation to Nature and to God, with the analysis of his behavior in society, with the understanding of his obscure emotions. French authors often cast their observations in a light and graceful form, but on the whole they are more interested in presenting a general contention about life than are their English or American counterparts.

The seriousness of the writer is matched by the seriousness of the French reader. The intellectual content of the average French book is greater than that of a corresponding American book. The French read books instead of magazines; the sale of serious books in proportion to the population is larger in France than in the United States. Every French newspaper reserves a section for literary articles and discussions, and even when, during the Second World War, the newspapers were reduced to two or four pages, the literary columns were preserved. The universal French respect for literature has given its authors a popular prestige which both rewards and stimulates them.

Secondly, French literature is a *rational* literature. It derives more from cold and sober reason than from the mysterious impulses of inspiration. It is a literature of the idea, of thought, rather than of the lyric outburst. Unlike Italian and English literature, it is supreme in prose rather than in poetry. The French seek in their reading more an intellectual pleasure than an emotional experience. (There are many exceptions to these statements, of course; that is the fault of all generalizations.)

French literature is, thirdly, a *psychological* literature. The center of its concern is man's nature as revealed by his actions. The first great monument of French literature, the *Chanson de Roland,* is a fine, stirring epic of battle and adventure; but even in this primitive tale the events are provoked by the character of the actors. This preoccupation with human psychology has continued to our own time. To the French, man is more interesting than external Nature, than machinery, commerce, the technics of civilization.

Fourthly, French literature is, relative to many others, *free.* Despite external restrictions imposed in certain periods, French writers have always been impelled to push their thought and observation to their logical ends. If their speculation brings them to perilous and unwelcome conclusions, if they discover evil and ugliness in the human spirit, they will not be deterred by convention from stating their conclusions. For this reason, more squeamish peoples than the French have invested French literature with an aura of wickedness, with regard to both the radicalism of its thought and its frankness in reporting the relations of the sexes.

Fifthly and finally, French literature is *artistic*. The French are deeply conscious of form in all the arts. They admire good technique. They are trained in their schools to an exact appreciation of literary form by the remorseless word-by-word analysis of paragraphs and stanzas. Practically everyone who can read a newspaper has strong opinions about literary style. When Victor Hugo's *Hernani* was staged, a run-on line (in which the thought is carried from one line to the next without a break, contrary to classic rule) caused a riot in the audience.

As the public has a strong sense of literary form, the author typically is intensely concerned with questions of technique. He weighs his words, plays endlessly with *la coupe de la phrase*; he insists upon the *ordonnance,* or harmonious structure, of the whole. The result is that most literary judges regard French literature as the most notably artistic in the world. (In Camus' *La Peste* a would-be author spends his entire life working on the first sentence of his novel. The American reader finds this development absurd; to the French it is grotesque, but not absurd.)

Such are the most striking qualities of French literature, as they seem to your editor, after a lifetime of reading. His judgments are by no means final; they are to be taken as casts at truth, not Truth, not dogmas to be memorized for examination purposes.

The student should read with a free mind, accepting or rejecting the critical judgments provided, developing one's own critical judgment. Reading is itself a creative act. There is no reward in the dull repetition of secondhand opinions. Students should not let someone else do their reading for them.

The reward of reading is the literary experience by which one lends oneself to great writers, accepts as much as possible of their wisdom, shares in the story they tell, feels the delayed charge of their poetic emotion. What one should gain from the reading of this book is a greater understanding, if not wisdom. And what one should chiefly gain is pleasure. For intellectual pleasure, of a high, rare, and noble quality, is the chief end of literary study.

The editor congratulates you, the student, on the opportunity you will have, in reading this book, to gain understanding and delight. The editor envies you.

M. B.

The beliefs that Morris Bishop expressed above were highly popular in the mid-twentieth century when he expressed them. Like others of his generation, he clearly believed that literature, even when secular, was something sacred and ennobling. In ensuing years, this belief became somewhat degraded in our society. Even some academics went so far as to see literature as corruptive of morals and wasteful of the precious resources of higher education. Similarly, the biographical approach that was synonymous with Morris Bishop fell into disfavor as formalists and post-structuralists often deleted "the author" from their studies and concentrated solely on the literary text in isolation. Now, the twenty-first century is seeing a strong revival of interest in biography and other historical studies designed to give the text an understandable context in which to be analyzed. And American universities are increasingly recognizing the need for students to have the literature of the world in their curriculum to help them become truly cultivated and aware citizens of the planet. The Bishop approach is back, and to good purpose. International understanding is the noblest of goals, and the study of French literature, central to Western culture and thought for over a thousand years, is definitely one of the finest places to start—and one of the most pleasurable as well. Congratulations to all of you who are about to experience this profound and stimulating literature for the first time, and also those of you who are back to experience it once again. Like my predecessor, this editor envies you.

K.R, 2005

The Seventeenth Century

The Seventeenth Century

1600	1625	1650	1675	1700

HISTORY

1608. Founding of Québec
1610—Louis XIII—1643
1615+. Hôtel de Rambouillet
1618—The 30 Years' War—1648
1624-42. Dominance of Richelieu
1628. Harvey: *Circulation of Blood*
1635. Académie française
1643-1715. Louis XIV
1643-61. Dominance of Prime Minister Mazarin
1648-52. The Fronde (civil war)
1649-60. English Commonwealth
1661+. Building of Versailles
1672-8. War with Holland
1679. Dissolution of Port-Royal
1685. Revocation of Edict of Nantes (Louis XIV
abolishes religious tolerance)

FRENCH LITERATURE

1628. Death of Malherbe
1636. Corneille: *Le Cid*
1637. Descartes: *Discours de la méthode*
1640. Corneille: *Horace, Cinna*
1643. Corneille: *Polyeucte*
1649. Descartes: *Traité des passions*
1656-7. Pascal: *Provinciales*
1659. Molière: *Précieuses ridicules*
1664. Molière: *Tartuffe*
1665. La Rochefoucauld: *Maximes*
1666. Molière: *Misanthrope*
1667. Racine: *Andromaque*
1668. La Fontaine: *Fables* (1)
1669. Racine: *Britannicus*
1669 +. Sévigné: *Lettres à sa fille*
1670. Pascal: *Pensées*
1673. Molière: *Malade imaginaire*
1674. Boileau: *Art poétique*
1677. Racine: *Phèdre*
1678. La Fayette: *Princesse de Clèves*
1681. Bossuet: *Discours sur l'histoire universelle*
1686. Fontenelle: *Pluralité des mondes*
1687. Bossuet: *Oraison funèbre sur le Prince
de Condé*
1687+. Querelle des anciens et des modernes
1688. La Bruyère: *Caractères*
1689. Racine: *Esther*
1697. Bayle: *Dictionnaire*

OTHER LITERATURES

1602. Shakespeare: *Hamlet*
1605. Cervantes: *Don Quijote*
1606. Jonson: *Volpone*
1611. *King James Bible*
1625. Bacon's *Essays*
1633. Donne: *Songs and Sonnets*
1667. Milton: *Paradise Lost*
1673. Calderón: *La Vida es sueño*
1675. Bunyan: *Pilgrim's Progress*
1686. Newton: *Principia*
1690. Locke: *Human Understanding*

The Classical and the Baroque

The seventeenth century is for the French *le Grand Siècle.* During the brilliant reign of Louis XIV, France gained a dominance in European affairs that has since been matched only briefly and insecurely in the time of Napoleon. Paris became the intellectual capital of Europe. French taste, in literature, art, architecture, decoration, music and the dance, imposed itself on the Western world. The literature of the period, and more specifically of the years between 1660 and 1685, is known briefly as the *classical* literature of France.

The sixteenth century had pointed the way, by forcing a break with the medieval tradition and by proposing the Greeks and Romans as models. It had thus demanded both a new *freedom* and a new *obedience.* The conflict of these two tendencies could be made the theme for a whole history of literature.

The early part of the seventeenth century—though here one must simplify intolerably— was dominated by the tendencies toward freedom. This period is commonly called the *preclassical* period. A better term, now frequently used, is the *baroque* period. Baroque literature, like baroque art and architecture, is a proliferation of free fancy on a basis of classical form. It encourages originality, the fantastic, the grotesque. It thrives in a period when society is disorderly and people are rebellious, eager for strong sensations. Such was the state of France from the assassination of Henri IV (1610) to the beginning of Louis XIV's personal rule (1661). This was the period of Descartes, Corneille, and Pascal.

We cannot here trace the history of this literature in any detail. But we must notice the phenomenon of François de Malherbe (1555-1628). He was a partisan of *obedience.* He opposed the profuse freedoms of the Renaissance tradition in poetry. He demanded that the language should be no longer *enriched,* but should be *purified.* Poetry should be restricted by rules; it should above all things be *correct.* The poet should curb his wild imaginations and seek clarity and sobriety of expression. Malherbe's reforms were not immediately effective, as they ran counter to the prevailing spirit of his times. But they gained more and more adherence, and became the basis of the aesthetic principles of the high classical period.

La Préciosité

We must also notice the phenomenon of *preciosity.* Preciosity was a reaction against the prevalent coarseness and brutality of manners, which resulted in part from the disorders of the civil wars. In essence preciosity was an effort toward distinction, in thought, speech, literature, behavior. A kind of early, reasonable preciosity had its home in the salon of Mme de Rambouillet, which had its great days from about 1625-1648. (But the term *précieux* was not used till about 1655.) In this salon the eminent writers met the cultured nobles, to play intellectual parlor games in an atmosphere of decorous gaiety.

But the effort for distinction readily became an effort for novelty at all costs, and the *précieux* tumbled into absurdity. Coarse reality was regarded as revolting; a *précieuse* fainted on seeing a dog naked. A grammatical error provoked the vapors, demanded a quick recourse to smelling salts. Speech was unbearably refined. The feet were denominated "the dear sufferers," the cheeks "the thrones of modesty"; sedan-chair bearers were called "baptized mules," while such a locution as "j'aime le melon" was proscribed, as debasing the holy word "aimer."

Such ridiculous verbal extravagances can easily obscure the fact that preciosity began as a serious movement on the part of women with the feminist goal of demonstrating that they were as worthy as any man (and thus were literally "precious," i.e., having value.)

Preciosity had its heyday in the 1650s, in the salon of Mlle de Scudéry. Its linguistic pretensions were attacked by the properly *classic* writers, especially Molière and Boileau. (Molière's comedy *Les Précieuses ridicules* was the prime example.) But they did not kill it, for preciosity, the effort to attain highly novel forms of expression, is a permanent thing. One can find plenty of *précieux* today, quite a few writing sports commentary.

The French Academy

A third phenomenon to be noted is the formation of the *Académie française*. This began as an informal literary club. In the time of Louis XIII, Cardinal Richelieu perceived that it could serve his purpose of formalizing French thought as well as politics on a hierarchical basis, and in 1635 he established it as an official body, representing the state's authority over language and literature. The Académie's influence was naturally exerted in favor of *obedience* as against *freedom*. That made the Académie a great favorite of Louis XIV, who, in his turn, utilized it to centralize power into his own hands by suppressing the native languages and customs (and therefore the cultural independence) of the traditional regions of France. The twenty-first century resurgence of the old Breton tongue in Brittany shows that the suppression has never completely succeeded.

The importance of the Académie française in national culture has been very great, even to our own day. It upholds the national tradition, as against contemporary excess; at the same time it has given the writer of literature a degree of prestige enjoyed in no other country. Although modern authors publicly scoff at the Académie, they tend secretly to dream of membership. No one can be elected to the Académie until a member dies, creating a vacancy. Consequently, admission is a rare and treasured honor. The primary function of the Académie today is the continuous revision of the official French Dictionary. As part of that duty, the body rules on the acceptability of new linguistic terms and spellings. Much controversy surrounds its efforts to keep French pure of American English vocabulary, which pours into French life like a flood. Especially as new technologies in the U.S. spin off new English vocabulary for French youth to pick up, the French government tries to stem the tide. It is mostly a losing battle; the Académie can invent terms such as *le disque audionumérique,* but French teenagers keep right on saying *le compact disque* anyway. The fact that the Académie is still expected to fight linguistic diversity proves that the seventeenth century way of thinking has never truly died out.

Classicism as Mentality and Doctrine

The dominating phenomenon of the seventeenth century is *classicism.*

There is a larger classicism and a smaller classicism. In the larger sense, it is a state of mind as old and as new as literature. Its *purpose* is to discover and state permanent truth; its *method* is the attainment of clarity by means of reason; its aesthetic is the search for pure, essential form. It seeks the universal under the transitory. Said the philosopher Santayana: "The truly classical is not foreign to anybody. It is precisely that part of tradition and art which does not alienate us from our own life or from nature, but reveals them in all their depth and nakedness, freed from the fashions and hypocrisies of time and place."

In the smaller sense, classicism is the doctrine of a small group of French writers of the second half of the seventeenth century. Its *favoring circumstances* were the repose and prosperity under Louis XIV, the favor of the great king, and the existence of a cultivated, appreciative public that he provided. The king's goal, apart from the enjoyment of the art, was propagandistic. He wanted a new kind of literature and theater that would reinforce social order and obedience to himself.

Classicism defies absolute definition, but it is easily recognizable. Briefly, its *tenets* were these:

1. "There is in art a *point of perfection,* as there is of goodness or ripeness in nature," declared La Bruyère. "The man who feels and loves it has perfect taste; the man who does not feel it, and whose love falls short of it or goes beyond, has faulty taste. There is then a good taste and a bad taste, and we dispute about tastes with justice." This point of perfection was supposedly attained by certain ancient Greek and Roman writers; it is possible for the modern writer to attain it by the judicious study of ancient art.

2. Art depends upon *reason.* Beware of the poet's eye in a fine frenzy rolling. What he takes to be inspiration is likely to be self-delusion. Good art is the product of the *intellect,* not of some mysterious oversoul. Passion is to be considered dangerous.

3. Art is *social,* which is to say that it is *impersonal.* The peculiarities and excesses of the individual are not valid, unless they touch universal experience. "Le moi est haïssable," said Pascal (in reaction to the tradition of Montaigne.) Others would have said that *le moi* is not so much hateful as meaningless. The end of art is to communicate, and the overly individualistic is not worth communicating. Originality in itself is of no great value. Anyone can be original by being idiotic. Said Boileau: "A new thought is not one that no one has ever thought. It is a thought which must have come to everyone, but which someone first thinks of expressing."

4. Art must be *clear, moderate,* and *sober.* The writer must respect the reader, who is an intelligent person. If the writer has anything to say, he will strive to convey it whole, with the utmost clarity, with no nonsense or unneeded flourish. It is evident that classicism is directly opposed to preciosity.

5. Art is *moral* and *useful.* Since art has an effective power, the artist has an obligation to society. The idea of "art for art's sake" is an absurdity. The artist must respect what was called *la bienséance publique*, or "public well-being" (actually moral values approved by the powers that be.)

6. Art is *in harmony with nature.* But by "nature"» classicism understood not so much external nature as human nature. And in human nature it sought what is common to all men. Thus order is the ideal in the human psyche.

7. Art depends for its expression on *form and style.* Organization and structure are of supreme importance. A poem, a sermon, has its architecture. The ancients have already given us a satisfactory distinction of the various possible literary types, or *genres.* Each of these genres has its own aims and its own *rules* for the attainment of its aims. Theater, especially tragedy, has to be thoroughly regulated. The essential rules for tragedy are the *trois unités* of time, place, and action. (According to the unities, the time of the tragedy's plot should be limited to twenty-four hours; the place to an area to which the characters can transport themselves within the time set; and the action should deal with a single problem, which is resolved in the course of the play.)

8. Since literature, to begin with, is constructed of words, art must be deeply concerned with *language.* Classicism picked up and carried on the theories of Malherbe. Words are in themselves either *nobles* or *bas.* The nobler

genres, tragedy and the epic, must use the *style noble,* which is composed of noble words. These are relatively few in number, and are likely to be unspecific, untainted by vulgar connotations. Thus French came to have two vocabularies, one for poetry, one for everyday life. (Something of the same conception prevailed in English in the eighteenth century, and lingered on right up to our own time.)

9. Theatrical performances are to be almost entirely verbal, with little or none of the physicality common in Shakespearian drama. Action is improper on stage, and violence obscene. Any violence in the story must only be mentioned, or described, as something that occurred offstage. (The word "obscene" literally means "off the scene," the only place where indecencies such as violence may occur.)

10. Noble works of art have noble subjects and noble locales. Stories often take place in Ancient Greece or Rome, or in a Biblical setting. The characters are most often kings and their courts, sometimes even gods, and the plots involve matters of the highest import and grandeur.

11. Intellectual orthodoxy is mandatory. Classicism assumes that there is just one correct way of doing anything. And this one way can be ascertained by recourse to authority in most cases, and to reason if necessary. Writers should respect their artistic fathers and grandfathers. A work of literature must be great if all cultured men, who naturally think alike, say it is.

Such were the tenets of French classicism, in its restricted meaning. They produced a great literature, which many regard as the greatest literature of France. Some share of its theories remains popular. There are classicists in the larger sense still writing, and there probably always will be.

1. René Descartes

[1596-1650]

A Methodical Genius

One of the most ardently independent thinkers of all time, René Descartes devised a method of rational inquiry so practical that it enabled him to make landbreaking contributions to numerous fields of inquiry. A giant of mathematics, optical science, philosophy, and theology, Descartes stands out above all his French contemporaries as the thinker who most strongly shaped the quest for knowledge in his century.

Searching for Truth

René Descartes was born near Tours. His father belonged to the class of hereditary magistrates, the *noblesse de robe,* which gave France a great number of its intellectuals and artists. He had an excellent education at the famous Jesuit school of La Flèche. As he suggests in the *Discours de la méthode*, he was one of those alarming students who outgrow their masters. He tried the law and the army, and found in garrison duty a happy opportunity for uninterrupted thought. He traveled for years, observing men and the world. Though he was always a devout Catholic, he was irked by the Church's supervision of thought in France, and settled in Holland, where he led an admirable life of scholarly ease, thinking, experimenting, writing. In 1649, Queen Christina of Sweden tempted him to Stockholm to give her lessons in philosophy. But she set her lesson hour at five in the morning; and Descartes (who insisted that a true philosopher lies in bed till noon) caught pneumonia by hurrying to class, and died in February, 1650. The life of Descartes is a fine example of the life of thought, determined by the quest for certainty.

Descartes gives us his early intellectual biography in the first part of the *Discours.* One may compare his search with that described in the twentieth-century American classic, *The Education of Henry Adams.*

René Descartes. Courtesy of Bibliothèque nationale de France

His purely scientific work is of great importance. We need note only his formulation of coordinate geometry, which permits the graphic statement of algebraic problems. (He got the idea by lying in bed and watching a fly journeying about the upper corner of his room. "That fly," he said, "is doing algebra....") Today, it is almost impossible for any struggling math student to imagine trying to do geometry or certain types of algebra problems without the aid of Cartesian Coordinates.

Ways of Knowing

His *Discours de la méthode pour bien conduire sa raison et chercher la vérité dans les sciences* was published in 1637. It is an epoch-making little book, in philosophy as in literature, for it deals with the essential problems of the searcher: Can we know? What is proof? By what *method,* if any, can thought lead to certainty?

He begins with universal doubt, *le doute méthodique.* Descartes asserts that all accepted knowledge must be questioned (a position that put him on thin ice with the clergy.) He then accepts one incontrovertible fact: *je pense, donc je suis,* the famous dictum which he later translated into Latin as *cogito, ergo sum.* (The idea is that even though anything that I think may be wrong, at least I know that I am thinking this potentially wrong thought; thus, thinking itself is the one certainty. And that one certain act of thinking proves my existence and gives me a basis from which to form all subsequent ideas.) From this postulate he draws his conclusions, especially the existence of God. (He reasons that if we can easily conceive of a god, then it follows that a god who exists must have fashioned our minds to think so.) Thus he makes no use of the Church's revelation and authority. He bases all his demonstration on *le bon sens,* common sense reason, not on scholastic logic. His conclusions turn out to be in harmony with the Church's essential dogmas, luckily for him. The faithful were pleased at this corroboration of revelation. "Descartes defeated the skeptics by accepting skepticism to the full." (Richard Robinson.) But, at the same time, by exalting average people's powers of reason, Descartes put into their hands a razor-edged weapon to be wielded as dangerously as they pleased.

Descartes was both *baroque* and *classical*. He was baroque in the *freedom* of his thought, in his rejection of the traditional scholastic logic, inherited from medieval times. He was classical in his search for truth in human nature, in the sobriety of his style, and in his insistence on clear, orderly reasoning.

His influence has been enormous. He put philosophy within the reach of the average man (and also the average woman, at a time when women were denied access to higher education.) It was for the purpose of reaching out to a broad public, he says, that he wrote in French and not in Latin. The reader will undoubtedly be relieved to hear that no prior knowledge of theology or ancient philosophers' systems is necessary to understand Descartes. Instead of citing authorities that the average reader today would scarcely recognize, Descartes builds his arguments purely on what he considered to be ordinary common sense reasoning.

"Nearly all Frenchmen are more or less Cartesian," says Gilbert Chinard.[1] They like tidy, orderly arguments, especially in politics. They like to foresee everything; witness the texts of their laws. Of course, such attitudes can be considered to have a downside as well. The French like to resolve in advance imaginary difficulties which are hardly likely to occur. They are inclined to give more weight to exact reasoning than to the lessons of experience. Whereas Americans complain about things that work in theory but not in reality, the French have been known to complain about things that work in reality but not in theory. They often make the facts yield to logically constructed systems, and even, confronted by the reality of facts, declare that the facts are absurd if they do not match the pre-selected theory. To understand them one must understand Descartes. And keep in mind that there are far worse things imaginable than a belief in the sovereignty of reason. This conviction that, as Descartes said, "le bon sens est la chose du monde la mieux partagée," will be very manifest in the political philosophy of France all the way up to the French Revolution of 1789.

DISCOURS DE LA MÉTHODE

Pour bien conduire sa raison et chercher la vérité dans les sciences
[*Abridged*]

PREMIÈRE PARTIE

Considérations touchant les sciences

Le bon sens est la chose du monde la mieux partagée:[2] car chacun pense en être si bien pourvu, que ceux même qui sont les plus difficiles à contenter en toute autre chose n'ont point coutume d'en désirer plus qu'ils en ont. En quoi il n'est pas vraisemblable que tous se trompent; mais plutôt cela témoigne que la puissance de bien juger et distinguer le vrai d'avec le faux, qui est proprement ce qu'on nomme le bon sens ou la raison, est naturellement égale en tous les hommes; et ainsi que la diversité de nos opinions ne vient pas de ce que les uns sont plus raisonnables que les autres, mais seulement de ce que nous conduisons nos pensées par diverses voies, et ne considérons pas les mêmes choses.

---

1.   Gilbert Chinard: *Petite histoire des lettres françaises*. Boston, Ginn, 1934, p. 100.

2.   *la mieux partagée:* i.e., universally and equally distributed.

Car ce n'est pas assez d'avoir l'esprit bon, mais le principal est de l'appliquer bien. Les plus grandes âmes sont capables des plus grands vices aussi bien que des plus grandes vertus, et ceux qui ne marchent que fort lentement peuvent avancer beaucoup davantage, s'ils suivent toujours le droit chemin, que ne font ceux qui courent et qui s'en éloignent.

Pour moi, je n'ai jamais présumé que mon esprit fût en rien plus parfait que ceux du commun;[3] même j'ai souvent souhaité d'avoir la pensée aussi prompte, ou l'imagination aussi nette et distincte, ou la mémoire aussi ample ou aussi présente que quelques autres. Et je ne sache point de qualités que celles-ci qui servent à la perfection de l'esprit,[4] car pour la raison, ou le sens, d'autant qu'elle est la seule chose qui nous rend hommes et nous distingue des bêtes, je veux croire qu'elle est tout entière en un chacun,[5] et suivre en ceci l'opinion commune des philosophes qui disent qu'il n'y a du plus ou du moins qu'entre les *accidents,* et non point entre les *formes* ou natures des *individus* d'une même *espèce.*[6]

Mais je ne craindrai pas de dire que je pense avoir eu beaucoup d'heur,[7] de m'être rencontré dès ma jeunesse en certains chemins qui m'ont conduit à des considérations et des maximes dont j'ai formé une méthode par laquelle il me semble que j'ai moyen d'augmenter par degrés ma connaissance, et de l'élever peu à peu au plus haut point auquel la médiocrité de mon esprit et la courte durée de ma vie lui pourront permettre d'atteindre....

Mon dessein n'est pas d'enseigner ici la méthode que chacun doit suivre pour bien conduire sa raison, mais seulement de faire voir en quelle sorte j'ai tâché de conduire la mienne. Ceux qui se mêlent de donner des préceptes se doivent estimer plus habiles que ceux auxquels ils les donnent; et s'ils manquent en la moindre chose, ils en sont blâmables. Mais ne proposant cet écrit que comme une histoire, ou, si vous l'aimez mieux, que comme une fable, en laquelle, parmi quelques exemples qu'on peut imiter, on en trouvera peut-être aussi plusieurs[8] autres qu'on aura raison de ne pas suivre, j'espère qu'il sera utile à quelques-uns, sans être nuisible à personne, et que tous me sauront gré de ma franchise.[9]

J'ai été nourri aux lettres[10] dès mon enfance; et, pour ce qu'on[11] me persuadait que par leur moyen on pouvait acquérir une connaissance claire et assurée de tout ce qui est utile à la vie, j'avais un extrême désir de les apprendre. Mais sitôt que j'eus achevé tout ce cours d'études au bout duquel on a coutume d'être reçu au rang des doctes,[12] je changeai entièrement d'opinion. Car je me trouvais embarrassé de tant de doutes et d'erreurs qu'il me semblait n'avoir fait autre profit, en tâchant de m'instruire, sinon que j'avais découvert de plus en plus mon ignorance. Et néanmoins j'étais en l'une des plus célèbres écoles de l'Europe,[13] où je pensais qu'il devait y avoir de savants hommes, s'il y en avait en aucun endroit de la terre. J'y avais appris tout ce que les autres y apprenaient; et même, ne m'étant pas contenté des sciences qu'on nous enseignait, j'avais parcouru tous les livres traitant de celles qu'on estime les plus curieuses et les plus rares qui avaient pu tomber entre mes mains. Avec cela je savais les jugements que les autres faisaient de moi; et je ne voyais point qu'on m'estimât inférieur à mes condisciples, bien qu'il y en eût entre eux déjà quelques-uns qu'on

---

3. *commun:* the average man.
4. *Et je...l'esprit:* And I am hardly aware of any qualities except these (thinking, imagination, and memory) which help the formation of the mind.
5. *un chacun:* any person.
6. *accidents...espèce:* terms of scholastic logic, as taught by philosophers and theologians from the Middle Ages on.
7. *heur = bonheur.*
8. *plusieurs:* many. (So throughout the *Discours.*)
9. *me sauront...franchise:* will thank me for my frankness.
10. *lettres:* "booklearning," as opposed to practical studies.
11. *pour ce qu'on = parce qu'on.*
12. *doctes:* learned.
13. The Jesuit college of La Flèche, near Le Mans, in west-central France.

destinait à remplir les places de nos maîtres.
Et enfin notre siècle me semblait aussi
fleurissant et aussi fertile en bons esprits
qu'ait été aucun des précédents. Ce qui me
faisait prendre la liberté de juger par moi de
tous les autres, et de penser qu'il n'y avait
aucune doctrine dans le monde qui fût telle
qu'on m'avait auparavant fait espérer.

Je ne laissais pas toutefois d'estimer
les exercices auxquels on s'occupe dans
les écoles. Je savais que les langues
qu'on y apprend sont nécessaires pour
l'intelligence[14] des livres anciens; que la
gentillesse des fables réveille l'esprit; que
les actions mémorables des histoires le
relèvent; et qu'étant lues avec discrétion[15]
elles aident à former le jugement; que la
lecture de tous les bons livres est comme une
conversation avec les plus honnêtes gens des
siècles passés, qui en ont été les auteurs, et
même une conversation étudiée[16] en laquelle
ils ne nous découvrent que les meilleures
de leurs pensées; que l'éloquence a des
forces et des beautés incomparables; que
la poésie a des délicatesses et des douceurs
très ravissantes; que les mathématiques
ont des inventions très subtiles, et qui
peuvent beaucoup servir, tant à contenter
les curieux, qu'à faciliter tous les arts et
diminuer le travail des hommes; que les
écrits qui traitent des mœurs contiennent
plusieurs enseignements et plusieurs
exhortations à la vertu qui sont fort utiles;
que la théologie enseigne à gagner le ciel;
que la philosophie donne moyen de parler
vraisemblablement de toutes choses et se
faire admirer des moins savants; que la
jurisprudence, la médecine et les autres
sciences apportent des honneurs et des
richesses à ceux qui les cultivent; et enfin
qu'il est bon de les avoir toutes examinées,
même les plus superstitieuses et les plus
fausses, afin de connaître leur juste valeur
et se garder d'en être trompé.

Mais je croyais avoir déjà donné assez
de temps aux langues, et même aussi à
la lecture des livres anciens, et à leurs
histoires et à leurs fables. Car c'est quasi le
même[17] se converser avec ceux des autres
siècles que de voyager. Il est bon de savoir
quelque chose des mœurs de divers peuples,
afin de juger des nôtres plus sainement, et
que[18] nous ne pensions pas que tout ce qui
est contre nos modes soit ridicule et contre
raison, ainsi qu'ont coutume de faire ceux
qui n'ont rien vu. Mais lorsqu'on emploie
trop de temps à voyager, on devient enfin
étranger en son pays; et lorsqu'on est trop
curieux des choses qui se pratiquaient aux
siècles passés, on demeure ordinairement
fort ignorant de celles qui se pratiquent en
celui-ci. Outre que les fables font imaginer
plusieurs événements comme possibles qui
ne le sont point, et que même les histoires
les plus fidèles, si elles ne changent ni
n'augmentent la valeur des choses pour les
rendre plus dignes d'être lues, au moins en
omettent-elles presque toujours les plus
basses et moins illustres circonstances,
d'où vient que le reste ne paraît pas tel qu'il
est, et que ceux qui règlent leurs mœurs
par les exemples qu'ils en tirent sont
sujets à tomber dans les extravagances des
paladins[19] de nos romans et à concevoir des
desseins qui passent leurs forces.

J'estimais fort l'éloquence et j'étais
amoureux de la poésie, mais je pensais que
l'une et l'autre étaient des dons de l'esprit
plutôt que des fruits de l'étude. Ceux qui
ont le raisonnement le plus fort, et qui
digèrent le mieux leurs pensées afin de
les rendre claires et intelligibles, peuvent
toujours le mieux persuader ce qu'ils
proposent, encore qu'ils ne parlassent que
bas breton[20] et qu'ils n'eussent jamais appris
de rhétorique; et ceux qui ont les inventions
les plus agréables et qui les savent exprimer
avec le plus d'ornement et de douceur, ne

14. *intelligence:* understanding.
15. *discrétion:* discernment.
16. *étudiée:* well pondered.
17. *le même = la même chose.*
18. *que = afin que.*

19. *paladins:* the twelve peers of Charlemagne (reference to fantastic adventure novels based on old legends).
20. *bas breton:* Celtic language of Brittany.

laisseraient pas d'être les meilleurs poètes, encore que l'art poétique leur fût inconnu.

Je me plaisais surtout aux mathématiques, à cause de la certitude et de l'évidence de leurs raisons; mais je ne remarquais point encore leur vrai usage, et, pensant qu'elles ne servaient qu'aux arts mécaniques, je m'étonnais de ce que leurs fondements étant si fermes et si solides, on n'avait rien bâti dessus de plus relevé. Comme au contraire je comparais les écrits des anciens païens, qui traitent des mœurs, à des palais fort superbes et fort magnifiques qui n'étaient bâtis que sur du sable et sur de la boue; ils élèvent fort haut les vertus, et les font paraître estimables par-dessus toutes les choses qui sont au monde; mais ils n'enseignent pas assez à les connaître, et souvent ce qu'ils appellent d'un si beau nom n'est qu'une insensibilité ou un orgueil, ou un désespoir, ou un parricide.[21]

Je révérais notre théologie, et prétendais autant qu'aucun autre à gagner le ciel; mais ayant appris, comme chose très assurée, que le chemin n'en est pas moins ouvert aux plus ignorants qu'aux plus doctes, et que les vérités révélées qui y conduisent sont au-dessus de notre intelligence, je n'eusse osé les soumettre à la faiblesse de mes raisonnements, et je pensais que, pour entreprendre de les examiner et y réussir, il était besoin d'avoir quelque extraordinaire assistance du ciel et d'être plus qu'homme.[22]

Je ne dirai rien de la philosophie, sinon que, voyant qu'elle a été cultivée par les plus excellents esprits qui aient vécu depuis plusieurs siècles, et que néanmoins il ne s'y trouve encore aucune chose dont on ne dispute, et par conséquent qui ne soit douteuse, je n'avais point assez de présomption pour espérer d'y rencontrer[23] mieux que les autres; et que, considérant combien il peut y avoir de diverses opinions touchant une même matière, qui soient soutenues par des gens doctes, sans qu'il y en puisse avoir jamais plus d'une seule qui soit vraie, je réputais presque pour faux tout ce qui n'était que vraisemblable.[24]

Puis pour les autres sciences, d'autant qu'elles empruntent leurs principes de la philosophie, je jugeais qu'on ne pouvait avoir rien bâti qui fût solide sur des fondements si peu fermes; et ni l'honneur ni le gain qu'elles promettent n'étaient suffisants pour me convier à les apprendre; car je ne me sentais point, grâces à Dieu, de condition[25] qui m'obligeât à faire un métier de la science pour le soulagement[26] de ma fortune; et, quoique je ne fisse pas profession de mépriser la gloire en cynique, je faisais néanmoins fort peu d'état de celle que je n'espérais pouvoir acquérir qu'à faux titres. Et enfin pour les mauvaises doctrines, je pensais déjà connaître assez ce qu'elles valaient pour n'être plus sujet à être trompé ni par les promesses d'un alchimiste, ni par les prédictions d'un astrologue, ni par les impostures d'un magicien, ni par les artifices ou la vanterie d'aucun de ceux qui font profession de savoir plus qu'ils ne savent.

C'est pourquoi, sitôt que l'âge me permit de sortir de la sujétion de mes précepteurs, je quittai entièrement l'étude des lettres. Et me résolvant de ne chercher plus d'autre science que celle qui se pourrait trouver en moi-même, ou bien dans le grand livre du monde, j'employai le reste de ma jeunesse à voyager, à voir des cours et des armées, à fréquenter des gens de diverses humeurs et conditions, à recueillir diverses expériences, à m'éprouver moi-même dans les rencontres que la fortune me proposait, et partout à faire telle réflexion sur les choses qui se présentaient que j'en pusse tirer quelque profit. Car il me semblait que je pourrais rencontrer plus de vérité dans

---

21. Reference to the stoic doctrine, which would suppress all emotion, and which recommends withdrawal from the world to attain superiority over it.

22. Descartes pays lip service to theology, but one may sense his irritation that speculation on the fundamentals of the faith was forbidden to man.

23. *rencontrer:* make discoveries.

24. A forecast of the *doute méthodique* he will soon develop.

25. *condition:* social situation.

26. *soulagement:* i.e., financial relief.

les raisonnements que chacun fait touchant les affaires qui lui importent, et dont l'événement[27] le doit punir bientôt après s'il a mal jugé, que dans ceux que fait un homme de lettres dans son cabinet touchant des spéculations qui ne produisent aucun effet, et qui ne lui sont d'autre conséquence sinon que peut-être il en tirera d'autant plus de vanité qu'elles seront plus éloignées du sens commun, à cause qu'il aura dû employer d'autant plus d'esprit et d'artifice à tâcher de les rendre vraisemblables. Et j'avais toujours un extrême désir d'apprendre à distinguer le vrai d'avec le faux, pour voir clair en mes actions et marcher avec assurance en cette vie.[28]

Il est vrai que pendant que je ne faisais que considérer les mœurs des autres hommes, je n'y trouvais guère de quoi m'assurer, et que j'y remarquais quasi autant de diversité que j'avais fait auparavant entre les opinions des philosophes. En sorte que le plus grand profit que j'en retirais était que, voyant plusieurs choses qui, bien qu'elles nous semblent fort extravagantes et ridicules, ne laissent pas d'être communément reçues et approuvées par d'autres grands peuples, j'apprenais à ne rien croire trop fermement de ce qui ne m'avait été persuadé que par l'exemple et par la coutume; et ainsi je me délivrais peu à peu de beaucoup d'erreurs qui peuvent offusquer[29] notre lumière naturelle et nous rendre moins capables d'entendre raison.[30] Mais, après que j'eus employé quelques années à étudier ainsi dans le livre du monde et à tâcher d'acquérir quelque expérience, je pris un jour la résolution d'étudier aussi en moi-même, et d'employer toutes les forces de mon esprit à choisir les chemins que je devais suivre. Ce qui me réussit beaucoup mieux, ce me semble, que si je ne me fusse

jamais éloigné ni de mon pays ni de mes livres.

DEUXIÈME PARTIE

Principales règles de la méthode

J'étais alors[31] en Allemagne, où l'occasion des guerres qui n'y sont pas encore finies m'avait appelé; et, comme je retournais du couronnement de l'empereur[32] vers l'armée, le commencement de l'hiver m'arrêta en un quartier où, ne trouvant aucune conversation[33] qui me divertît,[34] et n'ayant d'ailleurs, par bonheur, aucuns soins ni passions qui me troublassent, je demeurais tout le jour enfermé seul dans un poêle,[35] où j'avais tout le loisir de m'entretenir de mes pensées.

[*Distrusting all books, he determines to find in his own reason a basis for the construction of his own system.*]

Ayant appris, dès le collège, qu'on ne saurait rien imaginer de si étrange et si peu croyable, qu'il n'ait été dit par quelqu'un des philosophes; et depuis, en voyageant, ayant reconnu que tous ceux qui ont des sentiments fort contraires aux nôtres ne sont pas pour cela barbares ni sauvages, mais que plusieurs usent autant ou plus que nous de raison; et ayant considéré combien un même homme, avec son même esprit, étant nourri dès son enfance entre des Français ou des Allemands, devient différent de ce qu'il serait s'il avait toujours vécu entre des Chinois ou des cannibales; et comment, jusques aux modes de nos habits, la même chose qui nous a plu il y a dix ans, et qui nous plaira peut-être encore avant dix ans, nous semble maintenant extravagante et ridicule; en sorte que c'est bien plus la coutume et l'exemple qui nous persuadent qu'aucune connaissance certaine; et que

---

27. *événement:* outcome.
28. This is already *pragmatism,* belief that truth is what works in practice.
29. *offusquer:* obfuscate, becloud.
30. Compare the *relativism* of Montaigne, leading to the same practical conclusion.
31. *alors:* in November 1619, at beginning of the

Thirty Years' War.
32. Ferdinand II, Austrian Hapsburg; elected Holy Roman Emperor in 1619.
33. *conversation:* social intercourse.
34. *qui me divertît:* capable of distracting me.
35. I.e., in a room heated by a great German porcelain stove.

néanmoins la pluralité des voix n'est pas une preuve qui vaille rien pour les vérités un peu malaisées à découvrir, à cause qu'il est bien plus vraisemblable qu'un homme seul les ait rencontrées que tout un peuple, je ne pouvais choisir personne dont les opinions me semblassent devoir être préférées à celles des autres, et je me trouvais comme contraint d'entreprendre moi-même de me conduire.[36]

Mais, comme un homme qui marche seul et dans les ténèbres, je me résolus d'aller si lentement et d'user de tant de circonspection en toutes choses, que, si je n'avançais que fort peu, je me garderais bien au moins de tomber. Même je ne voulus point[37] commencer à rejeter tout à fait aucune des opinions qui s'étaient pu glisser[38] autrefois en ma créance[39] sans y avoir été introduites par la raison, que[40] je n'eusse auparavant employé assez de temps à faire le projet de l'ouvrage que j'entreprenais, et à chercher la vraie méthode pour parvenir à la connaissance de toutes les choses dont mon esprit serait capable.[41]

J'avais un peu étudié, étant plus jeune, entre les parties de la philosophie, à la logique, et, entre les mathématiques, à l'analyse des géomètres et à l'algèbre, trois arts ou sciences qui semblaient devoir contribuer quelque chose à mon dessein. Mais, en les examinant, je pris garde que, pour la logique, ses syllogismes[42] et la plupart de ses autres instructions servent plutôt à expliquer à autrui les choses qu'on sait, ou même, comme l'art de Lulle,[43] à parler sans jugement de celles qu'on ignore, qu'à les apprendre; et bien qu'elle contienne, en effet, beaucoup de préceptes

très vrais et très bons, il y en a toutefois tant d'autres mêlés parmi, qui sont ou nuisibles ou superflus, qu'il est presque aussi malaisé de les en séparer que de tirer une Diane ou une Minerve hors d'un bloc de marbre qui n'est point encore ébauché.[44] Puis, pour l'analyse[45] des anciens et l'algèbre des modernes, outre qu'elles ne s'étendent qu'à des matières fort abstraites et qui ne semblent d'aucun usage, la première est toujours si astreinte à la considération des figures, qu'elle ne peut exercer l'entendement sans fatiguer beaucoup l'imagination; et on s'est tellement assujetti en la dernière à certaines règles et à certains chiffres,[46] qu'on en a fait un art confus et obscur qui embarrasse l'esprit, au lieu d'une science qui le cultive. Ce qui fut cause que je pensai qu'il fallait chercher quelque autre méthode qui, comprenant les avantages de ces trois, fût exempte de leurs défauts. Et, comme la multitude des lois fournit souvent des excuses aux vices, en sorte qu'un État est bien mieux réglé lorsque, n'en ayant que fort peu, elles y sont fort étroitement observées, ainsi, au lieu de ce grand nombre de préceptes dont la logique est composée, je crus que j'aurais assez des quatre suivants, pourvu que je prisse une ferme et constante résolution de ne manquer pas une seule fois à les observer.

[*Descartes decides on four precepts of reason that he must always employ.*]

Le premier était de ne recevoir jamais aucune chose pour vraie que[47] je ne la connusse évidemment être telle; c'est-à-dire d'éviter soigneusement la précipitation et la prévention,[48] et de ne comprendre rien de plus en mes jugements que ce qui se présenterait si clairement et si distinctement

---

36. Notice Descartes' disrespect for majority or mass opinion.
37. *je ne voulus point:* I wouldn't, I refused to. (Thus regularly.)
38. *s'étaient pu glisser = avaient pu se glisser.*
39. *créance = croyance.*
40. *que:* unless.
41. Descartes proceeds cautiously, holding to the security of his old beliefs while laying the foundations of his new structure.
42. *syllogismes:* logical formulas, consisting of two

premises and a conclusion.
43. *Lulle:* Raymond Lull, thirteenth-century Catalan Franciscan, who attempted to reduce all knowledge to a set of formulas.
44. *ébauché:* blocked out.
45. *analyse:* geometry.
46. *chiffres:* symbols.
47. *que = à moins que:* unless.
48. *précipitation et la prévention:* hasty conclusions and preconceptions.

à mon esprit que je n'eusse aucune occasion de le mettre en doute.

Le second, de diviser chacune des difficultés que j'examinerais en autant de parcelles qu'il se pourrait et qu'il serait requis pour les mieux résoudre.

Le troisième, de conduire par ordre mes pensées, en commençant par les objets les plus simples et les plus aisés à connaître, pour monter peu à peu comme par degrés jusques à la connaissance des plus composés, et supposant même de l'ordre entre ceux qui ne se précèdent point naturellement les uns les autres.

Et le dernier, de faire partout des dénombrements[49] si entiers et des revues si générales, que je fusse assuré de ne rien omettre.[50]...

TROISIÈME PARTIE

Quelques règles de morale tirées de la méthode

[*Descartes establishes a provisional "morale" to support him during his search. He counsels submission to authority, perseverance, resignation, self-mastery.*]

QUATRIÈME PARTIE

Preuves de l'existence de dieu et de l'âme humaine ou fondements de la métaphysique

Je ne sais si je dois vous entretenir des premières méditations que j'y ai faites, car elles sont si métaphysiques et peu communes, qu'elles ne seront peut-être pas au goût de tout le monde, et toutefois, afin qu'on puisse juger si les fondements que j'ai pris sont assez fermes, je me trouve en quelque façon contraint d'en parler. J'avais dès longtemps remarqué que pour les mœurs il est besoin

quelquefois de suivre des opinions qu'on sait être fort incertaines, tout de même que si elles étaient indubitables, ainsi qu'il a été dit ci-dessus; mais pour ce qu'alors je désirais vaquer[51] seulement à la recherche de la vérité, je pensai qu'il fallait que je fisse tout le contraire, et que je rejetasse comme absolument faux tout ce en quoi je pourrais imaginer le moindre doute, afin de voir s'il ne me resterait point après cela quelque chose en ma créance qui fût entièrement indubitable.[52] Ainsi, à cause que nos sens nous trompent quelquefois, je voulus[53] supposer qu'il n'y avait aucune chose qui fût telle qu'ils nous la font imaginer; et, pour ce qu'il y a des hommes qui se méprennent[54] en raisonnant, même touchant les plus simples matières de géométrie, et y font des paralogismes,[55] jugeant que j'étais sujet à faillir autant qu'aucun autre, je rejetai comme fausses toutes les raisons que j'avais prises auparavant pour démonstrations; et enfin, considérant que toutes les mêmes pensées que nous avons étant éveillés[56] nous peuvent aussi venir quand nous dormons sans qu'il y en ait aucune pour lors qui soit vraie, je me résolus de feindre que toutes les choses qui m'étaient entrées en l'esprit n'étaient non plus vraies que les illusions de mes songes. Mais aussitôt après je pris garde que, pendant que je voulais ainsi penser que tout était faux, il fallait nécessairement que moi qui le pensais fusse quelque chose; et remarquant que cette vérité: *Je pense, donc je suis,* était si ferme et si assurée que toutes les plus extravagantes suppositions des sceptiques n'étaient pas capables de l'ébranler, je jugeai que je pouvais la recevoir sans scrupule pour le premier principe de la philosophie que je cherchais.[57]

Puis, examinant avec attention ce que j'étais, et voyant que je pouvais feindre

---

49. *dénombrements:* enumerations.
50. The four steps of Descartes' method may be thus summarized: I. Intuition; II. Analysis; III. Synthesis; IV. Review. The method is still essentially that used by the scientist today.
51. *vaquer à:* devote myself to.
52. Descartes counsels methodical, universal doubt. But his purpose is by this means to emerge

from doubt.
53. *voulus:* tried to.
54. *se méprennent:* go astray.
55. *paralogismes:* fallacious arguments.
56. *étant éveillés:* when we are awake.
57. Descartes' first accepted truth is an *intuition,* not based on reason. On this intuition all his argument rests.

que je n'avais aucun corps et qu'il n'y avait aucun monde ni aucun lieu où je fusse, mais que je ne pouvais pas feindre pour cela que je n'étais point, et qu'au contraire, de cela même que[58] je pensais à douter de la vérité des autres choses, il suivait très évidemment et très certainement que j'étais; au lieu que, si j'eusse seulement cessé de penser, encore que tout le reste de ce que j'avais imaginé eût été vrai, je n'avais aucune raison de croire que j'eusse été, je connus de là que j'étais une substance dont toute l'essence ou la nature n'est que de penser, et qui, pour être, n'a besoin d'aucun lieu ni ne dépend d'aucune chose matérielle; en sorte que ce moi, c'est-à-dire l'âme, par laquelle je suis ce que je suis, est entièrement distincte du corps, et même qu'elle est plus aisée à connaître que lui, et qu'encore qu'il ne fût point, elle ne lairrait[59] point d'être tout ce qu'elle est.[60]

Après cela je considérai en général ce qui est requis à une proposition pour être vraie et certaine; car puisque je venais d'en trouver une que je savais être telle, je pensai que je devais aussi savoir en quoi consiste cette certitude. Et ayant remarqué qu'il n'y a rien du tout en ceci, *je pense, donc je suis,* qui m'assure que je dis la vérité, sinon que je vois très clairement que, pour penser, il faut être, je jugeai que je pouvais prendre pour règle générale que les choses que nous concevons fort clairement et fort distinctement sont toutes vraies, mais qu'il y a seulement quelque difficulté à bien remarquer quelles sont celles que nous concevons distinctement.[61]

En suite de quoi, faisant réflexion sur ce que[62] je doutais, et que, par conséquent,

mon être n'était pas tout parfait, car je voyais clairement que c'était une plus grande perfection[63] de connaître que de douter, je m'avisai de chercher d'où j'avais appris à penser à quelque chose de plus parfait que je n'étais, et je connus[64] évidemment que ce devait être de quelque nature qui fût en effet plus parfaite. Pour ce qui est des pensées que j'avais de plusieurs autres choses hors de moi, comme du ciel, de la terre, de la lumière, de la chaleur, et de mille autres, je n'étais point tant en peine de savoir d'où elles venaient, à cause que, ne remarquant rien en elles qui me semblât les rendre supérieures à moi, je pouvais croire que, si elles étaient vraies, c'étaient des dépendances de ma nature, en tant qu'elle[65] avait quelque perfection; et si elles ne l'étaient pas, que je les tenais du néant, c'est-à-dire qu'elles étaient en moi pour ce que j'avais du défaut. Mais ce ne pouvait être le même de l'idée d'un être plus parfait que le mien; car de la tenir du néant, c'était chose manifestement impossible. Et pour ce qu'il n'y a pas moins de répugnance que[66] le plus parfait soit une suite et une dépendance du moins parfait qu'il y en a que de rien procède quelque chose, je ne la pouvais tenir non plus de moi-même: de façon qu'il restait qu'elle eût été mise en moi par une autre nature qui fût véritablement plus parfaite que je n'étais, et même qui eût en soi toutes les perfections dont je pouvais avoir quelque idée, c'est-à-dire, pour m'expliquer en un mot, qui fût Dieu.[67] A quoi j'ajoutai que, puisque je connaissais quelques perfections que je n'avais point, je n'étais pas le seul

---

58. *de cela même que:* from the very fact that.
59. *lairrait = laisserait.*
60. I.e., the substance which thinks is independent of the body. Since it is immaterial, we may call it the soul. The soul exists. This is Descartes's second step. Incidentally, Descartes's notion that thinking occurs without the use of the body is often known nowadays as "Descartes's error."
61. In this paragraph, Descartes has established a criterion of knowledge: that things clearly conceived of are automatically true. Not all philosophers would accept this contention, as it is reached by intuition, not by reason. Does clearly imagining a thousand-foot-tall mountain of

chocolate mean that one really exists somewhere? And even if we accept the contention that all things clearly imagined are true, how would we know when our imagination is clear?
62. *ce que:* the fact that.
63. *perfection:* degree of perfection, achievement.
64. *connus:* realized.
65. *elle = ma nature.*
66. *que:* i.e., in the thought that.
67. The imperfect cannot of itself conceive of the perfect. The idea of perfection must come from perfection. Hence God, or perfection, exists. This is Descartes' third step. It is an old idea, one which modern philosophers find unconvincing. Why?

être qui existât (j'userai, s'il vous plaît, ici librement des mots de l'école[68]); mais qu'il fallait de nécessité qu'il y en eût quelque autre plus parfait, duquel je dépendisse, et duquel j'eusse acquis tout ce que j'avais: car si j'eusse été seul et indépendant de tout autre, en sorte que j'eusse eu de moi-même tout ce peu que je participais de l'Être parfait, j'eusse pu avoir de moi, par même raison, tout le surplus que je connaissais me manquer, et ainsi être moi-même infini, éternel, immuable, tout connaissant, tout puissant, et enfin avoir toutes les perfections que je pouvais remarquer être en Dieu. Car, suivant les raisonnements que je viens de faire, pour connaître la nature de Dieu autant que la mienne en était capable, je n'avais qu'à considérer, de toutes les choses dont je trouvais en moi quelque idée, si c'était perfection ou non de les posséder, et j'étais assuré qu'aucune de celles qui marquaient quelque imperfection n'était en lui, mais que toutes les autres y étaient: comme je voyais que le doute, l'inconstance, la tristesse et choses semblables n'y pouvaient être, vu que j'eusse été moi-même bien aise d'en être exempt. Puis, outre cela, j'avais des idées de plusieurs choses sensibles[69] et corporelles; car, quoique je supposasse que je rêvais et que tout ce que je voyais ou imaginais était faux, je ne pouvais nier toutefois que les idées n'en fussent véritablement en ma pensée. Mais, pour ce que j'avais déjà connu en moi très clairement que la nature intelligente est distincte de la corporelle, considérant que toute composition[70] témoigne de la dépendance, et que la dépendance est manifestement un défaut, je jugeais de là que ce ne pouvait être une perfection en Dieu d'être composé de ces deux natures, et que par conséquent il ne l'était pas; mais que s'il y avait quelques corps dans le monde, ou bien quelques intelligences ou autres natures qui ne fussent point toutes parfaites, leur être devrait dépendre de sa puissance, en telle sorte qu'elles ne pouvaient subsister sans lui un seul moment.[71]

Je voulus chercher après cela d'autres vérités; et m'étant proposé l'objet[72] des géomètres, que je concevais comme un corps continu, ou un espace infiniment étendu en longueur, largeur et hauteur ou profondeur, divisible en diverses parties qui pouvaient avoir diverses figures et grandeurs et être mues ou transposées en toutes sortes, car les géomètres supposent tout cela en leur objet, je parcourus quelques-unes de leurs plus simples démonstrations, et, ayant pris garde que cette grande certitude que tout le monde leur attribue n'est fondée que sur ce qu'on les conçoit évidemment, suivant la règle que j'ai tantôt dite, je pris garde aussi qu'il n'y avait rien du tout en elles qui m'assurât de l'existence de leur objet. Car, par exemple, je voyais bien que, supposant un triangle, il fallait que ses trois angles fussent égaux à deux droits, mais je ne voyais rien pour cela qui m'assurât qu'il y eût au monde aucun triangle; au lieu que, revenant à examiner l'idée que j'avais d'un Être parfait, je trouvais que l'existence y était comprise en même façon qu'il est compris en celle d'un triangle que ses trois angles sont égaux à deux droits, ou en celle d'une sphère que toutes ses parties sont également distantes de son centre, ou même encore plus évidemment: et que, par conséquent, il est pour le moins aussi certain que Dieu, qui est cet être parfait, est ou existe, qu'aucune démonstration de géométrie le saurait être.[73]

---

68. *l'école:* i.e., professional philosophers.
69. *sensibles:* perceptible to the senses, tangible. Descartes accepts here the doctrine of *innate ideas,* instilled in man at birth.
70. *composition:* i.e., mixture.
71. My imperfection, which implies the existence of perfection, is due to my dualism of matter and spirit. But my imperfection resides in my material

nature. Therefore God must be *immaterial,* and the creator of matter. This is the next step.
72. *objet:* subject matter, or world.
73. The world of geometry is merely an assumption; God's universe is likewise an assumption. But appearance implies reality, and essence implies existence. Hence, Descartes concludes, God's universe and God exist.

[In the remainder of this part of the discourse, which we unfortunately must forgo, Descartes takes up the objection that we can imagine things that are by no means true, as in dreaming, and in a fifth and sixth part he passes from the statement of these essential laws to a demonstration that the laws of the universe can be explained. He then defends the usefulness of the publication of his ideas, so that science may progress in the knowledge of reality.]

2. Blaise Pascal

[1623-1662]

Science and Spirit

Passion, courage, intellect, creativity, faith, and a vast sense of wonder do not often come together in one individual. But such a man was Blaise Pascal. A lightning-rod for religious controversy, a civic planner who created the first true public transportation system in Paris, an astounding mathematician who founded the modern science known as probability studies, Pascal in a brief time seems to have led several lives instead of one. And in each of these he left writings which still have either great practical application in our lives or the power to move us in a lyrical or spiritual fashion.

Blaise Pascal. Reproduction from Blaise Pascal: Thoughts, *1910*

A Calculating Mind

No one can dispute that Blaise Pascal was an authentic genius, one of the greatest minds in humanity's records. Although he hated the ego, proclaiming that "le moi est haïssable," Pascal had much that he could have boasted about, had he wished. A true math prodigy, the young Blaise, born in Clermont-Ferrand but raised in Paris following the death of his mother, quickly made strides seemingly impossible for someone his age. Having entered the world of mathematics at the age of twelve, when he induced the rules of Euclidean geometry on his own, he wrote at sixteen a treatise on conic sections which is the herald of modern projective geometry. At nineteen he invented, constructed, and offered for sale the first calculating machine, called the "Pascalienne." His experiments upon the Puy du Dôme volcano gave to physics Pascal's Law for the communication of pressure through liquids. Pascal proved the existence of the vacuum (despite death threats from the Vatican, which insisted that God is everywhere and that a vacuum therefore cannot exist). He helped to establish the science of hydrodynamics. He created an independent mathematical theory of probability out of a discussion of the division of gamblers' stakes. His speculations were important in the early development of the infinitesimal calculus. He formulated the principles of the inductive method in scientific research. After a night of religious revelation, when he was but thirty-one, he abandoned science, though he returned to mathematics as a diversion from a toothache, to solve the problems of the cycloid.

Espousing the theological principles of the Jansenists, he wrote in their defense the *Lettres provinciales,* a controversial weapon which has not yet lost its edge. His prose style, novel in its rhythms based on current speech, determined the shape and character of modern French prose. Indeed, he created the modern literary language; he invented that art, made of clarity, harmony, and measure, which has been the model for most French prose writers since his day. He devised a new method of teaching reading. He organized the first omnibus line and wore what was probably the first wrist watch. In the lucid moments of a cruel illness he wrote his *Pensées,* thoughts which have affected the mental cast of three centuries; thoughts which still stir and work and grow in men's minds. He died at the age of thirty-nine. His brief, agonized life may serve as a case history for the study of genius at work.

Jansenism

Pascal's adoption of Jansenism was perhaps the single most defining aspect of his life. The Jansenists were a sect within the Catholic Church, holding a rigorous fundamentalist theology that took everything in the Bible literally. Basing their thought on the writings of the Bishop of Ypres, Jansénius, the Jansenists disputed the prevaling Catholic belief that God's "Efficacious Grace" could be earned by good works. Although they were *not* Protestants, the Jansenists shared with them a belief in Predestination, Calvin's idea that God's grace and salvation were preordained. Jansenists considered themselves to be good Catholics, but Jansenism was seen as a heresy by the Catholic hierarchy. The Jansenist sect's headquarters was at the convent of Port-Royal, near Paris. Its faith and its pretensions aroused much hostility; the Jesuits (the most learned of Catholic orders) led the attack upon it. Pascal presented the Jansenist case to the general public. With admirable wit and lucidity he made difficult things seem easy. But he did not win his case; Jansenism continued to be condemned as a menace to Church and State. Eventually, Louis XIV had a wrecking crew demolish Port-Royal. Nevertheless, Jansenist thought was not killed off; it persisted, a pretext for theological revolt and political dissension for a hundred years. There are even a few vestigial Jansenists left today.

The Human Predicament

Pascal struggled throughout his life to reconcile religion and science. Shaken by the discoveries about the universe that resulted from new inventions such as the telescope and the microscope, he pondered the nature of infinity. Pascal wrestled with the troubling realization that humanity, ignorant and troubled, no longer the center of the universe, had to find its proper place somewhere between the infinitely large and the infinitely small, two extremes that it had scarcely known existed.

The *Pensées* are a collection of Pascal's notes, jotted down in preparation for an *Apologie de la religion chrétienne,* a defense of Christian truth which was never completed. His scheme is briefly this. He addresses a worldly *honnête homme,* fixes him with his glittering eye. He says that man must recognize his *misère,* his insignificance, weakness, vanity, folly, evil. But this appalling creature *thinks.* Visibly he is made to think; that is his dignity and merit. He has his share of *grandeur* as well as *misère.* This opposition can be resolved only by God's revelation: man was once perfect and has become corrupt through sin. This demonstration troubles Pascal's charge; he sets out in search of truth. He does not find it in philosophy or in science. He does not find it in the religions of the world. The Bible alone gives him a reasonable explanation of man's duality. The consecrated destiny of the Jewish people, the inspired wisdom of the sacred book, the fulfillment of its prophecies make irrefutable proofs of Christian truth. But divine proofs can be completely apprehended only by the divine method: "you must open your spirit to them, confirm yourself in them by custom, offer yourself by humiliation to inspiration." Accepting such a method, Pascal decides that Christ is the answer to all questions. And in this journey toward religious truth, he rises above reason, for in the end, contends Pascal, it is the heart that feels God, not reason.

For those not convinced by this argument, he also offered, in another context, what has come to be known as Pascal's Wager. It states that if you do not particularly believe in God, you should do so anyway, because you have nothing to lose. To most observers, that sounds like shameless hypocrisy. However, it should be remembered that Pascal was an expert on probability, and he was speaking quite literally. If there is no other solution for death, then even a hypocritical confession of faith that has perhaps a one in a billion chance of being successful with God is literally a better bet than no confession of faith at all, which offers a zero chance of success.

Pascal's *Apologie* has not apparently converted many unbelievers, but the *Pensées* have been the spiritual companion of numberless men and women. The reasons may be reduced to two: *insight* and *art*. Pascal's understanding of the human spirit reveals us to ourselves. And in his art he conveys the sense of infinity and its wonder in words that vibrate with suppressed emotion. This is true poetry.

The *Pensées* should be read slowly and attentively. Pause after each *pensée,* reflect on it, judge it. "L'homme n'est qu'un roseau, le plus faible de la nature; mais c'est un roseau pensant," says Pascal in his most famous pronouncement (*Pensée* no. 391); so take his advice and think about what he is saying.

The ordering of the *Pensées* and the text follow the edition of Louis Lafuma.[1] This is now generally accepted as the nearest approximation to Pascal's own plan and phrasing.

LES PENSÉES

SECTION I

INTRODUCTIONS

[3] Quand on voit le style naturel, on est tout étonné et ravi, car on s'attendait de voir un auteur, et on trouve un homme. Au lieu que ceux qui ont le goût bon, et qui en voyant un livre croient trouver un homme, sont tout surpris de trouver un auteur: *Plus poetice quam humane locutus es.*[2] Ceux-là honorent bien la nature, qui lui apprennent qu'elle peut parler de tout, et même de théologie.

[4] Qu'on ne dise pas que je n'ai rien dit de nouveau: la disposition des matières est nouvelle: quand on joue à la paume,[3] c'est une même balle dont joue l'un et l'autre, mais l'un la place mieux.

J'aimerais autant qu'on me dît que je me suis servi des mots anciens. Et comme si les mêmes pensées ne formaient pas un autre corps de discours, par une disposition différente, aussi bien que les mêmes mots forment d'autres pensées par leur différente disposition!

---

1.   *Pensées sur la religion*, ed. by L. Lafuma. Paris, Delmas, 1960.

2.   *Plus…es:* You have spoken as a poet rather than as a man.

3.   *paume:* racquets, tennis.

[9] M. de Roannez[4] disait: « Les raisons me viennent après, mais d'abord la chose m'agrée[5] ou me choque sans en savoir la raison, et cependant cela me choque par cette raison que je ne découvre qu'ensuite. » Mais je crois, non pas que cela choquait par ces raisons qu'on trouvait après, mais qu'on ne trouve ces raisons que parce que cela choque.[6]

I. ORDRE

[39] Je blâme également, et ceux qui prennent parti de louer l'homme, et ceux qui le prennent de le blâmer, et ceux qui le prennent de se divertir; et je ne puis approuver que ceux qui cherchent en gémissant.

II. VANITÉ

[50] Deux visages semblables, dont aucun ne fait rire en particulier, font rire ensemble par leur ressemblance.

[72] *Talon de soulier.*[7] « Oh! que cela est bien tourné! que voilà un habile ouvrier! que ce soldat est hardi! » Voilà la source de nos inclinations, et du choix des conditions.[8] « Que celui-là boit bien! que celui-ci boit peu! » Voilà ce qui fait les gens sobres et ivrognes, soldats, poltrons, etc.

[80] Peu de chose nous console parce que peu de chose nous afflige.

[84] Nous ne nous tenons jamais au temps présent. Nous anticipons l'avenir comme trop lent à venir, comme pour hâter son cours; ou nous rappelons le passé pour l'arrêter comme trop prompt: si imprudents, que nous errons dans les temps qui ne sont point nôtres, et ne pensons point au seul qui nous appartient; et si vains, que nous songeons à ceux qui ne sont rien, et échappons sans réflexion le seul qui subsiste. C'est que le présent, d'ordinaire, nous blesse. Nous le cachons à notre vue, parce qu'il nous afflige; et, s'il nous est agréable, nous regrettons de le voir échapper. Nous tâchons de le soutenir par l'avenir, et pensons à disposer les choses qui ne sont pas en notre puissance pour un temps où nous n'avons aucune assurance d'arriver.

Que chacun examine ses pensées, il les trouvera toutes occupées au passé et à l'avenir. Nous ne pensons presque point au présent; et, si nous y pensons, ce n'est que pour en prendre la lumière pour disposer de l'avenir. Le présent n'est jamais notre fin: le passé et le présent sont nos moyens; le seul avenir est notre fin. Ainsi nous ne vivons jamais, mais nous espérons de vivre; et, nous disposant toujours à être heureux, il est inévitable que nous ne le soyons jamais.

[85] L'esprit de ce souverain juge du monde n'est pas si indépendant qu'il ne soit sujet à être troublé par le premier tintamarre[9] qui se fait autour de lui. Il ne faut pas le bruit du canon pour empêcher ses pensées; il ne faut que le bruit d'une girouette[10] ou d'une poulie.[11]

Ne vous étonnez pas s'il ne raisonne pas bien à présent; une mouche bourdonne[12] à ses oreilles; c'en est assez pour le rendre incapable de bon conseil. Si vous voulez qu'il puisse trouver la vérité, chassez cet animal qui tient sa raison en échec et trouble cette puissante intelligence qui gouverne les villes et les royaumes. Le plaisant dieu que voilà! *O ridicolosissime heroe!*[13]

[88] « Pourquoi me tuez-vous? A votre avantage.[14] Je n'ai pas d'armes.—Eh quoi! ne demeurez-vous pas de l'autre côté de l'eau? Mon ami, si vous demeuriez de ce côté, je serais un assassin et cela serait injuste de vous tuer de la sorte; mais puisque vous demeurez de l'autre côté, je suis un brave, et cela est juste. »

4. *M. de Roannez:* Pascal's best friend.
5. *m'agrée:* pleases me.
6. This is essentially the Zen concept that quality is spontaneously perceived by human consciousness and then reason joins in afterwards to validate the judgment. Perhaps it is also a forecast of William James' peripheric theory of emotion, modern behaviorism; "We are happy because we laugh."
7. *Talon de soulier:* Boot heel.
8. *conditions:* occupations
9. *tintamarre:* hubbub.
10. *girouette:* weather vane.
11. *poulie:* pulley.
12. *bourdonne:* buzzes.
13. *O ridicolosissime heroe!* What a very ridiculous hero!
14. *A votre avantage:* You have the advantage over me.

[90] Qui voudra connaître à plein la vanité de l'homme n'a qu'à considérer les causes et les effets de l'amour. La cause en est *un je ne sais quoi* (Corneille[15]), et les effets en sont effroyables. Ce *Je ne sais quoi*, si peu de chose qu'on ne peut le reconnaître, remue toute la terre, les princes, les armes, le monde entier.

Le nez de Cléopâtre: s'il eût été plus court, toute la face de la terre aurait changé.

[94] La vanité est si ancrée dans le cœur de l'homme, qu'un soldat, un goujat,[16] un cuisinier, un crocheteur[17] se vante et veut avoir ses admirateurs; et les philosophes mêmes en veulent; et ceux qui écrivent contre veulent avoir la gloire d'avoir bien écrit; et ceux qui les lisent veulent avoir la gloire de les avoir lus; et moi qui écris ceci, ai peut-être cette envie; et peut-être que ceux qui le liront....

[96] *Gloire.* Les bêtes ne s'admirent point. Un cheval n'admire point son compagnon; ce n'est pas qu'il n'y ait entre eux de l'émulation à la course, mais c'est sans conséquence; car, étant à l'étable, le plus pesant et le plus mal taillé n'en cède pas son avoine[18] à l'autre, comme les hommes veulent qu'on leur fasse. Leur vertu se satisfait d'elle-même.

III. MISÈRE

[112] *Mien, tien.* « Ce chien est à moi, » disaient ces pauvres enfants.—C'est là ma place au soleil: voilà le commencement et l'image de l'usurpation de toute la terre.[19]

[114] *Injustice.* Il est dangereux de dire au peuple que les lois ne sont pas justes, car il n'y obéit qu'à cause qu'il les croit justes. C'est pourquoi il lui faut dire en même temps qu'il y faut obéir parce qu'elles sont lois, comme il faut obéir aux supérieurs, non parce qu'ils sont justes, mais parce qu'ils sont supérieurs. Par là, voilà toute sédition prévenue si on peut faire entendre cela, et que

proprement c'est la définition de la justice.

[127] Les hommes sont si nécessairement fous, que ce serait être fou, par un autre tour de folie, de n'être pas fou.

[148] Nous nous connaissons si peu que plusieurs[20] pensent aller mourir quand ils se portent bien; et plusieurs pensent se porter bien quand ils sont proches de mourir, ne sentant pas la fièvre prochaine, ou l'abcès prêt à se former.

[153] Les enfants qui s'effrayent du visage qu'ils ont barbouillé,[21] ce sont des enfants; mais le moyen que ce qui est si faible, étant enfant, soit bien fort étant plus âgé! On ne fait que changer de fantaisie.

Tout ce qui se perfectionne par progrès périt aussi par progrès. Tout ce qui a été faible ne peut jamais être absolument fort. On a beau dire: *il est crû,*[22] *il est changé;* il est aussi le même.

IV. ENNUI ET QUALITÉS ESSENTIELLES DE L'HOMME

[163] Notre nature est dans le mouvement; le repos entier est la mort.

[167] Qu'est-ce que le *moi*?

Un homme qui se met à la fenêtre pour voir les passants, si je passe par là, puis-je dire qu'il s'est mis là pour me voir? Non; car il ne pense pas à moi en particulier. Mais celui qui aime quelqu'un à cause de sa beauté, l'aime-t-il? Non; car la petite vérole,[23] qui tuera la beauté sans tuer la personne, fera qu'il ne l'aimera plus.

Et si on m'aime pour mon jugement, pour ma mémoire, m'aime-t-on, *moi*? Non, car je puis perdre ces qualités sans me perdre moi-même. Où est donc ce *moi*, s'il n'est ni dans le corps, ni dans l'âme? et comment aimer le corps ou l'âme, sinon pour ces qualités, qui ne seront point ce qui fait le moi, puisqu'elles sont périssables? car aimerait-on la substance de l'âme d'une personne abstraitement, et quelques qualités qui y fussent? Cela ne se peut, et serait

---

15. See *Médée*, II, 6.
16. *goujat:* soldier's servant.
17. *crocheteur:* porter.
18. *avoine:* oats.
19. Rousseau will say much the same thing in his

Discours sur l'inégalité.
20. *plusieurs:* many.
21. *barbouillé:* bedaubed.
22. *il est crû:* he has grown.
23. *petite vérole:* smallpox.

injuste. On n'aime donc jamais personne, mais seulement des qualités.

Qu'on[24] ne se moque donc plus de ceux qui se font honorer pour des charges[25] et des offices, car on n'aime personne que pour des qualités empruntées.

V. RAISON DES EFFETS[26]

[170] Le respect est: « Incommodez-vous ». Cela est vain en apparence, mais très juste; car c'est dire: « Je m'incommoderais bien si vous en aviez besoin, puisque je le fais bien sans que cela vous serve. » Outre que[27] le respect est pour distinguer les grands: or, si le respect était d'être en fauteuil, on respecterait tout le monde, et ainsi on ne distinguerait pas; mais, étant incommodé, on distingue fort bien.

[192] *Justice, force.* Il est juste que ce qui est juste soit suivi,[28] il est nécessaire que ce qui est le plus fort soit suivi. La justice sans la force est impuissante; la force sans la justice est tyrannique. La justice sans force est contredite,[29] parce qu'il y a toujours des méchants; la force sans la justice est accusée.[30] Il faut donc mettre ensemble la justice et la force; et pour cela faire que ce qui est juste soit fort, ou que ce qui est fort soit juste.

La justice est sujette à dispute, la force est très reconnaissable et sans dispute. Ainsi on n'a pu donner la force à la justice, parce que la force a contredit la justice et a dit qu'elle était injuste, et a dit que c'était elle qui était juste. Et ainsi, ne pouvant faire que ce qui est juste fût fort, on a fait que ce qui est fort fût juste.

[196] On ne s'imagine Platon et Aristote qu'avec de grandes robes de pédants.[31] C'étaient des gens honnêtes et, comme les autres, riant avec leurs amis; et, quand ils se sont divertis à faire leurs *Lois* et leur *Politique,* ils l'ont fait en se jouant; c'était la partie la moins philosophe et la moins sérieuse de leur vie, la plus philosophe était de vivre simplement et tranquillement.

S'ils ont écrit de politique, c'était comme pour régler un hôpital de fous. Et s'ils ont fait semblant d'en parler comme d'une grande chose, c'est qu'ils savaient que les fous à qui ils parlaient pensaient être rois et empereurs. Ils entrent dans leurs principes pour modérer leur folie au moins mal qu'il se peut.

[208] Les choses du monde les plus déraisonnables deviennent les plus raisonnables à cause du dérèglement des hommes. Qu'y a-t-il de moins raisonnable que de choisir, pour gouverner un État, le premier fils d'une reine? L'on ne choisit pas pour gouverner un bateau celui des voyageurs qui est de meilleure maison. Cette loi serait ridicule et injuste; mais parce qu'ils[32] le sont et le seront toujours, elle devient raisonnable et juste, car qui choisira-t-on? Le plus vertueux et le plus habile? Nous voilà incontinent aux mains.[33] Chacun prétend être ce plus vertueux et ce plus habile. Attachons donc cette qualité à quelque chose d'incontestable. C'est le fils aîné du roi; cela est net, il n'y a point de dispute. La raison ne peut mieux faire, car la guerre civile est le plus grand des maux.

VI. GRANDEUR

[215] Je puis bien concevoir un homme sans mains, pieds, tête (car ce n'est que l'expérience qui nous apprend que la tête est plus nécessaire que les pieds). Mais je ne puis concevoir l'homme sans pensée: ce serait une pierre ou une brute.

[218] La grandeur de l'homme est grande en ce qu'il se connaît misérable. Un arbre ne se connaît pas misérable.

C'est donc être misérable que de se connaître misérable; mais c'est être grand que de connaître qu'on est misérable.

[220] Toutes ces misères-là même prouvent sa grandeur. Ce sont misères de grand seigneur, misères d'un roi dépossédé.

24. Pascal has Montaigne in mind.
25. *charges:* government posts.
26. *Raison des effets:* i.e., Causes of phenomena.
27. *Outre que:* Not to mention that.
28. *suivi:* obeyed.
29. *contredite:* contradicted, nullified.
30. *accusée:* impeached as unjust.
31. *pédants:* schoolmasters.
32. *ils:* i.e., *les hommes.*
33. *aux mains:* fighting.

[224] **Le cœur a ses raisons, que la raison ne connaît point; on le sait en mille choses.** Je dis que le cœur aime l'être universel naturellement, et soi-même naturellement, selon qu'il s'y adonne; et il se durcit contre l'un ou l'autre, à son choix. Vous avez rejeté l'un et conservé l'autre;[34] est-ce par raison que vous vous aimez?

[225] C'est le cœur qui sent Dieu, et non la raison. Voilà ce que c'est que la foi: Dieu sensible au cœur, non à la raison.

[226] L'homme est visiblement fait pour penser; c'est toute sa dignité et tout son mérite; et tout son devoir est de penser comme il faut. Or l'ordre de la pensée est de commencer par soi, et par son auteur et sa fin.

Or à quoi pense le monde? Jamais à cela; mais à danser, à jouer du luth, à chanter, à faire des vers, à courir la bague,[35] etc., à se battre, à se faire roi, sans penser à ce que c'est qu'être roi et qu'être homme.

[231] La machine d'arithmétique fait des effets qui approchent plus de la pensée que de tout ce que font les animaux; mais elle ne fait rien qui puisse faire dire qu'elle a de la volonté, comme les animaux.

VII. CONTRARIÉTÉS

[235] Nous sommes si présomptueux que nous voudrions être connus de toute la terre, et même des gens qui viendront quand nous ne serons plus; et nous sommes si vains que l'estime de cinq ou six personnes qui nous environnent nous amuse et nous contente.

[241] Les pères craignent que l'amour naturel des enfants ne s'efface. Quelle est donc cette nature, sujette à être effacée?

La coutume est une seconde nature, qui détruit la première. Mais qu'est-ce que nature? Pourquoi la coutume n'est-elle pas naturelle?

J'ai grand'peur que cette nature ne soit elle-même qu'une première coutume, comme la coutume est une seconde nature.

[246] …Quelle chimère est-ce donc que l'homme? Quelle nouveauté, quel monstre, quel chaos, quel sujet de contradiction, quel prodige! Juge de toutes choses, imbécile ver de terre; dépositaire du vrai, cloaque[36] d'incertitude et d'erreur; gloire et rebut[37] de l'univers.

Qui démêlera cet embrouillement? La nature confond les pyrrhoniens,[38] et la raison confond les dogmatiques. Que deviendrez-vous donc, ô hommes qui cherchez quelle est votre véritable condition par votre raison naturelle? Vous ne pouvez fuir une de ces sectes, ni subsister dans aucune.

Connaissez donc, superbe, quel paradoxe vous êtes à vous-même. Humiliez-vous, raison impuissante; taisez-vous, nature imbécile: apprenez que l'homme passe infiniment l'homme, et entendez de votre maître votre condition véritable que vous ignorez. Écoutez Dieu…

[255] Les discours d'humilité sont matière d'orgueil aux gens glorieux, et d'humilité aux humbles. Ainsi ceux du pyrrhonisme sont matière d'affirmation aux affirmatifs; peu parlent de l'humilité humblement; peu, de la chasteté chastement; peu, du pyrrhonisme en doutant. Nous ne sommes que mensonge, duplicité, contrariété, et nous[39] cachons et nous déguisons à nous-mêmes.

[257] L'homme n'est ni ange ni bête, et le malheur veut que qui veut faire l'ange fait la bête.[40]

VIII. DIVERTISSEMENT

[267] *Divertissement.* Les hommes n'ayant pu guérir la mort, la misère, l'ignorance, ils se sont avisés, pour se rendre heureux, de n'y point penser.

[269] *Divertissement.* Quand je m'y suis mis quelquefois à considérer les

---

34. *Vous…l'autre:* You (the unbeliever) have rejected love for the universal being and have kept love of self.
35. *courir la bague:* tilt at a ring (with a lance on horseback).
36. *cloaque:* sewer.
37. *rebut:* refuse, scum.
38. *pyrrhoniens:* partisans of universal doubt, who believed knowledge impossible.
39. *nous:* object of *cachons.*
40. *fait la bête:* plays the fool. (The double meaning seems untranslatable.)

diverses agitations des hommes et les périls et les peines où ils s'exposent, dans la cour, dans la guerre, d'où naissent tant de querelles, de passions, d'entreprises hardies et souvent mauvaises, etc., j'ai dit souvent que tout le malheur des hommes vient d'une seule chose, qui est de ne savoir pas demeurer en repos, dans une chambre. Un homme qui a assez de bien pour vivre, s'il savait demeurer chez soi avec plaisir, n'en sortirait pas pour aller sur la mer ou au siège d'une place.[41] On n'achètera une charge[42] à l'armée si cher, que parce qu'on trouverait insupportable de ne bouger de la ville; et on ne recherche les conversations et les divertissements des jeux que parce qu'on ne peut demeurer chez soi avec plaisir.

Mais quand j'ai pensé de plus près, et qu'après avoir trouvé la cause de tous nos malheurs, j'ai voulu en découvrir la raison,[43] j'ai trouvé qu'il y en a une bien effective, qui consiste dans le malheur naturel de notre condition faible et mortelle, et si misérable, que rien ne peut nous consoler, lorsque nous y pensons de près.

Quelque condition qu'on se figure, si l'on assemble tous les biens qui peuvent nous appartenir, la royauté est le plus beau poste du monde; et cependant qu'on s'en imagine [un], accompagné de toutes les satisfactions qui peuvent le toucher. S'il est sans divertissement, et qu'on le laisse considérer et faire réflexion sur ce qu'il est, cette félicité languissante ne le soutiendra point, il tombera par nécessité dans les vues[44] qui le menacent, des révoltes qui peuvent arriver, et enfin de la mort et des maladies qui sont inévitables; de sorte que, s'il est sans ce qu'on appelle divertissement, le voilà malheureux, et plus malheureux que le moindre de ses sujets, qui joue et se divertit.

De là vient que le jeu et la conversation des femmes, la guerre, les grands emplois sont si recherchés. Ce n'est pas qu'il y ait en effet du bonheur, ni qu'on s'imagine que la vraie béatitude soit d'avoir l'argent qu'on peut gagner au jeu, ou dans le lièvre qu'on court: on n'en voudrait pas s'il était offert. Ce n'est pas cet usage mol[45] et paisible, et qui nous laisse penser à notre malheureuse condition, qu'on recherche, ni les dangers de la guerre, ni la peine des emplois, mais c'est le tracas[46] qui nous détourne d'y penser et nous divertit.

Raison pourquoi on aime mieux la chasse que la prise.

De là vient que les hommes aiment tant le bruit et le remuement; de là vient que la prison est un supplice si horrible; de là vient que le plaisir de la solitude est une chose incompréhensible. Et c'est enfin le plus grand sujet de félicité de la condition des rois, de ce qu'on essaie sans cesse à les divertir et à leur procurer toute sorte de plaisirs.

Le roi est environné de gens qui ne pensent qu'à divertir le roi, et à l'empêcher de penser à lui. Car il est malheureux, tout roi qu'il est, s'il y pense.

Voilà tout ce que les hommes ont pu inventer pour se rendre heureux. Et ceux qui font sur cela les philosophes, et qui croient que le monde est bien peu raisonnable de passer tout le jour à courir après un lièvre qu'ils ne voudraient pas avoir acheté, ne connaissent guère notre nature. Ce lièvre ne nous garantirait pas de la vue de la mort et des misères, mais la chasse—qui nous en détourne—nous en garantit….

Ainsi l'homme est si malheureux, qu'il s'ennuierait même sans aucune cause d'ennui, par l'état propre de sa complexion;[47] et il est si vain, qu'étant plein de mille causes essentielles d'ennui, la moindre chose, comme un billard et une balle qu'il pousse, suffisent pour le divertir.

« Mais, direz-vous, quel objet a-t-il en tout cela? » Celui de se vanter demain

---

41. *place:* stonghold.
42. *charge:* commission.
43. *raison:* the explanation of this cause.
44. *vues:* imaginations, forecasts.

45. *mol = mou.*
46. *tracas:* agitation.
47. *complexion:* constitution.

entre ses amis de ce qu'il a mieux joué qu'un autre. Ainsi, les autres suent[48] dans leur cabinet pour montrer aux savants qu'ils ont résolu une question d'algèbre qu'on n'aurait pu trouver jusques ici; et tant d'autres s'exposent aux derniers périls pour se vanter ensuite d'une place qu'ils auront prise, et aussi sottement, à mon gré; et enfin les autres se tuent pour remarquer toutes ces choses, non pas pour en devenir plus sages, mais seulement pour montrer qu'ils les savent, et ceux-là sont les plus sots de la bande, puisqu'ils le sont avec connaissance, au lieu qu'on peut penser des autres qu'ils ne le seraient plus, s'ils avaient cette connaissance.

Tel homme passe sa vie sans ennui, en jouant tous les jours peu de chose. Donnez-lui tous les matins l'argent qu'il peut gagner chaque jour, à la charge[49] qu'il ne joue point: vous le rendez malheureux. On dira peut-être que c'est qu'il recherche l'amusement du jeu, et non pas le gain. Faites-le donc jouer pour rien, il ne s'y échauffera pas et s'y ennuiera. Ce n'est donc pas l'amusement seul qu'il recherche: un amusement languissant et sans passions l'ennuiera. Il faut qu'il s'y échauffe et qu'il se pipe[50] lui-même, en s'imaginant qu'il serait heureux de gagner ce qu'il ne voudrait pas qu'on lui donnât à condition de ne point jouer, afin qu'il se forme un sujet de passion, et qu'il excite sur cela son désir, sa colère, sa crainte, pour l'objet qu'il s'est formé, comme les enfants qui s'effrayent du visage qu'ils ont barbouillé.

D'où vient que cet homme, qui a perdu depuis peu de mois son fils unique, et qui, accablé de procès et de querelles, était ce matin si troublé, n'y pense[51] plus maintenant? Ne vous en étonnez pas: il est tout occupé à voir par où passera ce sanglier[52] que ses chiens poursuivent avec tant d'ardeur depuis six heures. Il n'en faut pas davantage. L'homme, quelque plein de

tristesse qu'il soit, si on peut gagner sur lui de le faire entrer en quelque divertissement, le voilà heureux pendant ce temps-là; et l'homme, quelque heureux qu'il soit, s'il n'est diverti et occupé par quelque passion ou quelque amusement qui empêche l'ennui de se répandre, sera bientôt chagrin[53] et malheureux. Sans divertissement il n'y a point de joie; avec le divertissement il n'y a point de tristesse. Et c'est aussi ce qui forme le bonheur des personnes de grande condition, qu'ils ont un nombre de personnes qui les divertissent, et qu'ils ont le pouvoir de se maintenir en cet état.

Prenez-y garde. Qu'est-ce autre chose d'être surintendant, chancelier, premier président, sinon d'être en une condition où l'on a le matin un grand nombre de gens qui viennent de tous côtés pour ne leur laisser pas une heure en la journée où ils puissent penser à eux-mêmes? Et quand ils sont dans la disgrâce et qu'on les renvoie à leurs maisons des champs, où ils ne manquent ni de biens, ni de domestiques pour les assister dans leur besoin, ils ne laissent pas d'être misérables et abandonnés, parce que personne ne les empêche de songer à eux.

[272] *Divertissement.* On charge les hommes, dès l'enfance, du soin de leur honneur, de leur bien, de leurs amis, et encore du bien et de l'honneur de leurs amis. On les accable d'affaires, de l'apprentissage des langues et d'exercices, et on leur fait entendre qu'ils ne sauraient être heureux sans que leur santé, leur honneur, leur fortune et celle de leurs amis soient en bon état, et qu'une seule chose qui manque les rendra malheureux. Ainsi on leur donne des charges et des affaires qui les font tracasser[54] dès la pointe du jour. « Voilà, direz-vous, une étrange manière de les rendre heureux! Que pourrait-on faire de mieux pour les rendre malheureux? » Comment! ce qu'on pourrait faire? Il ne faudrait que leur ôter tous ces soucis; car

---

48. *suent:* sweat.
49. *à la charge:* on condition.
50. *pipe:* delude.
51. *pense:* the subject is *cet homme.*

52. *sanglier:* wild boar.
53. *chagrin:* sad.
54. *tracasser:* fuss and bother.

alors ils se verraient, ils penseraient à ce qu'ils sont, d'où ils viennent, où ils vont; et ainsi on ne peut trop les occuper et les détourner. Et c'est pourquoi, après leur avoir préparé tant d'affaires, s'ils ont quelque temps de relâche, on leur conseille de l'employer à se divertir, à jouer, et à s'occuper toujours tout entiers.

Que le cœur de l'homme est creux et plein d'ordure!

[276] Rien ne nous plaît que le combat, mais non pas la victoire: on aime à voir les combats des animaux, non le vainqueur acharné sur le vaincu; que voulait-on voir, sinon la fin de la victoire? Et dès qu'elle arrive, on en est saoul.[55] Ainsi dans le jeu, ainsi dans la recherche de la vérité. On aime à voir dans les disputes le combat des opinions; mais de contempler la vérité trouvée, point du tout; pour la faire remarquer avec plaisir, il faut la faire voir naître de la dispute. De même dans les passions: il y a du plaisir à voir deux contraires se heurter; mais quand l'une est maîtresse, ce n'est plus que brutalité. Nous ne cherchons jamais les choses, mais la recherche des choses. Ainsi, dans les comédies, les scènes contentes[56] sans crainte ne valent rien, ni les extrêmes sans espérance, ni les amours brutaux, ni les sévérités après.

IX. PHILOSOPHES

[286] Les Stoïques disent: « Rentrez au dedans de vous-mêmes; c'est là où vous trouverez votre repos. » Et cela n'est pas vrai.

Les autres disent: « Sortez en dehors: recherchez le bonheur en vous divertissant. » Et cela n'est pas vrai. Les maladies viennent.

Le bonheur n'est ni hors de nous, ni dans nous; il est en Dieu, et hors et dans nous.

[290] J'ai passé longtemps de ma vie en croyant qu'il y avait une justice; et en cela je ne me trompais pas; car il y en a, selon que Dieu nous l'a voulu révéler. Mais je ne le prenais pas ainsi, et c'est en quoi je me trompais, car je croyais que notre justice était essentiellement juste et que j'avais de quoi la connaître et en juger. Mais je me suis trouvé tant de fois en faute de jugement droit, qu'enfin je suis entré en défiance de moi et puis des autres. J'ai vu tous les pays et hommes changeants; et ainsi, après bien des changements de jugement touchant la véritable justice, j'ai connu que notre nature n'était qu'un continuel changement, et je n'ai plus changé depuis; et si je changeais, je confirmerais mon opinion…

[293] Tous leurs principes sont vrais, des pyrrhoniens, des stoïques, des athées, etc. Mais leurs conclusions sont fausses, parce que les principes opposés sont vrais aussi.

XII. COMMENCEMENT

[341] Le dernier acte est sanglant, quelque belle que soit la comédie en tout le reste: on jette enfin de la terre sur la tête, et en voilà pour jamais.

XIII. SOUMISSION ET USAGE DE LA RAISON

[374] …Nier, croire, et douter bien, sont à l'homme ce que courir est au cheval.

XV. TRANSITION DE LA CONNAISSANCE DE L'HOMME A DIEU

[390] *Disproportion de l'homme.* Que l'homme contemple donc la nature entière dans sa haute et pleine majesté; qu'il éloigne sa vue des objets bas qui l'environnent. Qu'il regarde cette éclatante lumière, mise comme une lampe éternelle pour éclairer l'univers, que la terre lui paraisse comme un point au prix du[57] vaste tour que cet astre[58] décrit et qu'il s'étonne de ce que ce vaste tour lui-même n'est qu'une pointe très délicate à l'égard de celui que les astres qui roulent dans le firmament embrassent.

Mais si notre vue s'arrête là, que l'imagination passe outre; elle se lassera plutôt de concevoir que la nature de fournir.

---

55. *saoul:* sated, sick.
56. *contentes: here,* cheerful.

57. *au prix du:* in comparison with.
58. *astre:* orb, sun.

Tout ce monde visible n'est qu'un trait[59] imperceptible dans l'ample sein de la nature. Nulle idée n'en approche. Nous avons beau enfler nos conceptions au delà des espaces imaginables, nous n'enfantons que des atomes, au prix de la réalité des choses. C'est une sphère infinie dont le centre est partout, la circonférence nulle part. Enfin c'est le plus grand caractère sensible[60] de la toute-puissance de Dieu, que notre imagination se perde dans cette pensée.

Que l'homme, étant revenu à soi, considère ce qu'il est au prix de ce qui est; qu'il se regarde comme égaré dans ce canton[61] détourné de la nature; et que de ce petit cachot[62] où il se trouve logé, j'entends l'univers, il apprenne à estimer la terre, les royaumes, les villes et soi-même son juste prix. Qu'est-ce qu'un homme dans l'infini?

Mais pour lui présenter un autre prodige aussi étonnant, qu'il recherche dans ce qu'il connaît les choses les plus délicates.[63] Qu'un ciron[64] lui offre dans la petitesse de son corps des parties incomparablement plus petites, des jambes avec des jointures, des veines dans ses jambes, du sang dans ses veines, des humeurs[65] dans ce sang, des gouttes dans ses humeurs, des vapeurs dans ces gouttes: que, divisant encore ces dernières choses, il épuise ses forces en ces conceptions, et que le dernier objet où il peut arriver soit maintenant celui de notre discours; il pensera peut-être que c'est là l'extrême petitesse de la nature. Je veux lui faire voir là-dedans un abîme[66] nouveau. Je lui veux peindre non seulement l'univers visible, mais l'immensité qu'on peut concevoir de la nature, dans l'enceinte de ce raccourci d'atome.[67] Qu'il y voie une infinité d'univers, dont chacun a son firmament, ses planètes, sa terre, en la même proportion que le monde visible; dans cette terre, des animaux et enfin des

cirons, dans lesquels il retrouvera ce que les premiers ont donné; et trouvant encore dans les autres la même chose sans fin et sans repos, qu'il se perde dans ces merveilles, aussi étonnantes dans leur petitesse que les autres par leur étendue; car qui n'admirera[68] que notre corps, qui tantôt n'était pas perceptible dans l'univers, imperceptible lui-même dans le sein du tout, soit à présent un colosse, un monde, ou plutôt un tout, à l'égard du néant où l'on ne peut arriver?

Qui se considérera de la sorte s'effrayera de soi-même, et, se considérant soutenu dans la masse[69] que la nature lui a donnée, entre ces deux abîmes de l'infini et du néant, il tremblera dans la vue de ces merveilles; et je crois que, sa curiosité se changeant en admiration, il sera plus disposé à les contempler en silence qu'à les rechercher avec présomption.

Car enfin qu'est-ce que l'homme dans la nature? Un néant à l'égard de l'infini, un tout à l'égard du néant, un milieu entre rien et tout. Infiniment éloigné de comprendre les extrêmes, la fin des choses et leur principe sont pour lui invinciblement cachés dans un secret impénétrable, également incapable de voir le néant d'où il est tiré, et l'infini où il est englouti.

Que fera-t-il donc, sinon d'apercevoir quelque apparence du milieu des choses, dans un désespoir éternel de connaître ni leur principe ni leur fin? Toutes choses sont sorties du néant et portées jusqu'à l'infini. Qui suivra ces étonnantes démarches?[70] L'auteur de ces merveilles les comprend. Tout autre ne le peut faire...

Connaissons donc notre portée; nous sommes quelque chose, et ne sommes pas tout; ce que nous avons d'être[71] nous dérobe la connaissance des premiers principes, qui naissent du néant; et le peu que nous avons d'être nous cache la vue de l'infini.

---

59. *trait:* speck.
60. *caractère sensible:* recognizable characteristic.
61. *canton:* corner.
62. *cachot:* cell.
63. *délicates:* tiny.
64. *ciron:* mite (then thought to be the smallest living creature).
65. *humeurs:* essential bodily fluids.
66. *abîme:* abyss, abode of mystery.
67. *dans l'enceinte...d'atome:* within the limits of this miniature of an atom.
68. *n'admirera:* will not wonder.
69. *masse:* material form.
70. *démarches:* developments.
71. *être:* existence.

Notre intelligence tient dans l'ordre des choses intelligibles le même rang que notre corps dans l'étendue de la nature.

Bornés en tout genre, cet état qui tient le milieu entre deux extrêmes se trouve en toutes nos puissances. Nos sens n'aperçoivent rien d'extrême: trop de bruit nous assourdit, trop de lumière éblouit, trop de distance et trop de proximité empêche la vue, trop de longueur et trop de brièveté de discours l'obscurcit, trop de vérité nous étonne….

Voilà notre état véritable. C'est ce qui nous rend incapables de savoir certainement et d'ignorer absolument. Nous voguons[72] sur un milieu vaste, toujours incertains et flottants, poussés d'un bout vers l'autre. Quelque terme où nous pensions nous attacher et nous affermir, il branle et nous quitte; et si nous le suivons, il échappe à nos prises, nous glisse et fuit d'une fuite éternelle. Rien ne s'arrête pour nous. C'est l'état qui nous est naturel, et toutefois le plus contraire à notre inclination; nous brûlons de désir de trouver une assiette[73] ferme, et une dernière base constante pour y édifier une tour qui s'élève à l'infini; mais tout notre fondement craque, et la terre s'ouvre jus-qu'aux abîmes…

[391] **L'homme n'est qu'un roseau,**[74] **le plus faible de la nature; mais c'est un roseau pensant.** Il ne faut pas que l'univers entier s'arme pour l'écraser: une vapeur, une goutte d'eau, suffit pour le tuer. Mais, quand[75] l'univers l'écraserait, l'homme serait encore plus noble que ce qui le tue, puisqu'il sait qu'il meurt, et l'avantage que l'univers a sur lui, l'univers n'en sait rien.

Toute notre dignité consiste donc en la pensée. C'est de là qu'il nous faut relever[76] et non de l'espace et de la durée, que nous ne saurions remplir. Travaillons donc à bien penser: voilà le principe de la morale.

[392] Le silence éternel de ces espaces infinis m'effraie.

XVIII. FONDEMENTS DE LA RELIGION ET RÉPONSE AUX OBJECTIONS

[468] C'est un héritier qui trouve les titres[77] de sa maison. Dira-t-il: « Peut-être qu'ils sont faux? » et négligera-t-il de les examiner?

XXI. PERPÉTUITÉ

[543] La seule religion contre la nature, contre le sens commun, contre nos plaisirs, est la seule qui ait toujours été.

SECTION II

I. NOTES PERSONNELLES

[756] J'avais passé longtemps dans l'étude des sciences abstraites; et le peu de communication qu'on en peut avoir m'en avait dégoûté. Quand j'ai commencé l'étude de l'homme, j'ai vu que ces sciences abstraites ne sont pas propres à l'homme, et que je m'égarais plus de ma condition en y pénétrant que les autres en les ignorant. J'ai pardonné aux autres d'y peu savoir. Mais j'ai cru trouver au moins bien des compagnons en l'étude de l'homme et que c'est la vraie étude qui lui est propre. J'ai été trompé; il y en a encore moins qui l'étudient que la géométrie. Ce n'est que manque de savoir étudier cela qu'on cherche le reste; mais n'est-ce pas que ce n'est pas encore là la science que l'homme doit avoir, et qu'il lui est meilleur de s'ignorer pour être heureux?

[758] Ce n'est pas dans Montaigne, mais dans moi, que je trouve tout ce que j'y vois.

VI. NOTES POUR UNE PRÉFACE D'UN TRAITÉ DE GÉOMÉTRIE

[911] *Géométrie, finesse.*[78] La vraie éloquence se moque de l'éloquence, la vraie morale se moque de la morale; c'est-à-dire que la morale du jugement se moque de la morale de l'esprit—qui est sans règles.

---

72. *voguons:* are sailing.
73. *assiette:* lodgment, foundation.
74. *roseau:* reed.
75. *quand:* if.

76. *il nous faut relever:* we must take our…stand.
77. *titres:* deeds.
78. *finesse:* intuition.

Car le jugement est celui à qui appartient le sentiment, comme les sciences appartiennent à l'esprit. La finesse est la part du jugement, la géométrie est celle de l'esprit.

Se moquer de la philosophie, c'est vraiment philosopher.

VIII. NOTES DIVERSES

[932] *Beauté poétique.* Comme on dit beauté poétique, on devrait aussi dire beauté géométrique, et beauté médicinale; mais on ne le dit pas: et la raison en est qu'on sait bien quel est l'objet de la géométrie, et qu'il consiste en preuves, et quel est l'objet de la médecine, et qu'il consiste en la guérison; mais on ne sait pas en quoi consiste l'agrément,[79] qui est l'objet de la poésie. On ne sait ce que c'est que ce modèle naturel qu'il faut imiter; et, à faute de cette connaissance, on a inventé de certains termes bizarres: « siècle d'or, merveille de nos jours, fatal », etc.: et on appelle ce jargon beauté poétique.[80]

Mais qui s'imaginera une femme sur ce modèle-là, qui consiste à dire de petites choses avec de grands mots, verra une jolie damoiselle toute pleine de miroirs et de chaînes, dont il rira, parce qu'on sait mieux en quoi consiste l'agrément d'une femme que l'agrément des vers. Mais ceux qui ne s'y connaîtraient pas l'admireraient en cet

équipage;[81] et il y a bien des villages où on la prendrait pour la reine; et c'est pourquoi nous appelons les sonnets faits sur ce modèle-là les reines de village.

[954] La nature s'imite: une graine, jetée en bonne terre, produit; un principe, jeté dans un bon esprit, produit.

Les nombres imitent l'espace, qui sont de nature si différente.

Tout est fait et conduit par un même maître: la racine, les branches, les fruits, les principes, les conséquences.

[957] Quand un discours naturel peint une passion ou un effet,[82] on trouve dans soi-même la vérité de ce qu'on entend, laquelle on ne savait pas qu'elle y fût, en sorte qu'on est porté à aimer celui qui nous le fait sentir; car il ne nous a pas fait montre de son bien, mais du nôtre; et ainsi ce bienfait nous le rend aimable, outre que cette communauté d'intelligence que nous avons avec lui incline nécessairement le cœur à l'aimer.

[1000] Certains auteurs, parlant de leurs ouvrages, disent: « Mon livre, mon commentaire, mon histoire, etc. » Ils sentent leurs bourgeois qui ont pignon sur rue,[83] et toujours un « chez moi » à la bouche. Ils feraient mieux de dire: « Notre livre, notre commentaire, notre histoire, etc., » vu que d'ordinaire il y a plus en cela du bien d'autrui que du leur.

---

79. *agrément:* charm.
80. Pascal is evidently thinking of Malherbe and his school.
81. *équipage:* outfit.

82. *effet:* action.
83. *Ils...rue:* They smell of the bourgeois with a gable on the street side (*i.e.*, who own a house on a main street).

3. Pierre Corneille

[1606-1684]

Tragedy Rediscovered

Corneille is credited with being the creator of French tragedy. He set the model and determined the form it was to keep for two hundred years.

The medieval mystery play had disappeared in the sixteenth century. Scholarly writers imitated the Greek and Roman dramas with no great success. Two new types of plays arose: the *tragicomedy*, a kind of romantic melodrama; and the *pastoral*, or sentimental tale of stylized shepherds. The farce continued to delight popular audiences. Then came Corneille.

The Part-Time Dramatist

Pierre Corneille was born in Rouen, in a family of lawyers and magistrates. He studied law, practiced, and for many years capably served the government in various posts in Rouen. His writing was a spare-time occupation until 1650.

He began with a series of charming comedies, full of realistic observation. In the last days of 1636, or in the first days of 1637, he had his great success, with *Le Cid*, which he called a tragicomedy. The novelties of the play provoked an angry discussion, known as the *Querelle du Cid*. A critic, Georges de Scudéry, blasted *Le Cid* for: distasteful subject matter, bad rhymes, lack of beauty, and a story line that could not really fit into 24 hours. Corneille's supporters came to his aid. The two sides volleyed back and forth, debating what the theater should ideally be. This served to formalize the critical concept of the serious poetic drama. In the meantime, *Le Cid* became a huge success, followed by more of the same, although the subsequent plays reflected a more subdued, classical style designed to placate the critics. Corneille established his dominance with three great tragedies, *Horace* (1640), *Cinna* (1640), and *Polyeucte* (1641 or 1642). His later work represents, in the general judgment, a falling off. However, the poetry in these later plays is by far the best of Corneille's career. And two of these tragedies, *Rodogune* and *Tite et Bérénice*, have merited serious reconsideration.

Corneille's important plays were written in the time of Cardinal Richelieu, when France was torn by the hostility of rebellious nobles to the Crown. The public adored the strong man, the dominating woman, the excessive, the fantastic, in art as in life. People demanded the heroic, and heroes appeared to answer the demand. (Today we are suspicious of the self-acclaiming hero; we prefer the reluctant hero, unaware of his merit.) Problems of personal honor, *le point d'honneur,* the Spanish *pundonor,* obsessed aristocratic society. Never did the duel to the death so flourish as in those days. (Today we find honor's scruples often ridiculous; but the seventeenth century would think our rejection of honor ignoble.) Corneille's plays often involve a moral conflict in which a code of honor demands violent revenge, which is illegal. Different types of duty—political, social, military, familial—frequently clash, creating a serious dilemma for the hero. In matters of love, as well, honor is key, with the noble lovers struggling to do what is right through sheer force of will. Their estime for one another—quite apart from the dangerous passions of romantic love that the playwright secretly approves—must somehow overcome the pressures put upon them by society. But none of this can happen without great emotional upheaval and heroic flourish for the spectator to enjoy.

This period we call *baroque*. For the baroque mood of the French elite the plays of Corneille were an appropriate and congenial form of art. They are baroque in spirit, with their delight in the excessive and ornamental, and baroque in form, adding free ingenuity to logical, balanced structure.

Theatrical Conventions

Modern Americans, raised on a different theatrical tradition, tend to imagine that they are going to have much difficulty in appreciating French classical tragedy. They shudder at the first sight of these packed pages of rhymed couplets, these long monologues and these longer dialogues, wherein apparently one character stands silent for ten minutes while the other orates. And of course no one talks poetry anyhow. No one who is getting angry explains: "J'enrage!" People do not describe their emotions while they feel them; they reveal their violent feelings by action, by unconsidered words, or, as Diderot said, by grunts and groans. In a moment of crisis no one, in our time at least, takes time off to

Chimène in Jules Massenet's opera based on Corneille's Le Cid. *Courtesy of Bibliothèque nationale de France*

make generalized observations about the nature of love, ambition, or vengeance. And we are irritated by the shameless boasting of the heroes. (But boasting was a convention of the time, the same as in the rap music of modern times; and traditional modesty as a literary stance is a convention too, just as unconvincing.)

Classical French theater had its own format, which reflected a certain conception of what theater is all about, at least in theory.

In the first place, a play is something performed on a stage, and our printed text is a mere script from which actors are to make a play, with their voices, bodies, and imaginations. (Similarly a score for music is not music until it is turned into sound.) Seventeenth-century playwrights did not help us by providing stage directions. We would be aided by such annotations as: "She frowns, muses, turns, crosses to door upper left, and bursts out furiously." In the absence of stage directions we must provide the background with our own imaginations. This frees us to see the play as we wish, and frees directors and actors to present their own interpretation. In other words, the play is free to be a living, changing organism, adaptable to all eras. That is part of its *universality*.

In the second place, Corneille and his followers conceived of the play as a narrative poem rather than a representation of action. Authors referred to their tragedies as "poems"; audiences went to "hear" a play rather than to see it. A play consisted largely of the analysis of the emotions prompting behavior. Hence the interest of the spectator was concentrated on the psychology of the characters in a given situation. He was stirred by the anticipation of action more than by action. (Thus a fierce football game in which something tremendous is always about to happen but nothing much actually does can be more exciting than one in which a score is made every five minutes. This is *suspense*.) Moreover, the poem is supposed to employ clear, standard vocabulary, and perfectly correct grammar at all times. This makes classical French plays actually rather easy for the student to read, especially as opposed to modern slang-filled works.

In the third place, violent action on the stage was banned, partly from conventional propriety, *les bienséances,* partly also for physical reasons. The stage was small, the lighting by candles dim. The popularity of *Le Cid* induced the managers to seat privileged spectators at the sides of the stage; the custom lasted for a century. Swordplay or mass action would have been awkward, even dangerous. Thus physical struggles, abductions, murders, were described, not presented. Does this mean a loss of vividness? Not necessarily. To return to our football game, a good radio announcer's description of a play can be more thrilling than the sight of the play itself.

As for *technique,* Corneille held that the tragedy should form a continuous chain of events logically proceeding one from the other, as effects follow causes. The conflict of wills provokes the action; hence his characters are commonly possessed of almost monstrous will power. We see the characters in a moment of crisis, which is eventually resolved. The ending, the *denouement,* need not necessarily be unhappy; indeed, the idea that a tragedy is something with an unhappy ending is not to be found in Aristotle or the Greek tragedians. The *form* Corneille established became accepted as that of classical French tragedy. It must be a five-act play in verse, depicting a moral crisis, taking place within twenty-four hours in a restricted area. To avoid vulgar and comic connotations the setting must be distant in time or place, and the characters must be noble. The tone is that of polite society. The language is noble and elevated. In *Le Cid*, not only do all the characters speak in poetry, but they all speak in rhyming couplets. The artificiality is striking at first, but after the first few minutes is totally accepted by the spectator, so that if any character were suddenly to talk in normal speech it would sound bizarre.

In the Mind's Eye

In reading this and other plays you should contribute all you have of imagination. *Le Cid* is like a grand old cowboy movie, full of bigger-than-life good guys and bad guys living out the Code of the West (or in this case, the Code of the Spaniards). But it is also stage-bound theater. Picture the stage and the actors; put yourself in the role of the speaker; vary his utterance according to his shifts of mood; and keep the silent characters in mind, with their responses to the speaker's words. Don't be afraid to let yourself go, to split the ears of the groundlings. Corneille's verse is heroic poetry, to be declaimed. It has a sonorous richness few other writers have approached. Because it is memorized by all French schoolchildren (usually against their will at first), it lingers in every French adult's memory, and should linger in yours.

✤ ✤ ✤

Le Cid

Une Tragicomédie

[*The historical Cid (from the Arabic* Seid, *"Chief") was an eleventh-century Spanish warrior named Rodrigo Diaz de Bivar who fought against (and sometimes with) the Moors. His fate was enshrined in popular ballads and in a twelfth-century epic, the* Poema de mio Cid. *He became, and remains, Spain's national hero. Corneille read of the Cid in plays of a Spanish dramatist, Guillén de Castro, of the early seventeenth century. He accepted the thread if the story, and retold it in his own manner, choosing to focus on an early incident in the hero's life.*

In Corneille's version the theme is essentially the effort of two lovers to find each other while remaining true to the principles of honor. Rodrigue and Chimène try to prove their love by outdoing each other in honor; but it seems that the only resolution of the point d'honneur is death. A happy ending is contrived by an opportune intervention of chance, a deus ex machina (a "god-out-of-a-machine" unforeseen finale.)

The character of the wise king, Fernand, is obviously intended as flattery of France's King Louis XIII, a shrewd move on Corneille's part.

The Play was a great popular hit. (It was even produced in Quebec in 1646, to what Europeans considered a largely "savage" audience.) The phrase "beau comme le Cid" yet remains in French speech as a proverb. The play is still very effective. The modern custom is to produce it as a rattling melodrama, with much quick movement, ferocious gesture, roaring, stamping, and snarling.

This is a good way to read it.

(Corneille inserted a subplot, portraying the love of the Infanta, daughter of the King, for Rodrigue. The Infanta embodies a temptation for Rodrigue and a rival for Rodrigue's true love, Chimène. However, because the Infanta is of the highest nobility, she could never possibly marry anyone but a king or prince, and Rodrigue is neither. Consequently, the Infanta gives up on Rodrigue and bows out gracefully. This subplot and the character of the Infanta are here omitted, as is usual in modern stage production.)]

PERSONNAGES

DON FERNAND,[1] premier roi de Castille

DON DIÈGUE, père de don Rodrigue

DON GOMÈS, comte de Gormas, père de Chimène

DON RODRIGUE, amant[2] de Chimène

DON SANCHE, amoureux[3] de Chimène

DON ARIAS } gentilshommes castillans
DON ALONSE

CHIMÈNE, fille de don Gomès

ELVIRE, gouvernante[4] de Chimène

La scène est à Séville. [5]

ACTE PREMIER

Chez Chimène

SCÈNE PREMIÈRE[6]: *CHIMÈNE, ELVIRE*

CHIMÈNE.

Elvire, m'as-tu fait un rapport bien sincère?

Ne déguises-tu rien de ce qu'a dit mon père?

ELVIRE.

Tous mes sens à moi-même en sont encor[7] charmés:

Il estime Rodrigue autant que vous l'aimez,

Et si je ne m'abuse à lire dans son âme,

Il vous commandera de répondre à sa flamme.[8]

---

1. *Don Fernand:* a historical character, eleventh century.
2. *amant:* favored suitor.
3. *amoureux:* not so favored suitor.
4. *gouvernante:* governess and confidante.
5. *Séville:* city in southern Spain. (Unity of place makes no difficulty. Corneille attains unity of time by assuming that the story begins about noon and continues until noon of the following day.)

6. A *scène* consists of a set of actions and speeches in an unchanged group of actors; it need not mean a change of stage-setting...Every play must begin with an *exposition,* informing the spectators of the actors and their situation. Notice how much we have learned by the end of the first scene.
7. *encor:* the *e* is dropped to save a syllable.
8. *flamme:* here, love. (An echo of *précieux* speech.)

féconde en guerriers —>

CHIMÈNE.

Dis-moi donc, je te prie, une seconde fois
Ce qui te fait juger qu'il approuve mon
 choix:
Apprends-moi de nouveau quel espoir
 j'en dois prendre;
Un si charmant discours ne se peut trop
 entendre;
Tu ne peux trop promettre aux feux de
 notre amour
La douce liberté de se montrer au jour.[9]
Que t'a-t-il répondu sur la secrète
 brigue[10]
Que font auprès de toi don Sanche et
 don Rodrigue?
N'as-tu point trop fait voir quelle
 inégalité
Entre ces deux amants me penche d'un
 côté?

ELVIRE.

Non; j'ai peint votre cœur dans une
 indifférence
Qui n'enfle[11] d'aucun d'eux ni détruit
 l'espérance,
Et sans les voir d'un œil trop sévère ou
 trop doux,
Attend l'ordre d'un père à choisir un
 époux.
Ce respect l'a ravi, sa bouche et son
 visage
M'en ont donné sur l'heure un digne
 témoignage,
Et puisqu'il nous en faut encor faire un
 récit,
Voici d'eux et de vous ce qu'en hâte il
 m'a dit:
« Elle est dans le devoir; tous deux sont
 dignes d'elle,
Tous deux formés d'un sang noble,
 vaillant, fidèle,
Jeunes, mais qui font lire aisément dans
 leurs yeux
L'éclatante vertu[12] de leurs braves aïeux.

Don Rodrigue surtout n'a trait[13] en son
 visage
Qui d'un homme de cœur[14] ne soit la
 haute image,
Et sort d'une maison si féconde en
 guerriers,
Qu'ils y prennent naissance au milieu
 des lauriers.
La valeur de son père, en son temps sans
 pareille,
Tant qu'a duré sa force, a passé pour
 merveille;
Ses rides sur son front ont gravé ses
 exploits
Et nous disent encor ce qu'il fut autrefois.
Je me promets du fils ce que j'ai vu du
 père;
Et ma fille, en un mot, peut l'aimer et
 me plaire. »
Il allait au conseil, dont l'heure qui
 pressait
A tranché ce discours[15] qu'à peine il
 commençait;
Mais à ce peu de mots je crois que sa
 pensée
Entre vos deux amants n'est pas fort
 balancée.
Le Roi doit à son fils élire[16] un
 gouverneur,[17]
Et c'est lui que regarde un tel degré
 d'honneur:
Ce choix n'est pas douteux, et sa rare
 vaillance
Ne peut souffrir qu'on craigne aucune
 concurrence.
Comme ses hauts exploits le rendent
 sans égal,
Dans un espoir si juste il sera sans rival;
Et puisque don Rodrigue a résolu son
 père
Au sortir du conseil à proposer l'affaire.[18]
Je vous laisse à juger s'il prendra bien
 son temps,

---

9. *se montrer au jour:* to show themselves publicly.
10. *brigue:* intervention, suit. (Since suitors in Spain
    would have no access to a lady of rank they would
    try to win over her confidante, or duenna.)
11. *enfle:* is stirred.
12. *vertu:* valor.
13. *trait:* feature.
14. *cœur = courage.*
15. *tranché ce discours:* cut short these words.
16. *élire:* choose.
17. *gouverneur:* tutor.
18. *l'affaire:* i.e., the formal request for Chimène's
    hand.

Et si tous vos désirs seront bientôt
contents.[19]

CHIMÈNE

Il semble toutefois que mon âme
troublée
Refuse cette joie et s'en trouve accablée:
Un moment donne au sort des visages
divers,
Et dans ce grand bonheur je crains un
grand revers.

ELVIRE.

Vous verrez cette crainte heureusement
déçue.

CHIMÈNE.

Allons, quoi qu'il en soit, en attendre
l'issue.

*Une place publique devant le palais
royal*

SCÈNE II: LE COMTE, DON DIÈGUE

LE COMTE.

Enfin vous l'emportez, et la faveur du
Roi
Vous élève en un rang qui n'était dû
qu'à moi:
Il vous fait gouverneur du prince de
Castille.

DON DIÈGUE.

Cette marque d'honneur qu'il met dans
ma famille
Montre à tous qu'il est juste, et fait
connaître assez
Qu'il sait récompenser les services
passés.

LE COMTE.

Pour grands que soient[20] les rois, ils sont
ce que nous sommes:
Ils peuvent se tromper comme les autres
hommes;
Et ce choix sert de preuve à tous les
courtisans
Qu'ils savent mal payer les services
présents.

DON DIÈGUE.

Ne parlons plus d'un choix dont votre
esprit s'irrite:
La faveur l'a pu faire autant que le
mérite;
Mais on doit ce respect au pouvoir
absolu,
De n'examiner rien quand un roi l'a
voulu.
A l'honneur qu'il m'a fait ajoutez-en un
autre;
Joignons d'un sacré nœud ma maison et
la vôtre:
Vous n'avez qu'une fille, et moi je n'ai
qu'un fils;
Leur hymen nous peut rendre à jamais
plus qu'amis:
Faites-nous cette grâce, et l'acceptez
pour gendre.

LE COMTE.

A des partis plus hauts ce beau fils doit
prétendre;
Et le nouvel éclat de votre dignité
Lui doit enfler le cœur d'une autre[21]
vanité.
Exercez-la, Monsieur, et gouvernez le
Prince:
Montrez-lui comme il faut régir une
province,
Faire trembler partout les peuples sous
sa loi,
Remplir les bons d'amour, et les
méchants d'effroi.
Joignez à ces vertus celles d'un
capitaine:
Montrez-lui comme il faut s'endurcir à
la peine,
Dans le métier de Mars[22] se rendre sans
égal,
Passer les jours entiers et les nuits à
cheval,
Reposer tout armé, forcer une muraille,
Et ne devoir qu'à soi le gain d'une
bataille.
Instruisez-le d'exemple, et rendez-le
parfait,

---

19. *contents = contentés.*
20. *Pour grands que soient:* However great may be.
21. *autre:* i.e., higher.
22. *le métier de Mars:* i.e., the army.

Expliquant à ses yeux vos leçons par
  l'effet.[23]

DON DIÈGUE.

Pour s'instruire d'exemple, en dépit de
  l'envie,

Il lira seulement l'histoire de ma vie.

Là, dans un long tissu[24] de belles
  actions,

Il verra comme il faut dompter des
  nations,

Attaquer une place, ordonner[25] une
  armée,

Et sur de grands exploits bâtir sa
  renommée.

LE COMTE.

Les exemples vivants sont d'un autre[26]
  pouvoir;

Un prince dans un livre apprend mal son
  devoir.

Et qu'a fait après tout ce grand nombre
  d'années,

Que ne puisse égaler une de mes
  journées?

Si vous fûtes vaillant, je le suis
  aujourd'hui,

Et ce bras du royaume[27] est le plus ferme
  appui.

Grenade et l'Aragon tremblent quand ce
  fer brille;

Mon nom sert de rempart à toute la
  Castille:

Sans moi, vous passeriez bientôt sous
  d'autres lois,

Et vous auriez bientôt vos ennemis pour
  rois.

Chaque jour, chaque instant, pour
  rehausser ma gloire,

Met lauriers sur lauriers, victoire sur
  victoire:

Le Prince à mes côtés ferait dans les
  combats

L'essai de son courage à l'ombre de
  mon bras;

Il apprendrait à vaincre en me regardant
  faire

Et pour répondre en hâte à son grand
  caractère,

Il verrait…

DON DIÈGUE.

Je le sais, vous servez bien le Roi:

Je vous ai vu combattre et commander
  sous moi.

Quand l'âge dans mes nerfs a fait couler
  sa glace,

Votre rare valeur a bien rempli ma place;

Enfin, pour épargner les discours
  superflus,

Vous êtes aujourd'hui ce qu'autrefois je
  fus.

Vous voyez toutefois qu'en cette
  concurrence[28]

Un monarque entre nous met quelque
  différence.

LE COMTE.

Ce que je méritais, vous l'avez
  emporté.[29]

DON DIÈGUE.

Qui l'a gagné sur vous l'avait mieux
  mérité.

LE COMTE.

Qui peut mieux l'exercer en est bien le
  plus digne.

DON DIÈGUE.

En être refusé n'en est pas un bon signe.

LE COMTE.

Vous l'avez eu par brigue,[30] étant vieux
  courtisan.

DON DIÈGUE.

L'éclat de mes hauts faits fut mon seul
  partisan.

LE COMTE.

Parlons-en mieux, le Roi fait honneur à
  votre âge.

DON DIÈGUE.

Le Roi, quand il en fait, le mesure au
  courage.[31]

---

23. *effet:* fact, actuality, performance. (The Comte
     has been giving Don Diègue ironical counsels
     which are impossible for the old man to fulfill.)
24. *tissu:* series.
25. *ordonner:* organize.
26. *autre:* greater.
27. *du royaume:* depends on *appui.*

28. *concurrence:* competition.
29. The following lines represent the *stichomythia*
     of the Greek dramatists, the arrangement of
     dialogue in single alternate lines.
30. *brigue:* conspiracy.
31. *courage = cœur:* i.e., nobility of spirit.

LE COMTE.

Et par là cet honneur n'était dû qu'à
mon bras.

DON DIÈGUE.

Qui n'a pu l'obtenir ne le méritait pas.

LE COMTE.

Ne le méritait pas! moi?

DON DIÈGUE.

Vous.

LE COMTE.

Ton[32] impudence,[33]

Téméraire vieillard, aura sa récompense.
(*Il lui donne un soufflet.*[34])

DON DIÈGUE (*mettant l'épée à la main*).

Achève, et prends ma vie, après un tel
affront,

Le premier dont ma race ait vu rougir
son front.

LE COMTE.

Et que penses-tu faire avec tant de
faiblesse?

DON DIÈGUE.

O Dieu! ma force usée en ce besoin me
laisse!

LE COMTE.

Ton épée est à moi;[35] mais tu serais trop
vain,[36]

Si ce honteux trophée avait chargé ma
main.

Adieu: fais lire au prince, en dépit de
l'envie,[37]

Pour son instruction, l'histoire de ta vie:

D'un insolent discours ce juste
châtiment

Ne lui servira pas d'un petit ornement.

SCÈNE III: DON DIÈGUE

O rage! ô désespoir! ô vieillesse
ennemie!

N'ai-je donc tant vécu que pour cette
infamie?

Et ne suis-je blanchi dans les travaux
guerriers

Que pour voir en un jour flétrir[38] tant de
lauriers?

Mon bras, qu'avec respect toute
l'Espagne admire,

Mon bras, qui tant de fois a sauvé cet
empire,

Tant de fois affermi le trône de son roi,

Trahit donc ma querelle,[39] et ne fait rien
pour moi?

O cruel souvenir de ma gloire[40] passée!

Œuvre de tant de jours en un jour
effacée!

Nouvelle dignité, fatale à mon bonheur!

Précipice élevé d'où tombe mon
honneur!

Faut-il de votre éclat voir triompher le
Comte,

Et mourir sans vengeance, ou vivre dans
la honte?

Comte, sois de mon prince à présent
gouverneur:

Ce haut rang n'admet point un homme
sans honneur;

Et ton jaloux orgueil, par cet affront
insigne,

Malgré le choix du Roi, m'en[41] a su
rendre indigne.

Et toi,[42] de mes exploits glorieux
instrument,

Mais d'un corps tout de glace inutile
ornement,

Fer, jadis tant à craindre et qui, dans
cette offense,

M'a servi de parade,[43] et non pas de
défense,

---

32. *Ton:* What is the effect of this shift from *vous* to the second person singular?

33. *Ne le méritait pas …ton impudence.* Notice how Corneille utilizes three consecutive short phrases by three different speakers to add up to one *alexandrin* (12-syllable line). This technique was controversial among some critics.

34. *soufflet:* slap in the face. (This violent action on the stage was much criticized as improper for the dignity of tragedy.)

35. The Comte has struck Don Diègue's sword from his hand.

36. *vain:* foolhardy.

37. *en dépit de l'envie:* The Comte ironically picks up Don Diègue's phrase.

38. *flétrir:* wither.

39. *querelle:* cause, defense.

40. *gloire:* reputation, public esteem. (The word represents the obsession of all the noble characters.)

41. *en = de ce haut rang.*

42. *toi:* Don Diègue addresses his sword.

43. *parade:* display.

Va, quitte désormais le dernier des
   humains,
Passe, pour me venger, en de meilleures
   mains.

SCÈNE IV: *DON DIÈGUE, DON RODRIGUE*

DON DIÈGUE.
   Rodrigue, as-tu du cœur?
DON RODRIGUE.
   Tout autre que mon père
   L'éprouverait sur l'heure.
DON DIÈGUE.
   Agréable colère!
   Digne ressentiment à ma douleur bien
      doux!
   Je reconnais mon sang à ce noble
      courroux;
   Ma jeunesse revit en cette ardeur si
      prompte.
   Viens, mon fils, viens, mon sang, viens
      réparer ma honte;
   Viens me venger.
DON RODRIGUE.
   De quoi?
DON DIÈGUE.
   D'un affront si cruel,
   Qu'à l'honneur de tous deux il porte un
      coup mortel:
   D'un soufflet. L'insolent en eût perdu
      la vie;
   Mais mon âge a trompé ma généreuse[44]
      envie:
   Et ce fer que mon bras ne peut plus
      soutenir,
   Je le remets au tien pour venger et punir.
   Va contre un arrogant éprouver ton
      courage:
   Ce n'est que dans le sang qu'on lave un
      tel outrage;
   Meurs ou tue. Au surplus, pour ne te
      point flatter,[45]
   Je te donne à combattre un homme à
      redouter:

Je l'ai vu, tout couvert de sang et de
   poussière,
Porter partout l'effroi dans une armée
   entière.
J'ai vu par sa valeur cent escadrons
   rompus;
Et pour t'en dire encor quelque chose
   de plus,
Plus que brave soldat, plus que grand
   capitaine,
C'est…
DON RODRIGUE.
   De grâce, achevez.
DON DIÈGUE.
   Le père de Chimène.
DON RODRIGUE.
   Le…
DON DIÈGUE.
   Ne réplique point, je connais ton amour;
   Mais qui peut vivre infâme est indigne
      du jour.
   Plus l'offenseur est cher, et plus grande
      est l'offense.
   Enfin tu sais l'affront, et tu tiens la
      vengeance:
   Je ne te dis plus rien. Venge-moi, venge-
      toi;
   Montre-toi digne fils d'un père tel que
      moi.
   Accablé des malheurs où le destin me
      range,[46]
   Je vais les déplorer[47]: va, cours, vole, et
      nous venge.[48]

SCÈNE V: *DON RODRIGUE*

DON RODRIGUE.
   Percé jusques au fond du cœur
   ⎧ D'une atteinte imprévue aussi bien que
   ⎪   mortelle,
   ⎨ Misérable vengeur d'une juste querelle,
   ⎪ Et malheureux objet d'une injuste
   ⎩   rigueur,[49]

---

44. *généreuse:* noble, high-hearted.
45. *flatter = tromper.*
46. *range:* reduces.
47. *déplorer:* grieve over.
48. *venge:* Don Diègue ends with the capital, significant word (probably shouted). He exits; Don Rodrigue meditates, then breaks into a

lyrical monologue, presenting his spiritual dilemma. (Such *stances,* interrupting the monotony of the alexandrines, were familiar in earlier French plays. They are the actor's great opportunity to render variety of shifting emotion in the recurrent rhythms of poetic diction.)
49. *rigueur:* i.e., *du sort.*

Je demeure immobile, et mon âme
  abattue
Cède au coup qui me tue.
Si près de voir mon feu[50] récompensé,
O Dieu, l'étrange[51] peine!
En cet affront mon père est l'offensé,
Et l'offenseur le père de Chimène!

Que je sens de rudes combats!
Contre mon propre honneur mon amour
  s'intéresse[52]:
Il faut venger un père, et perdre une
  maîtresse:
L'un m'anime le cœur, l'autre retient
  mon bras.
Réduit au triste choix ou de trahir ma
  flamme,[53]
Ou de vivre en infâme,[54]
Des deux côtés mon mal est infini.
O Dieu, l'étrange peine!
Faut-il laisser un affront impuni?
Faut-il punir le père de Chimène?

Père, maîtresse, honneur, amour,
Noble et dure contrainte, aimable
  tyrannie,
Tous mes plaisirs sont morts, ou ma
  gloire ternie.[55]
L'un me rend malheureux, l'autre
  indigne du jour.
Cher et cruel espoir[56] d'une âme
  généreuse,
Mais ensemble[57] amoureuse,
Digne ennemi de mon plus grand
  bonheur,
Fer qui causes ma peine,
M'es-tu donné pour venger mon
  honneur?
M'es-tu donné pour perdre ma
  Chimène?

Il vaut mieux courir au trépas.[58]
Je dois[59] à ma maîtresse aussi bien qu'à
  mon père:
J'attire en me vengeant sa haine et sa
  colère;
J'attire ses mépris en ne me vengeant
  pas.
A mon plus doux espoir l'un me rend
  infidèle,
Et l'autre indigne d'elle.
Mon mal augmente à le vouloir guérir;
Tout redouble ma peine.
Allons, mon âme; et puisqu'il faut
  mourir,
Mourons du moins sans offenser
  Chimène.

Mourir sans tirer ma raison![60]
Rechercher un trépas si mortel à ma
  gloire![61]
Endurer que l'Espagne impute à ma
  mémoire
D'avoir mal soutenu l'honneur de ma
  maison!
Respecter un amour dont mon âme
  égarée
Voit la perte assurée!
N'écoutons plus ce penser suborneur,[62]
Qui ne sert qu'à ma peine.
Allons, mon bras, sauvons du moins
  l'honneur,
Puisqu'après tout il faut perdre
  Chimène.

Oui, mon esprit s'était déçu.
Je dois tout à mon père avant qu'à ma
  maîtresse:
Que je meure au combat, ou meure de
  tristesse,
Je rendrai mon sang pur comme je l'ai
  reçu.

---

50. *feu:* love.
51. *étrange:* extraordinary, dreadful.
52. *s'intéresse:* takes sides.
53. *trahir ma flamme:* i.e., by killing Chimène's father.
54. *vivre en infâme:* i.e., by leaving the insult unavenged.
55. *ternie:* tarnished.
56. *espoir:* he addresses his sword.
57. *ensemble:* at the same time.
58. *trépas:* death.
59. *dois:* have an obligation.
60. *tirer ma raison:* obtaining my satisfaction.
61. *gloire:* honorable reputation.
62. *suborneur:* seductive.

Je m'accuse déjà de trop de négligence:
Courons à la vengeance;
Et tout honteux d'avoir tant balancé,
Ne soyons plus en peine,
Puisqu'aujourd'hui mon père est
l'offensé,
Si l'offenseur est père de Chimène.[63]

ACTE II

Une salle du palais

SCÈNE PREMIÈRE: DON ARIAS, LE COMTE

LE COMTE.

Je l'avoue entre nous, mon sang un peu
trop chaud
S'est trop ému d'un mot et l'a porté trop
haut;[64]
Mais puisque c'en est fait, le coup est
sans remède.

DON ARIAS.

Qu'aux volontés du Roi ce grand
courage cède:
Il y prend grande part,[65] et son cœur
irrité
Agira contre vous de pleine autorité.
Aussi vous n'avez point de valable
défense:
Le rang de l'offensé, la grandeur de
l'offense,
Demandent des devoirs et des
submissions[66]
Qui passent le commun des
satisfactions.

LE COMTE.

Le Roi peut à son gré disposer de ma vie.

DON ARIAS.

De trop d'emportement votre faute est
suivie.
Le Roi vous aime encore; apaisez son
courroux.
Il a dit: « Je le veux »; désobéirez-vous?

LE COMTE.

Monsieur, pour conserver tout ce que
j'ai d'estime[67]

Désobéir un peu n'est pas un si grand
crime;
Et quelque grand qu'il soit, mes services
présents
Pour le faire abolir sont plus que
suffisants.

DON ARIAS.

Quoi qu'on fasse d'illustre et de
considérable,
Jamais à son sujet un roi n'est redevable.
Vous vous flattez beaucoup, et vous
devez savoir
Que qui sert bien son roi ne fait que son
devoir.
Vous vous perdrez, Monsieur, sur[68] cette
confiance.

LE COMTE.

Je ne vous en croirai qu'après
l'expérience.

DON ARIAS.

Vous devez redouter la puissance d'un
roi.

LE COMTE.

Un jour seul ne perd pas un homme tel
que moi.
Que toute sa grandeur s'arme pour mon
supplice,
Tout l'État périra, s'il faut que je périsse.

DON ARIAS.

Quoi! vous craignez si peu le pouvoir
souverain...

LE COMTE.

D'un sceptre qui sans moi tomberait de
sa main.
Il a trop d'intérêt lui-même en ma
personne,
Et ma tête en tombant ferait choir[69] sa
couronne.

DON ARIAS.

Souffrez que la raison remette vos
esprits.
Prenez un bon conseil.[70]

LE COMTE.

Le conseil en est pris.

---

63. Thus the act ends with the triumph, in the hero's
mind, of honor's duty over passion.
64. *l'a porté trop haut:* took too high a tone.
65. *prend grande part:* is much concerned. (It is
evident that Don Arias comes as a messenger
from the King to bring about a reconciliation.)

66. *submissions = soumissions.* (Corneille's occasional
archaisms lend dignity and distance.)
67. *estime:* reputation.
68. *sur:* by trusting to.
69. *choir = tomber.*
70. *conseil:* decision.

DON ARIAS.

Que lui dirai-je enfin? je lui dois rendre
compte.

LE COMTE.

Que je ne puis du tout consentir à ma
honte.

DON ARIAS.

Mais songez que les rois veulent être
absolus.

LE COMTE.

Le sort en est jeté, Monsieur, n'en
parlons plus.

DON ARIAS.

Adieu donc, puisqu'en vain je tâche à
vous résoudre:

Avec tous vos lauriers, craignez encor le
foudre.[71]

LE COMTE.

Je l'attendrai sans peur.

DON ARIAS.

Mais non pas sans effet.

LE COMTE.

Nous verrons donc par là don Diègue
satisfait.

(*Il est seul.*)

Qui ne craint point la mort ne craint
point les menaces.

J'ai le cœur au-dessus des plus fières[72]
disgrâces;[73]

Et l'on peut me réduire à vivre sans
bonheur,

Mais non pas me résoudre à vivre sans
honneur.

La place devant le palais royal

Scène II: *LE COMTE, DON RODRIGUE*

DON RODRIGUE.

A moi, Comte, deux mots.

LE COMTE.

Parle.

DON RODRIGUE.

Ote-moi d'un doute.

Connais-tu bien don Diègue?

LE COMTE.

Oui.

DON RODRIGUE.

Parlons bas; écoute.

Sais-tu que ce vieillard fut la même
vertu,[74]

La vaillance et l'honneur de son temps?
le sais-tu?

LE COMTE.

Peut-être.

DON RODRIGUE.

Cette ardeur que dans les yeux je porte,

Sais-tu que c'est son sang? le sais-tu?

LE COMTE.

Que m'importe?

DON RODRIGUE.

A quatre pas d'ici je te le fais savoir.

LE COMTE.

Jeune présomptueux!

DON RODRIGUE.

Parle sans t'émouvoir.

Je suis jeune, il est vrai; mais aux âmes
bien nées

La valeur n'attend point le nombre des
années.[75]

LE COMTE.

Te mesurer à moi! qui t'a rendu si vain,

Toi qu'on n'a jamais vu les armes à la
main?

DON RODRIGUE.

Mes pareils à deux fois ne se font point
connaître,

Et pour leurs coups d'essai veulent des
coups de maître.

LE COMTE.

Sais-tu bien qui je suis?

DON RODRIGUE.

Oui; tout autre que moi

Au seul bruit de ton nom pourrait
trembler d'effroi.

Les palmes dont je vois ta tête si
couverte

Semblent porter écrit le destin de ma
perte.

J'attaque en téméraire un bras toujours
vainqueur;

Mais j'aurai trop de force, ayant assez
de cœur.

---

71. It was believed that lightning never struck a
laurel.
72. *fières:* cruel.
73. *disgrâces:* misfortunes.
74. *la même vertu = la vertu même.*
75. Famous lines.

A qui venge son père il n'est rien
    impossible.
Ton bras est invaincu, mais non pas
    invincible.

LE COMTE.

Ce grand cœur qui paraît aux discours
    que tu tiens,
Par tes yeux, chaque jour, se découvrait
    aux miens;
Et croyant voir en toi l'honneur de la
    Castille,
Mon âme avec plaisir te destinait ma
    fille.
Je sais ta passion, et suis ravi de voir
Que tous ses mouvements cèdent à ton
    devoir;
Qu'ils n'ont point affaibli cette ardeur
    magnanime;
Que ta haute vertu répond à mon estime;
Et que, voulant pour gendre un cavalier
    parfait,
Je ne me trompais point au choix que
    j'avais fait;
Mais je sens que pour toi ma pitié
    s'intéresse;
J'admire ton courage, et je plains ta
    jeunesse.
Ne cherche point à faire un coup d'essai
    fatal;
Dispense ma valeur d'un combat inégal;
Trop peu d'honneur pour moi suivrait
    cette victoire:
A vaincre sans péril, on triomphe sans
    gloire.[76]
On te croirait toujours abattu sans effort;
Et j'aurais seulement le regret de ta
    mort.

DON RODRIGUE.

D'une indigne pitié ton audace est
    suivie:
Qui m'ose ôter l'honneur craint de
    m'ôter la vie?

LE COMTE.

Retire-toi d'ici.

DON RODRIGUE.

Marchons sans discourir.[77]

LE COMTE.

Es-tu si las de vivre?

DON RODRIGUE.

As-tu peur de mourir?

LE COMTE.

Viens, tu fais ton devoir, et le fils
    dégénère
Qui survit un moment à l'honneur de
    son père.

Chez le Roi

SCÈNE III: DON FERNAND, DON ARIAS, DON SANCHE

DON FERNAND.

Le Comte est donc si vain, et si peu
    raisonnable!
Ose-t-il croire encor son crime
    pardonnable?

DON ARIAS.

Je l'ai de votre part longtemps entretenu;
J'ai fait mon pouvoir,[78] Sire, et n'ai rien
    obtenu.

DON FERNAND,

Justes cieux! ainsi donc un sujet
    téméraire
A si peu de respect et de soin de me
    plaire!
Il offense don Diègue, et méprise son
    roi!
Au milieu de ma cour il me donne la loi!
Qu'il soit brave guerrier, qu'il soit grand
    capitaine,
Je saurai bien rabattre[79] une humeur[80] si
    hautaine.
Fût-il la valeur même, et le dieu des
    combats,
Il verra ce que c'est que de n'obéir pas.
Quoi qu'ait pu mériter une telle
    insolence,
Je l'ai voulu d'abord traiter sans
    violence;
Mais puisqu'il en abuse, allez dès
    aujourd'hui,
Soit qu'il résiste ou non, vous assurer
    de lui.[81]

---

76. Famous line.
77. *discourir:* talk.
78. *mon pouvoir:* my best.
79. *rabattre:* humble.
80. *humeur:* character.
81. *vous...lui:* arrest him.

DON SANCHE.

Peut-être un peu de temps le rendrait
 moins rebelle
On l'a pris tout bouillant encor de sa
 querelle;
Sire, dans la chaleur d'un premier
 mouvement,
Un cœur si généreux se rend
 malaisément.
Il voit bien qu'il a tort, mais une âme si
 haute
N'est pas sitôt réduite à confesser sa
 faute.

DON FERNAND.

Don Sanche, taisez-vous, et soyez averti
Qu'on se rend criminel à prendre son
 parti.

DON SANCHE.

J'obéis, et me tais; mais de grâce encor,
 Sire,
Deux mots en sa défense.

DON FERNAND.

Et que pourrez-vous dire?

DON SANCHE.

Qu'une âme accoutumée aux grandes
 actions
Ne se peut abaisser à des submissions:
Elle n'en conçoit point qui s'expliquent
 sans honte;
Et c'est à ce mot seul qu'a résisté le
 Comte.
Il trouve en son devoir un peu trop de
 rigueur,
Et vous obéirait, s'il avait moins de
 cœur.
Commandez que son bras, nourri[82] dans
 les alarmes,
Répare cette injure à la pointe des
 armes;
Il satisfera, Sire; et vienne qui voudra,
Attendant qu'il l'ait su, voici qui
 répondra.[83]

DON FERNAND.

Vous perdez le respect; mais je pardonne
 à l'âge,[84]
Et j'excuse l'ardeur en un jeune
 courage.
Un roi dont la prudence a de meilleurs
 objets
Est meilleur ménager du sang de ses
 sujets:
Je veille pour les miens, mes soucis les
 conservent,
Comme le chef[85] a soin des membres qui
 le servent.
Ainsi votre raison n'est pas raison pour
 moi:
Vous parlez en soldat; je dois agir en roi;
Et quoi qu'on veuille dire, et quoi qu'il
 ose croire,
Le Comte à m'obéir ne peut perdre sa
 gloire.
D'ailleurs l'affront me touche: il a perdu
 d'honneur[86]
Celui que de mon fils j'ai fait le
 gouverneur;
S'attaquer à mon choix, c'est se prendre
 à moi-même,
Et faire un attentat sur le pouvoir
 suprême.
N'en parlons plus. Au reste, on a vu dix
 vaisseaux
De nos vieux ennemis arborer les
 drapeaux;[87]
Vers la bouche du fleuve[88] ils ont osé
 paraître.

DON ARIAS.

Les Mores ont appris par force à vous
 connaître,
Et tant de fois vaincus, ils ont perdu le
 cœur
De se plus hasarder contre un si grand
 vainqueur.

---

82. *nourri:* trained.
83. *voici qui répondra:* Don Sanche seizes his sword hilt.
84. *l'âge:* i.e., youth.
85. *chef:* head.
86. *perdu d'honneur:* dishonored.
87. *arborer les drapeaux:* display the flags.
88. *fleuve:* the Guadalquivir, the mouth of which lies about sixty miles below Seville. (The King and his courtiers are certainly very offhand about the threatened invasion. But from the dramatist's point of view the Moorish threat must be kept subordinate to the main theme of the play; it is a mere device to be used later. Anyway, seventeenth-century dramatists gave historical exactness a liberal interpretation.)

DON FERNAND.

Ils ne verront jamais sans quelque
jalousie

Mon sceptre, en dépit d'eux, régir
l'Andalousie;

Et ce pays si beau, qu'ils ont trop[89]
possédé,

Avec un œil d'envie est toujours regardé.

C'est l'unique raison qui m'a fait dans
Séville

Placer depuis dix ans le trône de
Castille,

Pour les voir de plus près, et d'un ordre
plus prompt

Renverser aussitôt ce qu'ils
entreprendront.

DON ARIAS.

Ils savent aux dépens de leurs plus
dignes[90] têtes,

Combien votre présence assure vos
conquêtes:

Vous n'avez rien à craindre.

DON FERNAND.

Et rien à négliger:

Le trop de confiance attire le danger;

Et vous n'ignorez pas qu'avec fort peu
de peine

Un flux[91] de pleine mer jusqu'ici les
amène.

Toutefois j'aurais tort de jeter dans les
cœurs,

L'avis étant mal sûr, de paniques
terreurs.

L'effroi que produirait cette alarme
inutile,

Dans la nuit qui survient troublerait trop
la ville:

Faites doubler la garde aux murs et sur
le port.

C'est assez pour ce soir.

SCÈNE IV: DON FERNAND, DON SANCHE, DON ALONSE

DON ALONSE.

Sire, le Comte est mort:

Don Diègue, par son fils, a vengé son
offense.

DON FERNAND.

Dès que j'ai su l'affront, j'ai prévu la
vengeance;

Et j'ai voulu dès lors prévenir ce
malheur.

DON ALONSE.

Chimène à vos genoux apporte sa
douleur;

Elle vient tout en pleurs vous demander
justice.

DON FERNAND.

Bien qu'à ses déplaisirs[92] mon âme
compatisse,[93]

Ce que le Comte a fait semble avoir
mérité

Ce digne châtiment de sa témérité.

Quelque juste pourtant que puisse être
sa peine,[94]

Je ne puis sans regret perdre un tel
capitaine.

Après un long service à mon État rendu,

Après son sang pour moi mille fois
répandu,

A quelques sentiments que son orgueil
m'oblige,

Sa perte m'affaiblit, et son trépas
m'afflige.

SCÈNE V: DON FERNAND, DON DIÈGUE, CHIMÈNE, DON SANCHE, DON ARIAS, DON ALONSE

CHIMÈNE.

Sire, Sire, justice!

DON DIÈGUE.

Ah! Sire, écoutez-nous.

CHIMÈNE.

Je me jette à vos pieds.

DON DIÈGUE.

J'embrasse vos genoux.

CHIMÈNE.

Je demande justice.

DON DIÈGUE.

Entendez ma défense.

---

89. *trop:* too long.
90. *dignes:* noble.
91. *flux:* flood tide.

92. *déplaisirs:* distresses.
93. *compatisse:* sympathizes.
94. *peine:* punishment.

CHIMÈNE.

D'un jeune audacieux punissez
l'insolence:
Il a de votre sceptre abattu le soutien,
Il a tué mon père.

DON DIÈGUE.

Il a vengé le sien.

CHIMÈNE.

Au sang de ses sujets un roi doit la
justice.

DON DIÈGUE.

Pour la juste vengeance il n'est point de
supplice.

DON FERNAND.

Levez-vous l'un et l'autre, et parlez à
loisir.[95]
Chimène, je prends part à votre
déplaisir;
D'une égale douleur je sens mon âme
atteinte.
(à DON DIÈGUE)
Vous parlerez après; ne troublez pas sa
plainte.

CHIMÈNE.

Sire, mon père est mort; mes yeux ont
vu son sang
Couler à gros bouillons[96] de son
généreux flanc;
Ce sang qui tant de fois garantit vos
murailles,
Ce sang qui tant de fois vous gagna des
batailles,
Ce sang qui tout sorti fume encor de
courroux
De se voir répandu pour d'autres que
pour vous,
Qu'au milieu des hasards n'osait verser
la guerre,
Rodrigue en votre cour vient d'en
couvrir la terre.
J'ai couru sur le lieu, sans force et sans
couleur:
Je l'ai trouvé sans vie. Excusez ma
douleur,
Sire, la voix me manque à ce récit
funeste;

Mes pleurs et mes soupirs vous diront
mieux le reste.

DON FERNAND.

Prends courage, ma fille, et sache
qu'aujourd'hui
Ton roi te veut servir de père au lieu de
lui.

CHIMÈNE.

Sire, de trop d'honneur ma misère est
suivie.
Je vous l'ai déjà dit, je l'ai trouvé sans
vie;
Son flanc était ouvert; et, pour mieux
m'émouvoir,
Son sang sur la poussière écrivait mon
devoir;
Ou plutôt sa valeur en cet état réduite
Me parlait par sa plaie, et hâtait ma
poursuite;
Et, pour se faire entendre au plus juste
des rois,
Par cette triste bouche elle empruntait
ma voix.
Sire, ne souffrez pas que sous votre
puissance
Règne devant vos yeux une telle licence;
Que les plus valeureux, avec impunité,
Soient exposés aux coups de la témérité;
Qu'un jeune audacieux triomphe de leur
gloire,
Se baigne dans leur sang, et brave leur
mémoire.
Un si vaillant guerrier qu'on vient de
vous ravir
Éteint, s'il n'est vengé, l'ardeur de vous
servir.
Enfin mon père est mort, j'en demande
vengeance,
Plus pour votre intérêt que pour mon
allégeance.[97]
Vous perdez en la mort d'un homme de
son rang:
Vengez-la par une autre, et le sang par
le sang.
Immolez, non à moi, mais à votre
couronne,

---

95. *à loisir:* i.e., in turn.
96. *bouillons:* bubbles.

97. *allégeance* (archaic): *allégement,* relief.

Mais à votre grandeur, mais à votre
   personne;
Immolez, dis-je, Sire, au bien de tout
   l'État
Tout ce qu'enorgueillit un si haut
   attentat.[98]

DON FERNAND.

Don Diègue, répondez.

DON DIÈGUE.

Qu'on est digne d'envie
Lorsqu'en perdant la force on perd aussi
   la vie,
Et qu'un long âge apprête aux hommes
   généreux,
Au bout de leur carrière, un destin
   malheureux!
Moi, dont les longs travaux ont acquis
   tant de gloire,
Moi, que jadis partout a suivi la victoire,
Je me vois aujourd'hui, pour avoir trop
   vécu,
Recevoir un affront et demeurer vaincu.
Ce que n'a pu jamais combat, siège,
   embuscade,
Ce que n'a pu jamais Aragon ni
   Grenade,
Ni tous vos ennemis, ni tous mes
   envieux,
Le Comte en votre cour l'a fait presque
   à vos yeux,
Jaloux de votre choix, et fier de
   l'avantage
Que lui donnait sur moi l'impuissance
   de l'âge.
Sire, ainsi ces cheveux blanchis sous le
   harnois,[99]
Ce sang pour vous servir prodigué tant
   de fois,
Ce bras, jadis l'effroi d'une armée
   ennemie,
Descendaient au tombeau tout chargés
   d'infamie,
Si je n'eusse produit un fils digne de
   moi,
Digne de son pays et digne de son roi.
Il m'a prêté sa main, il a tué le Comte;

Il m'a rendu l'honneur, il a lavé ma
   honte.
Si montrer du courage et du
   ressentiment,
Si venger un soufflet mérite un
   châtiment,
Sur moi seul doit tomber l'éclat de la
   tempête:
Quand le bras a failli, l'on en[100] punit la
   tête.
Qu'on nomme crime, ou non, ce qui fait
   nos débats,
Sire, j'en suis la tête, il n'en est que le
   bras.
Si Chimène se plaint qu'il a tué son
   père,
Il ne l'eût jamais fait si je l'eusse pu
   faire.
Immolez donc ce chef que les ans vont
   ravir,
Et conservez pour vous le bras qui peut
   servir.
Aux dépens de mon sang satisfaites
   Chimène:
Je n'y résiste point, je consens à ma
   peine;
Et loin de murmurer d'un rigoureux
   décret,
Mourant sans déshonneur, je mourrai
   sans regret.

DON FERNAND.

L'affaire est d'importance, et, bien
   considérée,
Mérite en plein conseil d'être délibérée.
Don Sanche, remettez Chimène en sa
   maison.
Don Diègue aura ma cour et sa foi pour
   prison.[101]
Qu'on me cherche son fils. Je vous ferai
   justice.

CHIMÈNE.

Il est juste, grand Roi, qu'un meurtrier
   périsse.

DON FERNAND.

Prends du repos, ma fille, et calme tes
   douleurs.

---

98. *Tout ce que...attentat:* Whatever such a great crime would encourage.
99. *harnois:* harness, armor.

100. *en:* for it.
101. *sa foi pour prison:* i.e., he will be free on parole.

CHIMÈNE.

M'ordonner du repos, c'est croître mes
malheurs.

ACTE III

Chez Chimène

SCÈNE PREMIÈRE: *DON RODRIGUE, ELVIRE*

ELVIRE.

Rodrigue, qu'as-tu fait? où viens-tu,
misérable?

DON RODRIGUE.

Suivre le triste cours de mon sort
déplorable.

elvire.

Où prends-tu cette audace et ce nouvel
orgueil,
De paraître en des lieux que tu remplis
de deuil?
Quoi? viens-tu jusqu'ici braver l'ombre
du Comte?
Ne l'as-tu pas tué?

DON RODRIGUE.

Sa vie était ma honte:
Mon honneur de ma main a voulu cet
effort.

ELVIRE.

Mais chercher ton asile en la maison du
mort!
Jamais un meurtrier en fit-il son refuge?

DON RODRIGUE.

Et je n'y viens aussi que m'offrir à mon
juge.
Ne me regarde plus d'un visage étonné;
Je cherche le trépas après l'avoir donné.
Mon juge est mon amour, mon juge est
ma Chimène:
Je mérite la mort de mériter[102] sa haine,
Et j'en viens recevoir, comme un bien
souverain,
Et l'arrêt de sa bouche, et le coup de sa
main.

ELVIRE.

Fuis plutôt de ses yeux, fuis de sa
violence;

A ses premiers transports dérobe ta
présence:
Va, ne t'expose point aux premiers
mouvements[103]
Que poussera l'ardeur de ses
ressentiments.

DON RODRIGUE.

Non, non, ce cher objet[104] à qui j'ai pu
déplaire
Ne peut pour mon supplice avoir trop de
colère;
Et j'évite cent morts[105] qui me vont
accabler,
Si pour mourir plus tôt je puis la[106]
redoubler.

ELVIRE.

Chimène est au palais, de pleurs toute
baignée,
Et n'en reviendra point que bien
accompagnée.
Rodrigue, fuis, de grâce: ôte-moi de
souci.
Que ne dira-t-on point si l'on te voit ici?
Veux-tu qu'un médisant, pour comble à
sa misère,
L'accuse d'y souffrir l'assassin de son
père?
Elle va revenir; elle vient, je la voi[107]:
Du moins, pour son honneur, Rodrigue,
cache-toi.

SCÈNE II: *DON SANCHE, CHIMÈNE, ELVIRE*

DON SANCHE.

Oui, Madame, il vous faut de sanglantes
victimes:
Votre colère est juste, et vos pleurs
légitimes;
Et je n'entreprends pas, à force de
parler,
Ni de vous adoucir, ni de vous consoler.
Mais si de vous servir je puis être
capable,
Employez mon épée à punir le coupable;
Employez mon amour à venger cette
mort:

---

102. *de mériter = parce que je mérite.*
103. *mouvements:* impulsive outbursts.
104. *cher objet:* i.e., Chimène (*précieux* language).

105. *cent morts:* i.e., tortures worse than death.
106. *la = colère.*
107. *voi = vois* (to make an eye rhyme with *toi*).

Sous vos commandements mon bras
sera trop fort.

CHIMÈNE.

Malheureuse!

DON SANCHE.

De grâce, acceptez mon service.

CHIMÈNE.

J'offenserais le Roi, qui m'a promis
justice.

DON SANCHE.

Vous savez qu'elle marche avec tant de
langueur,
Qu'assez souvent le crime échappe à sa
longueur;
Son cours lent et douteux fait trop
perdre de larmes.
Souffrez qu'un cavalier vous venge par
les armes:
La voie en est plus sûre, et plus prompte
à punir.

CHIMÈNE.

C'est le dernier remède; et s'il faut y
venir,
Et que de mes malheurs cette pitié vous
dure,
Vous serez libre alors de venger mon
injure.

DON SANCHE.

C'est l'unique bonheur où mon âme
prétend;
Et, pouvant l'espérer, je m'en vais trop
content.

SCÈNE III: CHIMÈNE, ELVIRE

CHIMÈNE.

Enfin je me vois libre, et je puis sans
contrainte
De mes vives douleurs te faire voir
l'atteinte;[108]
Je puis donner passage à mes tristes
soupirs;
Je puis t'ouvrir mon âme et tous mes
déplaisirs.
Mon père est mort, Elvire; et la première
épée

Dont s'est armé Rodrigue, a sa trame[109]
coupée.
Pleurez, pleurez, mes yeux, et fondez-
vous en eau!
La moitié de ma vie a mis l'autre au
tombeau,
Et m'oblige à venger, après ce coup
funeste,
Celle que je n'ai plus sur celle qui me
reste.

ELVIRE.

Reposez-vous, Madame.

CHIMÈNE.

Ah! que mal à propos
Dans un malheur si grand tu parles de
repos!
Par où sera jamais ma douleur apaisée,
Si je ne puis haïr la main qui l'a causée?
Et que dois-je espérer qu'un[110] tourment
éternel,
Si je poursuis un crime, aimant le
criminel?

ELVIRE.

Il vous prive d'un père, et vous l'aimez
encore!

CHIMÈNE.

C'est peu de dire aimer, Elvire: je
l'adore;
Ma passion s'oppose à mon
ressentiment;
Dedans mon ennemi je trouve mon
amant;
Et je sens qu'en dépit de toute ma
colère,
Rodrigue dans mon cœur combat encor
mon père:
Il l'attaque, il le presse, il cède, il se
défend,
Tantôt fort, tantôt faible, et tantôt
triomphant;
Mais, en ce dur combat de colère et de
flamme,
Il déchire mon cœur sans partager mon
âme;[111]
Et quoi que mon amour ait sur moi de
pouvoir,

---

108. *atteinte:* blow, effect.
109. *trame:* thread (of life).
110. *qu'un:* except a.

111. Chimène's heart is governed by emotion, but her
soul by her will.

Je ne consulte[112] point pour suivre mon
    devoir:
Je cours sans balancer où mon honneur
    m'oblige.
Rodrigue m'est bien cher, son intérêt
    m'afflige;[113]
Mon cœur prend son parti; mais, malgré
    son[114] effort,
Je sais ce que je suis, et que mon père
    est mort.

ELVIRE.

Pensez-vous le poursuivre?[115]

CHIMÈNE.

Ah! cruelle pensée!
Et cruelle poursuite où je me vois
    forcée!
Je demande sa tête, et crains de
    l'obtenir:
Ma mort suivra la sienne, et je le veux
    punir!

ELVIRE.

Quittez, quittez, Madame, un dessein si
    tragique;
Ne vous imposez point de loi si
    tyrannique.

CHIMÈNE.

Quoi! mon père étant mort, et presque
    entre mes bras,
Son sang criera vengeance, et je ne
    l'orrai[116] pas!
Mon cœur, honteusement surpris par
    d'autres charmes,
Croira ne lui devoir que d'impuissantes
    larmes!
Et je pourrai souffrir qu'un amour
    suborneur
Sous un lâche silence étouffe mon
    honneur!

ELVIRE.

Madame, croyez-moi, vous serez
    excusable
D'avoir moins de chaleur contre un
    objet[117] aimable,
Contre un amant si cher: vous avez assez
    fait,
Vous avez vu le Roi; n'en pressez point
    l'effet,
Ne vous obstinez point en cette humeur
    étrange.

CHIMÈNE.

Il y va de ma gloire, il faut que je me
    venge;[118]
Et de quoi que nous flatte un désir
    amoureux,
Toute excuse est honteuse aux esprits
    généreux.

ELIVRE.

Mais vous aimez Rodrigue, il ne vous
    peut déplaire.

CHIMÈNE.

Je l'avoue.

ELVIRE.

Après tout, que pensez-vous donc faire?

CHIMÈNE.

Pour conserver ma gloire et finir mon
    ennui,
Le poursuivre, le perdre,[119] et mourir
    après lui.

SCÈNE IV: DON RODRIGUE, CHIMÈNE, ELVIRE

DON RODRIGUE.

Eh bien! sans vous donner la peine de
    poursuivre,
Assurez-vous l'honneur de m'empêcher
    de vivre.

CHIMÈNE.

Elvire, où sommes-nous, et qu'est-ce
    que je voi?
Rodrigue en ma maison! Rodrigue
    devant moi![120]

---

112. *consulte:* hesitate.
113. *son intérêt m'afflige:* I am distressed for his sake.
114. *son:* refers to *cœur.*
115. *poursuivre:* take action against.
116. *orrai:* old future of *ouïr,* to hear.
117. *objet:* person.
118. This line summarizes Chimène's character and purpose. She is inspired not by a passionate

impulse to avenge her father so much as by regard for her good repute in society (*ma gloire*).
119. *perdre:* destroy.
120. Chimène's shock at seeing Rodrigue is partly due to his assassination of her father; but partly also, as will presently be apparent, to Rodrigue's violation of the social code which forbade a young gentleman any show of intimacy with an unmarried lady of rank.

DON RODRIGUE.

N'épargnez point mon sang: goûtez sans
résistance
La douceur de ma perte et de votre
vengeance.

CHIMÈNE.

Hélas!

DON RODRIGUE.

Écoute-moi.[121]

CHIMÈNE.

Je me meurs.

DON RODRIGUE.

Un moment.

CHIMÈNE.

Va, laisse-moi[122] mourir.

DON RODRIGUE.

Quatre mots seulement:
Après, ne me réponds qu'avecque[123]
cette épée.

CHIMÈNE.

Quoi! du sang de mon père encor toute
trempée!

DON RODRIGUE.

Ma Chimène…

CHIMÈNE.

Ote-moi cet objet odieux,
Qui reproche ton crime et ta vie à mes
yeux.

DON RODRIGUE.

Regarde-le plutôt pour exciter ta haine,
Pour croître ta colère et pour hâter ma
peine.

CHIMÈNE.

Il est teint de mon.[124] sang.

DON RODRIGUE.

Plonge-le dans le mien,
Et fais-lui perdre ainsi la teinture[125] du
tien.

CHIMÈNE.

Ah! quelle cruauté, qui tout en un jour
tue
Le père par le fer, la fille par la vue!

Ote-moi cet objet, je ne le puis souffrir:
Tu veux que je t'écoute, et tu me fais
mourir!

DON RODRIGUE.

Je fais ce que tu veux, mais sans quitter
l'envie
De finir par tes mains ma déplorable vie;
Car enfin n'attends pas de mon affection
Un lâche repentir d'une bonne action.
L'irréparable effet d'une chaleur trop
prompte
Déshonorait mon père, et me couvrait
de honte.
Tu sais comme un soufflet touche un
homme de cœur;
J'avais part à l'affront, j'en ai cherché
l'auteur:
Je l'ai vu, j'ai vengé mon honneur et
mon père;
Je le ferais encor, si j'avais à le faire.[126]
Ce n'est pas qu'en effet contre mon père
et moi
Ma flamme assez longtemps n'ait
combattu pour toi;
Juge de son pouvoir: dans une telle
offense
J'ai pu délibérer si j'en prendrais
vengeance.
Réduit à te déplaire, ou souffrir un
affront,
J'ai pensé, qu'à son tour mon bras était
trop prompt;
Je me suis accusé de trop de violence;
Et ta beauté sans doute emportait la
balance,
A moins que d'opposer à tes plus forts
appas
Qu'un homme sans honneur ne te
méritait pas;[127]
Que, malgré cette part que j'avais en ton
âme,
Qui m'aima généreux me haïrait infâme;

---

121. *Écoute-moi:* Notice Rodrigue's shift to the
second person singular.
122. *Laisse-moi:* And Chimène accepts the intimate
form.
123. *avecque = avec* (to gain a syllable).
124. *mon:* i.e., my father's.
125. *teinture:* color.
126. A typical, and famous, *cornélien* line, with its

balanced expression of unyielding will. But in
the circumstances it indicates a lack, at least, of
tact.
127. *Et ta beauté…méritait pas:* And your beauty no
doubt would have tipped the scales had I not
opposed to your mightiest charms the thought
that a man without honor did not deserve you.

Qu'écouter ton amour,[128] obéir à sa voix,
C'était m'en rendre indigne et diffamer[129] ton choix.
Je te le dis encore; et quoique j'en soupire,
Jusqu'au dernier soupir je veux bien le redire:
Je t'ai fait une offense, et j'ai dû m'y porter
Pour effacer ma honte, et pour te mériter;
Mais quitte envers l'honneur, et quitte envers mon père,
C'est maintenant à toi que je viens satisfaire[130]:
C'est pour t'offrir mon sang qu'en ce lieu tu me vois.
J'ai fait ce que j'ai dû, je fais ce que je dois.[131]
Je sais qu'un père mort t'arme contre mon crime;
Je ne t'ai pas voulu dérober ta victime:
Immole avec courage au sang qu'il a perdu
Celui qui met sa gloire à l'avoir répandu.

CHIMÈNE.
Ah! Rodrigue, il est vrai, quoique ton ennemie,
Je ne puis te blâmer d'avoir fui l'infamie;
Et de quelque façon qu'éclatent mes douleurs,
Je ne t'accuse point, je pleure mes malheurs.
Je sais ce que l'honneur, après un tel outrage,
Demandait à l'ardeur d'un généreux courage:
Tu n'as fait le devoir que d'un homme de bien;
Mais aussi, le faisant, tu m'as appris le mien.

Ta funeste valeur m'instruit par ta victoire;
Elle a vengé ton père et soutenu ta gloire:
Même soin me regarde, et j'ai, pour m'affliger,
Ma gloire à soutenir, et mon père à venger.
Hélas! ton intérêt[132] ici me désespère:
Si quelque autre malheur m'avait ravi mon père,
Mon âme aurait trouvé dans le bien[133] de te voir
L'unique allégement qu'elle eût pu recevoir;
Et contre ma douleur j'aurais senti des charmes,[134]
Quand[135] une main si chère eût essuyé mes larmes.
Mais il me faut te perdre après l'avoir perdu;[136]
Cet effort sur ma flamme à mon honneur est dû;
Et cet affreux devoir, dont l'ordre m'assassine,
Me force à travailler moi-même à ta ruine.
Car enfin n'attends pas de mon affection
De lâches sentiments pour ta punition.[137]
De quoi qu'en ta faveur notre amour m'entretienne.[138]
Ma générosite[139] doit répondre à la tienne:
Tu t'es, en m'offensant, montré digne de moi;
Je me dois, par ta mort, montrer digne de toi.

DON RODRIGUE.
Ne diffère donc plus ce que l'honneur t'ordonne:
Il demande ma tête, et je te l'abandonne;
Fais-en un sacrifice à ce noble intérêt:
Le coup m'en sera doux, aussi bien que

---

128. *ton amour:* my love for you.
129. *diffamer:* discredit.
130. *satisfaire:* offer reparation.
131. Another famous and typical line.
132. *ton intérêt:* my love for you.
133. *le bien:* happiness.
134. *charmes:* magic spells.

135. *Quand:* If.
136. *te perdre...perdu:* destroy you after losing him.
137. Echo of lines by Rodrigue.
138. *De quoi...m'entretienne:* Whatever our love may plead in your favor.
139. *généroisité:* nobility of spirit.

l'arrêt.

Attendre après mon crime une lente
justice,

C'est reculer ta gloire autant que mon
supplice.

Je mourrai trop heureux, mourant d'un
coup si beau.

CHIMÈNE.

Va, je suis ta partie,[140] et non pas ton
bourreau.

Si tu m'offres ta tête, est-ce à moi de la
prendre?

Je la dois attaquer, mais tu dois la
défendre;

C'est d'un autre que toi qu'il me faut
l'obtenir,

Et je dois te poursuivre, et non pas te
punir.

DON RODRIGUE.

De quoi qu'en ma faveur notre amour
t'entretienne,

Ta générosité doit répondre à la
mienne[141];

Et pour venger un père emprunter
d'autres bras,

Ma Chimène, crois-moi, c'est n'y
répondre pas:

Ma main seule du mien[142] a su venger
l'offense,

Ta main seule du tien doit prendre la
vengeance.

CHIMÈNE.

Cruel! à quel propos sur ce point
t'obstiner?

Tu t'es vengé sans aide, et tu m'en veux
donner!

Je suivrai ton exemple, et j'ai trop de
courage

Pour souffrir qu'avec toi ma gloire se
partage.

Mon père et mon honneur ne veulent
rien devoir

Aux traits de ton amour ni de ton
désespoir.

DON RODRIGUE.

Rigoureux point d'honneur! hélas! quoi
que je fasse,

Ne pourrai-je à la fin obtenir cette
grâce?

Au nom d'un père mort, ou de notre
amitié,[143]

Punis-moi par vengeance, ou du moins
par pitié.

Ton malheureux amant aura bien moins
de peine

A mourir par ta main qu'à vivre avec ta
haine.

CHIMÈNE.

Va, je ne te hais point.

DON RODRIGUE.

Tu le dois.

CHIMÈNE.

Je ne puis.

DON RODRIGUE.

Crains-tu si peu le blâme, et si peu les
faux bruits?

Quand on saura mon crime, et que ta
flamme dure,

Que ne publieront point l'envie et
l'imposture!

Force-les au silence, et sans plus
discourir,

Sauve ta renommée en me faisant
mourir.

CHIMÈNE.

Elle éclate bien mieux en te laissant la
vie;

Et je veux que la voix de la plus noire
envie

Eleva au ciel ma gloire et plaigne mes
ennuis,

Sachant que je t'adore et que je te
poursuis.

Va-t'en, ne montre plus à ma douleur
extrême

Ce qu'il faut que je perde, encore que je
l'aime.

Dans l'ombre de la nuit cache bien ton
départ;

Si l'on te voit sortir, mon honneur court
hasard.

La seule occasion qu'aura la médisance,

C'est de savoir qu'ici j'ai souffert ta
présence:

---

140. *partie:* opponent (at law).
141. Repetition of lines by Chimène.
142. *du mien:* i.e., the offense against my father.
143. *amitié = amour.*

Ne lui donne point lieu d'attaquer ma
vertu.

DON RODRIGUE.

Que je meure!

CHIMÈNE.

Va-t'en.

DON RODRIGUE.

A quoi te résous-tu?

CHIMÈNE.

Malgré des feux si beaux, qui troublent
ma colère,
Je ferai mon possible à bien venger mon
père;
Mais malgré la rigueur d'un si cruel
devoir,
Mon unique souhait est de ne rien
pouvoir.

DON RODRIGUE.

O miracle d'amour!

CHIMÈNE.

O comble de misères!

DON RODRIGUE.

Que de maux et de pleurs nous coûteront
nos pères!

CHIMÈNE.

Rodrigue, qui l'eût cru?

DON RODRIGUE.

Chimène, qui l'eût dit?[144]

CHIMÈNE.

Que notre heur[145] fût si proche et sitôt se
perdît?

DON RODRIGUE.

Et que si près du port, contre toute
apparence,
Un orage si prompt brisât notre
espérance?

CHIMÉNE.

Ah! mortelles douleurs!

DON RODRIGUE.

Ah! regrets superflus!

CHIMÈNE.

Va-t'en, encore en coup,[146] je ne t'écoute
plus.

DON RODRIGUE.

Adieu: je vais traîner une mourante vie,

Tant que[147] par ta poursuite elle me soit
ravie.

CHIMÈNE.

Si j'en obtiens l'effet, je t'engage ma foi
De ne respirer pas un moment après toi.
Adieu: sors, et surtout garde bien qu' on
te voie.

ELVIRE.

Madame, quelques maux que le ciel
nous envoie…

CHIMÈNE.

Ne m'importune plus, laisse-moi
soupirer,
Je cherche le silence et la nuit pour
pleurer.

La place publique

SCÈNE V: DON DIÈGUE

Jamais nous ne goûtons de parfaite
allégresse:
Nos plus heureux succès sont mêlés de
tristesse;
Toujours quelques soucis en ces
événements
Troublent la pureté de nos
contentements.
Au milieu du bonheur mon âme en[148]
sent l'atteinte:
Je nage dans la joie, et je tremble de
crainte.
J'ai vu mort l'ennemi qui m'avait
outragé,
Et je ne saurais voir la main qui m'a
vengé.
En vain je m'y travaille, et d'un soin
inutile,
Tout cassé que je suis, je cours toute la
ville:
Ce peu que mes vieux ans m'ont laissé
de vigueur
Se consume sans fruit à chercher ce
vainqueur.
A toute heure, en tous lieux, dans une
nuit si sombre,
Je pense l'embrasser, et n'embrasse
qu'une ombre;

---

144. Another famous line.
145. *heur = bonheur.*
146. *encore un coup = encore une fois.*
147. *Tant que:* Until.
148. *en = de soucis.*

Et mon amour, déçu par cet objet[149]
trompeur,
Se forme des soupçons qui redoublent
ma peur.
Je ne découvre point de marques de sa
fuite;
Je crains du Comte mort les amis et la
suite;
Leur nombre m'épouvante, et confond
ma raison.
Rodrigue ne vit plus, ou respire en
prison.
Justes cieux! me trompé-je encore à
l'apparence,
Ou si[150] je vois enfin mon unique
espérance?
C'est lui, n'en doutons plus; mes vœux
sont exaucés,[151]
Ma crainte est dissipée, et mes ennuis
cessés.

SCÈNE VI: *DON DIÈGUE, DON RODRIGUE*

DON DIÈGUE.
Rodrigue, enfin le ciel permet que je te
voie!
DON RODRIGUE.
Hélas!
DON DIÈGUE.
Ne mêle point de soupirs à ma joie;
Laisse-moi prendre haleine afin de te
louer.
Ma valeur n'a point lieu de ta désavouer:
Tu l'as bien imitée, et ton illustre audace
Fait bien revivre en toi les héros de ma
race:
C'est d'eux que tu descends, c'est de
moi que tu viens:
Ton premier coup d'épée égale tous les
miens;
Et d'une belle ardeur ta jeunesse animée
Par cette grande épreuve atteint[152] ma
renommée.
Appui de ma vieillesse, et comble de
mon heur,

Touche ces cheveux blancs à qui tu
rends l'honneur,
Viens baiser cette joue, et reconnais la
place
Où fut empreint l'affront que ton
courage efface.
DON RODRIGUE.
L'honneur vous en est dû: je ne pouvais
pas moins,
Étant sortis de vous et nourri par vos
soins.
Je m'en tiens trop heureux, et mon âme
est ravie
Que mon coup d'essai plaise à qui[153] je
dois la vie;
Mais parmi vos plaisirs ne soyez point
jaloux
Si je m'ose à mon tour satisfaire après
vous.
Souffrez qu'en liberté mon désespoir
éclate;
Assez et trop longtemps votre discours
le flatte.[154]
Je ne me repens point de vous avoir
servi;
Mais rendez-moi le bien que ce coup
m'a ravi.
Mon bras, pour vous venger, armé
contre ma flamme,
Par ce coup glorieux m'a privé de mon
âme;
Ne me dites plus rien; pour vous j'ai
tout perdu:
Ce que je vous devais, je vous l'ai bien
rendu.
DON DIÈGUE.
Porte, porte plus haut[155] le fruit de ta
victoire:
Je t'ai donné la vie, et tu me rends ma
gloire;
Et d'autant que l'honneur m'est plus
cher que le jour,
D'autant plus maintenant je te dois de
retour.

---

149. *objet:* vision.
150. *si = est-ce que.*
151. *exaucés:* granted.
152. *atteint:* equals.

153. *à qui = à celui à qui.*
154. *flatte:* deceives.
155. *porte plus haut:* esteem more highly.

Mais d'un cœur magnanime éloigne ces
  faiblesses;
Nous n'avons qu'un honneur, il est tant
  de maîtresses!
L'amour n'est qu'un plaisir, l'honneur
  est un devoir.[156]

DON RODRIGUE.

Ah! que me dites-vous?

DON DIÈGUE.

Ce que tu dois savoir.

DON RODRIGUE.

Mon honneur offensé sur moi-même se
  venge;
Et vous m'osez pousser à la honte du
  change[157]!
L'infamie est pareille, et suit également
Le guerrier sans courage et le perfide
  amant.
A ma fidélité ne faites point d'injure;
Souffrez-moi généreux sans me rendre
  parjure:
Mes liens sont trop forts pour être ainsi
  rompus;
Ma foi m'engage encor si je n'espère
  plus;
Et ne pouvant quitter ni posséder
  Chimène,
Le trépas[158] que je cherche est ma plus
  douce peine.

DON DIÈGUE.

Il n'est pas temps encor de chercher le
  trépas:
Ton prince et ton pays ont besoin de ton
  bras.
La flotte qu'on craignait, dans ce grand
  fleuve entrée,
Croit surprendre la ville et piller la
  contrée.
Les Mores vont descendre, et le flux et
  la nuit
Dans une heure à nos murs les amène
  sans bruit.
La cour est en désordre, et le peuple en
  alarmes:

On n'entend que des cris, on ne voit que
  des larmes.
Dans ce malheur public mon bonheur a
  permis
Que j'ai trouvé chez moi cinq cents de
  mes amis,
Qui sachant mon affront, poussés d'un
  même zèle,
Se venaient tous offrir à venger ma
  querelle.
Tu les as prévenus; mais leurs vaillantes
  mains
Se tremperont bien mieux au sang des
  Africains.
Va marcher à leur tête où l'honneur te
  demande:
C'est toi que veut pour chef leur
  généreuse bande.
De ces vieux ennemis va soutenir
  l'abord:[159]
Là, si tu veux mourir, trouve une belle
  mort;
Prends-en l'occasion, puisqu'elle t'est
  offerte;
Fais devoir à ton roi son salut à ta perte;
Mais reviens-en plutôt les palmes sur le
  front.
Ne borne pas ta gloire à venger un
  affront;
Porte-la plus avant: force par ta vaillance
Ce monarque au pardon, et Chimène au
  silence;
Si tu l'aimes, apprends que revenir
  vainqueur,
C'est l'unique moyen de regagner son
  cœur.
Mais le temps est trop cher pour le
  perdre en paroles;
Je t'arrête en discours, et je veux que tu
  voles.
Viens, suis-moi, va combattre, et
  montrer à ton roi
Que ce qu'il perd au Comte il le
  recouvre en toi.

---

156. A resounding statement of Corneille's doctrine.
157. *Mon honneur...change:* My honor, offended (by
     the insult to you), takes its vengeance on myself
     (who am identified with Chimène); and you dare

urge me to a shameful change (to a new love).
158. *trépas:* death.
159. *abord:* attack.

Act IV[160]

Chez Chimène

Scène première: CHIMÈNE, ELVIRE

CHIMÈNE.

N'est-ce point un faux bruit?[161] le sais-tu
bien, Elvire?

ELVIRE.

Vous ne croiriez jamais comme chacun
l'admire,

Et porte jusqu'au ciel, d'une commune
voix,

De ce jeune héros les glorieux exploits.

Les Mores devant lui n'ont paru qu'à
leur honte;

Leur abord fut bien prompt, leur fuite
encor plus prompte.

Trois heures de combat laissent à nos
guerriers

Une victoire entière et deux rois
prisonniers.

La valeur de leur chef ne trouvait point
d'obstacles.

CHIMÈNE

Et la main de Rodrigue a fait tous ces
miracles?

ELVIRE.

De ses nobles efforts ces deux rois sont
le prix:

Sa main les a vaincus, et sa main les a
pris.

CHIMÈNE.

De qui peux-tu savoir ces nouvelles
étranges?

ELVIRE.

Du peuple, qui partout fait sonner ses
louanges,

Le nomme de sa joie et l'objet et
l'auteur,

Son ange tutélaire,[162] et son libérateur.

CHIMÈNE.

Et le Roi, de quel, œil voit-il tant de
vaillance?

ELVIRE.

Rodrigue n'ose encor paraître en sa
présence;

Mais don Diègue ravi lui présente
enchaînés,

Au nom de ce vainqueur, ces captifs
couronnés,

Et demande pour grâce à ce généreux
prince

Qu'il daigne voir la main qui sauve la
province.

CHIMÈNE.

Mais n'est-il point blessé?[163]

ELVIRE.

Je n'en ai rien appris.

Vous changez de couleur! reprenez vos
esprits.[164]

CHIMÈNE.

Reprenons donc aussi ma colère
affaiblie:

Pour avoir soin de lui[165] faut-il que je
m'oublie?

On le vante, on le loue, et mon cœur y
consent!

Mon honneur est muet, mon devoir
impuissant!

Silence, mon amour, laisse agir ma
colère:

S'il a vaincu deux rois, il a tué mon
père;

Ces tristes vêtements,[166] où je lis mon
malheur,

Sont les premiers effets qu'ait produits
sa valeur;

Et quoi qu'on die[167] ailleurs d'un cœur si
magnanime

Ici tous les objets me parlent de son
crime.

Vous qui rendez la force à mes
ressentiments,

Voile, crêpes, habits, lugubres
ornements,

---

160. It is early morning. Remember that the play
     began about noon. Corneille has calculated
     closely in order to crowd his abundant action
     into the obligatory 24 hours.
161. *bruit:* report, rumor.
162. *tutélaire:* tutelary, guardian.
163. Chimène's *cri du cœur* is immediately followed

by her summons to reason to control her passion
by force of will.
164. *reprenez vos esprits:* calm yourself.
165. *Pour avoir soin de lui:* Just because I feel concern
     for him.
166. *tristes vêtements:* i.e., her mourning dress.
167. *die = dise.*

Pompe que me prescrit sa première
victoire,[168]
Contre ma passion soutenez bien ma
gloire;
Et lorsque mon amour prendra trop de
pouvoir,
Parlez à mon esprit de mon triste devoir,
Attaquez sans rien craindre une main
triomphante.[169]

Chez le Roi

SCÈNE II: DON FERNAND, DON DIÈGUE, DON ARIAS, DON RODRIGUE, DON SANCHE

DON FERNAND.

Généreux héritier d'une illustre famille,
Qui fut toujours la gloire et l'appui de
Castille,
Race[170] de tant d'aïeux en valeur
signalés,
Que l'essai de la tienne a sitôt égalés,
Pour te récompenser ma force est trop
petite;
Et j'ai moins de pouvoir que tu n'as de
mérite.
Le pays délivré d'un si rude ennemi,
Mon sceptre dans ma main par la tienne
affermi,
Et les Mores défaits avant qu'en ces
alarmes
J'eusse pu donner ordre à repousser
leurs armes,
Ne sont point des exploits qui laissent à
ton roi
Le moyen ni l'espoir de s'acquitter vers
toi.
Mais deux rois tes captifs feront ta
récompense.
Ils t'ont nommé tous deux leur Cid en
ma présence:
Puisque Cid en leur langue est autant
que seigneur,
Je ne t'envierai pas ce beau titre
d'honneur.
Sois désormais le Cid: qu'à ce grand
nom tout cède

Qu'il comble d'épouvante et Grenade et
Tolède,
Et qu'il marque à tous ceux qui vivent
sous mes lois
Et ce que tu me vaux, et ce que je te
dois.

DON RODRIGUE.

Que Votre Majesté, Sire, épargne ma
honte.
D'un si faible service elle fait trop de
conte,[171]
Et me force à rougir devant un si grand
roi
De mériter si peu l'honneur que j'en
reçoi.
Je sais trop que je dois au bien de votre
empire,
Et le sang qui m'anime, et l'air que je
respire;
Et quand je les perdrai pour un si digne
objet,
Je ferai seulement le devoir d'un sujet.

DON FERNAND.

Tous ceux que ce devoir à mon service
engage
Ne s'en acquittent pas avec même
courage;
Et lorsque la valeur ne va point dans
l'excès,
Elle ne produit point de si rares succès.
Souffre donc qu'on te loue, et de cette
victoire
Apprends-moi plus au long la véritable
histoire.

DON RODRIGUE.

Sire, vous avez su qu'en ce danger
pressant,
Qui jeta dans la ville un effroi si
puissant,
Une troupe d'amis chez mon père
assemblée
Sollicita[172] mon âme encor toute
troublée…
Mais, Sire, pardonnez à ma témérité,
Si j'osai l'employer sans votre autorité:

---

168. *sa première victoire:* i.e., over my father.
169. The rhyming line (with the role of the *Infante*) is here omitted.
170. *Race:* Offspring.
171. *conte = compte.*
172. *Sollicita:* Urged on.

Le péril approchait; leur brigade était
    prête;
Me montrant à la cour, je hasardais ma
    tête;
Et s'il fallait la perdre, il m'était bien
    plus doux
De sortir de la vie en combattant pour
    vous.

DON FERNAND.

J'excuse ta chaleur à venger ton offense;
Et l'État défendu me parle en ta défense:
Crois que dorénavant Chimène a beau
    parler,
Je ne l'écoute plus que pour la consoler.
Mais poursuis.

DON RODRIGUE.

Sous moi donc cette troupe s'avance,
Et porte sur le front une mâle assurance.
Nous partîmes cinq cents; mais par un
    prompt renfort
Nous nous vîmes trois mille en arrivant
    au port,
Tant, à nous voir marcher avec un tel
    visage,
Les plus épouvantés reprenaient de
    courage!
J'en cache les deux tiers, aussitôt
    qu'arrivés,
Dans le fond des vaisseaux qui lors[173]
    furent trouvés;
Le reste, dont le nombre augmentait à
    toute heure,
Brûlant d'impatience autour de moi
    demeure,
Se couche contre terre, et sans faire
    aucun bruit,
Passe une bonne part d'une si belle nuit.
Par mon commandement la garde en fait
    de même,
Et se tenant cachée, aide à mon
    stratagème;
Et je feins hardiment d'avoir reçu de
    vous
L'ordre qu'on me voit suivre et que je
    donne à tous.

Cette obscure clarté qui tombe des
    étoiles[174]
Enfin avec le flux nous fait voir trente
    voiles;
L'onde s'enfle[175] dessous, et d'un
    commun effort
Les Mores et la mer montent jusques au
    port.
On les laisse passer; tout leur paraît
    tranquille:
Point de soldats au port, point aux murs
    de la ville.
Notre profond silence abusant[176] leurs
    esprits,
Ils n'osent plus douter de nous avoir
    surpris;
Ils abordent sans peur, ils ancrent, ils
    descendent,
Et courent se livrer aux mains qui les
    attendent.
Nous nous levons alors, et tous en même
    temps
Poussons jusques au ciel mille cris
    éclatants.
Les nôtres, à ces cris, de nos vaisseaux
    répondent;
Ils paraissent armés, les Mores se
    confondent,
L'épouvante les prend à demi
    descendus;
Avant que de combattre, ils s'estiment
    perdus.
Ils couraient au pillage, et recontrent la
    guerre;
Nous les pressons sur l'eau, nous les
    pressons sur terre,
Et nous faisons courir des ruisseaux de
    leur sang,
Avant qu'aucun résiste ou reprenne son
    rang.
Mais bientôt, malgré nous, leurs princes
    les rallient;
Leur courage renaît, et leurs terreurs
    s'oublient:
La honte de mourir sans avoir combattu

---

173. *lors* = *alors.*
174. A famous line, an oxymoron.
175. *s'enfle:* swells (with the incoming tide).
176. *abusant:* deceiving.

Arrête leur désordre, et leur rend leur
vertu.
Contre nous de pied ferme ils tirent leurs
alfanges,[177]
De notre sang au leur font d'horribles
mélanges,
Et la terre, et le fleuve, et leur flotte, et
le port,
Sont des champs de carnage, où
triomphe la mort.
O combien d'actions, combien
d'exploits célèbres
Sont demeurés sans gloire au milieu des
ténèbres,
Où chacun, seul témoin des grands
coups qu'il donnait,
Ne pouvait discerner où le sort inclinait!
J'allais de tous côtes encourager les
nôtres,
Faire avancer les uns, et soutenir les
autres,
Ranger ceux qui venaient, les pousser à
leur tour,
Et ne l'[178] ai pu savoir jusques au point
du jour.
Mais enfin sa clarté montre notre
avantage:
Le More voit sa perte et perd soudain
courage;
Et voyant un renfort qui nous vient
secourir,
L'ardeur de vaincre cède à la peur de
mourir
Ils gagnent leurs vaisseaux, ils en
coupent les câbles,
Poussent jusques aux cieux des cris
épouvantables,
Font retraite en tumulte, et sans
considérer
Si leurs rois avec eux peuvent se retirer.
Pour souffrir ce devoir leur frayeur est
trop forte:
Le flux les apporta; le reflux les
remporte,
Cependant que leurs rois, engagés parmi
nous,

Et quelque peu des leurs, tous percés de
nos coups,
Disputent vaillamment et vendent bien
leur vie.
A se rendre moi-même en vain jé les
convie:
Le cimeterre[179] au poing, ils ne
m'écoutent pas;
Mais voyant à leurs pieds tomber tous
leurs soldats,
Et que seuls désormais en vain ils se
défendent,
Ils demandent le chef: je me nomme, ils
se rendent.
Je vous les envoyai tous deux en même
temps;
Et le combat cessa faute de
combattants.[180]
C'est de cette façon que, pour votre
service…

**SCÈNE III: *DON FERNAND, DON DIÈGUE, DON
RODRIGUE, DON ARIAS, DON ALONSE, DON
SANCHE***

DON ALONSE.
Sire, Chimène vient vous demander
justice.
DON FERNAND.
La fâcheuse nouvelle, et l'importun
devoir!
Va, je ne la veux pas obliger à te voir.
Pour tous remercîments il faut que je te
chasse;
Mais avant que sortir, viens, que ton roi
t'embrasse.
(DON RODRIGUE *rentre.*[181])
DON DIÈUGE.
Chimène le poursuit, et voudrait le
sauver.
DON FERNAND.
On m'a dit qu'elle l'aime, et je vais
l'éprouver.
Montrez en œil plus triste.

---

177. *alfanges:* scimitars.
178. *l':* i.e., how fortune was turning.
179. *cimeterre:* scimitar.

180. The line has become proverbial.
181. *rentre:* exits.

SCÈNE IV: DON FERNAND, DON DIÈGUE, DON ARIAS, DON SANCHE, DON ALONSE, CHIMÈNE, ELVIRE

DON FERNAND.

Enfin, soyez contente,
Chimène, le succès[182] répond à votre
    attente:
Si de nos ennemis Rodrigue a le dessus,
Il est mort à nos yeux des coups qu'il a
    reçus;
Rendez grâces au ciel qui vous en a
    vengée.
    (*à* DON DIÈGUE)
Voyez comme déjà sa couleur est
    changée.

DON DIÈGUE.

Mais voyez qu'elle pâme,[183] et d'un
    amour parfait,
Dans cette pâmoison, Sire, admirez
    l'effet.
Sa douleur a trahi les secrets de son
    âme,
Et ne vous permet plus de douter de sa
    flamme.

CHIMÈNE.

Quoi! Rodrigue est donc mort?

DON FERNAND.

Non, non, il voit le jour,
Et te conserve encore un immuable
    amour:
Calme cette douleur qui pour lui
    s'intéresse.

CHIMÈNE.

Sire, on pâme de joie, ainsi que de
    tristesse:
Un excès de plaisir nous rend tous
    languissants;
Et quand il surprend l'âme, il accable
    les sens.

DON FERNAND.

Tu veux qu'en ta faveur nous croyions
    l'impossible?
Chimène, ta douleur a paru trop visible.

CHIMÈNE.

Eh bien! Sire, ajoutez ce comble à mon
    malheur,
Nommez ma pâmoison l'effet de ma
    douleur:
Un juste déplaisir à ce point m'a réduite.
Son trépas dérobait[184] sa tête à ma
    poursuite;
S'il meurt des coups reçus pour le bien
    du pays,
Ma vengeance est perdue et mes
    desseins trahis:
Une si belle fin m'est trop injurieuse.
Je demande sa mort, mais non pas
    glorieuse,
Non pas dans un éclat qui l'élève si haut,
Non pas au lit d'honneur,[185] mais sur un
    échafaud;[186]
Qu'il meure pour mon père, et non pour
    la patrie;
Que son nom soit taché, sa mémoire
    flétrie.
Mourir pour le pays n'est pas un triste
    sort;
C'est s'immortaliser par une belle mort.
J'aime donc sa victoire, et je le puis sans
    crime;
Elle assure l'État et me rend ma victime,
Mais noble, mais fameuse entre tous les
    guerriers,
Le chef, au lieu de fleurs,[187] couronné de
    lauriers;
Et pour dire en un mot ce que j'en
    considère,
Digne, d'être immolée aux mânes[188] de
    mon père…
Hélas! à quel espoir me laissé-je
    emporter!
Rodrigue de ma part n'a rien à redouter:
Que pourraient contre lui des larmes
    qu'on méprise?
Pour lui tout votre empire est un lieu de
    franchise;[189]
Là, sous votre pouvoir, tout lui devient
    permis;

---

182. *succès:* outcome.
183. *pâme:* is fainting.
184. *dérobait = aurait dérobé.*
185. *lit d'honneur:* bed on which dead heroes were
    laid in state.
186. *échafaud:* scaffold.
187. *fleurs:* Sacrificial victims were crowned with
    flowers, heroes with laurels.
188. *mânes:* shade, spirit.
189. *lieu de franchise:* sanctuary.

Il triomphe de moi comme des ennemis.
Dans leur sang répandu la justice
    étouffée
Au crime du vainqueur sert d'un
    nouveau trophée:
Nous en croissons la pompe, et le
    mépris des lois
Nous fait suivre son char au milieu de
    deux rois.[190]

DON FERNAND.

Ma fille, ces transports ont trop de
    violence.
Quand on rend la justice, on met tout en
    balance.
On a tué ton père, il était l'agresseur;
Et la même équité[191] m'ordonne la
    douceur.
Avant que d'accuser ce que j'en[192] fais
    paraître,
Consulte bien ton cœur: Rodrigue en est
    le maître,
Et ta flamme en secret rend grâces à ton
    roi,
Dont la faveur conserve un tel amant
    pour toi.

CHIMÈNE.

Pour moi! mon ennemi! l'objet de ma
    colère!
L'auteur de mes malheurs! l'assassin de
    mon père!
De ma juste poursuite on fait si peu de
    cas
Qu'on me croit obliger en ne m'écoutant
    pas!
Puisque vous refusez la justice à mes
    larmes,
Sire, permettez-moi de recourir aux
    armes;
C'est par là seulement qu'il a su
    m'outrager,
Et c'est aussi par là que je me dois
    venger.
A tous vos cavaliers je demande sa tête:
Oui, qu'un d'eux me l'apporte, et je suis

    sa conquête;
Qu'ils le combattent, Sire; et le combat
    fini,
J'épouse le vainqueur, si Rodrigue est
    puni.
Sous votre autorité souffrez qu'on le
    publie.

DON FERNAND.

Cette vieille coutume en ces lieux
    établie,
Sous couleur de punir un injuste attentat,
Des meilleurs combattants affaiblit un
    État;
Souvent de cet abus le succès déplorable
Opprime l'innocent, et soutient le
    coupable.[193]
J'en dispense Rodrigue: il m'est trop
    précieux
Pour l'exposer aux coups d'un sort
    capricieux;
Et quoi qu'ait pu commettre un cœur si
    magnanime,
Les Mores en fuyant ont emporté son
    crime.

DON DIÈGUE.

Quoi! Sire, pour lui seul vous renversez
    des lois
Qu'a vu toute la cour observer tant de
    fois!
Que croira votre peuple et que dira
    l'envie,
Si sous votre défense il ménage sa vie,
Et s'en fait un prétexte à ne paraître pas
Où tous les gens d'honneur cherchent un
    beau trépas?
De pareilles faveurs terniraient trop sa
    gloire:
Qu'il goûte sans rougir les fruits de sa
    victoire.
Le Comte eut de l'audace; il l'en a su
    punir:
Il l'a fait en brave homme, et le[194] doit
    maintenir.

---

190. *le mépris...rois:* i.e., your over-riding of law
    makes us follow his triumphal chariot along with
    the two captive kings.
191. *la même équité = l'équité même.*
192. *en = de la douceur.*
193. These five lines support Cardinal Richelieu's
campaign against dueling; they must have been
ineffective by contrast with the glorification of
the code of honor, including the duel, throughout
the play.
194. *le:* i.e., the results of his actions.

DON FERNAND.

Puisque vous le voulez, j'accorde qu'il
le fasse;
Mais d'un guerrier vaincu mille
prendraient la place,
Et le prix que Chimène au vainqueur a
promis
De tous mes cavaliers ferait ses ennemis.
L'opposer seul à tous serait trop
d'injustice:
Il suffit qu'une fois il entre dans la
lice.[195]
Choisis qui tu voudras, Chimène, et
choisis bien;
Mais après ce combat ne demande plus
rien.

DON DIÈGUE.

N'excusez point par là ceux que son
bras étonne:[196]
Laissez un champ ouvert où n'entrera
personne.
Après ce que Rodrigue a fait voir
aujourd'hui,
Quel courage assez vain s'oserait
prendre à lui?
Qui se hasarderait contre un tel
adversaire?
Qui serait ce vaillant, ou bien ce
téméraire?

DON SANCHE.

Faites ouvrir le champ: vous voyez
l'assaillant;
Je suis ce téméraire, ou plutôt ce
vaillant.
Accordez cette grâce à l'ardeur qui me
presse,
Madame: vous savez quelle est votre
promesse.

DON FERNAND.

Chimène, remets-tu ta querelle en sa
main?

CHIMÈNE.

Sire, je l'ai promis.

DON FERNAND.

Soyez prêt à demain.

DON DIÈGUE.

Non, Sire, il ne faut pas différer
davantage:
On est toujours trop prêt quand on a du
courage.

DON FERNAND.

Sortir d'une bataille, et combattre à
l'instant!

DON DIÈGUE.

Rodrigue a pris haleine en vous la
racontant.

DON FERNAND.

Du moins une heure ou deux je veux
qu'il se délasse.
Mais de peur qu'en exemple un tel
combat ne passe.
Pour témoigner à tous qu'à regret je
permets
Un sanglant procédé qui ne me plut
jamais,
De moi ni de ma cour il n'aura la
présence.
(*Il parle à* DON ARIAS.)
Vous seul des combattants jugerez la
vaillance:
Ayez soin que tous deux fassent en gens
de cœur,
Et, le combat fini, m'amenez le
vainqueur.
Qui qu'il soit, même prix est acquis à sa
peine:
Je le veux de ma main présenter à
Chimène,
Et que pour récompense il reçoive sa
foi.[197]

CHIMÈNE.

Quoi! Sire, m'imposer une si dure loi!

DON FERNAND.

Tu t'en plains; mais ton feu, loin
d'avouer ta plainte,[198]
Si Rodrigue est vainqueur, l'accepte
sans contrainte.
Cesse de murmurer contre un arrêt si
doux:
Qui que ce soit des deux, j'en ferai ton
époux.

---

195. *lice:* lists.
196. *étonne:* terrifies.

197. *sa foi:* i.e., Chimène's pledge of marriage.
198. *loin...plainte:* far from approving your protest.

ACT V

Chez Chimène

SCÈNE PERMIÈRE: DON RODRIGUE, CHIMÈNE.

CHIMÈNE.

Quoi! Rodrigue, en plein jour[199] d'où te
vient cette audace?

Va, tu me perds d'honneur; retire-toi, de
grâce.

DON RODRIGUE.

Je vais mourir, Madame, et vous[200] viens
en ce lieu,

Avant le coup mortel, dire un dernier
adieu:

Cet immuable amour qui sous vos lois
m'engage

N'ose accepter ma mort sans vous en
faire hommage.[201]

CHIMÈNE.

Tu vas mourir!

DON RODRIGUE.

Je cours à ces heureux moments

Qui vont livrer ma vie à vos
ressentiments.

CHIMÈNE.

Tu vas mourir! Don Sanche est-il si
redoutable

Qu'il donne l'épouvante à ce cœur
indomptable?

Qui[202] t'a rendu si faible, ou qui le rend
si fort?

Rodrigue va combattre, et se croit déjà
mort!

Celui qui n'a pas craint les Mores, ni
mon père,

Va combattre don Sanche, et déjà
désespère!

Ainsi donc au besoin ton courage s'abat!

DON RODRIGUE.

Je cours à mon supplice, et non pas au
combat;

Et ma fidèle ardeur sait bien m'ôter
l'envie,

Quand vous cherchez ma mort, de
défendre ma vie.

J'ai toujours même cœur; mais je n'ai
point de bras

Quand il faut conserver ce qui ne vous
plaît pas;

Et déjà cette nuit m'aurait été mortelle

Si j'eusse combattu pour ma seule
querelle;

Mais défendant mon roi, son peuple et
mon pays,

A me défendre mal je les aurais trahis.

Mon esprit généreux ne hait pas tant la
vie

Qu'il en veuille sortir par une perfidie.

Maintenant qu'il s'agit de mon seul
intérêt,

Vous demandez ma mort, j'en accepte
l'arrêt.

Votre ressentiment choisit la main d'un
autre

(Je ne méritais pas de mourir de la
vôtre):

On ne me verra point en[203] repousser les
coups;

Je dois plus de respect à qui combat
pour vous;

Et ravi de penser que c'est de vous
qu'ils viennent,

Puisque c'est votre honneur que ses
armes soutiennent,

Je vais lui présenter mon estomac[204]
ouvert,

Adorant de sa main la vôtre qui me perd.

CHIMÈNE.

Si d'un triste devoir la juste violence,

Qui me fait malgré moi poursuivre ta
vaillance,

Prescrit à ton amour une si forte loi

Qu'il te rend sans défense à qui combat
pour moi,

En cet aveuglement ne perds pas la
mémoire

Qu'ainsi que de ta vie il y va de ta
gloire,

Et que dans quelque éclat que Rodrigue
ait vécu,

---

199. *en plein jour:* Chimène is horrified that Rodrigue
   should risk being observed in her house. (Notice
   that it is full morning. Corneille is well within
   the 24-hour limit of the unity of time.)

200. *vous:* Rodrigue replies to Chimène's *tu* with the

   solemn *vous.*

201. *en faire hommage:* make an offering of it.

202. *Qui = Qu'est-ce qui.*

203. *en = de lui.*

204. *estomac:* brèast.

Quand on le saura mort, on le croira
vaincu.
Ton honneur t'est plus cher que je ne te
suis chère,
Puisqu'il trempe tes mains dans le sang
de mon père,
Et te fait renoncer, malgré ta passion,
A l'espoir le plus doux de ma
possession:
Je t'en vois cependant faire si peu de
conte,
Que sans rendre combat tu veux qu'on
te surmonte.
Quelle inégalité ravale ta vertu?[205]
Pourquoi ne l'as-tu plus, ou pourquoi
l'avais-tu?
Quoi? n'es-tu généreux que pour me
faire outrage?
S'il ne faut m'offenser, n'as-tu point de
courage?
Et traites-tu mon père avec tant de
rigueur,
Qu'après l'avoir vaincu, tu souffres un
vainqueur?[206]
Va, sans vouloir mourir, laisse-moi te
poursuivre,
Et défends ton honneur, si tu ne veux
plus vivre.

DON RODRIGUE.

Après la mort du Comte, et les Mores
défaits.
Faudrait-il à ma gloire encore d'autres
effets?[207] *disdain*
Elle peut dédaigner le soin de me
defender:
On sait que mon courage ose tout
entreprendre,
Que ma valeur peut tout, et que dessous
les cieux,
Auprès de[208] mon honneur, rien ne m'est
précieux.
Non, non, en ce combat, quoi que vous
veuilliez[209] croire,

Rodrigue peut mourir sans hasarder sa
gloire,
Sans qu'on l'ose accuser d'avoir
manqué de cœur,
Sans passer pour vaincu, sans souffrir un
vainqueur.
On dira seulement: « Il adorait Chimène;
Il n'a pas voulu vivre et mériter sa
haine;
Il a cédé lui-même à la rigueur du sort
Qui forçait sa maîtresse à poursuivre sa
mort:
Elle voulait sa tête; et son cœur
magnanime,
S'il l'en eût refusée,[210] eût pensé faire un
crime.
Pour venger son honneur il perdit son
amour,
Pour venger sa maîtresse il a quitté le
jour,
Préférant, quelque espoir qu'eût son
âme asservie,[211]
Son honneur à Chimène, et Chimène à
sa vie. »
Ainsi donc vous verrez ma mort en ce
combat,
Loin d'obscurcir ma gloire, en rehausser
l'éclat;
Et cet honneur suivra mon trépas
volontaire,
Que tout autre que moi n'eût pu vous
satisfaire.

CHIMÈNE.

Puisque, pour t'empêcher de courir au
trépas,
Ta vie et ton honneur sont de faibles
appas, *charms*
Si jamais je t'aimai, cher Rodrigue, en
revanche,   *remove*
Défends-toi maintenant pour m'ôter à
don Sanche;
Combats pour m'affranchir d'une
condition

---

205. *Quelle inégalité...ta vertu?* What caprice brings low your courage?
206. *Et traites-tu...vainqueur?* I.e., By yielding weakly to Don Sanche, you will give rise to the presumption that my father was not much of a fighter.
207. *effets:* exploits.
208. *Auprès de:* In comparison with.
209. *veuilliez = vouliez* (subj.).
210. *S'il l'en eût rfusée = S'il la lui avait refusée.*
211. *asservie:* enslaved.

Qui me donne à l'objet de mon aversion.

Te dirai-je encor plus? va, songe à ta
défense,

Pour forcer mon devoir, pour m'imposer
silence;

Et si tu sens pour moi ton cœur encore
épris, *besotted*

Sors vainqueur d'un combat dont
Chimène est le prix.[212]

Adieu: ce mot lâché me fait rougir de
honte.

DON RODRIGUE (*seul*).

Est-il quelque ennemi qu'à présent je ne
dompte?

Paraissez, Navarrais, Mores et
Castillans,

Et tout ce que l'Espagne a nourri de
vaillants;

Unissez-vous ensemble, et faites une
armée,

Pour combattre une main de la sorte
animée:

Joignez tous vos efforts contre un espoir
si doux;

Pour en venir à bout, c'est trop peu que
de vous.[213]

Chez Chimène

SCÈNE II: CHIMÈNE, ELVIRE

CHIMÈNE.

Elvire, que je souffre, et que je suis à
plaindre!

Je ne sais qu'espérer, et je vois tout à
craindre;

Aucun vœu ne m'échappe où j'ose[214]
consentir;

Je ne souhaite rien sans un prompt
repentir.

A deux rivaux pour moi je fais prendre
les armes:

Le plus heureux succès me coûtera des
larmes;

Et quoi qu'en ma faveur en ordonne le
sort,

vœu —?

Mon père est sans vengeance, ou mon
amant est mort.

ELVIRE.

D'un et d'autre côté je vous vois
soulagée:

Ou vous avez Rodrigue, ou vous êtes
vengée;

Et quoi que le destin puisse ordonner de
vous,

Il soutient votre gloire, et vous donne un
époux.

les choix

CHIMÈNE.

Quoi! l'objet de ma haine ou de tant de
colère!

L'assassin de Rodrigue ou celui de mon
père!

De tous les deux côtés on me donne un
mari

Encor tout teint du sang que j'ai le plus
chéri;

De tous les deux côtés mon âme se
rebelle:

Je crains plus que la mort la fin de ma
querelle.

Allez, vengeance, amour, qui troublez
mes esprits,[215]

Vous n'avez point pour moi de douceurs
à ce prix;

Et toi, puissant moteur[216] du destin qui
m'outrage,

Termine ce combat sans aucun avantage,

Sans faire aucun des deux ni vaincu ni
vainqueur.

ELVIRE.

Ce serait vous traiter avec trop de
rigueur.

Ce combat pour votre âme est un
nouveau supplice,

S'il vous laisse obligée à demander
justice,

A témoigner toujours ce haut
ressentiment,

Et poursuivre toujours la mort de votre
amant.

Madame, il vaut bien mieux que sa rare
vaillance,

---

212. A much quoted line.
213. *c'est...vous:* you are all too few.
214. *où = auquel.*

215. *esprits:* wits, mind.
216. *moteur:* God (who was not named in classic
tragedy).

Lui couronnant le front,[217] vous impose
    silence;
Que la loi du combat étouffe vos
    soupirs,
Et que le Roi vous force à suivre vos
    désirs.

CHIMÈNE.

Quand il sera vainqueur, crois-tu que je
    me rende?
Mon devoir est trop fort, et ma perte
    trop grande,
Et ce n'est pas assez, pour leur faire la
    loi,
Que celle du combat et le vouloir du
    Roi.
Il peut vaincre don Sanche avec fort peu
    de peine,
Mais non pas avec lui la gloire de
    Chimène;
Et quoi qu'à sa victoire un monarque ait
    promis,
Mon honneur lui fera mille autres
    ennemis.

ELVIRE.

Gardez,[218] pour vous punir de cet orgueil
    étrange,
Que le ciel à la fin ne souffre qu'on vous
    venge.
Quoi! vous voulez encor refuser le
    bonheur
De pouvoir maintenant vous taire avec
    honneur?
Que prétend ce devoir, et qu'est-ce qu'il
    espère?
La mort de votre amant vous rendra-t-
    elle un père?
Est-ce trop peu pour vous que d'un[219]
    coup de malheur?
Faut-il perte sur perte, et douleur sur
    douleur?
Allez, dans le caprice où votre humeur
    s'obstine,
Vous ne méritez pas l'amant qu'on vous
    destine;
Et nous verrons du ciel l'équitable
    courroux

Vous laisser, par sa mort, don Sanche
    pour époux.

CHIMÈNE.

Elvire, c'est assez des peines que
    j'endure,
Ne les redouble point de ce funeste
    augure.
Je veux, si je le puis, les éviter tous
    deux;
Sinon, en ce combat Rodrigue a tous
    mes vœux:
Non qu'une folle ardeur de son côté me
    penche;
Mais s'il était vaincu, je serais à don
    Sanche:
Cette appréhension fait naître mon
    souhait.
Que vois-je, malheureuse? Elvire, c'en
    est fait.[220]

SCÈNE III: DON SANCHE, CHIMÈNE, ELVIRE

DON SANCHE.

Obligé d'apporter à vos pieds cette
    épée…

CHIMÈNE.

Quoi! du sang de Rodrigue encor toute
    trempée?
Perfide, oses-tu bien te montrer à mes
    yeux,
Après m'avoir ôté ce que j'aimais le
    mieux?
Éclate, mon amour, tu n'as plus rien à
    craindre:
Mon père est satisfait, cesse de te
    contraindre.
Un même coup a mis ma gloire en
    sûreté,
Mon âme au désespoir, ma flamme en
    liberté.

DON SANCHE.

D'un esprit plus rassis…[221]

CHIMÈNE.

Tu me parles encore,
Exécrable assassin d'un héros que
    j'adore?

---

217. *Lui couronnant le front:* Crowning his brow
    (with the laurels of victory).
218. *Gardez = Prenez garde.*
219. *un:* a single.

220. *c'en est fait:* the worst has happened. (Chimène
    has seen Don Sanche entering with bared
    sword.)
221. *rassis:* settled.

Va, tu l'as pris en traître; un guerrier si
vaillant
N'eût jamais succombé sous un tel
assaillant.
N'espère rien de moi, tu ne m'as point
servie:
En croyant me venger, tu m'as ôté la vie.

DON SANCHE.

Étrange impression, qui, loin de
m'écouter…

CHIMÈNE.

Veux-tu que de sa mort je t'écoute
vanter,
Que j'entende à loisir avec quelle
insolence
Tu peindras son malheur, mon crime et
ta vaillance?

Chez le Roi

SCÈNE IV: *DON FERNAND, DON DIÈGUE, DON
ARIAS, DON SANCHE, DON ALONSE, CHIMÈNE,
ELVIRE*

CHIMÈNE.

Sire, il n'est plus besoin de vous
dissimuler
Ce que tous mes efforts ne vous ont pu
celer.[222]
J'aimais, vous l'avez su; mais pour
venger mon père.
J'ai bien voulu proscrire[223] une tête si
chère:
Votre Majesté, Sire, elle-même a pu voir
Comme j'ai fait céder mon amour au
devoir.
Enfin Rodrigue est mort, et sa mort m'a
changée
D'implacable ennemie en amante
affligée.
J'ai dû cette vengeance à qui m'a mise
au jour,
Et je dois maintenant ces pleurs à mon
amour.
Don Sanche m'a perdue en prenant ma
défense,
Et du bras qui me perd je suis la
récompense!

Sire, si la pitié peut émouvoir un roi,
De grâce, révoquez une si dure loi;
Pour prix d'une victoire où je perds ce
que j'aime,
Je lui laisse mon bien; qu'il me laisse à
moi-même;
Qu'en un cloître sacré je pleure
incessamment,
Jusqu'au dernier soupir, mon père et
mon amant.

DON DIÈGUE.

Enfin elle aime, Sire, et ne croit plus un
crime
D'avouer par sa bouche[224] un amour
légitime.

DON FERNAND.

Chimène, sors d'erreur, ton amant n'est
pas mort,
Et don Sanche vaincu t'a fait un faux
rapport.

DON SANCHE.

Sire, un peu trop d'ardeur malgré moi
l'a déçue:
Je venais du combat lui raconter l'issue.
Ce généreux guerrier, dont son cœur est
charmé:
« Ne crains rien, m'a-t-il dit, quand il
m'a désarmé;
Je laisserais plutôt la victoire incertaine,
Que de répandre un sang hasardé pour
Chimène;
Mais puisque mon devoir m'appelle
auprès du Roi,
Va de notre combat l'[225] entretenir pour
moi,
De la part du vainqueur lui porter ton
épée. »
Sire, j'y suis venu: cet objet l'a trompée;
Elle m'a cru vainqueur, me voyant de
retour,
Et soudain sa colère a trahi son amour
Avec tant de transport et tant
d'impatience,
Que je n'ai pu gagner un moment
d'audience.[226]

---

222. *celer = cacher.*
223. *proscrire:* proscribe, outlaw.
224. *par sa bouche:* in words. In Act IV, Scene 4, she
had avowed her love only by a maidenly faint.
225. *l':* Chimène.
226. *audience:* attention.

Pour moi, bien que vaincu, je me répute
heureux;
Et malgré l'intérêt de mon cœur
amoureux,
Perdant infiniment, j'aime encor ma
défaite,
Qui fait le beau succès d'une amour[227] si
parfaite.

DON FERNAND.
Ma fille, il ne faut point rougir d'un si
beau feu,
Ni chercher les moyens d'en faire un
désaveu.
Une louable honte en vain t'en sollicite:
Ta gloire est dégagée, et ton devoir est
quitte;
Ton père est satisfait, et c'était le venger
Que mettre tant de fois ton Rodrigue en
danger.
Tu vois comme le ciel autrement en
dispose.
Ayant tant fait pour lui,[228] fais pour toi
quelque chose,
Et ne sois point rebelle à mon
commandement,
Qui te donne un époux aimé si
chèrement.

SCÈNE V: DON FERNAND, DON DIÈGUE, DON
ARIAS, DON RODRIGUE, DON ALONSE, DON
SANCHE, CHIMÈNE, ELVIRE

DON RODRIGUE.
Ne vous offensez point, Sire, si devant
vous
Un respect amoureux me jette à ses[229]
genoux.
Je ne viens point ici demander ma
conquête:
Je viens tout de nouveau vous apporter
ma tête,
Madame; mon amour n'emploiera point
pour moi
Ni la loi du combat, ni le vouloir du Roi.
Si tout ce qui s'est fait est trop peu pour
un père,

Dites par quels moyens il vous faut
satisfaire.
Faut-il combattre encor mille et mille
rivaux,
Aux deux bouts de la terre étendre mes
travaux,
Forcer moi seul un camp, mettre en fuite
une armée,
Des héros fabuleux passer la renommée?
Si mon crime par là se peut enfin laver,
J'ose tout entreprendre, et puis tout
achever;
Mais si ce fier honneur, toujours
inexorable,
Ne se peut apaiser sans la mort du
coupable,
N'armez plus contre moi le pouvoir des
humains:
Ma tête est à vos pieds, vengez-vous par
vos mains;
Vos mains seules ont droit de vaincre un
invincible;
Prenez une vengeance à tout autre
impossible.
Mais du moins que ma mort suffise à me
punir:
Ne me bannissez point de votre
souvenir;
Et puisque mon trépas conserve votre
gloire,
Pour vous en revancher conservez ma
mémoire,
Et dites quelquefois, en déplorant mon
sort:
« S'il ne m'avait aimée, il ne serait pas
mort. »

CHIMÈNE.
Relève-toi, Rodrigue, Il faut l'avouer,
Sire,
Je vous en ai trop dit pour m'en pouvoir
dédire.
Rodrigue a des vertus que je ne puis
haïr;
Et quand un roi commande, on lui doit
obéir.

---

227. *amour:* was either masculine or feminine.
228. *lui:* your father.
229. *ses = de Chimène.*

Mais à quoi que déjà vous m'ayez
  condamnée,[230]
Pourrez-vous à vos yeux souffrir cet
  hyménée?
Et quand de mon devoir vous voulez cet
  effort,
Toute votre justice en est-elle d'accord?
Si Rodrigue à l'État devient si
  nécessaire,
De ce qu'il fait pour vous dois-je être le
  salaire,
Et me livrer moi-même au reproche
  éternel
D'avoir trempé mes mains dans le sang
  paternel?

DON FERNAND.

Le temps assez souvent a rendu légitime
Ce qui semblait d'abord ne se pouvoir
  sans crime:
Rodrigue t'a gagnée, et tu dois être à lui.
Mais quoique sa valeur t'ait conquise
  aujourd'hui,
Il faudrait que je fusse ennemi de ta
  gloire,
Pour lui donner sitôt le prix de sa
  victoire.
Cet hymen différé[231] ne rompt point une
  loi
Qui sans marquer de temps lui destine
  ta foi.
Prends un an, si tu veux, pour essuyer
  tes larmes.
Rodrigue, cependant[232] il faut prendre
  les armes.
Après avoir vaincu les Mores sur nos
  bords,

Renversé leurs desseins, repoussé leurs
  efforts,
Va jusqu'en leur pays leur reporter la
  guerre,
Commander mon armée, et ravager leur
  terre:
A ce nom seul de Cid ils trembleront
  d'effroi;
Ils t'ont nommé seigneur, et te voudront
  pour roi.
Mais parmi tes hauts faits sois-lui
  toujours fidèle:
Reviens-en, s'il se peut, encor plus
  digne d'elle;
Et par tes grands exploits fais-toi si bien
  priser
Qu'il lui soit glorieux alors de t'épouser.

DON RODRIGUE.

Pour posséder Chimène, et pour votre
  service,
Que peut-on m'ordonner que mon bras
  n'accomplisse?
Quoi qu'absent de ses yeux il me faille
  endurer,
Sire, ce m'est trop d'heur de pouvoir
  espérer.

DON FERNAND.

Espère en ton courage, espère en ma
  promesse;
Et possédant déjà le cœur de ta
  maîtresse,
Pour vaincre un point d'honneur qui
  combat contre toi,
Laisse faire le temps, ta vaillance et ton
  roi.

---

230. *Mais à quoi...condamnée:* Recognizing the decree you have already imposed upon me.
231. *différé:* deferred.
232. *cependant:* in the meantime. (In the seventeenth century, *cependant* = *ce pendant*, *"this pending."*)

4. Jean Racine

[1639-1699]

Tragedy Refined

Racine was the chief maker of the standard form of the modern theater—the drama of psychological crisis. His tragedies rank with Shakespeare's in the top echelon of world drama. The main value of Racine's works lies in their poetical quality and their psychological insight. Racine delves deep into the human soul, unafraid to explore its blackest corners. His characters tend to speak in questions, for questioning is at the heart of everything in Racine.

faiblesse de l'homme [ou femme] qui est consumé(e) par leurs passions

A Jansenist Training

Jean Racine was born at La Ferté-Milon, not far from Paris. His family was of the cultivated lawyer-officeholder class, sympathetic to Jansenism. Early orphaned, he spent three impressionable years at the Jansenist headquarters of Port-Royal, where he was the darling of a group of very brilliant teachers. He learned there to read Greek (and of course Latin) as readily as French; he learned also the grim Jansenist theology, with its conviction of sin and of sure punishment, its terror of damnation. He then had, by way of contrast, acquaintance with the bohemian literary-theatrical world of Paris, little concerned with morals, much concerned with emotional experience, which was delightful in itself and highly instructive for the writer, the actor, the actress. Racine was a very handsome man in his youth and had more than his share of personal success in this loose-living society.

His vocation as a dramatist declared itself early (as in the case of nearly all important playwrights). His first tragedy was staged in 1664, when he was twenty-five. His string of successes began when comic playwright Molière's top actress, Mademoiselle du Parc, became romantically involved with Racine and began to star in his plays. Between 1667 and 1677, he produced a series of masterpieces, of which it is necessary to mention only *Andromaque* (1667), *Britannicus* (1669), *Bérénice* (1670), and *Phèdre* (1677). He became the successful rival of the aging Corneille, writing *Bérénice* in a direct competition with the 64-year-old dramatist's *Tite et Bérénice*. (Racine won.) After the production of *Phèdre* he renounced the theater. No one knows quite why. Some think he merely dropped it because he was appointed to the well-paid post of *historiographe du roi*. Others think he was disgusted by the *cabale de Phèdre,* an opposition organized by his enemies. Similar to the *Querelle du Cid* that nearly ruined Corneille, the *Phèdre* controversy was largely political. Partisans of a second-rate playwright named Pradon, who also wrote a play about the character Phèdre, packed the theater on the opening night of Racine's version and hooted it down, pretending to prefer Pradon's. Racine may well have had an ill-timed reacquisition of religious and moral scruples, costing him much favor at the corrupt Court. Perhaps also his old Jansenist training was at work in him, convincing him that his representations of passion were dangerous to souls. There were no doubt obscurer, psychological reasons. At any rate he retired from the stage at thirty-seven, married an excellent woman who gave him seven children and never saw or read one of his plays, and settled down to a placid bourgeois existence.

Twelve years after *Phèdre,* in 1689, Mme de Maintenon, morganatic wife of Louis XIV, persuaded Racine to write a Biblical drama, *Esther,* for the girl students of St-Cyr. Recaptured by the pleasures of dramatic composition, he wrote a second Biblical drama, *Athalie,* for the schoolgirls. It was thought that the young actresses performed with altogether too much fire and conviction. He gave up playwriting again, and for good. He died in 1699 and was buried at Port-Royal, at the feet of one of his old teachers.

Racine was a highly emotive type. His passions possessed him; he loved and hated with equal ardor. He was able at the same time to observe, record, and render his feelings in artistic form. This is the equipment of a dramatist of emotional conflict.

High Classicism

Racine is our first representative of the high classical period. Compare him with the baroque Corneille, who was highly uncomfortable with rules. While Corneille, in *Le Cid*, gives free play to his inventiveness, packing two duels, a Moorish invasion, and half a dozen proposals of suicide into twenty-four hours, Racine seems at home within the classical restraints and seeks compression, concision,

Jean Racine. Courtesy of Bibliothèque nationale de France

eliminating everything non-essential to his theme. Racine is more reasonable and logical than Corneille, even in his representations of passion's excess. He is more realistic than his predecessor, which is to say that he seems truer to us. And his style is simpler, fitting the patterns of human speech.

Racine's dramas are preeminently *psychological*. He gives us typically a study of characters; the given characters, in the given circumstances, must act the way they do. Thus the characters determine the action. But unlike those of Corneille, they do not impose their conscious wills on the world. Passion rules their will and dominates their reason. Racine's leading personages are violent in action, but they are also victims of their impulses, which bring them to crime and disaster. They are victims also of their inheritance. A family doom oppresses them, as in the more modern work of Zola, Ibsen, and Eugene O'Neill. Their actions lie in their genes. In this way, Racine was running afoul of his patron, Louis XIV, who wanted plays that depicted passion as not only dangerous but preventable and stoppable. Passion is, after all, what revolutions are made of.

Racine's *dramatic system* is essentially simple. He accepts the unities without difficulty, as they fitted his purpose. He takes a group of characters (as few as three, in *Bérénice*) who will inevitably be in conflict. He posits a circumstance which will bring this conflict into being. He develops the oppositions by means of action. The conflict rises to a crisis, usually in the third act. The crisis is settled by a *dénouement* or resolution, usually tragic, at the end of the play. He himself defined his conception of a tragedy as "une action simple, soutenue de la violence des passions, de la beauté des sentiments et de l'élégance de l'expression."

That phrase, "de l'élégance de l'expression," may give us pause. It is true that his characters, particularly his lovers, use the formulas of gallantry; they are burned with love's fires, pierced with his shafts. But these formulas are unimportant; we have our own, of which we are unaware. Racine's *style* is predominantly simple and natural. He excels in giving dramatic value to everyday speech, in finding those *mots de situation* which out of context are nothing at all; but which in their setting are charged with thrills and shudders.

His *poetry* is made of the same simplicity. Of the commonest words, of the most obvious thought, he makes a magic which enchants all French readers and hearers.

Racine's *influence* has been enormous. He created the drama as we recognize it today: the picture of a crisis in the life of a character or characters, the statement and resolution of a psychological problem. The problems that he treats are universal ones—forbidden but unconquerable love *(Phèdre);* the spiritual corruption of power *(Britannicus);* the rivalry of social obligation and fidelity to love *(Bérénice).* The form he developed is recognizable as our own (barring the poetry). He has been properly called "the true father of the modern theater." And George Dillon sums up: "What we most often enjoy in the theater is the tightly constructed Racinian plot showing a single action, usually near its climax when the play begins, of which the earlier developments are explained to us through one or another retrospective device. Every new play of this type, whether its setting is Athens, London, Greenwich Village, or Mississippi, is directly descended from Racine." [1]

✤ ✤ ✤

[handwritten: la finalité]

PHÈDRE

[handwritten: dernière pièce de Théâtre]

[*The story of Phaedra is, in ancient Greek and Roman drama, told by Euripides and Seneca. Phaedra, wife of Theseus, is condemned by Venus (Goddess of Love) to fall in love with her stepson, Hippolytus, a pious young man who had offended Venus by renouncing all romance and sexuality in an effort to remain "pure." Phaedra fails to win him over. Rebuffed, she hangs herself, leaving a letter accusing Hippolytus of attempts at seduction. Theseus then contrives the death of Hippolytus.*

Racine revises the story, making Phèdre, not Hippolyte, central. He gives us an Hippolyte who loves a young woman, and thus is not at war against Venus. Racine makes Phèdre the target of the goddess. He treats his Phèdre with understanding and pity. She struggles against her fate; she is tortured by remorse. She is more Christian than ancient Greek, for she is imbued with a potent sense of sin, and more Jansenist than traditionally Christian, for she represents, in the words of the time, "a just woman who lacked God's grace." She is a victim, desperate and helpless. Compare her with Corneille's heroine Chimène, who commands her lover and even the king and court.

The modern world has lost much of the sense of sin. It has, however, substituted a monstrous awareness of guilt. Phèdre *can be read in modern terms as an epic of the guilt complex.*

Phèdre *is one if the great roles, if not the greatest, of the French theater. Every actress dreams of playing it. It has an immense range, and requires every resource of voice, body, and sensibility.*]

PERSONNAGES

THÉSÉE, fils d'Égée,[2] roi d'Athènes

PHÈDRE, femme de Thésée, fille de Minos[3] et de Pasiphaé[4]

HIPPOLYTE, fils de Thésée et d'Antiope, reine des Amazones

ARICIE, princesse du sang royal d'Athènes

THÉRAMÈNE, gouverneur (tuteur) d'Hippolyte.

ŒNONE, nourrice et confidente de Phèdre

ISMÈNE, confidente d'Aricie

PANOPE, femme de la suite de Phèdre

GARDES

---

1. *Three Plays of Racine*, Introduction. Chicago, University of Chicago Press, 1961.
2. *Égée:* Aegeus.
3. Minos, son of Zeus and Europa and King of Crete; after his death judge of the shades in the underworld.
4. *Pasiphaé:* Pasiphaë

La scène est à Trézène,[5] *ville du Péloponnèse.*

ACTE PREMIER

SCÈNE PREMIÈRE: HIPPOLYTE, THÉRAMÈNE

HIPPOLYTE.

Le dessein[6] en est pris: je pars, cher
　Théramène,
Et quitte le séjour de l'aimable Trézène.
Dans le doute mortel dont je suis agité,
Je commence à rougir de mon oisiveté
Depuis plus de six mois éloigné de mon
　père,
J'ignore le destin d'une tête si chère;
J'ignore jusqu'aux lieux qui le peuvent
　cacher.

THÉRAMÈNE.

Et dans quels lieux, Seigneur, l'allez-
　vous donc chercher?
Déjà, pour satisfaire à votre juste crainte,
J'ai couru les deux mers[7] que sépare
　Corinthe;
J'ai demandé Thésée aux peuples de ces
　bords[8]
Où l'on voit l'Achéron[9] se perdre chez
　les morts;
J'ai visité l'Élide,[10] et laissant le
　Ténare,[11]
Passé jusqu'à la mer qui vit tomber
　Icare.[12]
Sur quel espoir nouveau, dans quels
　heureux climats
Croyez-vous découvrir la trace de ses
　pas?
Qui sait même, qui sait si le Roi votre
　père
Veut que de son absence on sache le
　mystère?

Et si, lorsqu'avec vous nous tremblons
　pour ses jours,
Tranquille, et nous cachant de nouvelles
　amours,
Ce héros n'attend point qu'une amante
　abusée[13]...

HIPPOLYTE.

Cher Théramène, arrête, et respecte
　Thésée.
De ses jeunes erreurs désormais revenu,
Par un indigne obstacle il n'est point
　retenu;
Et fixant de ses vœux l'inconstance
　fatale,[14]
Phèdre depuis longtemps ne craint plus
　de rivale.
Enfin en le cherchant je suivrai mon
　devoir,
Et je fuirai ces lieux que je n'ose plus
　voir.

THÉRAMÈNE.

Hé! depuis quand, Seigneur, craignez-
　vous la présence[15]
De ces paisibles lieux, si chers à votre
　enfance,
Et dont je vous ai vu préférer le séjour
Au tumulte pompeux d'Athène et de la
　cour?
Quel péril, ou plutôt quel chagrin vous
　en chasse?

HIPPOLYTE.

Cet heureux temps n'est plus. Tout a
　changé de face,
Depuis que sur ces bords les Dieux ont
　envoyé
La fille de Minos et de Pasiphaé.[16]

THÉRAMÈNE.

J'entends: de vos douleurs la cause
　m'est connue.

---

5. *Trézène:* Troezen, on the Saronic Gulf about 50 miles southwest of Athens. (Only inconsiderable ruins remain.)
6. *Le dessein:* My purpose.
7. *les deux mers:* The isthmus of Corinth separates the Aegean and the Ionian Seas.
8. *bords:* shores.
9. *Achéron:* river of the dead, supposed to rise in Epirus and descend to the lower world.
10. *Élide:* Elis, northwestern part of the Peloponnesus.
11. *Ténare:* Cape Matapan, southernmost

promontory of Greece.
12. *Icare:* Icarus, who tried to fly from Crete with fabricated wings. He flew too close to the sun, whereupon his wings melted and he fell into the sea between Crete and the mainland, thenceforth called the Icarian Sea.
13. *abusée:* deceived.
14. *fixant...fatale:* reforming the unfortunate inconstancy of Theseus' vows.
15. *présence:* aspect.
16. A famous line, long admired as an example of *la poésie pure.*

Phèdre ici vous chagrine,[17] et blesse
   votre vue.
Dangereuse marâtre,[18] à peine elle vous
   vit,
Que votre exil d'abord signala son
   crédit.[19]
Mais sa haine, sur vous autrefois
   attachée,
Ou s'est évanouie, ou s'est bien
   relâchée.
Et d'ailleurs quels périls vous peut faire
   courir
Une femme mourante et qui cherche à
   mourir?
Phèdre, atteinte d'un mal qu'elle
   s'obstine à taire,
Lasse enfin d'elle-même et du jour qui
   l'éclaire,
Peut-elle contre vous former quelques
   desseins?

HIPPOLYTE.

Sa vaine inimitié n'est pas ce que je
   crains.
Hippolyte en partant fuit une autre
   ennemie:
Je fuis, je l'avouerai, cette jeune Aricie,
Reste d'un sang fatal conjuré contre
   nous.

THÉRAMÈNE.

Quoi! vous-même, Seigneur, la
   persécutez-vous?
Jamais l'aimable sœur des cruels
   Pallantides[20]
Trempa-t-elle[21] aux complots de ses
   frères perfides?
Et devez-vous haïr ses innocents
   appas?[22]

HIPPOLYTE.

Si je la haïssais, je ne la fuirais pas.

THÉRAMÈNE.

Seigneur, m'est-il permis d'expliquer[23]
   votre fuite?

Pourriez-vous n'être plus ce superbe[24]
   Hippolyte,
Implacable ennemi des amoureuses lois
Et d'un joug que Thésée a subi tant de
   fois?
Vénus, par votre orgueil si longtemps
   méprisée,
Voudrait-elle à la fin justifier Thésée?
Et vous mettant au rang du reste des
   mortels,
Vous a-t-elle forcé d'encenser ses
   autels?
Aimeriez-vous, Seigneur?

HIPPOLYTE.

Ami, qu'oses-tu dire?
Toi, qui connais mon cœur depuis que je
   respire,
Des sentiments d'un cœur si fier, si
   dédaigneux,
Peux-tu me demander le désaveu
   honteux?
C'est peu qu'avec son lait une mère
   amazone[25]
M'ait fait sucer encor cet orgueil qui
   t'étonne;
Dans un âge plus mûr moi-même
   parvenu,
Je me suis applaudi quand je me suis
   connu.
Attaché près de moi par un zèle sincère,
Tu me contais alors l'histoire de mon
   père.
Tu sais combien mon âme, attentive à ta
   voix,
S'échauffait aux récits de ses nobles
   exploits,
Quand tu me dépeignais ce héros
   intrépide
Consolant les mortels de l'absence
   d'Alcide,[26]
Les monstres étouffés et les brigands
   punis,

---

17. *vous chagrine:* makes you suffer.
18. *marâtre:* stepmother.
19. *votre exil...crédit:* she immediately gave proof
     of her power by exiling you.
20. The Pallantides, sons of Pallas, brother of
     Aegeus and uncle of Theseus. They conspired to
     seize the throne of Athens; Theseus slew them
     all, leaving only their sister, Aricia (*Aricie*).

21. *Trempa-t-elle:* Did she take part in.
22. *appas:* charms.
23. *expliquer:* seek the motives for.
24. *superbe:* proud.
25. *une mère amazone:* Antiope, queen of the
     Amazons, Theseus' first wife.
26. *Alcide:* Hercules.

Procuste, Cercyon, et Scirron, et
Sinnis,[27]
Et les os dispersés du géant
d'Épidaure,[28]
Et la Crète fumant du sang du
Minotaure,[29]
Mais quand tu récitais des faits moins
glorieux,
Sa foi[30] partout offerte et reçue en cent
lieux;
Hélène à ses parents dans Sparte
dérobée;[31]
Salamine témoin des pleurs de Péribée;[32]
Tant d'autres, dont les noms lui sont
même échappés,
Trop crédules esprits que sa flamme a
trompés:
Ariane aux rochers contant ses
injustices,[33]
Phèdre enlevée enfin sous de meilleurs
auspices;[34]
Tu sais comme, à regret écoutant ce
discours,
Je te pressais souvent d'en abréger le
cours,
Heureux si j'avais pu ravir à la mémoire
Cette indigne moitié d'une si belle
histoire!
Et moi-même, à mon tour, je me verrais
lié?
Et les Dieux jusque-là m'auraient
humilié?
Dans mes lâches soupirs d'autant plus
méprisable,

Qu'un long amas d'honneurs rend
Thésée excusable,
Qu'aucuns monstres par moi domptés
jusqu'aujourd'hui
Ne m'ont acquis le droit de faillir
comme lui.
Quand même ma fierté pourrait s'être
adoucie,
Aurais-je pour vainqueur dû choisir
Aricie?
Ne souviendrait-il plus à mes sens
égarés
De l'obstacle éternel qui nous a séparés?
Mon père la réprouve;[35] et par des lois
sévères
Il défend de donner des neveux[36] à ses
frères:
D'une tige coupable il craint un
rejeton;[37]
Il veut avec leur sœur ensevelir leur nom,
Et que jusqu'au tombeau soumise à sa
tutelle,[38]
Jamais les feux d'hymen ne s'allument
pour elle.
Dois-je épouser ses droits contre un père
irrité?
Donnerai-je l'exemple à la témérité?
Et dans un fol amour ma jeunesse
embarquée...

THÉRAMÈNE.

Ah! Seigneur, si votre heure est une fois
marquée,
Le ciel de nos raisons ne sait point
s'informer.

27. *Procuste...Sinnis:* Procrustes stretched or amputated visitors to fit his guest-bed; Cercyon killed his opponents in wrestling matches; Sciron sat on a rock at a cliff top and forced travelers to wash his feet, and when they bent to the task he would kick them into the sea; Sinis bent down a pine tree and asked aid of passers-by; he then released his hold and the upspringing tree would catapult the traveler to his death.
28. *le géant d'Épidaure:* Periphetes, who battered people to death with a brass club.
29. *Minotaure:* the Minotaur, who was the half bull, half human offspring of Pasiphaë and a sacred bull. He is Pheadra's half brother, as well as half bull. (He was kept in a labyrinth [the existent palace of Knossos, Crete] and fed youths and maidens supplied as tribute from other cities, including Athens. Theseus penetrated the labyrinth and killed him.)
30. *foi:* promise of fidelity.

31. *Hélène...dérobée:* Helen was seduced by Theseus before she married Menelaus.
32. King Telamon of Salamis married Periboea after she was deserted by Theseus.
33. Ariadne, daughter of Minos and Pasiphaë and sister of Phaedra, fell in love with Theseus, who had inveigled himself into the band of Athenian youths to be offered up to the Minotaur. Ariadne gave Theseus a ball of string, with which he marked an escape route from the labyrinth. He killed the Minotaur, carried off Ariadne, and abandoned her on the rocky islet of Naxos.
34. *sous de meilleurs auspices:* i.e., because she was properly married to Theseus.
35. *réprouve:* repels.
36. *neveux:* descendants.
37. *D'une tige...rejeton:* He fears an offshoot of a guilty stock.
38. *tutelle:* guardianship.

Thésée ouvre vos yeux en voulant les
    fermer;
Et sa haine, irritant une flamme rebelle,
Prête à son ennemie une grâce nouvelle.
Enfin d'un chaste amour pourquoi vous
    effrayer?
S'il a quelque douceur, n'osez-vous
    l'essayer?
En croirez-vous toujours un farouche
    scrupule?
Craint-on de s'égarer sur les traces
    d'Hercule?[39]
Quels courages[40] Vénus n'a-t-elle point
    domptés?
Vous-même, où seriez-vous, vous qui la
    combattez,
Si toujours Antiope à ses lois opposée,
D'une pudique ardeur n'eût brûlé pour
    Thésée?
Mais que sert d'affecter un superbe
    discours?[41]
Avouez-le, tout change; et depuis
    quelques jours
On vous voit moins souvent, orgueilleux
    et sauvage,[42]
Tantôt faire voler un char sur le rivage,
Tantôt, savant dans l'art par Neptune
    inventé,[43]
Rendre docile au frein[44] un coursier
    indompté.
Les forêts de nos cris moins souvent
    retentissent;
Chargés d'un feu secret, vos yeux
    s'appesantissent.
Il n'en faut point douter: vous aimez,
    vous brûlez;
Vous périssez d'un mal que vous
    dissimulez.
La charmante Aricie a-t-elle su vous
    plaire?

HIPPOLYTE.

Théramène, je pars, et vais chercher
    mon père.

THÉRAMÈNE.

Ne verrez-vous point Phèdre avant que
    de partir,

Seigneur?

HIPPOLYTE.

C'est mon dessein: tu peux l'en avertir.
Voyons-la, puisqu'ainsi mon devoir me
    l'ordonne.
Mais quel nouveau malheur trouble sa
    chère Œnone?

Scène II: *hippolyte, œnone, théramène*

ŒNONE.

Hélas! Seigneur, quel trouble au mien
    peut être égal?
La Reine touche presque à son terme
    fatal.
En vain à l'observer jour et nuit je
    m'attache:
Elle meurt dans mes bras d'un mal
    qu'elle me cache.
Un désordre éternel règne dans son
    esprit.
Son chagrin inquiet l'arrache de son lit.
Elle veut voir le jour; et sa douleur
    profonde
M'ordonne toutefois d'écarter tout le
    monde…
Elle vient.

HIPPOLYTE.

Il suffit: je la laisse en ces lieux,
Et ne lui montre point un visage odieux.

Scène III: *phèdre, œnoine*

PHÈDRE.

N'allons point plus avant. Demeurons,
    chère Œnone.
Je ne me soutiens plus: ma force
    m'abandonne.
Mes yeux sont éblouis du jour que je
    revoi,
Et mes genoux tremblants se dérobent
    sous moi.
Hélas!
(*Elle s'assied.*)

ŒNONE.

Dieux tout-puissants, que nos pleurs
    vous apaisent!

---

39. Hercules was said to have humiliated himself
    by doing women's work in the palace of Queen
    Omphale.
40. *courages = cœurs.*
41. *un superbe discours:* proud speech.
42. *sauvage:* shy.
43. *l'art…inventé:* i.e., horsemanship.
44. *frein:* bridle, bit.

PHÈDRE.

    Que ces vains ornements, que ces voiles
      me pèsent!
    Quelle importune main, en formant tous
      ces nœuds,
    A pris soin sur mon front d'assembler
      mes cheveux?
    Tout m'afflige et me nuit, et conspire à
      me nuire.

ŒNONE.

    Comme on voit tous ses vœux l'un
      l'autre se détruire!
    Vous-même, condamnant vos injustes
      desseins,
    Tantôt à vous parer vous excitiez nos
      mains;
    Vous-même, rappelant votre force
      première,
    Vous vouliez vous montrer et revoir la
      lumière.
    Vous la voyez, Madame; et prête à vous
      cacher,
    Vous haïssez le jour que vous veniez
      chercher?

PHÈDRE.

    Noble et brillant auteur d'une triste
      famille,
    Toi,[45] dont ma mère osait se vanter
      d'être fille,
    Qui peut-être rougis du trouble où tu me
      vois,
    Soleil, je te viens voir pour la dernière
      fois.

ŒNONE.

    Quoi? vous ne perdrez point cette
      cruelle envie?
    Vous verrai-je toujours, renonçant à la
      vie,
    Faire de votre mort les funestes apprêts?

PHÈDRE.

    Dieux! que ne suis-je assise à l'ombre
      des forêts!
    Quand pourrai-je, au travers d'une noble
      poussière,
    Suivre de l'œil un char fuyant dans la
      carrière?

ŒNONE.

    Quoi, Madame?

PHÈDRE.

    Insensée, où suis-je? et qu'ai-je dit?
    Où laissé-je égarer mes vœux et mon
      esprit?
    Je l'ai perdu: les Dieux m'en ont ravi
      l'usage
    Œnone, la rougeur me couvre le visage:
    Je te laisse trop voir mes honteuses
      douleurs;
    Et mes yeux, malgré moi, se remplissent
      de pleurs.

ŒNONE.

    Ah! s'il vous faut rougir, rougissez d'un
      silence
    Qui de vos maux encore aigrit la
      violence.
    Rebelle à tous nos soins, sourde à tous
      nos discours,
    Voulez-vous sans pitié laisser finir vos
      jours?
    Quelle fureur les borne au milieu de leur
      course?
    Quel charme ou quel poison en a tari la
      source?
    Les ombres par trois fois ont obscurci
      les cieux
    Depuis que le sommeil n'est entré dans
      vos yeux,
    Et le jour a trois fois chassé la nuit
      obscure
    Depuis que votre corps languit sans
      nourriture.
    A quel affreux dessein vous laissez-vous
      tenter?
    De quel droit sur vous-même osez-vous
      attenter?
    Vous offensez les Dieux auteurs de votre
      vie;
    Vous trahissez l'époux à qui la foi vous
      lie;
    Vous trahissez enfin vos enfants
      malheureux,
    Que vous précipitez sous un joug
      rigoureux.

---

45. *Toi:* Phèdre addresses Helios, the Sun, father of
    Pasiphaë.

Songez qu'un même jour leur ravira leur
    mère,
Et rendra l'espérance au fils de
    l'étrangère,
A ce fier ennemi de vous, de votre sang,
Ce fils qu'une Amazone a porté dans
    son flanc,
Cet Hippolyte…

PHÈDRE.

Ah, Dieux!

ŒNONE.

Ce reproche vous touche.

PHÈDRE.

Malheureuse, quel nom est sorti de ta
    bouche?

ŒNONE.

Hé bien! votre colère éclate avec raison:
J'aime à vous voir frémir à ce funeste
    nom.
Vivez donc. Que l'amour, le devoir vous
    excite.
Vivez, ne souffrez pas que le fils d'une
    Scythe,[46]
Accablant vos enfants d'un empire[47]
    odieux,
Commande au plus beau sang de la
    Grèce et des Dieux.
Mais ne différez point: chaque moment
    vous tue.
Réparez promptement votre force
    abattue,
Tandis que de vos jours, prêts à se
    consumer,
Le flambeau dure encore, et peut se
    rallumer.

PHÈDRE.

J'en ai trop prolongé la coupable durée.

ŒNONE.

Quoi? de quelques remords êtes-vous
    déchirée?
Quel crime a pu produire un trouble si
    pressant?
Vos mains n'ont point trempé dans le
    sang innocent?

PHÈDRE.

Grâces au ciel, mes mains ne sont point
    criminelles.

Plût aux Dieux que mon cœur fût
    innocent comme elles!

ŒNONE.

Et quel affreux projet avez-vous enfanté
Dont votre cœur encor doive être
    épouvanté?

PHÈDRE.

Je t'en ai dit assez. Épargne-moi le reste.
Je meurs, pour ne point faire un aveu si
    funeste.

ŒNONE.

Mourez donc, et gardez un silence
    inhumain;
Mais pour fermer vos yeux cherchez une
    autre main.
Quoiqu'il vous reste à peine une faible
    lumière,
Mon âme chez les morts descendra la
    première.
Mille chemins ouverts y conduisent
    toujours,
Et ma juste douleur choisira les plus
    courts.
Cruelle, quand ma foi vous a-t-elle
    déçue?
Songez-vous qu'en naissant mes bras
    vous ont reçue?
Mon pays, mes enfants, pour vous j'ai
    tout quitté.
Réserviez-vous ce prix à ma fidélité?

PHÈDRE.

Quel fruit espères-tu de tant de
    violence?
Tu frémiras d'horreur si je romps le
    silence.

ŒNONE.

Et que me direz-vous qui ne cède,
    grands Dieux!
A l'horreur de vous voir expirer à mes
    yeux?

PHÈDRE.

Quand tu sauras mon crime, et le sort
    qui m'accable,
Je n'en mourrai pas moins, j'en mourrai
    plus coupable.

ŒNONE.

Madame, au nom des pleurs que pour
    vous j'ai versés,

---

46. *Scythe:* Scythian, eastern barbarian nomad.   47. *empire:* rule.

Par vos faibles genoux que je tiens
    embrassés,
Délivrez mon esprit de ce funeste doute.

PHÈDRE.

Tu le veux. Lève-toi.

ŒNONE.

Parlez, je vous écoute.

PHÈDRE.

Ciel! que lui vais-je dire, et par où
    commencer?

ŒNONE.

Par de vaines frayeurs cessez de
    m'offenser.

PHÈDRE.

O haine de Vénus! O fatale colère!
Dans quels égarements l'amour jeta ma
    mère!

ŒNONE.

Oublions-les, Madame; et qu'à tout
    l'avenir
Un silence éternel cache ce souvenir.

PHÈDRE.

Ariane, ma sœur, de quel amour blessée,
Vous mourûtes aux bords où vous fûtes
    laissée![48]

ŒNONE.

Que faites-vous, Madame? et quel
    mortel ennui[49]
Contre tout votre sang vous anime
    aujourd'hui?

PHÈDRE.

Puisque Vénus le veut, de ce sang
    déplorable
Je péris la dernière et la plus misérable.

ŒNONE.

Aimez-vous?

PHÈDRE.

De l'amour j'ai toutes les fureurs.

ŒNONE.

Pour qui?

PHÈDRE.

Tu vas ouïr le comble des horreurs.
J'aime…A ce nom fatal, je tremble, je
    frissonne,
J'aime…

ŒNONE.

Qui?

PHÈDRE.

Tu connais ce fils de l'Amazone,
Ce prince si longtemps par moi-même
    opprimé?

ŒNONE.

Hippolyte? Grands Dieux!

PHÈDRE.

C'est toi qui l'as nommé.

ŒNONE.

Juste ciel! tout mon sang dans mes
    veines se glace.
O désespoir! ô crime! ô déplorable race!
Voyage infortuné! Rivage malheureux,
Fallait-il approcher de tes bords
    dangereux?

PHÈDRE.

Mon mal vient de plus loin. A peine au
    fils d'Égée
Sous les lois de l'hymen je m'étais
    engagée,
Mon repos, mon bonheur semblait être
    affermi;
Athènes me montra mon superbe
    ennemi.
Je le vis, je rougis, je pâlis à sa vue;
Un trouble s'éleva dans mon âme
    éperdue;
Mes yeux ne voyaient plus, je ne
    pouvais parler;
Je sentis tout mon corps et transir[50] et
    brûler.
Je reconnus Vénus et ses feux
    redoutables,
D'un sang qu'elle poursuit tourments
    inévitables.
Par des vœux assidus je crus les
    détourner:
Je lui bâtis un temple, et pris soin de
    l'orner.
De victimes moi-même à toute heure
    entourée,
Je cherchais dans leurs flancs ma raison
    égarée.[51]

coups de foudre

---

48. *Ariane…laissée:* See note to Act I, Scene I, line 89.
49. *ennui:* torment.
50. *transir:* chill.
51. *Je cherchais…égarée:* i.e., I sought to recapture my reason by divination from the organs of sacrificed animals.

D'un incurable amour remèdes
  impuissants!
En vain sur les autels ma main brûlait
  l'encens:
Quand ma bouche implorait le nom de
  la Déesse,
J'adorais Hippolyte; et le voyant sans
  cesse,
Même au pied des autels que je faisais
  fumer,
J'offrais tout à ce dieu que je n'osais
  nommer.
Je l'évitais partout. O comble de misère!
Mes yeux le retrouvaient dans les traits
  de son père.
Contre moi-même enfin j'osai me
  révolter:
J'excitai mon courage à le persécuter.
Pour bannir l'ennemi dont j'étais
  idolâtre,
J'affectai les chagrins[52] d'une injuste
  marâtre;
Je pressai son exil, et mes cris éternels
L'arrachèrent du sein et des bras
  paternels.
Je respirais, Œnone; et depuis son
  absence,
Mes jours moins agités coulaient dans
  l'innocence.
Soumise à mon époux, et cachant mes
  ennuis,
De son fatal hymen je cultivais les
  fruits.[53]
Vaines précautions! Cruelle destinée!
Par mon époux lui-même à Trézène
  amenée,
J'ai revu l'ennemi que j'avais éloigné:
Ma blessure trop vive aussitôt a saigné.
Ce n'est plus une ardeur dans mes
  veines cachée:
C'est Vénus toute entière à sa proie
  attachée.[54]
J'ai conçu pour mon crime une juste
  terreur;
J'ai pris la vie en haine, et ma flamme
  en horreur.

Je voulais en mourant prendre soin de
  ma gloire,
Et dérober au jour une flamme si noire:
Je n'ai pu soutenir tes larmes, tes
  combats[55];
Je t'ai tout avoué; je ne m'en repens pas,
Pourvu que de ma mort respectant les
  approches,
Tu ne m'affliges plus par d'injustes
  reproches,
Et que tes vains secours cessent de
  rappeler[56]
Un reste de chaleur tout prêt à s'exhaler.

SCÈNE IV: PHÈDRE, ŒNONE, PANOPE

PANOPE.
  Je voudrais vous cacher une triste
    nouvelle,
  Madame; mais il faut que je vous la
    révèle.
  La mort vous a ravi votre invincible
    époux;
  Et ce malheur n'est plus ignoré que de
    vous.
ŒNONE.
  Panope, que dis-tu?
PANOPE.
  Que la Reine abusée[57]
  En vain demande au ciel le retour de
    Thésée;
  Et que par des vaisseaux arrivés dans le
    port
  Hippolyte, son fils, vient d'apprendre sa
    mort.
PHÈDRE.
  Ciel!
PANOPE.
  Pour le choix d'un maître Athènes se
    partage.
  Au Prince votre fils l'un donne son
    suffrage,
  Madame; et de l'État l'autre oubliant les
    lois,
  Au fils de l'étrangère[58] ose donner sa
    voix.

---

52. *chagrins:* malevolences.
53. *les fruits:* i.e., the children.
54. A very famous line.
55. *combats:* struggles, insistences.

56. *rappeler:* recall (to life).
57. *abusée:* misinformed.
58. *fils de l'étrangère:* Hippolyte.

On dit même qu'au trône une brigue
insolente

Veut placer Aricie et le sang de Pallante.

J'ai cru de ce péril vous devoir avertir.

Déjà même Hippolyte est tout prêt à
partir;

Et l'on craint, s'il paraît dans ce nouvel
orage,

Qu'il n'entraîne après lui tout un peuple
volage.

ŒNONE.

Panope, c'est assez. La Reine, qui
t'entend,

Ne négligera point cet avis important.

SCÈNE V: PHÈDRE, ŒNONE

ŒNONE.

Madame, je cessais de vous presser de
vivre;

Déjà même au tombeau je songeais à
vous suivre;

Pour vous en détourner je n'avais plus
de voix;

Mais ce nouveau malheur vous prescrit
d'autres lois.[59]

Votre fortune change et prend une autre
face:

Le Roi n'est plus, Madame; il faut
prendre sa place.

Sa mort vous laisse un fils à qui vous
vous devez,

Esclave s'il vous perd, et roi si vous
vivez.

Sur qui, dans son malheur, voulez-vous
qu'il s'appuie?

Ses larmes n'auront plus de main qui les
essuie;

Et ses cris innocents, portés jusques aux
Dieux,

Iront contre sa mère irriter ses aïeux.

Vivez, vous n'avez plus de reproche à
vous faire.

Votre flamme devient une flamme
ordinaire.

Thésée en expirant vient de rompre les
nœuds

Qui faisaient tout le crime et l'horreur
de vos feux.

Hippolyte pour vous devient moins
redoutable;

Et vous pouvez le voir sans vous rendre
coupable.

Peut-être, convaincu de votre aversion,

Il va donner un chef à la sédition.

Détrompez son erreur, fléchissez son
courage.

Roi de ces bords heureux, Trézène est
son partage.

Mais il sait que les lois donnent à votre
fils

Les superbes remparts que Minerve a
bâtis.[60]

Vous avez l'un et l'autre une juste
ennemie:

Unissez-vous tous deux pour combattre
Aricie.

PHÈDRE.

Hé bien! à tes conseils je me laisse
entraîner.

Vivons, si vers la vie on peut me
ramener,

Et si l'amour d'un fils en ce moment
funeste

De mes faibles esprits peut ranimer le
reste.[61]

ACTE II

SCÈNE PREMIÈRE: ARICIE, ISMÈNE

ARICIE.

Hippolyte demande à me voir en ce
lieu?

Hippolyte me cherche, et veut me dire
adieu?

Ismène, dis-tu vrai? N'es-tu point
abusée?

ISMÈNE.

C'est le premier effet de la mort de
Thésée.

---

59.   *lois:* obligations.
60.   *remparts...bâtis:* periphrasis for Athens.
61.   The exposition has been made, the leading
      personages presented or described, the situation

posed. Phèdre, freed from the fear of incest by
the death of Thésée, loves Hippolyte; Hippolyte
loves Aricie; Hippolyte, Aricie, and the son of
Phèdre are rivals for the throne of Athens.

Préparez-vous, Madame, à voir de tous
    côtés
Voler vers vous les cœurs par Thésée
    écartés.
Aricie à la fin de son sort est maîtresse,
Et bientôt à ses pieds verra toute la
    Grèce.

ARICIE.

Ce n'est donc point, Ismène, un bruit
    mal affermi?
Je cesse d'être esclave, et n'ai plus
    d'ennemi?

ISMÈNE.

Non, Madame, les Dieux ne vous sont
    plus contraires;
Et Thésée a rejoint les mânes de vos
    frères.

ARICIE.

Dit-on quelle aventure[62] a terminé ses
    jours?

ISMÈNE.

On sème de sa mort d'incroyables
    discours.
On dit que, ravisseur d'une amante
    nouvelle,
Les flots ont englouti cet époux infidèle.
On dit même, et ce bruit est partout
    répandu,
Qu'avec Pirithoüs[63] aux enfers
    descendu,
Il a vu le Cocyte et les rivages sombres,
Et s'est montré vivant aux infernales
    ombres;
Mais qu'il n'a pu sortir de ce triste
    séjour,
Et repasser les bords qu'on passe sans
    retour.

ARICIE.

Croirai-je qu'un mortel, avant sa
    dernière heure,

Peut pénétrer des morts la profonde
    demeure?
Quel charme l'attirait sur ces bords
    redoutés?

ISMÈNE.

Thésée est mort, Madame, et vous seule
    en doutez.
Athènes en gémit, Trézène en est
    instruite,
Et déjà pour son roi reconnaît Hippolyte.
Phèdre, dans ce palais, tremblante pour
    son fils,
De ses amis troublés demande les avis.

ARICIE.

Et tu crois que pour moi plus humain
    que son père,
Hippolyte rendra ma chaîne plus légère?
Qu'il plaindra mes malheurs?

ISMÈNE.

Madame, je le crois.[64]

ARICIE.

L'insensible Hippolyte est-il connu de
    toi?
Sur quel frivole espoir penses-tu qu'il
    me plaigne,
Et respecte en moi seule un sexe qu'il
    dédaigne?
Tu vois depuis quel temps il évite nos
    pas,
Et cherche tous les lieux où nous ne
    sommes pas.

ISMÈNE.

Je sais de ses froideurs tout ce que l'on
    récite:
Mais j'ai vu près de vous ce superbe
    Hippolyte;
Et même, en le voyant, le bruit de sa
    fierté[65]
A redoublé pour lui ma curiosité.

---

62. *aventure:* accident.
63. Pirithoüs, King of the Lapiths, in Epirus.
(Presumptuously desiring Persephone, wife
of Hades and daughter of Zeus, for his bride,
Pirithoüs, with Theseus for companion, entered
the underworld by the river Cocytus, "the river of
tears." "Hades listened calmly to their impudent
request and, feigning hospitality, invited them to
be seated. Unsuspectingly, they took the settee
he offered, which proved to be the Chair of
Forgetfulness and at once became part of their

flesh, so that they could not rise again without
self-mutilation. Coiled serpents hissed all about
them, and they were well lashed by the Furies
and mauled by Cerberus's teeth, while Hades
looked on, smiling grimly." (Robert Graves:
The Greek Myths. Baltimore, Penguin, Vol. I, p.
363.)
64. *croi = crois:* (for the eye rhyme).
65. *le bruit...fierté:* the report of his unsociable
independence.

Sa présence à ce bruit n'a point paru
   répondre:
Dès vos premiers regards je l'ai vu se
   confondre.[66]
Ses yeux, qui vainement voulaient vous
   éviter,
Déjà pleins de langueur, ne pouvaient
   vous quitter.
Le nom d'amant peut-être offense son
   courage;
Mais il en a les yeux, s'il n'en a le
   langage.

ARICIE.

Que mon cœur, chère Ismène, écoute
   avidement
Un discours qui peut-être a peu de
   fondement!
O toi qui me connais, te semblait-il
   croyable
Que le triste jouet d'un sort impitoyable,
Un cœur toujours nourri d'amertume et
   de pleurs,
Dût connaître l'amour et ses folles
   douleurs?
Reste du sang d'un roi, noble fils de la
   Terre,[67]
Je suis seule échappée aux fureurs de la
   guerre.
J'ai perdu, dans la fleur de leur jeune
   saison,
Six frères…Quel espoir d'une illustre
   maison!
Le fer moissonna tout; et la terre
   humectée[68]
But à regret le sang des neveux[69]
   d'Erechthée.
Tu sais, depuis leur mort, quelle sévère
   loi
Défend à tous les Grecs de soupirer pour
   moi:
On craint que de la sœur les flammes
   téméraires
Ne raniment un jour la cendre de ses
   frères.
Mais tu sais bien aussi de quel œil
   dédaigneux

Je regardais ce soin d'un vainqueur
   soupçonneux.
Tu sais que de tout temps à l'amour
   opposée,
Je rendais souvent grâce à l'injuste
   Thésée,
Dont l'heureuse rigueur secondait mes
   mépris.
Mes yeux alors, mes yeux n'avaient pas
   vu son fils.
Non que par les yeux seuls lâchement
   enchantée,
J'aime en lui sa beauté, sa grâce tant
   vantée,
Présents dont la nature a voulu
   l'honorer,
Qu'il méprise lui-même, et qu'il semble
   ignorer.
J'aime, je prise en lui de plus nobles
   richesses,
Les vertus de son père, et non point les
   faiblesses.
J'aime, je l'avouerai, cet orgueil
   généreux
Qui jamais n'a fléchi sous le joug
   amoureux.
Phèdre en vain s'honorait des soupirs de
   Thésée:
Pour moi, je suis plus fière, et fuis la
   gloire aisée
D'arracher un hommage à mille autres
   offert,
Et d'entrer dans un cœur de toutes parts
   ouvert.
Mais de faire fléchir un courage
   inflexible,
De porter la douleur dans une âme
   insensible,
D'enchaîner un captif de ses fers étonné,
Contre un joug qui lui plaît vainement
   mutiné:
C'est là ce que je veux, c'est là ce qui
   m'irrite,[70]
Hercule à désarmer coûtait moins
   qu'Hippolyte;

---

66. *se confondre:* fall into confusion.
67. *fils de la Terre:* Aricia's grandfather, Erechtheus, who was directly descended from Mother Earth.
68. *humectée:* moistened.
69. *neveux:* descendants.
70. *irrite:* excites.

Et vaincu plus souvent, et plus tôt
  surmonté,
Préparait moins de gloire aux yeux qui
  l'ont dompté.
Mais, chère Ismène, hélas! quelle est
  mon imprudence!
On ne m'opposera que trop de
  résistance.
Tu m'entendras peut-être, humble dans
  mon ennui,
Gémir du même orgueil que j'admire
  aujourd'hui.
Hippolyte aimerait? Par quel bonheur
  extrême
Aurais-je pu fléchir…

ISMÈNE.

Vous l'entendrez lui-même:
Il vient à vous.

SCENE II: *HIPPOLYTE, ARICIE, ISMÈNE*

HIPPOLYTE

Madame, avant que de partir,
J'ai cru de votre sort[71] vous devoir
  avertir.
Mon père ne vit plus. Ma juste défiance
Présageait les raisons de sa trop longue
  absence.
La mort seule, bornant ses travaux
  éclatants,
Pouvait à l'univers le cacher si
  longtemps.
Les Dieux livrent enfin à la Parque[72]
  homicide
L'ami, le compagnon, le successeur
  d'Alcide.
Je crois que votre haine, épargnant ses
  vertus,
Écoute sans regret ces noms qui lui sont
  dus.
Un espoir adoucit ma tristesse mortelle:
Je puis vous affranchir d'une austère
  tutelle.
Je révoque des lois dont j'ai plaint[73] la
  rigueur.

Vous pouvez disposer de vous, de votre
  cœur;
Et dans cette Trézène, aujourd'hui mon
  partage,
De mon aïeul Pitthée[74] autrefois
  l'héritage,
Qui, m'a, sans balancer, reconnu pour
  son roi,
Je vous laisse aussi libre, et plus libre
  que moi.

ARICIE.

Modérez des bontés dont l'excès
  m'embarrasse.
D'un soin si généreux honorer ma
  disgrâce,[75]
Seigneur, c'est me ranger, plus que vous
  ne pensez,
Sous ces austères lois dont vous me
  dispensez.[76]

HIPPOLYTE.

Du choix d'un successeur Athènes
  incertaine
Parle de vous, me nomme, et le fils de la
  Reine.

ARICIE.

De moi, Seigneur?

HIPPOLYTE.

Je sais, sans vouloir me flatter,
Qu'une superbe loi[77] semble me rejeter.
La Grèce me reproche une mère
  étrangère.
Mais si pour concurrent je n'avais que
  mon frère,
Madame, j'ai sur lui de véritables droits
Que je saurais sauver du caprice des
  lois.
Un frein plus légitime arrête mon
  audace:
Je vous cède, ou plutôt je vous rends une
  place,
Un sceptre que jadis vos aïeux ont reçu
De ce fameux mortel que la Terre a
  conçu.

---

71. *votre sort:* i.e., your immediate future.
72. *Parque:* one of the three *Parcae*, Fates.
73. *plaint:* deplored.
74. *Pitthée:* Pittheus, King of Troezen, grandfather
  of Theseus.
75. *disgrâce:* misfortune.

76. *D'un soin…dispensez:* i.e., your consideration
  for me in my misfortune puts me under the very
  obligations from which you offer to free me.
77. *une superbe loi:* an arrogant law (which forbade
  the rule of Athens to anyone of foreign blood).

L'adoption le mit entre les mains
  d'Égée.[78]

Athènes, par mon père accrue et
  protégée,

Reconnut avec joie un roi si généreux,

Et laissa dans l'oubli vos frères
  malheureux.

Athènes dans ses murs maintenant vous
  rappelle.

Assez elle a gémi d'une longue querelle;

Assez dans ses sillons votre sang
  englouti

A fait fumer le champ dont il était
  sorti.[79]

Trézène m'obéit. Les campagnes de
  Crète

Offrent au fils de Phèdre une riche
  retraite.

L'Attique[80] est votre bien. Je pars, et vais
  pour vous.

Réunir tous les vœux partagés entre
  nous.

ARICIE.

De tout ce que j'entends étonnée et
  confuse,

Je crains presque, je crains qu'un songe
  ne m'abuse.

Veillé-je? Puis-je croire un semblable
  dessein?

Quel Dieu, Seigneur, quel Dieu l'a mis
  dans votre sein?

Qu'à bon droit votre gloire en tous lieux
  est semée!

Et que la vérité passe la renommée!

Vous-même, en ma faveur, vous voulez
  vous trahir?

N'était-ce pas assez de ne me point haïr,

Et d'avoir si longtemps pu défendre
  votre âme

De cette inimitié…

HIPPOLYTE.

Moi, vous haïr, Madame?

Avec quelques couleurs qu'on ait peint
  ma fierté,

Croit-on que dans ses flancs un monstre
  m'ait porté?

Quelles sauvages mœurs, quelle haine
  endurcie

Pourrait, en vous voyant, n'être point
  adoucie?

Ai-je pu résister au charme décevant…

ARICIE.

Quoi? Seigneur!

HIPPOLYTE.

Je me suis engagé trop avant.

Je vois que la raison cède à la violence.[81]

Puisque j'ai commencé de rompre le
  silence,

Madame, il faut poursuivre: il faut vous
  informer

D'un secret que mon cœur ne peut plus
  renfermer.

Vous voyez devant vous un prince
  déplorable,[82]

D'un téméraire orgueil exemple
  mémorable.

Moi qui, contre l'amour fièrement
  révolté,

Aux fers de ses captifs ai longtemps
  insulté;

Qui des faibles mortels déplorant les
  naufrages,

Pensais toujours du bord contempler les
  orages;

Asservi maintenant sous la commune
  loi,

Par quel trouble me vois-je emporté loin
  de moi!

Un moment a vaincu mon audace
  imprudente:

Cette âme si superbe est enfin
  dépendante.

Depuis près de six mois, honteux,
  désespéré,

Portant partout le trait dont je suis
  déchiré,

Contre vous, contre moi, vainement je
  m'éprouve:

---

78. *L'adoption…Égée:* Aegeus was supposed to be
    the adopted son of King Pandion II of Athens,
    but Aricia's father, Pallas, was the unquestioned
    son and heir.
79. Reference to the killing of Aricia's brothers by

Theseus and to her ancestry.
80. *l'Attique:* Attica, region about Athens.
81. *violence:* i.e., my violent love.
82. *déplorable:* pitiable.

Présente, je vous fuis; absente, je vous
    trouve;
Dans le fond des forêts votre image me
    suit;
La lumière du jour, les ombres de la
    nuit,
Tout retrace à mes yeux les charmes que
    j'évite;
Tout vous livre à l'envi le rebelle
    Hippolyte.
Moi-même, pour tout fruit de mes
    soins[83] superflus,
Maintenant je me cherche et ne me
    trouve plus.
Mon arc, mes javelots,[84] mon char, tout
    m'importune;
Je ne me souviens plus des leçons de
    Neptune;[85]
Mes seuls gémissements font retenir les
    bois,
Et mes coursiers oisifs ont oublié ma
    voix.
Peut-être le récit d'un amour si sauvage
Vous fait, en m'écoutant, rougir de votre
    ouvrage.
D'un cœur qui s'offre à vous quel
    farouche[86] entretien!
Quel étrange captif pour un si beau lien!
Mais l'offrande à vos yeux en doit être
    plus chère.
Songez que je vous parle une langue
    étrangère;
Et ne rejetez pas des vœux mal
    exprimés,
Qu'Hippolyte sans vous n'aurait jamais
    formés.

Scène III: HIPPOLYTE, ARICIE, THÉRAMÈNE, ISMÈNE

THÉRAMÈNE.
    Seigneur, la Reine vient, et je l'ai
        devancée.
    Elle vous cherche.
HIPPOLYTE.
    Moi?

THÉRAMÈNE.
    J'ignore sa pensée.
    Mais on vous est venu demander de sa
        part.
    Phèdre veut vous parler avant votre
        départ.
HIPPOLYTE.
    Phèdre? Que lui dirai-je? Et que peut-
        elle attendre…
ARICIE.
    Seigneur, vous ne pouvez refuser de
        l'entendre.
    Quoique trop convaincu de son inimitié,
    Vous devez à ses pleurs quelque ombre
        de pitié.
HIPPOLYTE.
    Cependant vous sortez. Et je pars. Et
        j'ignore
    Si je n'offense point les charmes que
        j'adore!
    J'ignore si ce cœur que je laisse en vos
        mains…
ARICIE.
    Partez, Prince, et suivez vos généreux
        desseins.
    Rendez de mon pouvoir Athènes
        tributaire.
    J'accepte tous les dons que vous me
        voulez faire.
    Mais cet empire enfin si grand, si
        glorieux,
    N'est pas de vos présents le plus cher à
        mes yeux.

Scène IV: HIPPOLYTE, THÉRAMÈNE

HIPPOLYTE.
    Ami, tout est-il prêt? Mais la Reine
        s'avance,
    Va, que pour le départ tout s'arme en
        diligence.
    Fais donner le signal, cours, ordonne, et
        revien
    Me délivrer bientôt d'un fâcheux
        entretien.

---

83. *soins:* efforts.
84. *javelots:* javelins.
85. *leçons de Neptune:* i.e., in horsemanship.
86. *farouche:* rude, unskilled.

SCÈNE V: *PHÈDRE, HIPPOLYTE, ŒNONE*

PHÈDRE, *à* ŒNONE, *dans le fond du théâtre.*

Le voici. Vers mon cœur tout mon sang
se retire.

J'oublie, en le voyant, ce que je viens
lui dire.

ŒNONE.

Souvenez-vous d'un fils qui n'espère
qu'en vous.

PHÈDRE.

On dit qu'un prompt départ vous éloigne
de nous,

Seigneur. A vos douleurs je viens
joindre mes larmes.

Je vous viens pour un fils expliquer mes
alarmes.

Mon fils n'a plus de père; et le jour n'est
pas loin

Qui de ma mort encor doit le rendre
témoin.

Déjà mille ennemis attaquent son
enfance.

Vous seul pouvez contre eux embrasser
sa défense.

Mais un secret remords agite mes
esprits.

Je crains d'avoir fermé votre oreille à
ses cris.

Je tremble que sur lui votre juste colère
Ne poursuive bientôt une odieuse mère.

HIPPOLYTE.

Madame, je n'ai point des sentiments si
bas.

PHÈDRE.

Quand vous me haïriez, je ne m'en
plaindrais pas,

Seigneur. Vous m'avez vue attachée à
vous nuire;

Dans le fond de mon cœur vous ne
pouviez pas lire.

A votre inimitié j'ai pris soin de
m'offrir.

Aux bords que j'habitais je n'ai pu vous
souffrir.

En public, en secret, contre vous
déclarée,

J'ai voulu par des mers en être séparée.

J'ai même défendu, par une expresse loi,
Qu'on osât prononcer votre nom devant
moi.

Si pourtant à l'offense on mesure la
peine,

Si la haine peut seule attirer votre haine,
Jamais femme ne fut plus digne de pitié,
Et moins digne, Seigneur, de votre
inimitié.

HIPPOLYTE.

Des droits de ses enfants une mère
jalouse

Pardonne rarement au fils d'une autre
épouse.

Madame, je le sais. Les soupçons
importuns[87]

Sont d'un second hymen les fruits les
plus communs.

Toute autre aurait pour moi pris les
mêmes ombrages,

Et j'en aurais peut-être essuyé plus
d'outrages.

PHÈDRE.

Ah! Seigneur, que le ciel, j'ose ici
l'attester,

De cette loi commune a voulu
m'excepter!

Qu'un soin bien différent me trouble et
me dévore!

HIPPOLYTE.

Madame, il n'est pas temps de vous
troubler encore.

Peut-être votre époux voit encore le
jour;

Le ciel peut à nos pleurs accorder son
retour.

Neptune le protège, et ce Dieu tutélaire
Ne sera pas en vain imploré par mon
père.

PHÈDRE.

On ne voit point deux fois le rivage des
morts,

Seigneur. Puisque Thésée a vu les
sombres bords,

En vain vous espérez qu'un Dieu vous le
renvoie;

Et l'avare[88] Achéron ne lâche point sa
proie.

---

87. *importuns:* obsessing.

88. *avare:* greedy (to possess men's lives).

Que dis-je? Il n'est point mort, puisqu'il
  respire en vous.
Toujours devant mes yeux je crois voir
  mon époux.
Je le vois, je lui parle; et mon cœur...Je
  m'égare,
Seigneur, ma folle ardeur malgré moi se
  déclare.

HIPPOLYTE.

Je vois de votre amour l'effet
  prodigieux.
Tout mort qu'il est, Thésée est présent à
  vos yeux;
Toujours de son amour votre âme est
  embrasée.

PHÈDRE.

Oui, Prince, je languis, je brûle pour
  Thésée.
Je l'aime, non point tel que l'ont vu les
  enfers,
Volage adorateur de mille objets[89]
  divers,
Qui va du Dieu des morts déshonorer la
  couche;[90]
Mais fidèle, mais fier, et même un peu
  farouche,
Charmant, jeune, traînant tous les cœurs
  après soi,
Tel qu'on dépeint nos Dieux, ou tel que
  je vous voi.
Il avait votre port, vos yeux, votre
  langage,
Cette noble pudeur colorait son visage,
Lorsque de notre Crète il traversa les
  flots,
Digne sujet des vœux des filles de
  Minos.
Que faisiez-vous alors? Pourquoi, sans
  Hippolyte,
Des héros de la Grèce assembla-t-il
  l'élite?
Pourquoi, trop jeune encor, ne pûtes-
  vous alors
Entrer dans le vaisseau qui le mit sur
  nos bords?
Par vous aurait péri le monstre de la
  Crète,

Malgré tous les détours de sa vaste
  retraite.
Pour en développer l'embarras
  incertain,[91]
Ma sœur du fil fatal eût armé votre
  main.
Mais non, dans ce dessein je l'aurais
  devancée;
L'amour m'en eût d'abord[92] inspiré la
  pensée.
C'est moi, prince, c'est moi, dont l'utile
  secours
Vous eût du Labyrinthe enseigné les
  détours.
Que de soins m'eût coûtés cette tête
  charmante!
Un fil n'eût point assez rassuré votre
  amante.
Compagne du péril qu'il vous fallait
  chercher,
Moi-même devant vous j'aurais voulu
  marcher;
Et Phèdre au Labyrinthe avec vous
  descendue
Se serait avec vous retrouvée, ou perdue.

HIPPOLYTE.

Dieux! qu'est-ce que j'entends?
Madame, oubliez-vous
Que Thésée est mon père, et qu'il est
  votre époux?

PHÈDRE.

Et sur quoi jugez-vous que j'en perds la
  mémoire,
Prince? Aurais-je perdu tout le soin de
  ma gloire?

HIPPOLYTE.

Madame, pardonnez. J'avoue, en
  rougissant,
Que j'accusais à tort un discours
  innocent.
Ma honte ne peut plus soutenir votre
  vue;
Et je vais...

PHÈDRE.

Ah! cruel, tu m'as trop entendue.[93]
Je t'en ai dit assez pour te tirer d'erreur.

---

89. *objets:* i.e., women.
90. See note, II, i, 18.
91. *Pour en...incertain:* To reveal a way through the

bewildering maze.
92. *d'abord:* immediately.
93. *entendue = comprise.*

Hé bien! connais donc Phèdre et toute
sa fureur.
J'aime. Ne pense pas qu'au moment que
je t'aime,
Innocente à mes yeux, je m'approuve
moi-même,
Ni que du fol amour qui trouble ma
raison
Ma lâche complaisance ait nourri le
poison.
Objet infortuné des vengeances célestes,
Je m'abhorre encor plus que tu ne me
détestes.
Les Dieux m'en sont témoins, ces Dieux
qui dans mon flanc
Ont allumé le feu fatal à tout mon
sang;[94]
Ces Dieux qui se sont fait une gloire
cruelle
De séduire le cœur d'une faible
mortelle.
Toi-même en ton esprit rappelle le
passé.
C'est peu de t'avoir fui, cruel, je t'ai
chassé.
J'ai voulu te paraître odieuse,
inhumaine;
Pour mieux te résister, j'ai recherché ta
haine.
De quoi m'ont profité mes inutiles
soins?
Tu me haïssais plus, je ne t'aimais pas
moins.
Tes malheurs te prêtaient encor de
nouveaux charmes.
J'ai langui, j'ai séché, dans les feux,
dans les larmes.
Il suffit de tes yeux pour t'en persuader,
Si tes yeux un moment pouvaient me
regarder.
Que dis-je? Cet aveu que je te viens de
faire,
Cet aveu si honteux, le crois-tu
volontaire?
Tremblante pour un fils que je n'osais
trahir,

Je te venais prier de ne le point haïr.
Faibles projets d'un cœur trop plein de
ce qu'il aime!
Hélas! je ne t'ai pu parler que de toi-
même.
Venge-toi, punis-moi d'un odieux
amour.
Digne fils du héros qui t'a donné le jour,
Délivre l'univers d'un monstre qui
t'irrite.
La veuve de Thésée ose aimer
Hippolyte!
Crois-moi, ce monstre affreux ne doit
point t'échapper.
Voilà mon cœur. C'est là que ta main
doit frapper.
Impatient déjà d'expier son offense,
Au-devant de[95] ton bras je le sens qui
s'avance.
Frappe. Ou si tu le crois indigne de tes
coups,
Si ta haine m'envie un supplice si doux,
Ou si d'un sang trop vil ta main serait
trempée,
Au défaut de ton bras prête-moi ton
épée.
Donne.[96]

ŒNONE.

Que faites-vous, Madame? Justes
Dieux!
Mais on vient. Éviter des témoins
odieux;
Venez, rentrez, fuyez une honte certaine.

SCÈNE VI: HIPPOLYTE, THÉRAMÈNE

THÉRAMÈNE

Est-ce Phèdre qui fuit, ou plutôt qu'on
entraîne?
Pourquoi, Seigneur, pourquoi ces
marques de douleur?
Je vous vois sans épée, interdit, sans
couleur?

HIPPOLYTE.

Théramène, fuyons. Ma surprise est
extrême.

---

94. *Les Dieux...sang:* According to one story
   Pasiphaë had failed to propitiate Aphrodite; in
   revenge the goddess inspired unnatural lusts in
   her.

95. *Au-devant de:* To meet.
96. *Donne:* Phèdre seizes Hippolyte's sword, makes
   an effort to stab herself, and bears off the sword.

Je ne puis sans horreur me regarder moi-
    même.

Phèdre…Mais non, grands Dieux! qu'en
    un profond oubli

Cet horrible secret demeure enseveli.

THÉRAMÈNE.

Si vous voulez partir, la voile est
    préparée.

Mais Athènes, Seigneur, s'est déjà
    déclarée.

Ses chefs ont pris les voix[97] de toutes ses
    tribus.

Votre frère l'emporte, et Phèdre a le
    dessus.

HIPPOLYTE.

Phèdre?

THÉRAMÈNE.

Un héraut chargé des volontés
    d'Athènes

De l'État en ses mains vient remettre les
    rênes.

Son fils est roi, Seigneur.

HIPPOLYTE.

Dieux, qui la connaissez,

Est-ce donc sa vertu que vous
    récompensez?

THÉRAMÈNE.

Cependant un bruit sourd veut que le
    Roi respire.

On prétend que Thésée a paru dans
    l'Épire.

Mais moi qui l'y cherchai, Seigneur, je
    sais trop bien…

HIPPOLYTE.

N'importe, écoutons tout, et ne
    négligeons rien.

Examinons ce bruit, remontons à sa
    source.

S'il ne mérite pas d'interrompre ma
    course,

Partons; et quelque prix qu'il en puisse
    coûter,

Mettons le sceptre aux mains dignes de
    le porter.[98]

ACTE III

SCÈNE PREMIÈRE: PHÈDE, ŒNONE

PHÈDRE.

Ah! que l'on porte ailleurs les honneurs
    qu'on m'envoie.

Importune, peux-tu souhaiter qu'on me
    voie?

De quoi viens-tu flatter mon esprit
    désolé?

Cache-moi bien plutôt: je n'ai que trop
    parlé.

Mes fureurs au dehors ont osé se
    répandre.

J'ai dit ce que jamais on ne devait
    entendre.

Ciel! comme il m'écoutait! Par combien
    de détours

L'insensible a longtemps éludé mes
    discours!

Comme il ne respirait[99] qu'une retraite
    prompte!

Et combien sa rougeur a redoublé ma
    honte!

Pourquoi détournais-tu mon funeste
    dessein?[100]

Hélas! quand son épée allait chercher
    mon sein,

A-t-il pâli pour moi? me l'a-t-il
    arrachée?

Il suffit que ma main l'ait une fois
    touchée,

Je l'ai rendue horrible à ses yeux
    inhumains;

Et ce fer malheureux profanerait ses
    mains.

ŒNONE.

Ainsi, dans vos malheurs ne songeant
    qu'à vous plaindre,

Vous nourrissez un feu qu'il vous
    faudrait éteindre.

Ne vaudrait-il pas mieux, digne sang de
    Minos,

Dans de plus nobles soins chercher votre
    repos,

Contre un ingrat qui plaît recourir à la

---

97. *voix:* votes.
98. *mains dignes de le porter:* i.e., the hands of
    Aricie.
99. *respirait:* showed desire for.
100. *dessein:* i.e., to kill myself.

fuite,
Régner, et de l'État embrasser la
conduite?

PHÈDRE.

Moi, régner! Moi, ranger un État sous
ma loi,
Quand ma faible raison ne règne plus
sur moi!
Lorsque j'ai de mes sens abandonné
l'empire!
Quand sous un joug honteux à peine je
respire!
Quand je me meurs!

ŒNONE.

Fuyez.

PHÈDRE.

Je ne le puis quitter.

ŒNONE.

Vous l'osâtes bannir, vous n'osez
l'éviter.

PHÈDRE.

Il n'est plus temps. Il sait mes ardeurs
insensées.
De l'austère pudeur les bornes sont
passées.
J'ai déclaré ma honte aux yeux de mon
vainqueur,
Et l'espoir, malgré moi, s'est glissé dans
mon cœur.
Toi-même, rappelant ma force
défaillante,
Et mon âme déjà sur mes lèvres errante,
Par tes conseils flatteurs tu m'as su
ranimer.
Tu m'as fait entrevoir que je pouvais
l'aimer.

ŒNONE.

Hélas! de vos malheurs innocente ou
coupable,
De quoi pour vous sauver n'étais-je
point capable?
Mais si jamais l'offense irrita vos
esprits,
Pouvez-vous d'un superbe oublier les
mépris?
Avec quels yeux cruels sa rigueur[101]
obstinée

Vous laissait à ses pieds peu s'en faut
prosternée!
Que son farouche orgueil le rendait
odieux!
Que[102] Phèdre en ce moment n'avait-elle
mes yeux?

PHÈDRE.

Œnone, il peut quitter cet orgueil qui te
blesse.
Nourri dans les forêts, il en a la rudesse.
Hippolyte, endurci par de sauvages lois,
Entend parler d'amour pour la première
fois.
Peut-être sa surprise a causé son silence,
Et nos plaintes peut-être ont trop de
violence.

ŒNONE.

Songez qu'une barbare en son sein l'a
formé.

PHÈDRE.

Quoique Scythe et barbare, elle a
pourtant aimé.

ŒNONE.

Il a pour tout le sexe une haine fatale.

PHÈDRE.

Je ne me verrai point préférer de rivale.
Enfin tous tes conseils ne sont plus de
saison.
Sers ma fureur, Œnone, et non point ma
raison.
Il oppose à l'amour un cœur
inaccessible:
Cherchons pour l'attaquer quelque
endroit plus sensible.
Les charmes d'un empire ont paru le
toucher;
Athènes l'attirait, il n'a pu s'en cacher;
Déjà de ses vaisseaux la pointe était
tournée,
Et la voile flottait aux vents abandonnée.
Va trouver de ma part ce jeune
ambitieux,
Œnone; fais briller la couronne à ses
yeux.
Qu'il mette sur son front le sacré
diadème;
Je ne veux que l'honneur de l'attacher
moi-même.

---

101. *rigueur:* insensibility.

102. *Que = Pourquoi?*

Cédons-lui ce pouvoir que je ne puis
garder.
Il instruira mon fils dans l'art de
commander;
Peut-être il voudra bien lui tenir lieu de
père.
Je mets sous son pouvoir et le fils et la
mère.
Pour le fléchir enfin tente tous les
moyens:
Tes discours trouveront plus d'accès que
les miens.
Presse, pleure, gémis; plains-lui Phèdre
mourante;
Ne rougis point de prendre une voix
suppliante.
Je t'avouerai de tout;[103] je n'espère
qu'en toi.
Va: j'attends ton retour pour disposer de
moi.

Scène II: PHÈDRE, seule

PHÈDRE.

O toi, qui vois la honte où je suis
descendue,
Implacable Vénus, suis-je assez
confondue?
Tu ne saurais plus loin pousser ta
cruauté.
Ton triomphe est parfait; tous tes traits
ont porté.[104]
Cruelle, si tu veux une gloire nouvelle,
Attaque un ennemi qui te soit plus
rebelle.
Hippolyte te fuit; et bravant ton
courroux,
Jamais à tes autels n'a fléchi les genoux.
Ton nom semble offenser ses superbes
oreilles.
Déesse, venge-toi: nos causes sont
pareilles.
Qu'il aime…Mais déjà tu reviens sur tes
pas,
Œnone? On me déteste, on ne técoute
pas.

Scène III: PHÈDRE, ŒNONE

ŒNONE.

Il faut d'un vain amour étouffer la
pensée,
Madame. Rappelez votre vertu passée.
Le Roi, qu'on a cru mort, va paraître à
vos yeux;
Thésée est arrivé, Thésée est dans ces
lieux.
Le peuple, pour le voir, court et se
précipite.
Je sortais par votre ordre, et cherchais
Hippolyte,
Lorsque jusques au ciel mille cris
élancés…

PHÈDRE.

Mon époux est vivant, Œnone, c'est
assez.
J'ai fait l'indigne aveu d'un amour qui
l'outrage.
Il vit: je ne veux pas en savoir
davantage.

ŒNONE.

Quoi?

PHÈDRE.

Je te l'ai prédit; mais tu n'as pas voulu.
Sur mes justes remords tes pleurs on
prévalu.
Je mourais ce matin digne d'être
pleurée;
J'ai suivi tes conseils, je meurs
déshonorée.

ŒNONE.

Vous mourez?

PHÈDRE.

Juste ciel! qu'ai-je fait aujourd'hui?
Mon époux va paraître, et son fils avec
lui.
Je verrai le témoin de ma flamme
adultère
Observer de quel front j'ose aborder son
père,
Le cœur gros de soupirs, qu'il n'a point
écoutés,
L'œil humide de pleurs, par l'ingrat
rebutés.

---

103. *Je t'avouerai de tout:* I shall corroborate all you
may say.

104. *tes…porté:* your shafts have struck home.

Penses-tu que, sensible à l'honneur de
    Thésée,
Il lui cache l'ardeur dont je suis
    embrasée?
Laissera-t-il trahir et son père et son roi?
Pourra-t-il contenir l'horreur qu'il a
    pour moi?
Il se tairait en vain. Je sais mes perfidies,
Œnone, et ne suis point de ces femmes
    hardies
Qui, goûtant dans le crime une tranquille
    paix,
Ont su se faire un front qui ne rougit
    jamais.
Je connais mes fureurs, je les rappelle
    toutes,
Il me semble déjà que ces murs, que ces
    voûtes
Vont prendre la parole, et prêts à
    m'accuser,
Attendent mon époux pour le désabuser.
Mourons. De tant d'horreurs qu'un
    trépas me délivre.
Est-ce un malheur si grand que de cesser
    de vivre?
La mort aux malheureux ne cause point
    d'effroi.
Je ne crains que le nom que je laisse
    après moi.
Pour mes tristes enfants quel affreux
    héritage!
Le sang de Jupiter doit enfler leur
    courage;
Mais quelque juste orgueil qu'inspire un
    sang si beau,
Le crime d'une mère est un pesant
    fardeau.
Je tremble qu'un discours, hélas! trop
    véritable,
Un jour ne leur reproche une mère
    coupable.
Je tremble qu'opprimés de ce poids
    odieux
L'un ni l'autre jamais n'ose lever les
    yeux.

ŒNONE.

Il n'en faut point douter, je les plains
    l'un et l'autre;

Jamais crainte ne fut plus juste que la
    vôtre.
Mais à de tels affronts pourquoi les
    exposer?
Pourquoi contre vous-même allez-vous
    déposer?
C'en est fait: on dira que Phèdre, trop
    coupable,
De son époux trahi fuit l'aspect
    redoutable.
Hippolyte est heureux qu'aux dépens de
    vos jours
Vous-même en expirant appuyez ses
    discours.
A votre accusateur que pourrai-je
    répondre?
Je serai devant lui trop facile à
    confondre.
De son triomphe affreux je le verrai
    jouir,
Et conter votre honte à qui voudra l'ouïr.
Ah! que plutôt du ciel la flamme me
    dévore!
Mais ne me trompez point, vous est-il
    cher encore?
De quel œil voyez-vous ce prince
    audacieux?

PHÈDRE.

Je le vois comme un monstre effroyable
    à mes yeux.

ŒNONE.

Pourquoi donc lui céder une victoire
    entière?
Vous le craignez. Osez l'accuser la
    première
Du crime dont il peut vous charger
    aujourd'hui.
Qui vous démentira? Tout parle contre
    lui:
Son épée en vos mains heureusement
    laissée,
Votre trouble présent, votre douleur
    passée,
Son père par vos cris dès longtemps
    prévenu,
Et déjà son exil par vous-même obtenu.

PHÈDRE.

Moi, que j'ose opprimer et noircir
    l'innocence?

ŒNONE.

Mon zèle n'a besoin que de votre
silence.
Tremblante comme vous, j'en sens
quelque remords.
Vous me verriez plus prompte affronter
mille morts.
Mais puisque je vous perds sans ce triste
remède,
Votre vie est pour moi d'un prix à qui[105]
tout cède.
Je parlerai. Thésée, aigri par mes avis,
Bornera sa vengeance à l'exil de son fils.
Un père, en punissant, Madame, est
toujours père:
Un supplice léger suffit à sa colère.
Mais le sang innocent dût-il être versé,
Que ne demande point votre honneur
menacé?
C'est un trésor trop cher pour oser le
commettre.[106]
Quelque loi qu'il vous dicte, il faut vous
y soumettre,
Madame; et pour sauver votre honneur
combattu,[107]
Il faut immoler tout, et même la vertu.
On vient; je vois Thésée.

PHÈDRE.

Ah! je vois Hippolyte;
Dans ses yeux insolents je vois ma perte
écrite.
Fais ce que tu voudras, je m'abandonne
à toi.
Dans le trouble où je suis, je ne puis rien
pour moi.

SCÈNE IV: *THÉSÉE, HIPPOLYTE, PHÈDRE, ŒNONE, THÉRAMÈNE*

THÉSÉE.

La fortune à mes yeux cesse d'être
opposée,
Madame, et dans vos bras met…

PHÈDRE.

Arrêtez, Thésée,
Et ne profanez point des transports si
charmants.

Je ne mérite plus ces doux
empressements.[108]
Vous êtes offensé. La fortune jalouse
N'a pas en votre absence épargné votre
épouse.
Indigne de vous plaire et de vous
approcher,
Je ne dois désormais songer qu'à me
cacher.

SCÈNE V: *THÉSÉE, HIPPOLYTE, THÉRAMÈNE*

THÉSÉE.

Quel est l'étrange accueil qu'on fait à
votre père,
Mon fils?

HIPPOLYTE.

Phèdre peut seule expliquer ce mystère.
Mais si mes vœux ardents vous peuvent
émouvoir,
Permettez-moi, Seigneur, de ne la plus
revoir.
Souffrez que pour jamais le tremblant
Hippolyte
Disparaisse des lieux que votre épouse
habite.

THÉSÉE.

Vous, mon fils, me quitter?

HIPPOLYTE.

Je ne la cherchais pas:
C'est vous qui sur ces bords conduisîtes
ses pas.
Vous daignâtes, Seigneur, aux rives de
Trézène
Confier en partant Aricie et la Reine.
Je fus même chargé du soin de les
garder.
Mais quels soins désormais peuvent me
retarder?
Assez dans les forêts mon oisive
jeunesse
Sur de vils ennemis a montré son
adresse.
Ne pourrai-je, en fuyant un indigne
repos,
D'un sang plus glorieux teindre mes
javelots?

---

105. *à qui = auquel.*
106. *commettre:* compromise.
107. *combattu:* threatened.
108. *empressements:* ardent attentions.

Vous n'aviez pas encore atteint l'âge où
    je touche,
Déjà plus d'un tyran, plus d'un monstre
    farouche
Avait de votre bras senti la pesanteur;
Déjà, de l'insolence heureux
    persécuteur,
Vous aviez des deux mers assuré[109] les
    rivages.
Le libre voyageur ne craignait plus
    d'outrages;
Hercule, respirant[110] sur le bruit[111] de vos
    coups,
Déjà de son travail se reposait sur vous.
Et moi, fils inconnu d'un si glorieux
    père,
Je suis même encor loin des traces de
    ma mère.
Souffrez que mon courage ose enfin
    s'occuper.
Souffrez, si quelque monstre a pu vous
    échapper,
Que j'apporte à vos pieds sa dépouille[112]
    honorable,
Ou que d'un beau trépas la mémoire
    durable,
Éternisant des jours si noblement finis,
Prouve à tout l'univers que j'étais votre
    fils.

THÉSÉE.

Que vois-je? Quelle horreur dans ces
    lieux répandue
Fait fuir devant mes yeux ma famille
    éperdue?
Si je reviens si craint et si peu désiré,
O ciel, de ma prison pourquoi m'as-tu
    tiré?
Je n'avais qu'un ami. Son imprudente
    flamme
Du tyran de l'Épire allait ravir la
    femme;
Je servais à regret ses desseins
    amoureux;

Mais le sort irrité nous aveuglait tous
    deux.
Le tyran m'a surpris sans défense et sans
    armes.
J'ai vu Pirithoüs, triste objet de mes
    larmes,
Livré par ce barbare à des monstres
    cruels
Qu'il nourrissait du sang des
    malheureux mortels.[113]
Moi-même, il m'enferma dans des
    cavernes sombres,
Lieux profonds, et voisins de l'empire
    des ombres.
Les Dieux, après six mois, enfin m'ont
    regardé:
J'ai su tromper les yeux de qui j'étais
    gardé.
D'un perfide ennemi j'ai purgé la nature;
A ses monstres lui-même a servi de
    pâture.
Et lorsque avec transport je pense
    m'approcher
De tout ce que les Dieux m'ont laissé de
    plus cher;
Que dis-je? quand mon âme, à soi-même
    rendue,
Vient se rassasier d'une si chère vue,
Je n'ai pour tout accueil que des
    frémissements:
Tout fuit, tout se refuse à mes
    embrassements.
Et moi-même, éprouvant la terreur que
    j'inspire,
Je voudrais être encor dans les prisons
    d'Épire.
Parlez. Phèdre se plaint que je suis
    outragé.
Qui m'a trahi? Pourquoi ne suis-je pas
    vengé?
La Grèce, à qui mon bras fut tant de fois
    utile,
A-t-elle au criminel accordé quelque
    asile?

---

109. *assuré:* made secure.
110. *respirant:* taking breath, resting.
111. *bruit:* report.
112. *dépouille:* spoils.
113. See note 63. According to a divergent story,
    Theseus and his friend Pirithoüs did not raid the
underworld but a Molossian city, to abduct the
wife of the tyrant Aidoneus. The tyrant threw
Pirithoüs to his pack of savage dogs (*molosse*
still means "watch dog" in French) and confined
Theseus in a dungeon, from which he was
rescued by Hercules.

Vous ne répondez point. Mon fils, mon propre fils
Est-il d'intelligence avec mes ennemis?
Entrons. C'est trop garder un doute qui m'accable.
Connaissons à la fois le crime et le coupable.
Que Phèdre explique enfin le trouble où je la voi.

SCÈNE VI: *HIPPOLYTE, THÉRAMÈNE*

HIPPOLYTE.

Où tendait ce discours[114] qui m'a glacé d'effroi?
Phèdre, toujours en proie à sa fureur extrême,
Veut-elle s'accuser et se perdre elle-même?
Dieux! que dira le Roi? Quel funeste poison
L'amour a répandu sur toute sa maison!
Moi-même, plein d'un feu[115] que sa haine réprouve,
Quel il m'a vu jadis, et quel il me retrouve!
De noirs pressentiments viennent m'épouvanter.
Mais l'innocence enfin n'a rien à redouter.
Allons, cherchons ailleurs par quelle heureuse adresse
Je pourrai de mon père émouvoir la tendresse,
Et lui dire un amour qu'il peut vouloir troubler,
Mais que tout son pouvoir ne saurait ébranler.

ACTE IV

SCÈNE PREMIÈRE: *THÉSÉE, ŒNONE*

THÉSÉE.

Ah! qu'est-ce que j'entends? Un traître, un téméraire
Préparait cet outrage à l'honneur de son père?

Avec quelle rigueur, destin, tu me poursuis!
Je ne sais où je vais, je ne sais où je suis.
O tendresse! ô bonté trop mal récompensée!
Projet audacieux! détestable pensée!
Pour parvenir au but de ses noires amours,
L'insolent de la force empruntait le secours.
J'ai reconnu le fer, instrument de sa rage,
Ce fer dont je l'armai pour un plus noble usage.
Tous les liens du sang n'ont pu le retenir?
Et Phèdre différait à le faire punir?
Le silence de Phèdre épargnait le coupable?

ŒNONE.

Phèdre épargnait plutôt un père déplorable.[116]
Honteuse du dessein d'un amant furieux
Et du feu criminel qu'il a pris dans ses yeux,
Phèdre mourait,[117] Seigneur, et sa main meurtrière
Éteignait de ses yeux l'innocente lumière.
J'ai vu lever le bras, j'ai couru la sauver.
Moi seule à votre amour j'ai su la conserver;
Et plaignant à la fois son trouble et vos alarmes,
J'ai servi, malgré moi, d'interprète à ses larmes.

THÉSÉE.

Le perfide! Il n'a pu s'empêcher de pâlir.
De crainte, en m'abordant, je l'ai vu tressaillir.
Je me suis étonné de son peu d'allégresse;
Ses froids embrassements ont glacé ma tendresse.
Mais ce coupable amour dont il est dévoré

---

114. *discours:* i.e., the last speech of Phèdre.
115. *feu:* i.e., love for Aricie.
116. *déplorable:* worthy of pity.
117. *mourait = allait mourir.*

Dans Athènes déjà s'était-il déclaré?

ŒNONE.

Seigneur, souvenez-vous des plaintes de
la Reine.

Un amour criminel causa toute sa haine.

THÉSÉE.

Et ce feu dans Trézène a donc
recommencé?

ŒNONE.

Je vous ai dit, Seigneur, tout ce qui s'est
passé.

C'est trop laisser la Reine à sa douleur
mortelle;

Souffrez que je vous quitte et me range
auprès d'elle.

SCÈNE II: *THÉSÉE, HIPPOLYTE*

THÉSÉE.

Ah! le voici. Grands Dieux! à ce noble
maintien

Quel œil ne serait pas trompé comme le
mien?

Faut-il que sur le front d'un profane
adultère

Brille de la vertu le sacré caractère?

Et ne devrait-on pas à des signes
certains

Reconnaître le cœur des perfides
humains?

HIPPOLYTE.

Puis-je vous demander quel funeste
nuage,

Seigneur, a pu troubler votre auguste
visage?

N'osez-vous confier ce secret à ma foi?

THÉSÉE.

Perfide! oses-tu bien te montrer devant
moi?

Monstre, qu'a trop longtemps épargné le
tonnerre,

Reste impur des brigands dont j'ai purgé
la terre.

Après que le transport d'un amour plein
d'horreur

Jusqu'au lit de ton père a porté sa fureur,

Tu m'oses présenter une tête ennemie,

Tu parais dans des lieux pleins de ton
infamie,

Et ne vas pas chercher, sous un ciel
inconnu,

Des pays où mon nom ne soit point
parvenu.

Fuis, traître. Ne viens point braver ici
ma haine,

Et tenter un courroux que je retiens à
peine.

C'est bien assez pour moi de l'opprobre
éternel

D'avoir pu mettre au jour un fils si
criminel,

Sans que ta mort encor, honteuse à ma
mémoire,

De mes nobles travaux vienne souiller
la gloire.

Fuis; et si tu ne veux qu'un châtiment
soudain

T'ajoute aux scélérats qu'a punis cette
main,

Prends garde que jamais l'astre qui nous
éclaire

Ne te voie en ces lieux mettre un pied
téméraire.

Fuis, dis-je; et sans retour précipitant tes
pas,

De ton horrible aspect purge tous mes
États.

Et toi, Neptune, et toi, si jadis mon
courage

D'infâmes assassins nettoya ton rivage,

Souviens-toi que pour prix de mes
efforts heureux,

Tu promis d'exaucer le premier de mes
vœux.

Dans les longues rigueurs d'une prison
cruelle

Je n'ai point imploré ta puissance
immortelle.

Avare du secours que j'attends de tes
soins,

Mes vœux t'ont réservé pour de plus
grands besoins.

Je t'implore aujourd'hui. Venge un
malheureux père.

J'abandonne ce traître à toute ta colère;

Étouffe dans son sang ses désirs
effrontés:

Thésée à tes fureurs connaîtra tes
   bontés.

HIPPOLYTE.

D'un amour criminel Phèdre accuse
   Hippolyte!
Un tel excès d'horreur rend mon âme
   interdite;
Tant de coups imprévus m'accablent à
   la fois,
Qu'ils m'ôtent la parole et m'étouffent
   la voix.

THÉSÉE.

Traître, tu prétendais qu'en un lâche
   silence
Phèdre ensevelirait ta brutale insolence.
Il fallait, en fuyant, ne pas abandonner
Le fer qui dans ses mains aide à te
   condamner;
Ou plutôt il fallait, comblant ta perfidie,
Lui ravir tout d'un coup la parole et la
   vie.

HIPPOLYTE.

D'un mensonge si noir justement irrité,
Je devrais faire ici parler la vérité,
Seigneur; mais je supprime un secret qui
   vous touche.
Approuvez le respect qui me ferme la
   bouche;
Et sans vouloir vous-même augmenter
   vos ennuis,
Examinez ma vie, et songez qui je suis.
Quelques crimes toujours précèdent les
   grands crimes.
Quiconque a pu franchir les bornes
   légitimes
Peut violer enfin les droits les plus
   sacrés;
Ainsi que la vertu, le crime a ses degrés;
Et jamais on n'a vu la timide innocence
Passer subitement à l'extrême licence.
Un jour seul ne fait point d'un mortel
   vertueux
Un perfide assassin, un lâche incestueux.
Élevé dans le sein d'une chaste héroïne,
Je n'ai point de son sang démenti
   l'origine.[118]

Pitthée, estimé sage entre tous les
   humains,
Daigna m'instruire encore au sortir de
   ses mains.
Je ne veux point me peindre avec trop
   d'avantage;
Mais si quelque vertu m'est tombée en
   partage,
Seigneur, je crois surtout avoir fait
   éclater
La haine des forfaits[119] qu'on ose
   m'imputer.
C'est par là qu'Hippolyte est connu dans
   la Grèce.
J'ai poussé la vertu jusques à la rudesse.
On sait de mes chagrins l'inflexible
   rigueur.
Le jour n'est pas plus pur que le fond de
   mon cœur.[120]
Et l'on veut qu'Hippolyte, épris d'un feu
   profane…

THÉSÉE.

Oui, c'est ce même orgueil, lâche! qui te
   condamne.
Je vois de tes froideurs le principe
   odieux:
Phèdre seule charmait tes impudiques
   yeux;
Et pour tout autre objet ton âme
   indifférente
Dédaignait de brûler d'une flamme
   innocente.

HIPPOLYTE.

Non, mon père, ce cœur, c'est trop vous
   le celer,
N'a point d'un chaste amour dédaigné
   de brûler.
Je confesse à vos pieds ma véritable
   offense:
J'aime; j'aime, il est vrai, malgré votre
   défense.
Aricie à ses lois tient mes vœux
   asservis;
La fille de Pallante a vaincu votre fils.
Je l'adore, et mon âme, à vos ordres
   rebelle,

---

118. *origine:* Antiope was said to be the daughter of
   Ares (Mars).

119. *forfaits:* crimes.
120. A famous line.

Ne peut ni soupirer ni brûler que pour
    elle.

THÉSÉE.

Tu l'aimes? ciel! Mais non, l'artifice est
    grossier.
Tu te feins criminel pour te justifier.

HIPPOLYTE.

Seigneur, depuis six mois je l'évite, et je
    l'aime.
Je venais en tremblant vous le dire à
    vous-même.
Hé quoi? de votre erreur rien ne vous
    peut tirer?
Par quel affreux serment faut-il vous
    rassurer?
Que la terre, le ciel, que toute la
    nature…

THÉSÉE.

Toujours les scélérats ont recours au
    parjure.
Cesse, cesse, et m'épargne un importun
    discours,
Si ta fausse vertu n'a point d'autre
    secours.

HIPPOLYTE.

Elle vous paraît fausse et pleine
    d'artifice.
Phèdre au fond de son cœur me rend
    plus de justice.

THÉSÉE.

Ah! que ton impudence excite mon
    courroux!

HIPPOLYTE.

Quel temps à mon exil, quel lieu
    prescrivez-vous?

THÉSÉE.

Fusses-tu par delà les colonnes
    d'Alcide,[121]
Je me croirais encor trop voisin d'un
    perfide.

HIPPOLYTE.

Chargé du crime affreux dont vous me
    soupçonnez,
Quels amis me plaindront, quand vous
    m'abandonnez?

THÉSÉE.

Va chercher des amis dont l'estime
    funeste
Honore l'adultère, applaudisse à
    l'inceste,
Des traîtres, des ingrats sans honneur et
    sans loi,
Dignes de protéger un méchant tel que
    toi.

HIPPOLYTE.

Vous me parlez toujours d'inceste et
    d'adultère?
Je me tais. Cependant Phèdre sort d'une
    mère,
Phèdre est d'un sang, Seigneur, vous le
    savez trop bien,
De toutes ces horreurs plus rempli que
    le mien.

THÉSÉE.

Quoi! ta rage à mes yeux perd toute
    retenue?
Pour la dernière fois, ôte-toi de ma vue:
Sors, traître. N'attends pas qu'un père
    furieux
Te fasse avec opprobre arracher de ces
    lieux.

SCÈNE III: THÉSÉE, seul

THÉSÉE.

Misérable, tu cours à ta perte infaillible.
Neptune, par le fleuve[122] aux Dieux
    mêmes terrible,
M'a donné sa parole, et va l'exécuter.
Un Dieu vengeur te suit, tu ne peux
    l'éviter.
Je t'aimais; et je sens que malgré ton
    offense
Mes entrailles pour toi se troublent par
    avance.
Mais à te condamner tu m'as trop
    engagé.
Jamais père en effet fut-il plus outragé?
Justes Dieux, qui voyez la douleur qui
    m'accable,

---

121. *colonnes d'Alcide:* "pillars of Hercules." (Gibraltar and its matching mountain on the African side of the Strait.)

122. *fleuve:* the River Styx. (To swear by it bound even the gods.)

Ai-je pu mettre au jour un enfant si
    coupable?

SCÈNE IV: *PHÈDRE, THÉSÉE*

PHÈDRE.
Seigneur, je viens à vous, pleine d'un
    juste effroi.
Votre voix redoutable a passé jusqu'à
    moi.
Je crains qu'un prompt effet n'ait suivi
    la menace.
S'il en est temps encore, épargnez votre
    race,
Respectez votre sang, j'ose vous en
    prier.
Sauvez-moi de l'horreur de l'entendre
    crier;
Ne me préparez point la douleur
    éternelle
De l'avoir fait répandre à la main
    paternelle.
THÉSÉE.
Non, Madame, en mon sang ma main
    n'a point trempé.
Mais l'ingrat toutefois ne m'est point
    échappé.
Une immortelle main de sa perte est
    chargée.
Neptune me la doit, et vous serez
    vengée.
PHÈDRE.
Neptune vous la doit! Quoi? vos vœux
    irrités…
THÉSÉE.
Quoi? craignez-vous déjà qu'ils ne
    soient écoutés?
Joignez-vous bien plutôt à mes vœux
    légitimes.
Dans toute leur noirceur retracez-moi
    ses crimes;
Échauffez mes transports trop lents, trop
    retenus.
Tous ses crimes encor ne vous sont pas
    connus:
Sa fureur contre vous se répand en
    injures:
Votre bouche, dit-il, est pleine
    d'impostures;

Il soutient qu'Aricie a son cœur, a sa foi,
Qu'il l'aime.
PHÈDRE.
Quoi! Seigneur?
THÉSÉE.
Il l'a dit devant moi.
Mais je sais rejeter un frivole artifice.
Espérons de Neptune une prompte
    justice.
Je vais moi-même encore au pied de ses
    autels
Le presser d'accomplir ses serments
    immortels.

SCÈNE V: *PHÈDRE, seule*

PHÈDRE.
Il sort. Quelle nouvelle a frappé mon
    oreille?
Quel feu mal étouffé dans mon cœur se
    réveille?
Quel coup de foudre, ô ciel! et quel
    funeste avis!
Je volais toute entière[123] au secours de
    son fils;
Et m'arrachant des bras d'Œnone
    épouvantée,
Je cédais au remords dont j'étais
    tourmentée.
Qui sait même où m'allait porter ce
    repentir?
Peut-être à m'accuser j'aurais pu
    consentir;
Peut-être, si la voix ne m'eût été coupée,
L'affreuse vérité me serait échappée.
Hippolyte est sensible, et ne sent rien
    pour moi!
Aricie a son cœur! Aricie a sa foi!
Ah, Dieux! Lorsqu'à mes vœux l'ingrat
    inexorable
S'armait d'un œil si fier, d'un front si
    redoutable,
Je pensais qu'à l'amour son cœur
    toujours fermé
Fût contre tout mon sexe également
    armé.
Une autre cependant a fléchi son
    audace[124];

---

123. *toute entière:* wholeheartedly.

124. *audace:* insensibility.

Devant ses yeux cruels une autre a
trouvé grâce.
Peut-être a-t-il un cœur facile à
s'attendrir.
Je suis le seul objet qu'il ne saurait
souffrir;
Et je me chargerais du soin de le
défendre?

SCÈNE VI: *PHÈDRE, ŒNONE*

PHÈDRE.

Chère Œnone, sais-tu ce que je viens
d'apprendre?

ŒNONE.

Non, mais je viens tremblante, à ne vous
point mentir.
J'ai pâli du dessein qui vous a fait sortir:
J'ai craint une fureur à vous-même
fatale.

PHÈDRE.

Œnone, qui l'eût cru? j'avais une rivale.

ŒNONE.

Comment?

PHÈDRE.

Hippolyte aime, et je n'en puis douter.
Ce farouche ennemi qu'on ne pouvait
dompter,
Qu'offensait le respect, qu'importunait
la plainte,
Ce tigre, que jamais je n'abordai sans
crainte,
Soumis, apprivoisé, reconnaît un
vainqueur:
Aricie a trouvé le chemin de son cœur.

ŒNONE.

Aricie?

PHÈDRE.

Ah! douleur non encore éprouvée!
A quel nouveau tourment je me suis
réservée!
Tout ce que j'ai souffert, mes craintes,
mes transports,
La fureur de mes feux, l'horreur de mes
remords,
Et d'un refus cruel l'insupportable
injure,
N'était qu'un faible essai du tourment
que j'endure.

Ils s'aiment! Par quel charme ont-ils
trompé mes yeux?
Comment se sont-ils vus? Depuis
quand?
Dans quels lieux?
Tu le savais. Pourquoi me laissais-tu
séduire?
De leur furtive ardeur ne pouvais-tu
m'instruire?
Les a-t-on vus souvent se parler, se
chercher?
Dans le fond des forêts allaient-ils se
cacher?
Hélas! ils se voyaient avec pleine
licence.
Le ciel de leurs soupirs approuvait
l'innocence;
Ils suivaient sans remords leur penchant
amoureux;
Tous les jours se levaient clairs et
sereins pour eux.
Et moi, triste rebut de la nature entière,
Je me cachais au jour, je fuyais la
lumière:
La mort est le seul Dieu que j'osais
implorer.
J'attendais le moment où j'allais expirer;
Me nourrissant de fiel, de larmes
abreuvée,
Encor dans mon malheur de trop près
observée,
Je n'osais dans mes pleurs me noyer à
loisir;
Je goûtais en tremblant ce funeste
plaisir;
Et sous un front serein déguisant mes
alarmes,
Il fallait bien souvent me priver de mes
larmes.

ŒNONE.

Quel fruit recevront-ils de leurs vaines
amours?
Ils ne se verront plus.

PHÈDRE.

Ils s'aimeront toujours.
Au moment que je parle, ah! mortelle
pensée!
Ils bravent la fureur d'une amante
insensée.

Malgré ce même exil[125] qui va les
  écarter,
Ils font mille serments de ne se point
  quitter.
Non, je ne puis souffrir un bonheur qui
  m'outrage,
Œnone. Prends pitié de ma jalouse rage.
Il faut perdre Aricie. Il faut de mon
  époux
Contre un sang odieux réveiller le
  courroux.
Qu'il ne se borne pas à des peines
  légères:
Le crime de la sœur passe celui des
  frères.
Dans mes jaloux transports je le veux
  implorer.
Que fais-je? Où ma raison se va-t-elle
  égarer?
Moi jalouse! et Thésée est celui que
  j'implore!
Mon époux est vivant, et moi je brûle
  encore!
Pour qui? Quel est le cœur où prétendent
  mes vœux?
Chaque mot sur mon front fait dresser
  mes cheveux.
Mes crimes désormais ont comblé la
  mesure.
Je respire à la fois l'inceste et
  l'imposture.
Mes homicides mains, promptes à me
  venger
Dans le sang innocent brûlent de se
  plonger.
Misérable! et je vis? et je soutiens la vue
De ce sacré soleil dont je suis
  descendue?
J'ai pour aïeul le père et le maître des
  Dieux;
Le ciel, tout l'univers est plein de mes
  aïeux.
Où me cacher? Fuyons dans la nuit
  infernale.
Mais que dis-je? mon père y tient l'urne
  fatale;[126]

Le sort, dit-on, l'a mise en ses sévères
  mains:
Minos juge aux enfers tous les pâles
  humains.
Ah! combien frémira son ombre
  épouvantée,
Lorsqu'il verra sa fille à ses yeux
  présentée,
Contrainte d'avouer tant de forfaits
  divers,
Et des crimes peut-être inconnus aux
  enfers!
Que diras-tu, mon père, à ce spectacle
  horrible?
Je crois voir de ta main tomber l'urne
  terrible;
Je crois te voir, cherchant un supplice
  nouveau,
Toi-même de ton sang devenir le
  bourreau.
Pardonne. Un Dieu cruel a perdu ta
  famille;
Reconnais sa vengeance aux fureurs de
  ta fille.
Hélas! du crime affreux dont la honte
  me suit
Jamais mon triste cœur n'a recueilli le
  fruit.
Jusqu'au dernier soupir de malheurs
  poursuivie,
Je rends dans les tourments une pénible
  vie.

ŒNONE.

Hé! repoussez, Madame, une injuste
  terreur.
Regardez d'un autre œil une excusable
  erreur.
Vous aimez. On ne peut vaincre sa
  destinée.
Par un charme fatal vous fûtes entraînée.
Est-ce donc un prodige inouï parmi
  nous?
L'amour n'a-t-il encore triomphé que de
  vous?
La faiblesse aux humains n'est que trop
  naturelle.

---

125. *ce même exil = cet exil même.*
126. *l'urne fatale:* Minos was chief of the three
  judges of the world of the dead. They dropped in
  the "fatal urn" their votes as to the destiny and
  punishment of souls.

Mortelle, subissez le sort d'une mortelle.
Vous vous plaignez d'un joug imposé
    dès longtemps.
Les Dieux même, les Dieux, de
    l'Olympe habitants,
Qui d'un bruit si terrible épouvantent les
    crimes,[127]
Ont brûlé quelquefois de feux
    illégitimes.

PHÈDRE.

Qu'entends-je? Quels conseils ose-t-on
    me donner?
Ainsi donc jusqu'au bout tu veux
    m'empoisonner,
Malheureuse? Voilà comme tu m'as
    perdue.
Au jour que je fuyais c'est toi qui m'as
    rendue.[128]
Tes prières m'ont fait oublier mon
    devoir.
J'évitais Hippolyte, et tu me l'as fait
    voir.
De quoi te chargeais-tu? Pourquoi ta
    bouche impie
A-t-elle, en l'accusant, osé noircir sa
    vie?
Il en mourra peut-être, et d'un père
    insensé
Le sacrilège vœu peut-être est exaucé.
Je ne t'écoute plus. Va-t'en, monstre
    exécrable.
Va, laisse-moi le soin de mon sort
    déplorable.
Puisse le juste ciel dignement te payer!
Et puisse ton supplice à jamais effrayer
Tous ceux qui, comme toi, par de lâches
    adresses,[129]
Des princes malheureux nourrissent les
    faiblesses,
Les poussent au penchant où leur cœur
    est enclin,
Et leur osent du crime aplanir le chemin,
Détestables flatteurs, présent le plus
    funeste
Que puisse faire aux rois la colère
    céleste!

ŒNONE (*seule*).

Ah! Dieux! pour la servir j'ai tout fait,
    tout quitté;
Et j'en reçois ce prix? Je l'ai bien
    mérité.

ACTE V

SCÈNE PREMIÈRE: HIPPOLYTE, ARICIE

ARICIE.

Quoi? vous pouvez vous taire en ce péril
    extrême?
Vous laissez dans l'erreur un père qui
    vous aime?
Cruel, si de mes pleurs méprisant le
    pouvoir,
Vous consentez sans peine à ne me plus
    revoir,
Partez, séparez-vous de la triste Aricie.
Mais du moins en partant assurez votre
    vie.
Défendez votre honneur d'un reproche
    honteux,
Et forcez votre père à révoquer ses
    vœux.
Il en est temps encor. Pourquoi, par quel
    caprice,
Laissez-vous le champ libre à votre
    accusatrice?
Éclaircissez Thésée.

HIPPOLYTE.

Hé! que n'ai-je point dit?
Ai-je dû mettre au jour l'opprobre de
    son lit?
Devais-je, en lui faisant un récit trop
    sincère,
D'une indigne rougeur couvrir le front
    d'un père?
Vous seule avez percé ce mystère
    odieux.
Mon cœur pour s'épancher n'a que vous
    et les Dieux.
Je n'ai pu vous cacher, jugez si je vous
    aime,
Tout ce que je voulais me cacher à moi-
    même.

---

127. *les crimes = les criminels.*
128. *Au jour...rendue:* i.e., you checked my suicidal
purpose.
129. *adresses:* devices.

Mais songez sous quel sceau[130] je vous
l'ai révélé.
Oubliez, s'il se peut, que je vous ai
parlé,
Madame; et que jamais une bouche si
pure
Ne s'ouvre pour conter cette horrible
aventure.
Sur l'équité des Dieux osons nous
confier:
Ils ont trop d'intérêt à me justifier;
Et Phèdre, tôt ou tard de son crime
punie,
N'en saurait éviter la juste ignominie.
C'est l'unique respect que j'exige de
vous.
Je permets tout le reste à mon libre
courroux.
Sortez de l'esclavage où vous êtes
réduite;
Osez me suivre, osez accompagner ma
fuite;
Arrachez-vous d'un lieu funeste et
profané,
Où la vertu respire un air empoisonné.
Profitez, pour cacher votre prompte
retraite,
De la confusion que ma disgrâce y jette.
Je vous puis de la fuite assurer les
moyens.
Vous n'avez jusqu'ici de gardes que les
miens.
De puissants défenseurs prendront notre
querelle;
Argos nous tend les bras, et Sparte nous
appelle:
A nos amis communs portons nos justes
cris;
Ne souffrons pas que Phèdre,
assemblant nos débris,[131]
Du trône paternel nous chasse l'un et
l'autre,
Et promette à son fils ma dépouille et la
vôtre.
L'occasion est belle, il la faut embrasser.
Quelle peur vous retient? Vous semblez
balancer?

Votre seul intérêt m'inspire cette audace.
Quand je suis tout de feu, d'où vous
vient cette glace?
Sur les pas d'un banni craignez-vous de
marcher?

ARICIE.

Hélas! qu'un tel exil, Seigneur, me serait
cher!
Dans quels ravissements, à votre sort
liée,
Du reste des mortels je vivrais oubliée!
Mais n'étant point unis par un lien si
doux,
Me puis-je avec honneur dérober avec
vous?
Je sais que, sans blesser l'honneur le
plus sévère,
Je me puis affranchir des mains de votre
père:
Ce n'est point m'arracher du sein de
mes parents;
Et la fuite est permise à qui fuit ses
tyrans.
Mais vous m'aimez, Seigneur; et ma
gloire[132] alarmée…

HIPPOLYTE.

Non, non, j'ai trop de soin de votre
renommée.
Un plus noble dessein m'amène devant
vous:
Fuyez vos ennemis, et suivez votre
époux.
Libres dans nos malheurs, puisque le
ciel l'ordonne,
Le don de notre foi ne dépend de
personne.
L'hymen n'est point toujours entouré de
flambeaux.
Aux portes de Trézène, et parmi ces
tombeaux,
Des princes de ma race antiques
sépultures,
Est un temple sacré formidable aux
parjures.
C'est là que les mortels n'osent jurer en
vain.

---

130. *sceau:* seal (of secrecy).
131. *assemblant nos débris:* profiting by the remains
of our fortune.
132. *gloire:* honor.

Le perfide y reçoit un châtiment
  soudain;
Et craignant d'y trouver la mort
  inévitable,
Le mensonge n'a point de frein plus
  redoutable.
Là, si vous m'en croyez, d'un amour
  éternel
Nous irons confirmer le serment
  solennel;
Nous prendrons à témoin le Dieu qu'on
  y révère;
Nous le prierons tous deux de nous
  servir de père.
Des Dieux les plus sacrés j'attesterai le
  nom.
Et la chaste Diane, et l'auguste Junon,
Et tous les Dieux enfin, témoins de mes
  tendresses,
Garantiront la foi de mes saintes
  promesses.

ARICIE.

Le Roi vient. Fuyez, Prince, et partez
  promptement.
Pour cacher mon départ je demeure un
  moment.
Allez; et laissez-moi quelque fidèle
  guide,
Qui conduise vers vous ma démarche[133]
  timide.

SCÈNE II: THÉSÉE, ARICIE, ISMÈNE

THÉSÉE.

Dieux! éclairez mon trouble, et daignez
  à mes yeux
Montrer la vérité que je cherche en ces
  lieux.

ARICIE.

Songe à tout, chère Ismène, et sois prête
  à la fuite.

SCÈNE III: THÉSÉE, ARICIE

THÉSÉE.

Vous changez de couleur et semblez
  interdite,

Madame. Que faisait Hippolyte en ce
  lieu?

ARICIE.

Seigneur, il me disait un éternel adieu.

THÉSÉE.

Vos yeux ont su dompter ce rebelle
  courage,
Et ses premiers soupirs sont votre
  heureux ouvrage.

ARICIE.

Seigneur, je ne vous puis nier la vérité:
De votre injuste haine il n'a pas hérité;
Il ne me traitait point comme une
  criminelle.

THÉSÉE.

J'entends: il vous jurait une amour
  éternelle.
Ne vous assurez point sur ce cœur
  inconstant;
Car à d'autres que vous il en jurait
  autant.

ARICIE.

Lui, Seigneur?

THÉSÉE.

Vous deviez le rendre moins volage.
Comment souffriez-vous cet horrible
  partage?

ARICIE.

Et comment souffrez-vous que
  d'horribles discours
D'une si belle vie osent noircir le cours?
Avez-vous de son cœur si peu de
  connaissance?
Discernez-vous si mal le crime et
  l'innocence?
Faut-il qu'à vos yeux seuls un nuage
  odieux
Dérobe sa vertu qui brille à tous les
  yeux?
Ah! c'est trop le livrer à des langues
  perfides.
Cessez: repentez-vous de vos vœux
  homicides;
Craignez, Seigneur, craignez que le ciel
  rigoureux
Ne vous haïsse assez pour exaucer vos
  vœux.

---

133. *démarche:* steps. (Notice how, in this scene, the seventeenth-century doctrine of honor and the Christian idea of sacramental marriage intrude in the classic story.)

Souvent dans sa colère il reçoit nos
    victimes;
Ses présents sont souvent la peine de
    nos crimes.

THÉSÉE.

Non, vous voulez en vain couvrir son
    attentat:
Votre amour vous aveugle en faveur de
    l'ingrat,
Mais j'en crois des témoins certains,
    irréprochables:
J'ai vu, j'ai vu couler des larmes
    véritables.

ARICIE.

Prenez garde, Seigneur. Vos invincibles
    mains
Ont de monstres sans nombre affranchi
    les humains;
Mais tout n'est pas détruit, et vous en
    laissez vivre
Un…Votre fils, Seigneur, me défend de
    poursuivre.
Instruite du respect qu'il veut vous
    conserver,
Je l'affligerais trop si j'osais achever.
J'imite sa pudeur, et fuis votre présence
Pour n'être pas forcée à rompre le
    silence.

SCÈNE IV: THÉSÉE, seul

THÉSÉE.

Quelle est donc sa pensée? et que cache
    un discours
Commencé tant de fois, interrompu
    toujours?
Veulent-ils m'éblouir par une feinte
    vaine?
Sont-ils d'accord tous deux pour me
    mettre à la gêne?[134]
Mais moi-même, malgré ma sévère
    rigueur,
Quelle plaintive voix crie au fond de
    mon cœur?
Une pitié secrète et m'afflige et
    m'étonne.
Une seconde fois interrogeons Œnone.

Je veux de tout le crime être mieux
    éclairci.
Gardes, qu'Œnone sorte,[135] et vienne
    seule ici.

SCÈNE V: THÉSÉE, PANOPE

PANOPE.

J'ignore le projet que la Reine médite,
Seigneur, mais je crains tout du transport
    qui l'agite.
Un mortel désespoir sur son visage est
    peint;
La pâleur de la mort est déjà sur son
    teint.
Déjà, de sa présence avec honte chassée,
Dans la profonde mer Œnone s'est
    lancée.
On ne sait point d'où part ce dessein
    furieux;
Et les flots pour jamais l'ont ravie à nos
    yeux.

THÉSÉE.

Qu'entends-je?

PANOPE.

Son trépas n'a point calmé la Reine:
Le trouble semble croître en son âme
    incertaine.
Quelquefois, pour flatter ses secrètes
    douleurs,
Elle prend ses enfants et les baigne de
    pleurs;
Et soudain, renonçant à l'amour
    maternelle,
Sa main avec horreur les repousse loin
    d'elle.
Elle porte au hasard ses pas irrésolus;
Son œil tout égaré ne nous reconnaît
    plus.
Elle a trois fois écrit; et changeant de
    pensée,
Trois fois elle a rompu[136] sa lettre
    commencée.
Daignez la voir, Seigneur; daignez la
    secourir.

THÉSÉE.

O ciel! Œnone est morte, et Phèdre veut
    mourir?

---

134. *gêne:* torture.
135. *sorte:* come out (of her quarters).
136. *rompu:* destroyed.

Qu'on rappelle mon fils, qu'il vienne se
défendre!
Qu'il vienne me parler, je suis prêt de
l'entendre.
Ne précipite point tes funestes bienfaits,
Neptune; j'aime mieux n'être exaucé
jamais.
J'ai peut-être trop cru des témoins peu
fidèles,
Et j'ai trop tôt vers toi levé mes mains
cruelles.
Ah! de quel désespoir mes vœux
seraient suivis!

Scène VI: *Thésée, Théramène*

THÉSÉE.
Théramène, est-ce toi? Qu'as-tu fait de
mon fils?
Je te l'ai confié dès l'âge le plus tendre.
Mais d'où naissent les pleurs que je te
vois répandre?
Que fait mon fils?
THÉRAMÈNE.
O soins tardifs et superflus!
Inutile tendresse! Hippolyte n'est plus.
THÉSÉE.
Dieux!
THÉRAMÈNE.
J'ai vu des mortels périr le plus aimable,
Et j'ose dire encor, Seigneur, le moins
coupable.
THÉSÉE.
Mon fils n'est plus? Hé quoi? quand je
lui tends les bras,
Les Dieux impatients ont hâté son
trépas?
Quel coup me l'a ravi? quelle foudre
soudaine?
THÉRAMÈNE.
A peine nous sortions des portes de
Trézène,
Il était sur son char; ses gardes affligés
Imitaient son silence, autour de lui
rangés.
Il suivait tout pensif le chemin de
Mycènes;

Sa main sur ses chevaux laissait flotter
les rênes.
Ses superbes coursiers, qu'on voyait
autrefois
Pleins d'une ardeur si noble obéir à sa
voix,
L'œil morne maintenant et la tête
baissée,
Semblaient se conformer à sa triste
pensée.
Un effroyable cri, sorti du fond des flots,
Des airs en ce moment a troublé le
repos;
Et du sein de la terre une voix
formidable
Répond en gémissant à ce cri redoutable.
Jusqu'au fond de nos cœurs notre sang
s'est glacé.
Des coursiers attentifs le crin s'est
hérissé.[137]
Cependant sur le dos de la plaine liquide
S'élève à gros bouillons une montagne
humide.
L'onde approche, se brise, et vomit à nos
yeux,
Parmi des flots d'écume, un monstre
furieux.
Son front large est armé de cornes
menaçantes;
Tout son corps est couvert d'écailles[138]
jaunissantes;
Indomptable taureau, dragon impétueux,
Sa croupe se recourbe en replis tortueux.
Ses longs mugissements font trembler le
rivage.
Le ciel avec horreur voit ce monstre
sauvage;
La terre s'en émeut, l'air en est infecté;
Le flot, qui l'apporta, recule épouvanté.
Tout fuit; et sans s'armer d'un courage
inutile,
Dans le temple voisin chacun cherche
un asile.
Hippolyte lui seul, digne fils d'un héros,
Arrête ses coursiers, saisit ses javelots,
Pousse[139] au monstre, et d'un dard lancé
d'une main sûre,

---

137. *le crin s'est hérissé:* the mane stood up.
138. *écailles:* scales.

139. *pousse:* dashes.

Il lui fait dans le flanc une large
blessure.
De rage et de douleur le monstre
bondissant
Vient aux pieds des chevaux tomber en
mugissant,
Se roule, et leur présente une gueule
enflammée,
Qui les couvre de feu, de sang et de
fumée.
La frayeur les emporte; et sourds à cette
fois,
Ils ne connaissent plus ni le frein ni la
voix.
En efforts impuissants leur maître se
consume.
Ils rougissent le mors[140] d'une sanglante
écume.
On dit qu'on a vu même, en ce désordre
affreux,
Un Dieu qui d'aiguillons[141] pressait leur
flanc poudreux.
A travers les rochers la peur les
précipite;
L'essieu[142] crie et se rompt. L'intrépide
Hippolyte
Voit voler en éclats tout son char
fracassé;
Dans les rênes lui-même il tombe
embarrassé.
Excusez ma douleur. Cette image cruelle
Sera pour moi de pleurs une source
éternelle.
J'ai vu, Seigneur, j'ai vu votre
malheureux fils
Traîné par les chevaux que sa main a
nourris.
Il veut les rappeler, et sa voix les effraie.
Ils courent. Tout son corps n'est bientôt
qu'une plaie.
De nos cris douloureux la plaine retentit.
Leur fougue[143] impétueuse enfin se
ralentit:
Ils s'arrêtent, non loin de ces tombeaux
antiques

Où des rois ses aïeux sont les froides
reliques.
J'y cours en soupirant, et sa garde me
suit.
De son généreux sang la trace nous
conduit:
Les rochers en sont teints; les ronces
dégouttantes[144]
Portent de ses cheveux les dépouilles
sanglantes.
J'arrive, je l'appelle; et me tendant la
main,
Il ouvre un œil mourant, qu'il referme
soudain.
« Le ciel, dit-il, m'arrache une innocente
vie.
Prends soin après ma mort de la triste
Aricie.
Cher ami, si mon père un jour désabusé
Plaint le malheur d'un fils faussement
accusé,
Pour apaiser mon sang et mon ombre
plaintive,
Dis-lui qu'avec douceur il traite sa
captive;
Qu'il lui rende… » A ce mot ce héros
expiré
N'a laissé dans mes bras qu'un corps
défiguré,
Triste objet, où des Dieux triomphe la
colère,
Et que méconnaîtrait l'œil même de son
père.

THÉSÉE.

O mon fils! cher espoir que je me suis
ravi!
Inexorables Dieux, qui m'avez trop
servi!
A quels mortels regrets ma vie est
réservée!

THÉRAMÈNE.

La timide Aricie est alors arrivée.
Elle venait, Seigneur, fuyant votre
courroux,
A la face des Dieux l'accepter pour
époux.

---

140. *mors:* bit.
141. *aiguillons:* goads.
142. *essieu:* axle.

143. *fougue:* fury.
144. *ronces dégouttantes:* brambles dripping (with
blood).

Elle approche: elle voit l'herbe rouge et
fumante;
Elle voit (quel objet pour les yeux d'une
amante!)
Hippolyte étendu, sans forme et sans
couleur.
Elle veut quelque temps douter de son
malheur;
Et ne connaissant plus ce héros qu'elle
adore,
Elle voit Hippolyte, et le demande
encore.
Mais trop sûre à la fin qu'il est devant
ses yeux,
Par un triste regard elle accuse les
Dieux;
Et froide, gémissante, et presque
inanimée,
Aux pieds de son amant elle tombe
pâmée.
Ismène est auprès d'elle; Ismène, toute
en pleurs,
La rappelle à la vie, ou plutôt aux
douleurs.
Et moi, je suis venu, détestant la
lumière,
Vous dire d'un héros la volonté dernière,
Et m'acquitter, Seigneur, du malheureux
emploi
Dont son cœur expirant s'est reposé sur
moi.
Mais j'aperçois venir sa mortelle
ennemie.

SCÈNE VII: *THÉSÉE, PHÈDRE, THÉRAMÈNE, PANOPE, GARDES*

THÉSÉE.

Hé bien! vous triomphez, et mon fils est
sans vie.
Ah! que j'ai lieu de craindre! et qu'un
cruel soupçon,
L'excusant dans mon cœur, m'alarme
avec raison!
Mais, Madame, il est mort, prenez votre
victime:
Jouissez de sa perte, injuste ou légitime.
Je consens que mes yeux soient toujours
abusés.

Je le crois criminel, puisque vous
l'accusez.
Son trépas à mes pleurs offre assez de
matières,
Sans que j'aille chercher d'odieuses
lumières,[145]
Qui ne pouvant le rendre à ma juste
douleur,
Peut-être ne feraient qu'accroître mon
malheur.
Laissez-moi, loin de vous et loin de ce
rivage,
De mon fils déchiré fuir la sanglante
image.
Confus, persécuté d'un mortel souvenir,
De l'univers entier je voudrais me
bannir.
Tout semble s'élever contre mon
injustice.
L'éclat de mon nom même augmente
mon supplice.
Moins connu des mortels, je me
cacherais mieux.
Je hais jusques aux soins dont
m'honorent les Dieux;
Et je m'en vais pleurer leurs faveurs
meurtrières,
Sans plus les fatiguer d'inutiles prières.
Quoi qu'ils fissent pour moi, leur
funeste bonté
Ne me saurait payer de ce qu'ils m'ont
ôté.

PHÈDRE.

Non, Thésée, il faut rompre un injuste
silence:
Il faut à votre fils rendre son innocence.
Il n'était point coupable.

THÉSÉE.

Ah! père infortuné!
Et c'est sur votre foi que je l'ai
condamné!
Cruelle, pensez-vous être assez
excusée…

PHÈDRE.

Les moments me sont chers, écoutez-
moi, Thésée.
C'est moi qui sur ce fils chaste et
respectueux

---

145. *lumières:* enlightenment.

Osai jeter un œil profane, incestueux.
Le ciel mit dans mon sein une flamme
    funeste;
La détestable Œnone a conduit tout le
    reste.
Elle a craint qu'Hippolyte, instruit de
    ma fureur,
Ne découvrît[146] un feu qui lui faisait
    horreur.
La perfide, abusant de ma faiblesse
    extrême,
S'est hâtée à vos yeux de l'accuser lui-
    même.
Elle s'en est punie, et, fuyant mon
    courroux,
A cherché dans les flots un supplice trop
    doux.
Le fer aurait déjà tranché ma destinée;
Mais je laissais gémir la vertu
    soupçonnée.
J'ai voulu, devant vous exposant mes
    remords,
Par un chemin plus lent descendre chez
    les morts.
J'ai pris, j'ai fait couler dans mes
    brûlantes veines
Un poison que Médée[147] apporta dans
    Athènes.
Déjà jusqu'à mon cœur le venin parvenu
Dans ce cœur expirant jette un froid
    inconnu;

Déjà je ne vois plus qu'à travers un
    nuage
Et le ciel et l'époux que ma présence
    outrage;
Et la mort, à mes yeux dérobant la
    clarté,
Rend au jour, qu'ils souillaient, toute sa
    pureté.[148]

PANOPE.

Elle expire, Seigneur!

THÉSÉE.

D'une action si noire
Que ne peut avec elle expirer la
    mémoire!
Allons, de mon erreur, hélas! trop
    éclaircis,
Mêler nos pleurs au sang de mon
    malheureux fils.
Allons de ce cher fils embrasser ce qui
    reste,
Expier la fureur d'un vœu que je déteste.
Rendons-lui les honneurs qu'il a trop
    mérités;
Et pour mieux apaiser ses mânes irrités,
Que, malgré les complots d'une injuste
    famille,
Son amante aujourd'hui me tienne lieu
    de fille.

---

146. *découvrît:* would reveal.
147. *Médée:* Medea, wife of Jason and witch who brewed poisons.
148. *pureté:* Phèdre's last word suggests her longing for the virtue that fate denied her.

5. Molière

[1622-1673]

The Service of Comedy

Molière is one of the few great authors whose fame rests primarily on their comedy. In this group one may name Aristophanes, Cervantes, Rabelais, Swift, Mark Twain—not very many others of the first rank. We call these writers great because they have made of comedy a means of understanding the human spirit. And since eventually what we ask of literature is not just instruction or distraction but understanding of ourselves, the great writers of comedy have done us an important service. They have shown us that we may attain truth by laughter as well as by tears. The plays of Molière are no less serious than the tragedies of Racine— they just happen to be very funny.

Life on the Boards

"Molière" is the stage name of Jean-Baptiste Poquelin. He was born in Paris, in a well-to-do bourgeois family. As a child he was fascinated by the theater, and, like Shakespeare, he gave nearly all his life to

Molière. Courtesy of Bibliothèque nationale de France

the stage. He was well educated in an excellent Jesuit school, where he met the scions of the nobility. He probably studied law and certainly worked in his father's decorating and upholstering business. But at twenty-one, as soon as he could escape from parental control, he established his own theater in Paris. As any businessman could have foreseen, he soon went bankrupt. He took his troupe to the provinces and for twelve years he wandered through France, barnstorming in actual barns, inn yards, and indoor tennis courts. He learned to curry favor with the rich and powerful, to run by night from the sheriff, and to deal with drunks, stage-door johnnies, grafting authorities, and his own sulking, sensitive actors. He learned about human behavior; he also learned the trade of dramatic writing, by studying what pleases the public and what does not.

He returned to Paris in 1658. The success of his 1659 satirical farce *Les Précieuses ridicules* assured his fortune. Then, in 1662, his record-breaking box office success *L'Ecole des femmes* inspired so much jealousy and controversy that he had to write a sequel, *Critique de l'Ecole des femmes*, which consists of characters debating the virtues of the earlier play. The young King, Louis XIV, loved the play and showered favor on him. A good number of Molière's plays were enacted in the presence of Louis and his court. For fifteen years, Molière led a life of tumultuous activity, managing a theater, directing, acting the star roles, and writing twenty-nine plays—everything from tragicomedy to knockabout farce. Among his plays are: *Le Bourgeois gentilhomme*, a farcical comedy with music and dance satirizing a rich commoner who tries to acquire an instant education in how to look and act as ridiculous as an aristocrat; *Le Tartuffe,* a daring characterization of a religious hypocrite and his pious dupes; *Le Misanthrope,* a picture of social disaster resulting from too much sincerity (or is it rather a picture of social servility that cannot bear sincerity? People are still arguing the case, as they argue the meaning of *Hamlet*); *Dom Juan,* a picture of *le grand seigneur méchant homme,* and *Le Malade imaginaire,* an attack on the pretensions of physicians. At the fourth performance of *Le Malade imaginaire,* on February 17, 1673, Molière suffered a hemorrhage of the lungs during the final scene. He succeeded in playing out his part, but he died within a few hours. It was one of the great exits of history.

Observational Satire

Molière created the comedy as we know it today. Before his time, comedy in France had been mostly a fantasy upon life. Molière's comedy derives from the observation of life. His principle is, then, *realism,* to evoke in the spectator pleasure in the recognition of true character, behavior, language, etc. His method is *classic* in that it depicts universal types rather than exceptional individuals. Molière shows us the Miser, the Hypocrite, the Pedant, the Arrogant Noble, the Libertine, the Coquette. He generalizes, reinforces the dominant characteristic, suppresses the accessories. He simplifies psychology in order to gain dramatic effectiveness.

His art is classic also in that it is *social.* Most of his plays put a family on the stage; Molière shows us the disintegrating effect of monomania on the family and on society. In this sense he was the originator of the *pièce à thèse,* the thesis play, which attempts to prove that some social phenomenon is helpful or harmful.

Molière's *comic technique* was derived in large part from the ancient tradition of the farce, but he refined and humanized it. He knew all the tricks of the present-day comedian; the farce has changed little since his time.

Molière's *philosophy* or *dominating thought* was that of the enlightened bourgeois of his age, for the playwright cannot with impunity defy the settled opinions of his audience. He praised the good sense of the average man, thus flattering all his hearers. Yet, timidly and even cryptically, he suggests that his private views were sometimes at odds with those of the smug middle class. Nature, he implies, is a better guide than authority. Marriage should be based on love, not worldly advantage. Essential religion resides in the upright spirit, not in forms and ceremonies. Nature is the healer, while the physicians' dogmas are in opposition to nature.

LE BOURGEOIS GENTILHOMME[1]

[*Having just read two tragedies in verse, you are undoubtedly ready for a play that is commonly regarded as one of the world's funniest.*

Le Bourgeois gentilhomme is a comédieballet, or musical comedy. It is one of the first which combined dialogue, music, song, and dance in a coherent whole.

It was a product of circumstance. Turks and turqueries were à la mode in 1669–1670. A diplomatic mission from the Sultan visited the French court and deeply offended Louis XIV by not noticing that he was wearing, in honor of the envoys, a costume adorned

---

1. *Bourgeois* is the noun, *gentilhomme* is adjectival. Hence the meaning is not "The bourgeois Gentleman," but "The Bourgeois who would be a gentleman." And *gentilhomme* meant a man of *gentle* (noble) birth. The word bore no reference to character.

with fourteen million francs' worth of diamonds. The King suggested to Molière that he should write a funny play about Turks and sent him a returned traveler to brief him on the background. Then the King commanded Molière to produce a divertissement for a hunting party he was giving at the château of Chambord,[2] on the Loire, 120 miles from Paris. Thus the Bourgeois was prepared, to amuse the courtiers after a hard day in the saddle and one of Louis XIV's gigantic hunt suppers. It was no occasion for subtlety. (It was produced on October 14, 1670; Molière played Monsieur Jourdain.)

Under such restrictions and conditions the play is a remarkable tour de force. It was designed, like any musical comedy, to carry a story sufficient for the music and choreography, which were provided by the celebrated Jean-Baptiste Lulli, who also played with great verve the part of the Mufti.

As is typical with Molière, the construction of the play leaves everything to be desired. The first two acts are a series of gags, with hardly a hint of a plot. The love interest appears in the third act, to be resolved by the enormous burlesque of the Turkish ceremony in Act IV. The fifth act prolongs the misunderstanding while the dancers change their costumes and prepare for the final ballet. The two pairs of lovers are united in the last moments; but the logical termination, Monsieur Jourdain's disillusionment, is left to the imagination. Critics have complained; but the spectators do not.

The theme is of course the folly of the bourgeois attempting to climb out of his class, to become a gentilhomme. The moral is: be content with that state of life to which it has pleased God to call you. The first audiences, composed of gentilshommes, laughed with a comfortable sense of superiority; they were the insiders mocking the outsiders. At the same time their superiority was tinged with unease, for the rising group of rich financiers were taking over their power and position, buying their bankrupt estates together with titles of rank and marrying their dowerless daughters. If, when the play was over, they reflected on it, they may have remarked that the representative of the nobility, Dorante, is a thorough-going scoundrel, liar, crook, and parasite, who belongs in jail and not in the King's suite. The really admirable characters, Cléonte and Mme Jourdain, are themselves bourgeois, by contrast with the noble shysters. Thus the play is by implication a social satire not so much of the bourgeoisie as of the very class to whom it was addressed. The applauding mockers were themselves mocked. This is a reversal of values, a triumph of comedy.

(The language is very simple; you can read the play in two sittings, or even one. Read as a French person would, without mental translation. Don't look up words unless they are essential.)]

PERSONNAGES

MONSIEUR JOURDAIN, bourgeois
MADAME JOURDAIN, sa femme
LUCILE, fille de M. Jourdain
NICOLE, servante
CLÉONTE, amoureux[3] de Lucile
COVIELLE, valet de Cléonte
DORANTE, comte, amant[4] de Dorimène
DORIMÈNE, marquise
MAÎTRE DE MUSIQUE
ÉLÈVE DU MAÎTRE DE MUSIQUE

MAÎTRE A DANSER
MAÎTRE D'ARMES[5]
MAÎTRE DE PHILOSOPHIE
MAÎTRE TAILLEUR
GARÇON TAILLEUR
DEUX LAQUAIS
PLUSIEURS MUSICIENS, MUSICIENNES, JOUEURS D'INSTRUMENTS, DANSEURS, CUISINIERS, GARÇONS TAILLEURS, ET AUTRES PERSONNAGES DES INTERMÈDES[6] ET DU BALLET

---

2. Chambord is the largest and grandest of the châteaux of the Loire Valley, boasting 440 rooms.
3. *amoureux:* in love with.
4. *amant:* favored suitor.
5. *Maître d'armes:* Fencing master.
6. *intermèdes:* interludes.

La scène est à Paris

ACTE PREMIER

*L'ouverture se fait par un grand
assemblage d'instruments; et dans le
milieu du théâtre[7] on voit un élève du
maître de musique qui compose sur
une table un air que le Bourgeois a
commandé pour une sérénade.*

SCÈNE PREMIÈRE: MAÎTRE DE MUSIQUE, MAÎTRE A DANSER, TROIS MUSICIENS, DEUX VIOLONS, QUATRE DANSEURS

MAÎTRE DE MUSIQUE (*parlant à ses
musiciens*). Venez, entrez dans cette
salle, et vous reposez là, en attendant
qu'il vienne.

MAÎTRE A DANSER (*parlant aux danseurs*). Et
vous aussi, de ce côté.

MAÎTRE DE MUSIQUE (*à l'élève*). Est-ce fait?

L'ÉLÈVE. Oui.

MAÎTRE DE MUSIQUE. Voyons…[8] Voilà qui est
bien.

MAÎTRE A DANSER. Est-ce quelque chose de
nouveau?

MAÎTRE DE MUSIQUE. Oui, c'est un air pour
une sérénade que je lui ai fait composer
ici, en attendant que notre homme fût
éveillé.

MAÎTRE A DANSER. Peut-on voir ce que
c'est?

MAÎTRE DE MUSIQUE. Vous l'allez entendre,
avec le dialogue, quand il viendra. Il ne
tardera guère.

MAÎTRE A DANSER. Nos occupations, à vous
et à moi, ne sont pas petites maintenant.

MAÎTRE DE MUSIQUE. Il est vrai. Nous
avons trouvé ici un homme comme
il nous le faut à tous deux. Ce nous
est une douce rente[9] que ce monsieur
Jourdain, avec les visions de noblesse
et de galanterie qu'il est allé se mettre
en tête. Et votre danse et ma musique
auraient à souhaiter que tout le monde
lui ressemblât.

MAÎTRE A DANSER. Non pas entièrement;
et je voudrais pour lui qu'il se connût
mieux qu'il ne fait aux choses que nous
lui donnons.

MAÎTRE DE MUSIQUE. Il est vrai qu'il les
connaît mal, mais il les paye bien; et
c'est de quoi maintenant nos arts ont
plus besoin que de toute autre chose.

MAÎTRE A DANSER. Pour moi, je vous
l'avoue, je me repais[10] un peu de gloire.
Les applaudissements me touchent; et
je tiens que, dans tous les beaux-arts,
c'est un supplice assez[11] fâcheux que de
se produire à des sots, que d'essuyer[12]
sur des compositions la barbarie d'un
stupide. Il y a plaisir, ne m'en parlez
point, à travailler pour des personnes qui
soient capables de sentir les délicatesses
d'un art; qui sachent faire un doux
accueil aux beautés d'un ouvrage et,
par de chatouillantes[13] approbations,
vous régaler de votre travail. Oui, la
récompense la plus agréable qu'on
puisse recevoir des choses que l'on fait,
c'est de les voir connues,[14] de les voir
caressées d'un applaudissement qui
vous honore. Il n'y a rien, à mon avis,
qui nous paye mieux que cela de toutes
nos fatigues; et ce sont des douceurs
exquises que des louanges éclairées.

MAÎTRE DE MUSIQUE. J'en demeure
d'accord, et je les goûte comme vous.
Il n'y a rien assurément qui chatouille
davantage que les applaudissements
que vous dites; mais cet encens ne fait
pas vivre. Des louanges toutes pures
ne mettent pas un homme à son aise: il
y faut mêler du solide; et la meilleure
façon de louer, c'est de louer avec les
mains.[15] C'est un homme, à la vérité,
dont les lumières sont petites, qui parle
à tort et à travers de toutes choses, et
n'applaudit qu'à contresens;[16] mais
son argent redresse les jugements de

---

7.   *théâtre:* stage.
8.   *Voyons…*(The Maître de musique examines his
      pupil's composition).
9.   *rente:* income, property.
10. *me repais:* delight in.
11. *assez:* very.

12. *essuyer:* endure.
13. *chatouillantes:* tickling, heart-warming.
14. *connues:* recognized.
15. *avec les mains:* Here the actor makes the finger-
      rubbing gesture indicating money.
16. *à contresens:* in the wrong place.

son esprit. Il a du discernement dans sa bourse. Ses louanges sont monnayées;[17] et ce bourgeois ignorant nous vaut mieux, comme vous voyez, que le grand seigneur éclairé[18] qui nous a introduits ici.

MAÎTRE A DANSER. Il y a quelque chose de vrai dans ce que vous dites; mais je trouve que vous appuyez un peu trop sur l'argent; et l'intérêt[19] est quelque chose de si bas qu'il ne faut jamais qu'un honnête homme montre pour lui de l'attachement.

MAÎTRE DE MUSIQUE. Vous recevez fort bien pourtant l'argent que notre homme vous donne.

MAÎTRE A DANSER. Assurément; mais je n'en fais pas tout mon bonheur, et je voudrais qu'avec son bien il eût encore quelque bon goût des choses.

MAÎTRE DE MUSIQUE. Je le voudrais aussi, et c'est à quoi nous travaillons tous deux autant que nous pouvons. Mais, en tout cas, il nous donne moyen de nous faire connaître dans le monde; et il payera pour les autres ce que les autres loueront pour lui.

MAÎTRE A DANSER. Le voilà qui vient.

SCÈNE II: MONSIEUR JOURDAIN,[20] DEUX LAQUAIS, MAÎTRE DE MUSIQUE, MAÎTRE A DANSER, VIOLONS, MUSICIENS et DANSEURS

MONSIEUR JOURDAIN. Hé bien, messieurs? Qu'est-ce? Me ferez-vous voir votre petite drôlerie?[21]

MAÎTRE A DANSER. Comment? Quelle petite drôlerie?

MONSIEUR JOURDAIN. Eh! là…Comment appelez-vous cela? Votre prologue, ou dialogue de chansons et de danse.

MAÎTRE A DANSER. Ah! ah!

MAÎTRE DE MUSIQUE. Vous nous y voyez préparés.

MONSIEUR JOURDAIN. Je vous ai fait un peu attendre, mais c'est que je me fais habiller aujourd'hui comme les gens de qualité, et mon tailleur m'a envoyé des bas de soie[22] que j'ai pensé ne mettre jamais.

MAÎTRE DE MUSIQUE. Nous ne sommes ici que pour attendre votre loisir.

MONSIEUR JOURDAIN. Je vous prie tous deux de ne vous point en aller qu'on ne m'ait apporté mon habit, afin que vous me puissiez voir.

MAÎTRE A DANSER. Tout ce qu'il vous plaira.

MONSIEUR JOURDAIN. Vous me verrez équipé comme il faut, depuis les pieds jusqu'à la tête.

MAÎTRE DE MUSIQUE. Nous n'en doutons point.

MONSIEUR JOURDAIN. Je me suis fait faire cette indienne-ci.[23]

MAÎTRE A DANSER. Elle est fort belle.

MONSIEUR JOURDAIN. Mon tailleur m'a dit que les gens de qualité étaient comme cela le matin.

MAÎTRE DE MUSIQUE. Cela vous sied à merveille.

MONSIEUR JOURDAIN. Laquais, holà! mes deux laquais.

PREMIER LAQUAIS. Que voulez-vous, monsieur?

MONSIEUR JOURDAIN. Rien. C'est pour voir si vous m'entendez bien. (*aux deux* MAÎTRES) Que dites-vous de mes livrées?

MAÎTRE A DANSER. Elles sont magnifiques.

MONSIEUR JOURDAIN. (*Il entr'ouvre sa robe et fait voir un haut-de-chausses étroit de velours rouge, et une camisole[24] de velours vert, dont il est vêtu.*) Voici encore un petit déshabillé pour faire le matin mes exercices.

MAÎTRE DE MUSIQUE. Il est galant.

MONSIEUR JOURDAIN. Laquais!

PREMIER LAQUAIS. Monsieur?

MONSIEUR JOURDAIN. L'autre laquais!

---

17. *monnayées:* convertible into cash.
18. *grand seigneur éclairé:* noble amateur of the arts (reference to Dorante, who will appear later).
19. *intérêt:* self-interest, profit.
20. *Monsieur Jourdain:* He is wearing a gorgeous striped dressing gown, lined with green and orange, and a nightcap.
21. *drôlerie:* thingamajig.
22. *bas de soie:* Silk stockings were still a luxury.
23. *cette indienne-ci:* this dressing gown.
24. *camisole:* jacket.

SECOND LAQUAIS. Monsieur?

MONSIEUR JOURDAIN. Tenez ma robe.[25] Me trouvez-vous bien comme cela?

MAÎTRE A DANSER. Fort bien. On ne peut pas mieux.

MONSIEUR JOURDAIN. Voyons un peu votre affaire.

MAÎTRE DE MUSIQUE. Je voudrais bien auparavant vous faire entendre un air qu'il[26] vient de composer pour la sérénade que vous m'avez demandée. C'est un de mes écoliers qui a pour ces sortes de choses un talent admirable.

MONSIEUR JOURDAIN. Oui, mais il ne fallait pas faire faire cela par un écolier; et vous n'étiez pas trop bon vous-même pour cette besogne-là.

MAÎTRE DE MUSIQUE. Il ne faut pas, monsieur, que le nom d'écolier vous abuse. Ces sortes d'écoliers en savent autant que les plus grands maîtres, et l'air est aussi beau qu'il s'en puisse faire. Écoutez seulement.

MONSIEUR JOURDAIN. Donnez-moi ma robe pour mieux entendre…Attendez, je crois que je serai mieux sans robe…Non, redonnez-la moi, cela ira mieux.

MUSICIEN (chantant).

Je languis nuit et jour, et mon mal est
*   extrême,*
Depuis qu'à vos rigueurs vos beaux
*   yeux m'ont soumis:*
Si vous traitez ainsi, belle Iris, qui[27]
*   vous aime,*
Hélas! que pourriez-vous faire à vos
*   ennemis?*

MONSIEUR JOURDAIN. Cette chanson me semble un peu lugubre, elle endort, et je voudrais que vous la pussiez un peu regaillardir[28] par-ci par-là.

MAÎTRE DE MUSIQUE. Il faut, monsieur, que l'air soit accommodé aux paroles.

MONSIEUR JOURDAIN. On m'en apprit un tout à fait joli, il y a quelque temps. Attendez…Là…Comment est-ce qu'il dit?

MAÎTRE A DANSER. Par ma foi, je ne sais.

MONSIEUR JOURDAIN. Il y a du mouton dedans.

MAÎTRE A DANSER. Du mouton?

MONSIEUR JOURDAIN. Oui. Ah! (M. JOURDAIN chante.)

Je croyais Jeanneton
Aussi douce que belle;
Je croyais Jeanneton
Plus douce qu'un mouton.
Hélas! Hélas!
Elle est cent fois, mille fois plus cruelle
Que n'est le tigre aux bois.

N'est-il pas joli?

MAÎTRE DE MUSIQUE. Le plus joli du monde.

MAÎTRE A DANSER. Et vous le chantez bien.

MONSIEUR JOURDAIN. C'est sans avoir appris la musique.

MAÎTRE DE MUSIQUE. Vous devriez l'apprendre, monsieur, comme vous faites la danse. Ce sont deux arts qui ont une étroite liaison ensemble.

MAÎTRE A DANSER. Et qui ouvrent l'esprit d'un homme aux belles choses.

MONSIEUR JOURDAIN. Est-ce que les gens de qualité apprennent aussi la musique?

MAÎTRE DE MUSIQUE. Oui, monsieur.

MONSIEUR JOURDAIN. Je l'apprendrai donc. Mais je ne sais quel temps je pourrai prendre: car, outre le maître d'armes qui me montre,[29] j'ai arrêté[30] encore un maître de philosophie qui doit commencer ce matin.

MAÎTRE DE MUSIQUE. La philosophie est quelque chose; mais la musique, monsieur, la musique…

MAÎTRE A DANSER. La musique et la danse… La musique et la danse, c'est là tout ce qu'il faut.

MAÎTRE DE MUSIQUE. Il n'y a rien qui soit si utile dans un État que la musique.

MAÎTRE A DANSER. Il n'y a rien qui soit si nécessaire aux hommes que la danse.

MAÎTRE DE MUSIQUE. Sans la musique, un État ne peut subsister.

---

25.   He takes off his gown.
26.   *il:* i.e., the pupil.
27.   *qui:* the one who.

28.   *regaillardir:* brighten up.
29.   *montre:* teaches.
30.   *arrêté:* hired.

MAÎTRE A DANSER. Sans la danse, un homme ne saurait rien faire.

MAÎTRE DE MUSIQUE. Tous les désordres, toutes les guerres qu'on voit dans le monde n'arrivent que pour[31] n'apprendre pas la musique.

MAÎTRE A DANSER. Tous les malheurs des hommes, tous les revers funestes dont les histoires sont remplies, les bévues[32] des politiques et les manquements des grands capitaines, tout cela n'est venu que faute de savoir danser.

MONSIEUR JOURDAIN. Comment cela?

MAÎTRE DE MUSIQUE. La guerre ne vient-elle pas d'un manque d'union entre les hommes?

MONSIEUR JOURDAIN. Cela est vrai.

MAÎTRE DE MUSIQUE. Et, si tous les hommes apprenaient la musique, ne serait-ce pas le moyen de s'accorder[33] ensemble, et de voir dans le monde la paix universelle?

MONSIEUR JOURDAIN. Vous avez raison.

MAÎTRE A DANSER. Lorsqu'un homme a commis un manquement dans sa conduite, soit aux affaires de sa famille, ou au gouvernement d'un État, ou au commandement d'une armée, ne dit-on pas toujours: « Un tel a fait un mauvais pas dans une telle affaire »?

MONSIEUR JOURDAIN. Oui, on dit cela.

MAÎTRE A DANSER. Et faire un mauvais pas peut-il procéder d'autre chose que de ne savoir pas danser?

MONSIEUR JOURDAIN. Cela est vrai, et vous avez raison tous deux.

MAÎTRE A DANSER. C'est pour vous faire voir l'excellence et l'utilité de la danse et de la musique.

MONSIEUR JOURDAIN. Je comprends cela, à cette heure.

MAÎTRE DE MUSIQUE. Voulez-vous voir nos deux affaires?

MONSIEUR JOURDAIN. Oui.

MAÎTRE DE MUSIQUE. Je vous l'ai déjà dit, c'est un petit essai que j'ai fait autrefois des diverses passions que peut exprimer la musique.

MONSIEUR JOURDAIN. Fort bien.

MAÎTRE DE MUSIQUE. Allons, avancez.[34] Il faut vous figurer qu'ils sont habillés en bergers.

MONSIEUR JOURDAIN. Pourquoi toujours des bergers?[35] On ne voit que cela partout.

MAÎTRE A DANSER. Lorsqu'on a des personnes à faire parler en musique, il faut bien que pour la vraisemblance on donne dans la bergerie. Le chant a été de tout temps affecté aux bergers; et il n'est guère naturel en dialogue que des princes ou des bourgeois chantent leurs passions.

MONSIEUR JOURDAIN. Passe, passe. Voyons.

Dialogue en musique

UNE MUSICIENNE *et* DEUX MUSICIENS[36]

MONSIEUR JOURDAIN. Est-ce tout?

MAÎTRE DE MUSIQUE. Oui.

MONSIEUR JOURDAIN. Je trouve cela bien troussé;[37] et il y a là-dedans de petits dictons[38] assez jolis.

MAÎTRE A DANSER. Voici, pour mon affaire, un petit essai des plus beaux mouvements et des plus belles attitudes dont une danse puisse être variée.

MONSIEUR JOURDAIN. Sont-ce encore des bergers?

MAÎTRE A DANSER. C'est ce qu'il vous plaira. Allons.[39]

(*Quatre* DANSEURS *exécutent tous les mouvements différents et toutes les sortes de pas que le* MAÎTRE A DANSER *leur commande; et cette danse fait le premier intermède.*)

---

31. *pour = de.*
32. *bévues:* blunders.
33. *s'accorder:* double meaning: *to put in tune* and *to agree.*
34. *Allons, avancez:* said to the musicians.
35. *toujours des bergers:* The pastoral novel and play were enjoying a vogue which seemed ridiculous to M. Jourdain (and to Molière).
36. The text of the Dialogue (or better, Trio) is here omitted.
37. *bien troussé:* a neat job.
38. *dictons:* remarks.
39. *Allons:* said to the dancers.

Acte II[40]

Scène première: monsieur jourdain, maître de musique, maître a danser, laquais

MONSIEUR JOURDAIN. Voilà qui n'est point sot, et ces gens-là se trémoussent[41] bien.

MAÎTRE DE MUSIQUE. Lorsque la danse sera mêlée avec la musique, cela fera plus d'effet encore, et vous verrez quelque chose de galant dans le petit ballet que nous avons ajusté pour vous.

MONSIEUR JOURDAIN. C'est pour tantôt au moins;[42] et la personne pour qui j'ai fait faire tout cela me doit faire l'honneur de venir dîner céans.[43]

MAÎTRE A DANSER. Tout est prêt.

MAÎTRE DE MUSIQUE. Au reste, monsieur, ce n'est pas assez, il faut qu'une personne comme vous, qui êtes magnifique[44] et qui avez de l'inclination pour les belles choses, ait un concert de musique chez soi tous les mercredis, ou tous les jeudis.

MONSIEUR JOURDAIN. Est-ce que les gens de qualité en ont?

MAÎTRE DE MUSIQUE. Oui, monsieur.

MONSIEUR JOURDAIN. J'en aurai donc. Cela sera-t-il beau?

MAÎTRE DE MUSIQUE. Sans doute. Il vous faudra trois voix, un dessus,[45] une haute-contre[46] et une basse, qui seront accompagnées d'une basse de viole, d'un téorbe[47] et d'un clavecin[48] pour les basses continues,[49] avec deux dessus de violon pour jouer les ritournelles.[50]

MONSIEUR JOURDAIN. Il y faudra mettre aussi une trompette marine.[51] La trompette marine est un instrument qui me plaît, et qui est harmonieux.

MAÎTRE DE MUSIQUE. Laissez-nous gouverner les choses.

MONSIEUR JOURDAIN. Au moins, n'oubliez pas tantôt de m'envoyer des musiciens pour chanter à table.

MAÎTRE DE MUSIQUE. Vous aurez tout ce qu'il vous faut.

MONSIEUR JOURDAIN. Mais surtout que le ballet soit beau.

MAÎTRE DE MUSIQUE. Vous en serez content, et, entre autres choses, de certains menuets que vous y verrez.

MONSIEUR JOURDAIN. Ah! les menuets sont ma danse, et je veux que vous me les voyiez danser. Allons, mon maître.

MAÎTRE A DANSER. Un chapeau,[52] monsieur, s'il vous plaît. La, la, la;—La, la, la, la, la, la;—La, la, la, *bis;*—La, la, la;—La, la. En cadence, s'il vous plaît. La, la, la. La jambe droite. La, la, la. Ne remuez point tant les épaules. La, la, la, la, la;—La, la, la, la, la. Vos deux bras sont estropiés.[53] La, la, la, la, la. Haussez la tête. Tournez la pointe du pied en dehors. La, la, la. Dressez votre corps.

MONSIEUR JOURDAIN. Euh?[54]

MAÎTRE DE MUSIQUE. Voilà qui est le mieux du monde.

MONSIEUR JOURDAIN. A propos.[55] Apprenez-moi comme il faut faire une révérence pour saluer une marquise; j'en aurai besoin tantôt.

MAÎTRE A DANSER. Une révérence pour saluer une marquise?

MONSIEUR JOURDAIN. Oui, une marquise qui

---

40. There is no break between the two acts; the characters remain onstage.
41. *se trémoussent:* wiggle about.
42. *C'est pour tantôt au moins:* Have it ready soon, anyhow.
43. *céans:* in here.
44. *qui êtes magnifique:* who do things in style.
45. *dessus:* tenor.
46. *haute-contre:* soprano.
47. *torbe:* theorbo, a double-headed lute.
48. *cavecin:* harpsichord.
49. *basses continues:* sustained basses.
50. *ritournelles:* refrains.
51. *trompette marine:* a one-stringed instrument played with a bow, which produces a hollow, rumbling sound.
52. In the minuet the hat is used in making sweeping bows, after which it is returned to its position under the arm. But M. Jourdain seizes a lackey's hat, puts it on his head, atop his nightcap. The Maître à danser sings, accompanied by the orchestra. His directions are given in rhythm with the music. (Recordings of Lulli's music are obtainable.)
53. *estropiés:* crippled.
54. *Euh?* expresses both exhaustion and inquiry: "How was it?"
55. *A propos:* The concluding bow of the minuet suggests something to M. Jourdain.

s'appelle Dorimène.

MAÎTRE A DANSER. Donnez-moi la main.

MONSIEUR JOURDAIN. Non. Vous n'avez qu'à faire, je le retiendrai bien.[56]

MAÎTRE A DANSER. Si vous voulez la saluer avec beaucoup de respect, il faut faire d'abord une révérence en arrière, puis marcher vers elle avec trois révérences en avant, et à la dernière vous baisser jusqu'à ses genoux.

MONSIEUR JOURDAIN. Faites un peu. Bon!

LE LAQUAIS. Monsieur, voilà votre maître d'armes qui est là.

MONSIEUR JOURDAIN. Dis-lui qu'il entre ici pour me donner leçon. Je veux que vous me voyiez faire.

SCÈNE II: MAÎTRE D'ARMES, MAÎTRE DE MUSIQUE, MAÎTRE A DANSER, MONSIEUR JOURDAIN, UN LAQUAIS

MAÎTRE D'ARMES (*après lui avoir mis le fleuret*[57] *à la main*). Allons, monsieur, la révérence. Votre corps droit. Un peu penché sur la cuisse gauche. Les jambes point tant écartées. Vos pieds sur une même ligne. Votre poignet[58] à l'opposite de votre hanche. La pointe de votre épée vis-à-vis de votre épaule. Le bras pas tout à fait si étendu. La main gauche à la hauteur de l'œil. L'épaule gauche plus quartée.[59] La tête droite. Le regard assuré. Avancez. Le corps ferme. Touchez-moi l'épée de quarte,[60] et achevez de même. Une, deux. Remettez-vous. Redoublez de pied ferme. Un saut en arrière. Quand vous portez la botte,[61] monsieur, il faut que l'épée parte la première, et que le corps soit bien effacé. Une, deux. Allons, touchez-moi, l'épée de tierce,[62] et achevez de même. Avancez. Le corps ferme. Avancez. Partez de là. Une, deux. Remettez-vous.

Redoublez.[63] Un saut en arrière. En garde, monsieur, en garde! (*Le* MAÎTRE D'ARMES *lui pousse deux ou trois bottes en lui disant: En garde!*)

MONSIEUR JOURDAIN. Euh!

MAÎTRE DE MUSIQUE. Vous faites des merveilles.

MAÎTRE D'ARMES. Je vous l'ai déjà dit; tout le secret des armes ne consiste qu'en deux choses: à donner et à ne point recevoir; et, comme je vous fis voir l'autre jour par raison démonstrative, il est impossible que vous receviez, si vous savez détourner l'épée de votre ennemi de la ligne de votre corps; ce qui ne dépend que d'un petit mouvement de poignet, ou en dedans ou en dehors.

MONSIEUR JOURDAIN. De cette façon donc un homme sans avoir du cœur,[64] est sûr de tuer son homme et de n'être point tué?

MAÎTRE D'ARMES. Sans doute. N'en vîtes-vous pas la démonstration?

MONSIEUR JOURDAIN. Oui.

MAÎTRE D'ARMES. Et c'est en quoi l'on voit de quelle considération, nous autres, nous devons être dans un État, et combien la science des armes l'emporte hautement sur toutes les autres sciences inutiles, comme la danse, la musique, la…

MAÎTRE A DANSER. Tout beau,[65] monsieur le tireur d'armes.[66] Ne parlez de la danse qu'avec respect.

MAÎTRE DE MUSIQUE. Apprenez, je vous prie, à mieux traiter l'excellence de la musique.

MAÎTRE D'ARMES. Vous êtes de plaisantes gens, de vouloir comparer vos sciences à la mienne!

MAÎTRE DE MUSIQUE. Voyez un peu l'homme d'importance!

MAÎTRE A DANSER. Voilà un plaisant animal avec son plastron![67]

---

56. *Vous n'avez…bien:* Just do it alone, I'll remember all right.
57. *fleuret:* fencing foil.
58. *poignet:* wrist.
59. *plus quartée:* drawn further back.
60. *Touchez-moi l'épée de quarte:* Engage my foil in quart (fourth position in fencing).
61. *botte:* thrust.
62. *tierce:* third position in fencing.
63. *Redoublez:* Thrust again.
64. *cœur = courage.*
65. *Tout beau:* Wait a minute.
66. *tireur d'armes:* sword-player (said with a hint of scorn).
67. *plastron:* padded chest protector.

MAÎTRE D'ARMES. Mon petit maître à danser, je vous ferais danser comme il faut. Et vous, mon petit musicien, je vous ferais chanter de la belle manière.

MAÎTRE A DANSER. Monsieur le batteur de fer,[68] je vous apprendrai votre métier.

MONSIEUR JOURDAIN (*au* MAÎTRE A DANSER). Êtes-vous fou de l'aller quereller, lui qui entend la tierce et la quarte, et qui sait tuer un homme par raison démonstrative?

MAÎTRE A DANSER. Je me moque de sa raison démonstrative, et de sa tierce, et de sa quarte.

MONSIEUR JOURDAIN. Tout doux, vous dis-je.

MAÎTRE D'ARMES. Comment? petit impertinent![69]

MONSIEUR JOURDAIN. Eh! mon maître d'armes.

MAÎTRE A DANSER. Comment? grand cheval de carrosse!

MONSIEUR JOURDAIN. Eh! mon maître à danser.

MAÎTRE D'ARMES. Si je me jette sur vous…

MONSIEUR JOURDAIN. Doucement.

MAÎTRE A DANSER. Si je mets sur vous la main…

MONSIEUR JOURDAIN. Tout beau.

MAÎTRE D'ARMES. Je vous étrillerai[70] d'un air…

MONSIEUR JOURDAIN. De grâce…

MAÎTRE A DANSER. Je vous rosserai[71] d'une manière…

MONSIEUR JOURDAIN. Je vous prie…

MAÎTRE DE MUSIQUE. Laissez-nous un peu lui apprendre à parler.

MONSIEUR JOURDAIN. Mon Dieu, arrêtez-vous.

SCÈNE III: *MAÎTRE DE PHILOSOPHIE, MAÎTRE DE MUSIQUE, MAÎTRE A DANSER, MAÎTRE D'ARMES, MONSIEUR JOURDAIN, LAQUAIS*

MONSIEUR JOURDAIN. Holà! monsieur le philosophe, vous arrivez tout à propos avec votre philosophie. Venez un peu mettre la paix entre ces personnes-ci.

MAÎTRE DE PHILOSOPHIE. Qu'est-ce donc? Qu'y a-t-il, messieurs?

MONSIEUR JOURDAIN. Ils se sont mis en colère pour la préférence de leurs professions, jusqu'à se dire des injures et vouloir en venir aux mains.

MAÎTRE DE PHILOSOPHIE. Hé quoi! messieurs, faut-il s'emporter de la sorte? et n'avez-vous point lu le docte traité que Sénèque[72] a composé de la colère? Y a-t-il rien de plus bas et de plus honteux que cette passion, qui fait d'un homme une bête féroce? Et la raison ne doit-elle pas être maîtresse de tous nos mouvements?

MAÎTRE A DANSER. Comment! Monsieur, il vient nous dire des injures à tous deux, en méprisant la danse, que j'exerce, et la musique, dont il fait profession.

MAÎTRE DE PHILOSOPHIE. Un homme sage est au-dessus de toutes les injures qu'on lui peut dire; et la grande réponse qu'on doit faire aux outrages, c'est la modération et la patience.

MAÎTRE D'ARMES. Ils ont tous deux l'audace de vouloir comparer leurs professions à la mienne.

MAÎTRE DE PHILOSOPHIE. Faut-il que cela vous émeuve? Ce n'est pas de vaine gloire et de condition[73] que les hommes doivent disputer entre eux; et ce qui nous distingue parfaitement les uns des autres, c'est la sagesse et la vertu.

MAÎTRE A DANSER. Je lui soutiens que la danse est une science à laquelle on ne peut faire assez d'honneur.

MAÎTRE DE MUSIQUE. Et moi, que la musique en est une que tous les siècles ont révérée.

MAÎTRE D'ARMES. Et moi, je leur soutiens à tous deux que la science de tirer des armes est la plus belle et la plus nécessaire de toutes les sciences.

MAÎTRE DE PHILOSOPHIE. Et que sera donc la philosophie? Je vous trouve tous

---

68. *batteur de fer:* "blacksmith."
69. *impertinent:* addressed to the Maître à danser.
70. *vous étrillerai:* will currycomb you.
71. *vous rosserai:* will beat you up.
72. *Sénèque:* Seneca, Roman stoic philosopher. (The reference is to his *De Ira.*)
73. *condition:* profession, precedence.

trois bien impertinents de parler devant moi avec cette arrogance, et de donner impudemment le nom de science à des choses que l'on ne doit pas même honorer du nom d'art; et qui ne peuvent être comprises que sous le nom de métier misérable de gladiateur, de chanteur et de baladin![74]

MAÎTRE D'ARMES. Allez, philosophe de chien!

MAÎTRE DE MUSIQUE. Allez, bélître[75] de pédant!

MAÎTRE A DANSER. Allez, cuistre fieffé![76]

MAÎTRE DE PHILOSOPHIE. Comment! marauds[77] que vous êtes…(*Le philosophe se jette sur eux, et tous trois le chargent de coups et sortent en se battant.*)

MONSIEUR JOURDAIN. Monsieur le philosophe!

MAÎTRE DE PHILOSOPHIE. Infâmes! coquins! insolents!

MONSIEUR JOURDAIN. Monsieur le philosophe!

MAÎTRE D'ARMES. La peste l'animal![78]

MONSIEUR JOURDAIN. Messieurs.

MAÎTRE DE PHILOSOPHIE. Impudents!

MONSIEUR JOURDAIN. Monsieur le philosophe!

MAÎTRE A DANSER. Diantre soit de l'âne bâté![79]

MONSIEUR JOURDAIN. Messieurs.

MAÎTRE DE PHILOSOPHIE. Scélérats!

MONSIEUR JOURDAIN. Monsieur le philosophe!

MAÎTRE DE MUSIQUE. Au diable l'impertinent!

MONSIEUR JOURDAIN. Messieurs.

MAÎTRE DE PHILOSOPHIE. Fripons! gueux! traîtres! imposteurs!

(*Ils sortent.*)

MONSIEUR JOURDAIN. Monsieur le philosophe, messieurs, monsieur le philosophe, messieurs, monsieur le philosophe!…Oh! battez-vous tant qu'il vous plaira, je n'y saurais que faire,[80] et je n'irai pas gâter ma robe pour vous séparer. Je serais bien fou de m'aller fourrer parmi eux pour recevoir quelque coup qui me ferait mal.

SCÈNE IV: MAÎTRE DE PHILOSOPHIE, MONSIEUR JOURDAIN

MAÎTRE DE PHILOSOPHIE (*en raccommodant son collet*[81]). Venons à notre leçon.

MONSIEUR JOURDAIN. Ah! monsieur, je suis fâché des coups qu'ils vous ont donnés.

MAÎTRE DE PHILOSOPHIE. Cela n'est rien. Un philosophe sait recevoir comme il faut les choses, et je vais composer contre eux une satire du style de Juvénal, qui les déchirera de la belle façon. Laissons cela. Que voulez-vous apprendre?

MONSIEUR JOURDAIN. Tout ce que je pourrai, car j'ai toutes les envies du monde d'être savant, et j'enrage que mon père et ma mère ne m'aient pas fait bien étudier dans toutes les sciences, quand j'étais jeune.[82]

MAÎTRE DE PHILOSOPHIE. Ce sentiment est raisonnable. *Nam sine doctrina vita est quasi mortis imago.* Vous entendez cela, et vous savez le latin sans doute?

MONSIEUR JOURDAIN. Oui, mais faites comme si je ne le savais pas. Expliquez-moi ce que cela veut dire.

MAÎTRE DE PHILOSOPHIE. Cela veut dire que sans la science la vie est presque une image de la mort.

MONSIEUR JOURDAIN. Ce latin-là a raison.

MAÎTRE DE PHILOSOPHIE. N'avez-vous point quelques principes, quelques commencements des sciences?

---

74. *baladin:* clown.
75. *bélître:* halfwit.
76. *cuistre fieffé:* crackpot professor.
77. *marauds:* rogues.
78. *La peste l'animal:* A plague on the creature.
79. *Diantre soit de l'âne bâté:* Devil take the pack mule.
80. *je n'y saurais que faire:* I can't do anything

about it.
81. *collet:* neckcloth.
82. M. Jourdain's statement is more admirable and pathetic than ridiculous. Molière certainly played it for laughs, to reinforce his audience's sense of superiority; yet one may suspect that he rated his character's desire for instruction above the pretensions of the privileged.

MONSIEUR JOURDAIN. Oh! oui, je sais lire et écrire.

MAÎTRE DE PHILOSOPHIE. Par où vous plaît-il que nous commencions? Voulez-vous que je vous apprenne la logique?

MONSIEUR JOURDAIN. Qu'est-ce que c'est que cette logique?

MAÎTRE DE PHILOSOPHIE. C'est elle qui enseigne les trois opérations de l'esprit.

MONSIEUR JOURDAIN. Qui[83] sont-elles, ces trois opérations de l'esprit?

MAÎTRE DE PHILOSOPHIE. La première la seconde et la troisième. La première est de bien concevoir par le moyen des universaux; la seconde, de bien juger par le moyen des catégories; et la troisième, de bien tirer une conséquence par le moyen des figures, *Barbara, Celarent, Darii, Ferio, Baralipton,*[84] etc.

MONSIEUR JOURDAIN. Voilà des mots qui sont trop rébarbatifs.[85] Cette logique-là ne me revient[86] point. Apprenons autre chose qui soit plus joli.

MAÎTRE DE PHILOSOPHIE. Voulez-vous apprendre la morale?

MONSIEUR JOURDAIN. La morale?

MAÎTRE DE PHILOSOPHIE. Oui.

MONSIEUR JOURDAIN. Qu'est-ce qu'elle dit, cette morale?

MAÎTRE DE PHILOSOPHIE. Elle traite de la félicité, enseigne aux hommes à modérer leurs passions, et…

MONSIEUR JOURDAIN. Non, laissons cela. Je suis bilieux[87] comme tous les diables; et, il n'y a morale qui tienne, je me veux mettre en colère tout mon soûl,[88] quand il m'en prend envie.

MAÎTRE DE PHILOSOPHIE. Est-ce la physique[89] que vous voulez apprendre?

MONSIEUR JOURDAIN. Qu'est-ce qu'elle chante, cette physique?

MAÎTRE DE PHILOSOPHIE. La physique est celle qui explique les principes des choses naturelles et les propriétés du corps;[90] qui discourt de la nature des éléments, des métaux, des minéraux, des pierres, des plantes et des animaux, et nous enseigne les causes de tous les météores, l'arc-en-ciel, les feux volants,[91] les comètes, les éclairs, le tonnerre, la foudre, la pluie, la neige, la grêle, les vents et les tourbillons.[92]

MONSIEUR JOURDAIN. Il y a trop de tinta-marre[93] là-dedans, trop de brouillamini.[94]

MAÎTRE DE PHILOSOPHIE. Que voulez-vous donc que je vous apprenne?

MONSIEUR JOURDAIN. Apprenez-moi l'orthographe.

MAÎTRE DE PHILOSOPHIE. Très volontiers.

MONSIEUR JOURDAIN. Après, vous m'apprendrez l'almanach, pour savoir quand il y a de la lune et quand il n'y en a point.

MAÎTRE DE PHILOSOPHIE. Soit. Pour bien suivre votre pensée et traiter cette matière en philosophe, il faut commencer, selon l'ordre des choses, par une exacte connaissance de la nature des lettres et de la différente manière de les prononcer toutes. Et là-dessus j'ai à vous dire que les lettres sont divisées en voyelles, ainsi dites voyelles parce qu'elles expriment les voix; et en consonnes, ainsi appelées consonnes parce qu'elles sonnent avec les voyelles, et ne font que marquer les diverses articulations des voix. Il y a cinq voyelles ou voix: *A, E, I, O, U.*[95]

MONSIEUR JOURDAIN. J'entends tout cela.

MAÎTRE DE PHILOSOPHIE. La voix *A* se forme en ouvrant fort la bouche: *A.*

MONSIEUR JOURDAIN. *A, A,* oui.

---

83. *Qui = Que.*
84. We should call the three operations of the mind perception, judgment, and reasoning. The *figures* are the nineteen modes of the syllogism, named by made-up words, *Barbara,* etc.
85. *rébarbatifs:* repulsive.
86. *revient:* pleases.
87. *bilieux:* hot-tempered.
88. *tout…soûl:* as much as I like.

89. *physique:* Physics then included astronomy, chemistry, mineralogy, biology, etc.
90. *corps:* matter (in contrast to mind).
91. *feux volants:* will-o'-the-wisps.
92. *tourbillons:* whirlwinds.
93. *tintamarre:* rumpus.
94. *brouillamini:* ruckus.
95. Here begins an excellent primary lesson in French phonetics. The *E* is rendered as an *É.*

MAÎTRE DE PHILOSOPHIE. La voix *E* se forme en rapprochant la mâchoire d'en bas[96] de celle d'en haut: *A, E.*

MONSIEUR JOURDAIN. *A, E*; *A, E.* Ma foi, oui. Ah! que cela est beau!

MAÎTRE DE PHILOSOPHIE. Et la voix *I,* en rapprochant encore davantage les mâchoires l'une de l'autre, et écartant les deux coins de la bouche vers les oreilles: *A, E, I.*

MONSIEUR JOURDAIN. *A, E, I, I, I, I, I.* Cela est vrai. Vive la science!

MAÎTRE DE PHILOSOPHIE. La voix *O* se forme en rouvrant les mâchoires et rapprochant les lèvres par les deux coins, le haut et le bas: *O.*

MONSIEUR JOURDAIN. *O, O.* Il n'y a rien de plus juste. *A, E, I, O, I, O.* Cela est admirable! *I, O, I, O.*

MAÎTRE DE PHILOSOPHIE. L'ouverture de la bouche fait justement comme un petit rond qui représente un *O.*

MONSIEUR JOURDAIN. *O, O, O.* Vous avez raison. *O.* Ah! la belle chose que de savoir quelque chose!

MAÎTRE DE PHILOSOPHIE. La voix *U* se forme en rapprochant les dents sans les joindre entièrement, et allongeant les deux lèvres en dehors, les approchant aussi l'une de l'autre sans les joindre tout à fait: *U.*

MONSIEUR JOURDAIN. *U, U.* Il n'y a rien de plus véritable, *U.*

MAÎTRE DE PHILOSOPHIE. Vos deux lèvres s'allongent comme si vous faisiez la moue,[97] d'où vient que, si vous la voulez faire à quel qu'un et vous moquer de lui, vous ne sauriez lui dire que *U.*[98]

MONSIEUR JOURDAIN. *U, U.* Cela est vrai. Ah! que n'ai-je étudié plus tôt pour savoir tout cela!

MAÎTRE DE PHILOSOPHIE. Demain nous verrons les autres lettres, qui sont les consonnes.

MONSIEUR JOURDAIN. Est-ce qu'il y a des choses aussi curieuses qu'à celles-ci?

MAÎTRE DE PHILOSOPHIE. Sans doute. La consonne *D,* par exemple, se prononce en donnant du bout de la langue au-dessus des dents d'en haut: *DA.*

MONSIEUR JOURDAIN. *DA, DA.* Oui. Ah! les belles choses! les belles choses!

MAÎTRE DE PHILOSOPHIE. *L'F,* en appuyant les dents d'en haut sur la lèvre de dessous: *FA.*

MONSIEUR JOURDAIN. *FA, FA.* C'est la vérité. Ah! mon père et ma mère, que je vous veux de mal!

MAÎTRE DE PHILOSOPHIE. Et l'*R,* en portant le bout de la langue jusqu'au haut du palais;[99] de sorte, qu'étant frôlée par l'air qui sort avec force, elle lui cède et revient toujours au même endroit, faisant une manière de tremblement: *R, ra.*[100]

MONSIEUR JOURDAIN. *R, r, ra*; *R, r, r, r, r, ra.* Cela est vrai. Ah! l'habile homme que vous êtes! et que j'ai perdu de temps! *R, r, r, ra.*

MAÎTRE DE PHILOSOPHIE. Je vous expliquerai à fond toutes ces curiosités.

MONSIEUR JOURDAIN. Je vous en prie. Au reste, il faut que je vous fasse une confidence. Je suis amoureux d'une personne de grande qualité, et je souhaiterais que vous m'aidassiez à lui écrire quelque chose dans un petit billet que je veux laisser tomber à ses pieds.

MAÎTRE DE PHILOSOPHIE. Fort bien.

MONSIEUR JOURDAIN. Cela sera galant, oui.

MAÎTRE DE PHILOSOPHIE. Sans doute. Sont-ce des vers que vous lui voulez écrire?

MONSIEUR JOURDAIN. Non, non, point de vers.

MAÎTRE DE PHILOSOPHIE. Vous ne voulez que de la prose?

MONSIEUR JOURDAIN. Non, je ne veux ni prose ni vers.

MAÎTRE DE PHILOSOPHIE. Il faut bien que ce soit l'un ou l'autre.

MONSIEUR JOURDAIN. Pourquoi?

---

96. *mâchoire d'en bas:* lower jaw.
97. *moue:* pout.
98. The sound *u* is used in France to express public scorn, where we would hiss or boo. (The verb

huer incorporates the sound in the vocabulary.)
99. *palais:* palate.
100. *R, ra:* This is the trilled *r,* not the modern uvular, or guttural, *r.*

MAÎTRE DE PHILOSOPHIE. Par la raison, monsieur, qu'il n'y a pour s'exprimer que la prose ou les vers.

MONSIEUR JOURDAIN. Il n'y a que la prose ou les vers?

MAÎTRE DE PHILOSOPHIE. Non, monsieur: tout ce qui n'est point prose est vers; et tout ce qui n'est point vers est prose.

MONSIEUR JOURDAIN. Et comme l'on parle, qu'est-ce que c'est donc que cela?

MAÎTRE DE PHILOSOPHIE. De la prose.

MONSIEUR JOURDAIN. Quoi! quand je dis: « Nicole, apportez-moi mes pantoufles, et me donnez mon bonnet de nuit », c'est de la prose?

MAÎTRE DE PHILOSOPHIE. Oui, monsieur.

MONSIEUR JOURDAIN. Par ma foi! il y a plus de quarante ans que je dis de la prose sans que j'en susse rien; et je vous suis le plus obligé du monde de m'avoir appris cela. Je voudrais donc lui mettre dans un billet: « Belle marquise, vos beaux yeux me font mourir d'amour », mais je voudrais que cela fût mis d'une manière galante, que ce fût tourné gentiment.

MAÎTRE DE PHILOSOPHIE. Mettre que les feux de ses yeux réduisent votre cœur en cendres; que vous souffrez nuit et jour pour elle les violences d'un…

MONSIEUR JOURDAIN. Non, non, non, je ne veux point tout cela; je ne veux que ce que je vous ai dit: « Belle marquise, vos beaux yeux me font mourir d'amour. »

MAÎTRE DE PHILOSOPHIE. Il faut bien étendre un peu la chose.

MONSIEUR JOURDAIN. Non, vous dis-je, je ne veux que ces seules paroles-là dans le billet, mais tournées à la mode, bien arrangées comme il faut. Je vous prie de me dire un peu, pour voir, les diverses manières dont on les peut mettre.

MAÎTRE DE PHILOSOPHIE. On les peut mettre premièrement comme vous avez dit: « Belle marquise, vos beaux yeux me font mourir d'amour. » Ou bien: « D'amour mourir me font, belle marquise, vos beaux yeux. » Ou bien: « Vos yeux beaux d'amour me font, belle marquise, mourir. » Ou bien: « Mourir vos beaux yeux, belle marquise, d'amour me font. » Ou bien: « Me font vos yeux beaux mourir, belle marquise, d'amour. »

MONSIEUR JOURDAIN. Mais, de toutes ces façons-là, laquelle est la meilleure?

MAÎTRE DE PHILOSOPHIE. Celle que vous avez dite: « Belle marquise, vos beaux yeux me font mourir d'amour. »

MONSIEUR JOURDAIN. Cependant je n'ai point étudié, et j'ai fait cela tout du premier coup. Je vous remercie de tout mon cœur, et vous prie de venir demain de bonne heure.

MAÎTRE DE PHILOSOPHIE. Je n'y manquerai pas. (*Il sort.*)

MONSIEUR JOURDAIN (*à son* LAQUAIS). Comment, mon habit n'est point encore arrivé?

LE LAQUAIS. Non, monsieur.

MONSIEUR JOURDAIN. Ce maudit tailleur me fait bien attendre pour un jour où j'ai tant d'affaires! J'enrage. Que la fièvre quartaine[101] puisse serrer bien fort le bourreau de tailleur! Au diable le tailleur! La peste étouffe le tailleur! Si je le tenais maintenant, ce tailleur détestable, ce chien de tailleur-là, ce traître de tailleur, je…

SCÈNE V: MAÎTRE TAILLEUR, GARÇON TAILLEUR, portant l'habit de MONSIEUR JOURDAIN, MONSIEUR JOURDAIN, LAQUAIS

MONSIEUR JOURDAIN. Ah! vous voilà? Je m'allais mettre en colère contre vous.

MAÎTRE TAILLEUR. Je n'ai pas pu venir plus tôt, et j'ai mis vingt garçons après votre habit.

MONSIEUR JOURDAIN. Vous m'avez envoyé des bas de soie si étroits que j'ai eu toutes les peines du monde à les mettre, et il y a déjà deux mailles[102] de rompues.

MAÎTRE TAILLEUR. Ils ne s'élargiront que trop.

---

101. *fièvre quartaine:* quartan fever, malarial, recurring every three days.

102. *mailles:* stitches.

MONSIEUR JOURDAIN. Oui, si je romps toujours des mailles. Vous m'avez aussi fait faire des souliers qui me blessent furieusement.

MAÎTRE TAILLEUR. Point du tout, monsieur.

MONSIEUR JOURDAIN. Comment, point du tout!

MAÎTRE TAILLEUR. Non, ils ne vous blessent point.

MONSIEUR JOURDAIN. Je vous dis qu'ils me blessent, moi.

MAÎTRE TAILLEUR. Vous vous imaginez cela.

MONSIEUR JOURDAIN. Je me l'imagine parce que je le sens. Voyez la belle raison!

MAÎTRE TAILLEUR. Tenez, voilà le plus bel habit de la cour, et le mieux assorti.[103] C'est un chef-d'œuvre que d'avoir inventé un habit sérieux qui ne fût pas noir; et je le donne en six coups[104] aux tailleurs les plus éclairés.

MONSIEUR JOURDAIN. Qu'est-ce que c'est que ceci? Vous avez mis les fleurs en enbas.[105]

MAÎTRE TAILLEUR. Vous ne m'avez pas dit que vous les vouliez en enhaut?[106]

MONSIEUR JOURDAIN. Est-ce qu'il faut dire cela?

MAÎTRE TAILLEUR. Oui, vraiment. Toutes les personnes de qualité les portent de la sorte.

MONSIEUR JOURDAIN. Les personnes de qualité portent les fleurs en enbas?

MAÎTRE TAILLEUR. Oui, monsieur.

MONSIEUR JOURDAIN. Oh! voilà qui est donc bien.

MAÎTRE TAILLEUR. Si vous voulez, je les mettrai en enhaut.

MONSIEUR JOURDAIN. Non, non.

MAÎTRE TAILLEUR. Vous n'avez qu'à dire.

MONSIEUR JOURDAIN. Non, vous dis-je, vous avez bien fait. Croyez-vous que l'habit m'aille bien?

MAÎTRE TAILLEUR. Belle demande! Je défie un peintre avec son pinceau[107] de vous faire rien de plus juste. J'ai chez moi un garçon qui, pour monter une ringrave,[108] est le plus grand génie du monde; et un autre qui, pour assembler un pourpoint,[109] est le héros de notre temps.

MONSIEUR JOURDAIN. La perruque et les plumes sont-elles comme il faut?

MAÎTRE TAILLEUR. Tout est bien.

MONSIEUR JOURDAIN. (*en regardant l'habit du tailleur*). Ah! ah! monsieur le tailleur, voilà de mon étoffe du dernier habit que vous m'avez fait. Je la reconnais bien.

MAÎTRE TAILLEUR. C'est que l'étoffe me sembla si belle que j'en ai voulu lever[110] un habit pour moi.

MONSIEUR JOURDAIN. Oui, mais il ne fallait pas le lever avec le mien.

MAÎTRE TAILLEUR. Voulez-vous mettre votre habit?

MONSIEUR JOURDAIN. Oui, donnez-moi.

MAÎTRE TAILLEUR. Attendez. Cela ne va pas comme cela. J'ai amené des gens pour vous habiller en cadence, et ces sortes d'habits se mettent avec cérémonie. Holà! entrez, vous autres. Mettez cet habit à monsieur de la manière que vous faites aux personnes de qualité.

(*Quatre* GARÇONS TAILLEURS *entrent, dont deux lui arrachent le haut-de-chausses de ses exercices, et deux autres la camisole, puis ils lui mettent son habit neuf; et* MONSIEUR JOURDAIN *se promène entre eux et leur montre son habit pour voir s'il est bien. Le tout à la cadence de toute la symphonie.*[111])

GARÇON TAILLEUR. Mon gentilhomme, donnez, s'il vous plaît, aux garçons quelque chose pour boire.

MONSIEUR JOURDAIN. Comment m'appelez-vous?

GARÇON TAILLEUR. Mon gentilhomme.

MONSIEUR JOURDAIN. « Mon gentilhomme »! Voilà ce que c'est de se mettre en personne de qualité! Allez-vous-

---

103. *assorti:* matched.
104. *six coups:* six chances (for one success).
105. *en enbas:* upside down.
106. *en enhaut:* right side up.
107. *pinceau:* paintbrush.
108. *ringrave:* German-style breeches.
109. *pourpoint:* pourpoint, doublet.
110. *lever:* run up.
111. *symphonie:* orchestra.

en demeurer toujours habillé en bourgeois, on ne vous dira point: « Mon gentilhomme ». Tenez, voilà pour « Mon gentilhomme ».

GARÇON TAILLEUR. Monseigneur,[112] nous vous sommes bien obligés.

MONSIEUR JOURDAIN. « Monseigneur »! oh! oh! « Monseigneur »! Attendez, mon ami. « Monseigneur » mérite quelque chose, et ce n'est pas une petite parole que « Monseigneur ». Tenez, voilà ce que monseigneur vous donne.

GARÇON TAILLEUR. Monseigneur, nous allons boire tous à la santé de Votre Grandeur.[113]

MONSIEUR JOURDAIN. « Votre Grandeur »! oh! oh! oh! Attendez, ne vous en allez pas. A moi « Votre Grandeur »! Ma foi, s'il va jusqu'à l'Altesse,[114] il aura toute la bourse. Tenez, voilà pour ma Grandeur.

GARÇON TAILLEUR. Monseigneur, nous la[115] remercions très humblement de ses libéralités.

MONSIEUR JOURDAIN. Il a bien fait, je lui allais tout donner.

(*Les quatre* GARÇONS TAILLEURS *se réjouissent par une danse, qui fait le second intermède.*)

ACTE III

SCÈNE PREMIÈRE: *MONSIEUR JOURDAIN, LAQUAIS*

MONSIEUR JOURDAIN. Suivez-moi, que j'aille un peu montrer mon habit par la ville; et surtout ayez soin tous deux de marcher immédiatement sur mes pas, afin qu'on voie bien que vous êtes à moi.

LAQUAIS. Oui, monsieur.

MONSIEUR JOURDAIN. Appelez-moi Nicole, que je lui donne quelques ordres. Ne bougez, la voilà.

SCÈNE II: *NICOLE, MONSIEUR JOURDAIN, LAQUAIS*

MONSIEUR JOURDAIN. Nicole!

NICOLE. Plaît-il?

MONSIEUR JOURDAIN. Ecoutez.

NICOLE. Hi, hi, hi, hi, hi![116]

MONSIEUR JOURDAIN. Qu'as-tu à rire?

NICOLE. Hi, hi, hi, hi, hi, hi!

MONSIEUR JOURDAIN. Que veut dire cette coquine-là?

NICOLE. Hi, hi, hi! Comme vous voilà bâti![117] Hi, hi, hi!

MONSIEUR JOURDAIN. Comment donc?

NICOLE. Ah! ah! mon Dieu! Hi, hi, hi, hi, hi!

MONSIEUR JOURDAIN. Quelle friponne est-ce là? Te moques-tu de moi?

NICOLE. Nenni, monsieur, j'en serais bien fâchée. Hi, hi, hi, hi, hi, hi!

MONSIEUR JOURDAIN. Je te baillerai[118] sur le nez, si tu ris davantage.

NICOLE. Monsieur, je ne puis pas m'en empêcher. Hi hi, hi, hi, hi, hi!

MONSIEUR JOURDAIN. Tu ne t'arrêteras pas?

NICOLE. Monsieur, je vous demande pardon; mais vous êtes si plaisant[119] que je ne saurais me tenir de rire. Hi, hi, hi!

MONSIEUR JOURDAIN. Mais voyez quelle insolence!

NICOLE. Vous êtes tout à fait drôle comme cela. Hi, hi!

MONSIEUR JOURDAIN. Je te…

NICOLE. Je vous prie de m'excuser. Hi, hi, hi, hi!

MONSIEUR JOURDAIN. Tiens, si tu ris encore le moins du monde, je te jure que je t'appliquerai sur la joue le plus grand soufflet qui se soit jamais donné.

NICOLE. Hé bien, monsieur, voilà qui est fait, je ne rirai plus.

MONSIEUR JOURDAIN. Prends-y garde bien. Il faut que pour tantôt tu nettoies…

NICOLE. Hi, hi!

---

112. *Monseigneur:* title of address for nobles.
113. *Votre Grandeur:* title of address for bishops and high nobles.
114. *Altesse:* title of address for princes.
115. *la = Votre Grandeur.*
116. *hi, hi!* hee, hee! (while *Ah! ah!* represents Ha, ha!). (Mlle Beauval, an actress in Molière's troupe, could put on an extraordinarily infectious laugh, which Molière frequently made use of.)
117. *bâti:* dressed up.
118. *te baillerai:* will give you one, sock you.
119. *plaisant:* funny.

MONSIEUR JOURDAIN. Que tu nettoies comme il faut…

NICOLE. Hi, hi!

MONSIEUR JOURDAIN. Il faut, dis-je, que tu nettoies la salle, et…

NICOLE. Hi, hi!

MONSIEUR JOURDAIN. Encore?

NICOLE.[120] Tenez, monsieur, battez-moi plutôt, et me laissez rire tout mon soûl, cela me fera plus de bien. Hi, hi, hi, hi, hi!

MONSIEUR JOURDAIN. J'enrage!

NICOLE. De grâce, monsieur, je vous prie de me laisser rire. Hi, hi, hi!

MONSIEUR JOURDAIN. Si je te prends…

NICOLE. Monsieur…eur, je crèverai…ai, si je ne ris. Hi, hi, hi!

MONSIEUR JOURDAIN. Mais a-t-on jamais vu une pendarde[121] comme celle-là, qui me vient rire insolemment au nez, au lieu de recevoir mes ordres?

NICOLE. Que voulez-vous que je fasse, monsieur?

MONSIEUR JOURDAIN. Que tu songes, coquine, à préparer ma maison pour la compagnie qui doit venir tantôt.

NICOLE.[122] Ah! par ma foi, je n'ai plus envie de rire; et toutes vos compagnies font tant de désordre céans que ce mot est assez pour me mettre en mauvaise humeur.

MONSIEUR JOURDAIN. Ne dois-je point pour toi fermer ma porte à tout le monde?

NICOLE. Vous devriez au moins la fermer à certaines gens.

SCÈNE III: MADAME JOURDAIN, MONSIEUR JOURDAIN, NICOLE, LAQUAIS

MADAME JOURDAIN. Ah! ah! voici une nouvelle histoire. Qu'est-ce que c'est donc, mon mari, que cet équipage-là?

Vous moquez-vous du monde de vous être fait enharnacher[123] de la sorte? et avez-vous envie qu'on se raille partout de vous?

MONSIEUR JOURDAIN. Il n'y a que des sots et des sottes, ma femme, qui se railleront de moi.

MADAME JOURDAIN. Vraiment, on n'a pas attendu jusqu'à cette heure, et il y a longtemps que vos façons de faire donnent à rire à tout le monde.

MONSIEUR JOURDAIN. Qui est donc tout ce monde-là s'il vous plaît?

MADAME JOURDAIN. Tout ce monde-là est un monde qui a raison et qui est plus sage que vous. Pour moi, je suis scandalisée de la vie que vous menez. Je ne sais plus ce que c'est que notre maison. On dirait qu'il est céans carême-prenant[124] tous les jours; et dès le matin, de peur d'y manquer, on y entend des vacarmes[125] de violons et de chanteurs dont tout le voisinage se trouve incommodé.

NICOLE. Madame parle bien. Je ne saurais plus voir mon ménage propre avec cet attirail[126] de gens que vous faites venir chez vous. Ils ont des pieds qui vont chercher de la boue dans tous les quartiers de la ville pour l'apporter ici; et la pauvre Françoise est presque sur les dents[127] à frotter les planchers que vos biaux[128] maîtres viennent crotter[129] régulièrement tous les jours.

MONSIEUR JOURDAIN. Ouais, notre servante Nicole, vous avez le caquet bien affilé[130] pour une paysanne.

MADAME JOURDAIN. Nicole a raison, et son sens est meilleur que le vôtre. Je voudrais bien savoir ce que vous pensez faire d'un maître à danser, à l'âge que vous avez?

---

120. At this point, traditionally, Nicole falls helpless on the floor.
121. *pendarde:* rogue.
122. At this point Nicole rises from the floor.
123. *enharnacher:* rig out.
124. *carême-prenant:* carnival.
125. *Vacarmes:* rows.
126. *attirail:* gang.
127. *sur les dents:* done in.
128. *biaux = beaux* (countrified language).
129. *crotter:* dirty up.
130. *caquet bien affilé:* pretty sharp tongue. (Notice the familiarity of Nicole with her masters; this would have been more characteristic of bourgeois than of noble households.)

NICOLE. Et d'un grand maître tireur d'armes qui vient, avec ses battements[131] de pieds, ébranler toute la maison, et nous déraciner tous les carriaux[132] de notre salle.

MONSIEUR JOURDAIN. Taisez-vous, ma servante, et ma femme.

MADAME JOURDAIN. Est-ce que vous voulez apprendre à danser pour quand vous n'aurez plus de jambes?

NICOLE. Est-ce que vous avez envie de tuer quelqu'un?

MONSIEUR JOURDAIN. Taisez-vous, vous dis-je; vous êtes des ignorantes l'une et l'autre, et vous ne savez pas les prérogatives[133] de tout cela.

MADAME JOURDAIN. Vous devriez bien plutôt songer à marier votre fille, qui est en âge d'être pourvue.[134]

MONSIEUR JOURDAIN. Je songerai à marier ma fille quand il se présentera un parti[135] pour elle; mais je veux songer aussi à apprendre les belles choses.

NICOLE. J'ai encore ouï dire, madame, qu'il a pris aujourd'hui, pour renfort de potage,[136] un maître de philosophie.

MONSIEUR JOURDAIN. Fort bien. Je veux avoir de l'esprit, et savoir raisonner des choses parmi les honnêtes gens.

MADAME JOURDAIN. N'irez-vous point un de ces jours au collège vous faire donner le fouet, à votre âge?

MONSIEUR JOURDAIN. Pourquoi non? Plût à Dieu l'avoir tout à l'heure, le fouet, devant tout le monde, et savoir ce qu'on apprend au collège.[137]

NICOLE. Oui, ma foi, cela vous rendrait la jambe bien mieux faite.[138]

MONSIEUR JOURDAIN. Sans doute.

MADAME JOURDAIN. Tout cela est fort nécessaire pour conduire votre maison.

MONSIEUR JOURDAIN. Assurément. Vous parlez toutes deux comme des bêtes, et j'ai honte de votre ignorance. Par

exemple, savez-vous, vous, ce que c'est que vous dites à cette heure?

MADAME JOURDAIN. Oui, je sais que ce que je dis est fort bien dit et que vous devriez songer à vivre d'autre sorte.

MONSIEUR JOURDAIN. Je ne parle pas de cela. Je vous demande ce que c'est que les paroles que vous dites ici?

MADAME JOURDAIN. Ce sont des paroles bien sensées, et votre conduite ne l'est guère.

MONSIEUR JOURDAIN. Je ne parle pas de cela, vous dis-je. Je vous demande: Ce que je parle avec vous, ce que je vous dis à cette heure, qu'est-ce que c'est?

MADAME JOURDAIN. Des chansons.[139]

MONSIEUR JOURDAIN. Hé non, ce n'est pas cela. Ce que nous disons tous deux, le langage que nous parlons à cette heure?

MADAME JOURDAIN. Hé bien?

MONSIEUR JOURDAIN. Comment est-ce que cela s'appelle?

MADAME JOURDAIN. Cela s'appelle comme on veut l'appeler.

MONSIEUR JOURDAIN. C'est de la prose, ignorante.

MADAME JOURDAIN. De la prose?

MONSIEUR JOURDAIN. Oui, de la prose. Tout ce qui est prose n'est point vers: et tout ce qui n'est point vers n'est point prose. Heu! voilà ce que c'est d'étudier. Et toi,[140] sais-tu bien comment il faut faire pour dire un *U*?

NICOLE. Comment?

MONSIEUR JOURDAIN. Oui, Qu'est-ce que tu fais quand tu dis un *U*?

NICOLE. Quoi?

MONSIEUR JOURDAIN. Dis un peu *U*, pour voir.

NICOLE. Hé bien, *U*.

MONSIEUR JOURDAIN. Qu'est-ce que tu fais?

NICOLE. Je dis *U*.

MONSIEUR JOURDAIN. Oui; mais, quand tu dis *U*, qu'est-ce que tu fais?

NICOLE. Je fais ce que vous me dites.

---

131. *battements:* stampings.
132. *carriaux = carreaux:* floor tiles.
133. *prérogatives:* advantages.
134. *pourvue:* provided for (in marriage).
135. *parti:* match.
136. *pour renfort de potage:* into the bargain.

137. Again, M. Jourdain may seem rather pathetic than ridiculous.
138. *cela...faite:* much good that would do you.
139. *chansons:* nonsense.
140. *toi:* M. Jourdain uses *vous* to his wife, *tu* to Nicole.

MONSIEUR JOURDAIN. O l'étrange chose que d'avoir affaire à des bêtes! Tu allonges les lèvres en dehors, et approches la mâchoire d'en haut de celle d'en bas: *U, vois-tu? U.* Je fais la moue: *U.*

NICOLE. Oui, cela est beau.

MADAME JOURDAIN. Voilà qui est admirable.

MONSIEUR JOURDAIN. C'est bien autre chose, si vous aviez vu *O,* et *DA, DA,* et *FA, FA.*

MADAME JOURDAIN. Qu'est-ce que c'est donc que tout ce galimatias-là?[141]

NICOLE. De quoi est-ce que tout cela guérit?

MONSIEUR JOURDAIN. J'enrage quand je vois des femmes ignorantes.

MADAME JOURDAIN. Allez, vous devriez envoyer promener tous ces gens-là avec leurs faribolés.[142]

NICOLE. Et surtout ce grand escogriffe[143] de maître d'armes, qui remplit de poudre[144] tout mon ménage.

MONSIEUR JOURDAIN. Ouais! ce maître d'armes vous tient fort au cœur. Je te veux faire voir ton impertinence tout à l'heure. (*Il fait apporter les fleurets et en donne un à* NICOLE.) Tiens. Raison démonstrative. La ligne du corps. Quand on pousse en quarte, on n'a qu'à faire cela; et quand on pousse en tierce, on n'a qu'à faire cela. Voilà le moyen de n'être jamais tué; et cela n'est-il pas beau d'être assuré de son fait, quand on se bat contre quelqu'un? Là, pousse-moi un peu pour voir.

NICOLE. Hé bien, quoi? (NICOLE *lui pousse plusieurs coups.*)

MONSIEUR JOURDAIN. Tout beau! Holà! oh! doucement! Diantre soit la coquine!

NICOLE. Vous me dites de pousser.

MONSIEUR JOURDAIN. Oui; mais tu me pousses en tierce avant que de pousser en quarte, et tu n'as pas la patience que je pare.[145]

MADAME JOURDAIN. Vous êtes fou, mon mari, avec toutes vos fantaisies, et cela vous est venu depuis que vous vous mêlez de hanter la noblesse.

MONSIEUR JOURDAIN. Lorsque je hante la noblesse, je fais paraître mon jugement: et cela est plus beau que de hanter votre bourgeoisie.

MADAME JOURDAIN. Çamon[146] vraiment! Il y a fort à gagner à fréquenter vos nobles, et vous avez bien opéré avec ce beau monsieur le comte dont vous vous êtes embéguiné…[147]

MONSIEUR JOURDAIN. Paix! Songez à ce que vous dites. Savez-vous bien, ma femme, que vous ne savez pas de qui vous parlez, quand vous parlez de lui? C'est une personne d'importance plus que vous ne pensez; un seigneur que l'on considère à la cour, et qui parle au roi tout comme je vous parle. N'est-ce pas une chose qui m'est tout à fait honorable que l'on voie venir chez moi si souvent une personne de cette qualité qui m'appelle son cher ami et me traite comme si j'étais son égal? Il a pour moi des bontés qu'on ne devinerait jamais; et, devant tout le monde, il me fait des caresses[148] dont je suis moi-même confus.

MADAME JOURDAIN. Oui, il a des bontés pour vous et vous fait des caresses, mais il vous emprunte votre argent.

MONSIEUR JOURDAIN. Hé bien! ne m'est-ce pas de l'honneur de prêter de l'argent à un homme de cette condition-là? Et puis-je faire moins pour un seigneur qui m'appelle son cher ami?

MADAME JOURDAIN. Et ce seigneur, que fait-il pour vous?

MONSIEUR JOURDAIN. Des choses dont on serait étonné si on les savait.

MADAME JOURDAIN. Et quoi?

MONSIEUR JOURDAIN. Baste,[149] je ne puis pas m'expliquer. Il suffit que, si je lui ai prêté de l'argent, il me le rendra bien, et avant qu'il soit peu.

---

141. *galimatias:* rubbish.
142. *fariboles:* moonshine.
143. *escogriffe:* gawky fellow.
144. *poudre:* dust.
145. *pare:* parry.
146. *Çamon:* Really now!
147. *dont vous vous êtes embéguiné:* you've got so crazy about.
148. *caresses:* kindly regards.
149. *Baste:* Enough.

MADAME JOURDAIN. Oui. Attendez-vous à cela.

MONSIEUR JOURDAIN. Assurément. Ne me l'a-t-il pas dit?

MADAME JOURDAIN. Oui, oui, il ne manquera pas d'y faillir.[150]

MONSIEUR JOURDAIN. Il m'a juré sa foi de gentilhomme.

MADAME JOURDAIN. Chansons!

MONSIEUR JOURDAIN. Ouais! vous êtes bien obstinée, ma femme; je vous dis qu'il me tiendra parole, j'en suis sûr.

MADAME JOURDAIN. Et moi, je suis sûre que non, et que toutes les caresses qu'il vous fait ne sont que pour vous enjôler.[151]

MONSIEUR JOURDAIN. Taisez-vous. Le voici.

MADAME JOURDAIN. Il ne nous faut plus que cela. Il vient peut-être encore vous faire quelque emprunt; et il me semble que j'ai dîné,[152] quand je le vois.

MONSIEUR JOURDAIN. Taisez-vous, vous dis-je.

SCÈNE IV: *DORANTE, MONSIEUR JOURDAIN, MADAME JOURDAIN, NICOLE*

DORANTE. Mon cher ami, monsieur Jourdain, comment vous portez-vous?

MONSIEUR JOURDAIN. Fort bien, monsieur, pour vous rendre mes petits services.[153]

DORANTE. Et madame Jourdain que voilà, comment se porte-t-elle?

MADAME JOURDAIN. Madame Jourdain se porte comme elle peut.

DORANTE. Comment! monsieur Jourdain, vous voilà le plus propre[154] du monde!

MONSIEUR JOURDAIN. Vous voyez.

DORANTE. Vous avez tout à fait bon air avec cet habit, et nous n'avons point de jeunes à la cour qui soient mieux faits[155] que vous.

MONSIEUR JOURDAIN. Hai! Hai!

MADAME JOURDAIN (*à part*). Il le gratte par où il se démange.[156]

DORANTE. Tournez-vous. Cela est tout à fait galant.

MADAME JOURDAIN (*à part*). Oui, aussi sot par derrière que par devant.

DORANTE. Ma foi, monsieur Jourdain, j'avais une impatience étrange de vous voir. Vous êtes l'homme du monde que j'estime le plus, et je parlais de vous encore ce matin dans la chambre du roi.

MONSIEUR JOURDAIN. Vous me faites beaucoup d'honneur, monsieur. (*à* MME JOURDAIN) Dans la chambre du roi!

DORANTE. Allons, mettez…[157]

MONSIEUR JOURDAIN. Monsieur, je sais le respect que je vous dois.

DORANTE. Mon Dieu, mettez; point de cérémonie entre nous, je vous prie.

MONSIEUR JOURDAIN. Monsieur…

DORANTE. Mettez, vous dis-je, monsieur Jourdain; vous êtes mon ami.

MONSIEUR JOURDAIN. Monsieur, je suis votre serviteur.

DORANTE. Je ne me couvrirai point, si vous ne vous couvrez.

MONSIEUR JOURDAIN. J'aime mieux être incivil qu'importun.[158]

DORANTE. Je suis votre débiteur, comme vous le savez.

MADAME JOURDAIN. (*à part*). Oui, nous ne le savons que trop.

DORANTE. Vous m'avez généreusement prêté de l'argent en plusieurs occasions, et vous m'avez obligé de la meilleure grâce du monde, assurément.

MONSIEUR JOURDAIN. Monsieur, vous vous moquez.

DORANTE. Mais je sais rendre ce qu'on me prête, et reconnaître les plaisirs qu'on me fait.

MONSIEUR JOURDAIN. Je n'en doute point, monsieur.

DORANTE. Je veux sortir d'affaire avec vous, et je viens ici pour faire nos comptes ensemble.

---

150. *il ne manquera pas d'y faillir:* he won't fail to do nothing of the sort (popular turn of speech).
151. *enjôler:* take in.
152. *il me semble…dîné:* I've had my bellyful.
153. *pour vous…services:* at your service.
154. *propre:* elegant.
155. *mieux faits:* better looking.
156. *Il le gratte…démange:* He scratches him where he itches (*popular*).
157. *mettez:* put on your hat.
158. *importun:* troublesome.

MONSIEUR JOURDAIN (*bas à* MME JOURDAIN).
Hé bien! vous voyez votre impertinence,
ma femme.

DORANTE. Je suis homme qui aime à
m'acquitter le plus tôt que je puis.

MONSIEUR JOURDAIN. (*bas à* MME JOURDAIN).
Je vous le disais bien.

DORANTE. Voyons un peu ce que je vous
dois.

MONSIEUR JOURDAIN. (*bas à* MME JOURDAIN).
Vous voilà, avec vos soupçons ridicules.

DORANTE. Vous souvenez-vous bien de tout
l'argent que vous m'avez prêté?

MONSIEUR JOURDAIN. Je crois que oui. J'en
ai fait un petit mémoire. Le voici. Donné
à vous une fois deux cents louis.[159]

DORANTE. Cela est vrai.

MONSIEUR JOURDAIN. Une autre fois, six-
vingts.[160]

DORANTE. Oui.

MONSIEUR JOURDAIN. Et une autre fois, cent
quarante.

DORANTE. Vous avez raison.

MONSIEUR JOURDAIN. Ces trois articles font
quatre cent soixante louis, qui valent
cinq mille soixante livres.

DORANTE. Le compte est fort bon. Cinq
mille soixante livres.

MONSIEUR JOURDAIN. Mille huit cent trente-
deux livres à votre plumassier.[161]

DORANTE. Justement.

MONSIEUR JOURDAIN. Deux mille sept cent
quatre-vingts livres à votre tailleur.

DORANTE. Il est vrai.

MONSIEUR JOURDAIN. Quatre mille trois cent
septante-neuf livres douze sols[162] huit
deniers[163] à votre marchand.[164]

DORANTE. Fort bien. Douze sols huit
deniers; le compte est juste.

MONSIEUR JOURDAIN. Et mille sept cent
quarante-huit livres sept sols quatre
deniers à votre sellier.[165]

DORANTE. Tout cela est véritable. Qu'est-ce
que cela fait?

MONSIEUR JOURDAIN. Somme totale, quinze
mille huit cents livres.

DORANTE. Somme totale est juste: quinze
mille huit cents livres. Mettez encore
deux cents pistoles[166] que vous m'allez
donner, cela fera justement dix-huit
mille francs, que je vous payerai au
premier jour.

MADAME JOURDAIN (*bas à* M. JOURDAIN). Hé
bien, ne l'avais-je pas bien deviné?

MONSIEUR JOURDAIN. (*bas à* MME. JOURDAIN).
Paix!

DORANTE. Cela vous incommodera-t-il de
me donner ce que je vous dis?

MONSIEUR JOURDAIN. Eh, non!

MADAME JOURDAIN (*bas à* M. JOURDAIN). Cet
homme-là fait de vous une vache à lait.

MONSIEUR JOURDAIN (*bas à* MME JOURDAIN).
Taisez-vous!

DORANTE. Si cela vous incommode, j'en
irai chercher ailleurs.

MONSIEUR JOURDAIN. Non, monsieur.

MADAME JOURDAIN (*bas à* M. JOURDAIN). Il ne
sera pas content qu'il ne vous ait ruiné.

MONSIEUR JOURDAIN (*bas à* MME JOURDAIN).
Taisez-vous, vous dis-je.

DORANTE. Vous n'avez qu'à me dire si cela
vous embarrasse.

MONSIEUR JOURDAIN. Point, monsieur.

MADAME JOURDAIN (*bas à* M. JOURDAIN).
C'est un vrai enjôleux.[167]

MONSIEUR JOURDAIN (*bas à* MME JOURDAIN).
Taisez-vous donc.

MADAME JOURDAIN (*bas à* M. JOURDAIN). Il
vous sucera jusqu'au dernier sou.

MONSIEUR JOURDAIN (*bas à* MME JOURDAIN).
Vous tairez-vous?

DORANTE. J'ai force gens qui m'en
prêteraient avec joie; mais, comme vous
êtes mon meilleur ami, j'ai cru que
je vous ferais tort si j'en demandais à
quelque autre.

MONSIEUR JOURDAIN. C'est trop d'honneur,
monsieur, que vous me faites. Je vais

---

159. *louis:* gold coin worth, at the time, 11 *livres* or
    francs.
160. *six-vingts* = cent vingt.
161. *plumassier:* feather dealer and hatter.
162. *sols* = *sous*. There were 20 sous to a franc.
163. *deniers:* farthings. There were 12 *deniers* to a
    sou.
164. *marchand:* probably haberdasher and cloth
    dealer.
165. *sellier:* saddler.
166. *pistoles:* at the time, same as the *louis*.
167. *enjôleux:* confidence man, crook.

quérir[168] votre affaire.

MADAME JOURDAIN. (*bas à* M. JOURDAIN).
Quoi! vous allez encore lui donner cela?

MONSIEUR JOURDAIN. (*bas à* MME JOURDAIN).
Que faire? Voulez-vous que je refuse un
homme de cette condition-là, qui a parlé
de moi ce matin dans la chambre du roi?

MADAME JOURDAIN (*bas à* M. JOURDAIN).
Allez, vous êtes une vraie dupe.

SCÈNE V: DORANTE, MADAME JOURDAIN, NICOLE

DORANTE. Vous me semblez toute
mélancolique. Qu'avez-vous, madame
Jourdain?

MADAME JOURDAIN. J'ai la tête plus grosse
que le poing, et si elle n'est pas enflée.[169]

DORANTE. Mademoiselle votre fille, où est-
elle, que je ne la vois point?

MADAME JOURDAIN. Mademoiselle ma fille
est bien où elle est.

DORANTE. Comment se porte-t-elle?

MADAME JOURDAIN. Elle se porte sur ses
deux jambes.[170]

DORANTE. Ne voulez-vous point un de ces
jours venir voir avec elle le ballet et la
comédie que l'on fait chez le roi?

MADAME JOURDAIN. Oui vraiment, nous
avons fort envie de rire, fort envie de rire
nous avons.

DORANTE. Je pense, madame Jourdain, que
vous avez eu bien des amants dans votre
jeune âge, belle et d'agréable humeur
que vous étiez.

MADAME JOURDAIN. Tredame![171] monsieur,
est-ce que madame Jourdain est
décrépite, et la tête lui grouille-t-elle[172]
déjà?

DORANTE. Ah! ma foi, madame Jourdain,
je vous demande pardon. Je ne songeais
pas que vous êtes jeune, et je rêve[173] le
plus souvent. Je vous prie d'excuser
mon impertinence.

SCÈNE VI: MONSIEUR JOURDAIN, MADAME JOURDAIN, DORANTE, NICOLE

MONSIEUR JOURDAIN. Voilà deux cents louis
bien comptés.

DORANTE. Je vous assure, monsieur
Jourdain, que je suis tout à vous, et que
je brûle de vous rendre un service à la
cour.

MONSIEUR JOURDAIN. Je vous suis trop
obligé.

DORANTE. Si madame Jourdain veut voir le
divertissement royal, je lui ferai donner
les meilleures places de la salle.

MADAME JOURDAIN. Madame Jourdain vous
baise les mains.[174]

DORANTE (*bas à* M. JOURDAIN). Notre belle
marquise, comme je vous ai mandé par
mon billet, viendra tantôt ici pour le
ballet et le repas; et je l'ai fait consentir
enfin au cadeau[175] que vous lui voulez
donner.

MONSIEUR JOURDAIN. Tirons-nous un peu
plus loin, pour cause.

DORANTE. Il y a huit jours que je ne vous
ai vu, et je ne vous ai point mandé de
nouvelles du diamant que vous me mîtes
entre les mains pour lui en faire présent
de votre part: mais c'est que j'ai eu
toutes les peines du monde à vaincre son
scrupule, et ce n'est que d'aujourd'hui
qu'elle s'est résolue à l'accepter.

MONSIEUR JOURDAIN. Comment l'a-t-elle
trouvé?

DORANTE. Merveilleux; et je me trompe
fort, ou la beauté de ce diamant fera
pour vous sur son esprit un effet
admirable.

MONSIEUR JOURDAIN. Plût au ciel!

MADAME JOURDAIN (*à* NICOLE). Quand il est
une fois avec lui, il ne peut le quitter.

DORANTE. Je lui ai fait valoir comme il faut
la richesse de ce présent et la grandeur

---

168. *quérir = chercher.*
169. *J'ai la tête...enflée:* I'm able to see beyond the
 end of my nose.
170. Notice the double meaning.
171. *Tredame!* Good grief!
172. *la tête lui grouille-t-elle:* is her head shaking, has
 she got one foot in the grave?
173. *je rêve:* my mind wanders.
174. *vous baise les mains:* i.e., declines with thanks.
175. *cadeau:* party.

de votre amour.

MONSIEUR JOURDAIN. Ce sont, monsieur, des bontés qui m'accablent; et je suis dans une confusion la plus grande du monde de voir une personne de votre qualité s'abaisser pour moi à ce que vous faites.

DORANTE. Vous moquez-vous? Est-ce qu'entre amis on s'arrête à ces sortes de scrupules? Et ne feriez-vous pas pour moi la même chose, si l'occasion s'en offrait?

MONSIEUR JOURDAIN. Oh! assurément, et de très grand cœur.

MADAME JOURDAIN (*à* NICOLE). Que sa présence me pèse sur les épaules!

DORANTE. Pour moi, je ne regarde rien, quand il faut servir un ami; et, lorsque vous me fîtes confidence de l'ardeur que vous aviez prise pour cette marquise agréable chez qui j'avais commerce,[176] vous vîtes que d'abord[177] je m'offris de moi-même à servir votre amour.

MONSIEUR JOURDAIN. Il est vrai, ce sont des bontés qui me confondent.

MADAME JOURDAIN (*à* NICOLE). Est-ce qu'il ne s'en ira point!

NICOLE. Ils se trouvent bien ensemble.

DORANTE. Vous avez pris le bon biais[178] pour toucher son cœur. Les femmes aiment surtout les dépenses qu'on fait pour elles; et vos fréquentes sérénades, et vos bouquets continuels, ce superbe feu d'artifice[179] qu'elle trouva sur l'eau, le diamant qu'elle a reçu de votre part, et le cadeau que vous lui préparez, tout cela lui parle bien mieux en faveur de votre amour que toutes les paroles que vous auriez pu lui dire vous-même.

MONSIEUR JOURDAIN. Il n'y a point de dépenses que je ne fisse, si par là je pouvais trouver le chemin de son cœur. Une femme de qualité a pour moi des charmes ravissants, et c'est un honneur que j'achèterais au prix de toute chose.

MADAME JOURDAIN (*à* NICOLE). Que peuvent-ils tant dire ensemble? Va-t'en un peu tout doucement prêter l'oreille.

DORANTE. Ce sera tantôt que vous jouirez à votre aise du plaisir de sa vue, et vos yeux auront tout le temps de se satisfaire.

MONSIEUR JOURDAIN. Pour être en pleine liberté, j'ai fait en sorte que ma femme ira dîner chez ma sœur, où elle passera toute l'après-dînée.[180]

DORANTE. Vous avez fait prudemment, et votre femme aurait pu nous embarrasser. J'ai donné pour vous l'ordre qu'il faut au cuisinier et à toutes les choses qui sont nécessaires pour le ballet. Il est de mon invention, et, pourvu que l'exécution puisse répondre à l'idée, je suis sûr qu'il sera trouvé…

MONSIEUR JOURDAIN (*s'aperçoit que* NICOLE *écoute, et lui donne un soufflet*). Ouais! vous êtes bien impertinente! (*à* DORANTE) Sortons, s'il vous plaît.

Scène VII: MADAME JOURDAIN, NICOLE

NICOLE. Ma foi, madame, la curiosité m'a coûté quelque chose; mais je crois qu'il y a quelque anguille sous roche,[181] et ils parlent de quelque affaire où ils ne veulent pas que vous soyez.

MADAME JOURDAIN. Ce n'est pas d'aujourd'hui, Nicole, que j'ai conçu des soupçons de mon mari. Je suis la plus trompée du monde, ou il y a quelque amour en campagne, et je travaille à découvrir ce que ce peut être. Mais songeons à ma fille. Tu sais l'amour que Cléonte a pour elle. C'est un homme qui me revient,[182] et je veux aider sa recherche,[183] et lui donner Lucile, si je puis.

---

176. *chez qui j'avais commerce:* with whom I was on friendly terms.
177. *d'abord:* immediately.
178. *le bon biais:* the right course.
179. *feu d'artifice:* firework display.
180. *l'après-dînée:* afternoon. (Dinner was at about noon.)
181. *il y a quelque anguille sous roche:* there's more here than meets the eye (*lit.,* there's some eel under a rock).
182. *qui me revient:* whom I like.
183. *recherche:* suit.

NICOLE. En vérité, madame, je suis la plus ravie du monde de vous voir dans ces sentiments: car, si le maître vous revient, le valet ne me revient pas moins, et je souhaiterais que notre mariage se pût faire à l'ombre du leur.

MADAME JOURDAIN. Va-t'en lui parler de ma part, et lui dire que tout à l'heure il me vienne trouver pour faire ensemble à mon mari la demande de ma fille.

NICOLE. J'y cours, madame, avec joie, et je ne pouvais recevoir une commission plus agréable. (*seule*) Je vais, je pense, bien réjouir les gens.

SCÈNE VIII[184]: *CLÉONTE, COVIELLE, NICOLE*

NICOLE. Ah! vous voilà tout à propos. Je suis ambassadrice de joie, et je viens…

CLÉONTE. Retire-toi, perfide, et ne me viens point amuser avec tes traîtresses paroles.

NICOLE. Est-ce ainsi que vous recevez…

CLÉONTE. Retire-toi, te dis-je, et va-t'en dire de ce pas à ton infidèle maîtresse qu'elle n'abusera de sa vie le trop simple Cléonte.

NICOLE. Quel vertigo est-ce donc là? Mon pauvre Covielle, dis-moi un peu ce que cela veut dire.

COVIELLE. Ton pauvre Covielle, petite scélérate! Allons, vite, ôte-toi de mes yeux, vilaine, et me laisse en repos.

NICOLE. Quoi! tu me viens aussi…

COVIELLE. Ote-toi de mes yeux, te dis-je, et ne me parle de ta vie.

NICOLE. Ouais! Quelle mouche les a piqués[185] tous deux? Allons de cette belle histoire informer ma maîtresse.

SCÈNE IX: *CLÉONTE, COVIELLE*

CLÉONTE. Quoi! traiter un amant de la sorte? et un amant le plus fidèle et le plus passionné de tous les amants?

COVIELLE. C'est une chose épouvantable que ce qu'on nous fait à tous deux.

CLÉONTE. Je fais voir pour une personne toute l'ardeur et toute la tendresse qu'on peut imaginer; je n'aime rien au monde qu'elle, et je n'ai qu'elle dans l'esprit; elle fait tous mes soins, tous mes désirs, toute ma joie; je ne parle que d'elle, je ne pense qu'à elle, je ne fais des songes que d'elle, je ne respire que par elle, mon cœur vit tout en elle: et voilà de tant d'amitié[186] la digne récompense! Je suis deux jours sans la voir, qui sont pour moi deux siècles effroyables; je la rencontre par hasard; mon cœur à cette vue se sent tout transporté, ma joie éclate sur mon visage; je vole avec ravissement vers elle; et l'infidèle détourne de moi ses regards et passe brusquement comme si de sa vie elle ne m'avait vu!

COVIELLE. Je dis les mêmes choses que vous.

CLÉONTE. Peut-on rien voir d'égal, Covielle, à cette perfidie de l'ingrate Lucile?

COVIELLE. Et à celle, monsieur, de la pendarde de Nicole?

CLÉONTE. Après tant de sacrifices ardents, de soupirs et de vœux que j'ai faits à ses charmes!

COVIELLE. Après tant d'assidus hommages, de soins et de services que je lui ai rendus dans sa cuisine!

CLÉONTE. Tant de larmes que j'ai versées à ses genoux!

COVIELLE. Tant de seaux[187] d'eau que j'ai tirés au puits pour elle!

CLÉONTE. Tant d'ardeur que j'ai fait paraître à la chérir plus que moi-même!

COVIELLE. Tant de chaleur que j'ai soufferte à tourner la broche[188] à sa place!

---

184. This scene and the two following are in the tradition of the *commedia dell'arte*. They should be played, or imagined, in a stylized manner, in the tradition of the dance rather than in that of stage realism. The master and his comic counterpart, the valet, prepare their action; they are besought by the ingénue and the soubrette; valet and soubrette echo the speeches of master and mistress, but in crude, colloquial style; then the roles are reversed. A reversal of roles is one of the most elemental comic devices.

185. *Quelle mouche les a piqués:* What's bitten them.

186. *amitié = amour.*

187. *seaux:* pails.

188. *broche:* spit.

CLÉONTE. Elle me fuit avec mépris!

COVIELLE. Elle me tourne le dos avec effronterie!

CLÉONTE. C'est une perfidie digne des plus grands châtiments.

COVIELLE. C'est une trahison à mériter mille soufflets.

CLÉONTE. Ne t'avise point, je te prie, de me parler jamais pour elle.

COVIELLE. Moi, monsieur? Dieu m'en garde!

CLÉONTE. Ne viens point m'excuser l'action de cette infidèle.

COVIELLE. N'ayez pas peur.

CLÉONTE. Non, vois-tu, tous tes discours pour la défendre ne serviront de rien.

COVIELLE. Qui songe à cela?

CLÉONTE. Je veux contre elle conserver mon ressentiment et rompre ensemble tout commerce.

COVIELLE. J'y consens.

CLÉONTE. Ce monsieur le comte qui va chez elle lui donne peut-être dans la vue;[189] et son esprit, je le vois bien, se laisse éblouir à la qualité. Mais il me faut, pour mon honneur, prévenir l'éclat[190] de son inconstance. Je veux faire autant de pas qu'elle au changement où je la vois courir et ne lui laisser pas toute la gloire de me quitter.

COVIELLE. C'est fort bien dit, et j'entre pour mon compte dans tous vos sentiments.

CLÉONTE. Donne la main à mon dépit, et soutiens ma résolution contre tous les restes d'amour qui me pourraient parler pour elle. Dis-m'en, je t'en conjure, tout le mal que tu pourras. Fais-moi de sa personne une peinture qui me la rende méprisable; et marque-moi bien, pour m'en dégoûter, tous les défauts que tu peux voir en elle.

COVIELLE. Elle, monsieur? Voilà une belle mijaurée,[191] une pimpesouée[192] bien bâtie, pour vous donner tant d'amour! Je ne lui vois rien que de très médiocre, et vous trouverez cent personnes qui seront plus dignes de vous. Premièrement, elle a les yeux petits.[193]

CLÉONTE. Cela est vrai, elle a les yeux petits, mais elle les a pleins de feu, les plus brillants, les plus perçants du monde, les plus touchants qu'on puisse voir.

COVIELLE. Elle a la bouche grande.

CLÉONTE. Oui; mais on y voit des grâces qu'on ne voit point aux autres bouches; et cette bouche, en la voyant, inspire des désirs, est la plus attrayante, la plus amoureuse du monde.

COVIELLE. Pour sa taille, elle n'est pas grande.

CLÉONTE. Non; mais elle est aisée et bien prise.[194]

COVIELLE. Elle affecte une nonchalance dans son parler et dans ses actions.

CLÉONTE. Il est vrai; mais elle a grâce à tout cela, et ses manières sont engageantes, ont je ne sais quel charme à s'insinuer dans les cœurs.

COVIELLE. Pour de l'esprit…

CLÉONTE. Ah! elle en a, Covielle, du plus fin, du plus délicat.

COVIELLE. Sa conversation…

CLÉONTE. Sa conversation est charmante.

COVIELLE. Elle est toujours sérieuse…

CLÉONTE. Veux-tu de ces enjouements épanouis,[195] de ces joies toujours ouvertes? et vois-tu rien de plus impertinent que des femmes qui rient à tout propos?

COVIELLE. Mais enfin elle est capricieuse autant que personne au monde.

CLÉONTE. Oui, elle est capricieuse, j'en demeure d'accord, mais tout sied bien aux belles, on souffre tout des belles.

COVIELLE. Puisque cela va comme cela, je vois bien que vous avez envie de l'aimer toujours.

---

189. *lui donne…dans la vue:* dazzles her.
190. *prévenir l'éclat:* forestall the public revelation.
191. *mijaurée:* poser.
192. *pimpesouée:* show-off.
193. The role of Lucile was played by Molière's wife. He seizes the opportunity to pay her a graceful tribute, while preserving the formula of stage illusion.
194. *bien prise:* well proportioned.
195. *enjouements épanouis:* hearty gaieties.

CLÉONTE. Moi, j'aimerais mieux mourir; et je vais la haïr autant que je l'ai aimée.

COVIELLE. Le moyen, si vous la trouvez si parfaite?

CLÉONTE. C'est en quoi ma vengeance sera plus éclatante, en quoi je veux faire mieux voir la force de mon cœur, à la haïr, à la quitter, toute belle, toute pleine d'attraits, toute aimable que je la trouve. La voici.

SCÈNE X: CLÉONTE, LUCILE, COVIELLE, NICOLE

NICOLE (à LUCILE). Pour moi, j'en ai été toute scandalisée.

LUCILE. Ce ne peut être, Nicole, que ce que je te dis. Mais le voilà.

CLÉONTE (à COVIELLE). Je ne veux pas seulement lui parler.

COVIELLE. Je veux vous imiter.

LUCILE. Qu'est-ce donc, Cléonte? qu'avez-vous?

NICOLE. Qu'as-tu donc, Covielle?

LUCILE. Quel chagrin vous possède?

NICOLE. Quelle mauvaise humeur te tient?

LUCILE. Êtes-vous muet, Cléonte?

NICOLE. As-tu perdu la parole, Covielle?

CLÉONTE. Que voilà qui est scélérat!

COVIELLE. Que cela est Judas!

LUCILE. Je vois bien que la rencontre de tantôt a troublé votre esprit.

CLÉONTE (à COVIELLE). Ah! ah! on voit ce qu'on a fait.

NICOLE. Notre accueil de ce matin t'a fait prendre la chèvre.[196]

COVIELLE (à CLÉONTE). On a deviné l'enclouure.[197]

LUCILE. N'est-il pas vrai, Cléonte, que c'est là le sujet de votre dépit?

CLÉONTE. Oui, perfide, ce l'est, puisqu'il faut parler; et j'ai à vous dire que vous ne triompherez pas comme vous pensez de votre infidélité, que je veux être le premier à rompre avec vous, et que vous n'aurez pas l'avantage de me chasser. J'aurai de la peine sans doute à vaincre l'amour que j'ai pour vous; cela me causera des chagrins. Je souffrirai un temps; mais j'en viendrai à bout, et je me percerai plutôt le cœur que d'avoir la faiblesse de retourner à vous.

COVIELLE (à NICOLE). Queussi queumi.[198]

LUCILE. Voilà bien du bruit pour un rien. Je veux vous dire, Cléonte, le sujet qui m'a fait ce matin éviter votre abord.[199]

CLÉONTE (voulant s'en aller pour éviter LUCILE). Non, je ne veux rien écouter.

NICOLE. (à COVIELLE). Je te veux apprendre la cause qui nous a fait passer si vite.

COVIELLE (voulant aussi s'en aller pour éviter NICOLE). Je ne veux rien entendre…

LUCILE (suivant CLÉONTE). Sachez que ce matin…

CLÉONTE (marchant toujours sans regarder LUCILE). Non, vous dis-je.

NICOLE (suivant COVIELLE.) Apprends que…

COVIELLE (marchant aussi sans regarder NICOLE.) Non, traîtresse.

LUCILE. Écoutez.

CLÉONTE. Point d'affaire.

NICOLE. Laisse-moi dire.

COVIELLE. Je suis sourd.

LUCILE. Cléonte!

CLÉONTE. Non.

NICOLE. Covielle!

COVIELLE. Point.

LUCILE. Arrêtez.

CLÉONTE. Chansons!

NICOLE. Entends-moi.

COVIELLE. Bagatelles!

LUCILE. Un moment.

CLÉONTE. Point du tout.

NICOLE. Un peu de patience.

COVIELLE. Tarare.[200]

LUCILE. Deux paroles.

CLÉONTE. Non, c'en est fait.

NICOLE. Un mot.

COVIELLE. Plus de commerce.

LUCILE (s'arrêtant). Hé bien, puisque vous ne voulez pas m'écouter, demeurez dans votre pensée, et faites ce qu'il vous plaira.

---

196. *t'a fait prendre la chèvre:* has got your goat.
197. *l'enclouure:* where the shoe pinches.
198. *Queussi queumi:* With me, ditto.
199. *abord:* approach.
200. *Tarare:* Fiddle-de-dee.

NICOLE (*s'arrêtant aussi*). Puisque tu fais comme cela, prends-le tout comme tu voudras.[201]

CLÉONTE (*se retournant vers* LUCILE). Sachons donc le sujet d'un si bel accueil.

LUCILE (*s'en allant à son tour pour éviter* CLÉONTE). Il ne me plaît plus de le dire.

COVIELLE (*se retournant vers* NICOLE). Apprends-nous un peu cette histoire.

NICOLE (*s'en allant aussi pour éviter* COVIELLE). Je ne veux plus, moi, te l'apprendre.

CLÉONTE (*suivant* LUCILE). Dites-moi…

LUCILE (*marchant toujours sans regarder* CLÉONTE). Non, je ne veux rien dire.

COVIELLE (*suivant* NICOLE). Conte-moi…

NICOLE (*marchant aussi sans regarder* COVIELLE). Non, je ne conte rien.

CLÉONTE. De grâce…

LUCILE. Non, vous dis-je.

COVIELLE (*à* NICOLE). Par charité.

NICOLE. Point d'affaire.

CLÉONTE. Je vous en prie.

LUCILE. Laissez-moi.

COVIELLE. Je t'en conjure.

NICOLE. Ote-toi de là.

CLÉONTE. Lucile!

LUCILE. Non.

COVIELLE. Nicole!

NICOLE. Point.

CLÉONTE. Au nom des dieux!…

LUCILE. Je ne veux pas.

COVIELLE. Parle-moi.

NICOLE. Point du tout.

CLÉONTE. Éclaircissez mes doutes.

LUCILE. Non, je n'en ferai rien.

COVIELLE. Guéris-moi l'esprit.

NICOLE. Non, il ne me plaît pas.

CLÉONTE. Hé bien, puisque vous vous souciez si peu de me tirer de peine et de vous justifier du traitement indigne que vous avez fait à ma flamme, vous me voyez, ingrate, pour la dernière fois, et je vais loin de vous mourir de douleur et d'amour.

COVIELLE (*à* NICOLE). Et moi, je vais suivre ses pas.

LUCILE (*à* CLÉONTE, *qui veut sortir*). Cléonte!

NICOLE (*à* COVIELLE, *qui suit son maître*). Covielle!

CLÉONTE (*s'arrêtant*). Eh?

COVIELLE (*s'arrêtant aussi*). Plaît-il?

LUCILE. Où allez-vous?

CLÉONTE. Où je vous ai dit.

COVIELLE. Nous allons mourir.

LUCILE. Vous allez mourir, Cléonte?

CLÉONTE. Oui, cruelle, puisque vous le voulez.

LUCILE. Moi, je veux que vous mouriez?

CLÉONTE. Oui, vous le voulez.

LUCILE. Qui vous le dit?

CLÉONTE (*s'approchant de* LUCILE). N'est-ce pas le vouloir que de ne vouloir pas éclaircir mes soupçons?

LUCILE. Est-ce ma faute? Et, si vous aviez voulu m'écouter, ne vous aurais-je pas dit que l'aventure dont vous vous plaignez a été causée ce matin par la présence d'une vieille tante qui veut,[202] à toute force, que la seule approche d'un homme déshonore une fille? qui perpétuellement nous sermonne sur ce chapitre, et nous figure tous les hommes comme des diables qu'il faut fuir?

NICOLE. Voilà le secret de l'affaire.

CLÉONTE. Ne me trompez-vous point, Lucile?

COVIELLE. Ne m'en donnes-tu point à garder?[203]

LUCILE (*à* CLÉONTE). Il n'est rien de plus vrai.

NICOLE (*à* COVIELLE). C'est la chose comme elle est.

COVIELLE (*à* CLÉONTE). Nous rendrons-nous à cela?

CLÉONTE. Ah! Lucile, qu'avec un mot de votre bouche vous savez apaiser de choses dans mon cœur, et que facilement

---

201. The two girls have been pursuing the men across the stage. Here they go into reverse and retreat, while the men pursue them. Note the ballet-like quality.

202. *veut:* will have it that.

203. *Ne m'en…garder?* You aren't trying to bamboozle me?

on se laisse persuader aux personnes qu'on aime!

COVIELLE. Qu'on est aisément amadoué[204] par ces diantres d'animaux-là!

Scène XI: MADAME JOURDAIN, CLÉONTE, LUCILE, COVIELLE, NICOLE

MADAME JOURDAIN. Je suis bien aise de vous voir, Cléonte, et vous voilà tout à propos. Mon mari vient, prenez vite votre temps pour lui demander Lucile en mariage.

CLÉONTE. Ah! madame, que cette parole m'est douce et qu'elle flatte mes désirs! Pouvais-je recevoir un ordre plus charmant, une faveur plus précieuse?

Scène XII: MONSIEUR JOURDAIN, MADAME JOURDAIN, CLÉONTE, LUCILE, COVIELLE, NICOLE

CLÉONTE. Monsieur, je n'ai voulu prendre personne pour vous faire une demande que je médite il y a longtemps. Elle me touche assez pour m'en charger moi-même;[205] et, sans autre détour, je vous dirai que l'honneur d'être votre gendre est une faveur glorieuse que je vous prie de m'accorder.

MONSIEUR JOURDAIN. Avant que de vous rendre réponse, monsieur, je vous prie de me dire si vous êtes gentilhomme.

CLÉONTE. Monsieur, la plupart des gens sur cette question n'hésitent pas beaucoup. On tranche le mot[206] aisément. Ce nom ne fait aucun scrupule à prendre, et l'usage aujourd'hui semble en autoriser le vol. Pour moi, je vous l'avoue, j'ai les sentiments sur cette matière un peu plus délicats. Je trouve que toute imposture est indigne d'un honnête homme, et qu'il y a de la lâcheté à déguiser ce que le Ciel nous a fait naître, à se parer aux

yeux du monde d'un titre dérobé, à se vouloir donner pour ce qu'on n'est pas. Je suis né de parents, sans doute, qui ont tenu des charges honorables. Je me suis acquis dans les armes l'honneur de six ans de services, et je me trouve assez de bien[207] pour tenir dans le monde un rang assez passable; mais avec tout cela je ne veux point me donner un nom où d'autres en ma place croiraient pouvoir prétendre, et je vous dirai franchement que je ne suis point gentilhomme.[208]

MONSIEUR JOURDAIN. Touchez là,[209] monsieur. Ma fille n'est pas pour vous.

CLÉONTE. Comment?

MONSIEUR JOURDAIN. Vous n'êtes point gentilhomme, vous n'aurez pas ma fille.

MADAME JOURDAIN. Que voulez-vous dire avec votre gentilhomme? Est-ce que nous sommes, nous autres, de la côte de saint Louis?[210]

MONSIEUR JOURDAIN. Taisez-vous, ma femme, je vous vois venir.

MADAME JOURDAIN. Descendons-nous tous deux que de bonne bourgeoisie?

MONSIEUR JOURDAIN. Voilà pas le coup de langue!

MADAME JOURDAIN. Et votre père n'était-il pas marchand aussi bien que le mien?

MONSIEUR JOURDAIN. Peste soit de la femme! Elle n'y a jamais manqué. Si votre père a été marchand, tant pis pour lui; mais, pour le mien, ce sont des malavisés[211] qui disent cela. Tout ce que j'ai à vous dire, moi, c'est que je veux avoir un gendre gentilhomme.

MADAME JOURDAIN. Il faut à votre fille un mari qui lui soit propre, et il vaut mieux pour elle un honnête homme riche et bien fait qu'un gentilhomme gueux et mal bâti.

NICOLE. Cela est vrai. Nous avons le fils du gentilhomme de notre village qui est

---

204. *amadoué:* taken in.
205. Normally Cléonte would have an elderly relative make the *demande en mariage,* but to do so would slow down the play's movement.
206. *On tranche le mot:* They speak up.
207. *bien:* property.
208. The manly sobriety of this speech departs from the tone of farce.
209. *Touchez là:* Shake hands; that settles it.
210. *côte de saint Louis:* rib of St. Louis (Louis IX of France).
211. *malavisés:* ignoramuses.

le plus grand malitorne[212] et le plus sot dadais[213] que j'aie jamais vu.

MONSIEUR JOURDAIN. Taisez-vous, impertinente! vous vous fourrez toujours dans la conversation. J'ai du bien assez pour ma fille, je n'ai besoin que d'honneur, et je la veux faire marquise.

MADAME JOURDAIN. Marquise!

MONSIEUR JOURDAIN. Oui, marquise.

MADAME JOURDAIN. Hélas! Dieu m'en garde!

MONSIEUR JOURDAIN. C'est une chose que j'ai résolue.

MADAME JOURDAIN. C'est une chose, moi, où je ne consentirai point Les alliances avec plus grand que soi sont sujettes toujours à de fâcheux inconvénients. Je ne veux point qu'un gendre puisse à ma fille reprocher ses parents, et qu'elle ait des enfants qui aient honte de m'appeler leur grand'maman. S'il fallait qu'elle me vînt visiter en équipage de grand'dame, et qu'elle manquât par mégarde à saluer quel qu'un du quartier, on ne manquerait pas aussitôt de dire cent sottises. « Voyez-vous, dirait-on, cette madame la marquise qui fait tant la glorieuse? C'est la fille de monsieur Jourdain, qui était trop heureuse, étant petite, de jouer à la madame avec nous: elle n'a pas toujours été si relevée que la voilà; et ses deux grands-pères vendaient du drap auprès de la porte Saint-Innocent. Ils ont amassé du bien à leurs enfants, qu'ils payent maintenant peut-être bien cher en l'autre monde, et l'on ne devient guère si riches à être honnêtes gens. » Je ne veux point tous ces caquets[214] et je veux un homme, en un mot, qui m'ait obligation de ma fille, et à qui je puisse dire: « Mettez-vous là, mon gendre, et dînez avec moi. »[215]

MONSIEUR JOURDAIN. Voilà bien les sentiments d'un petit esprit, de vouloir demeurer toujours dans la bassesse. Ne me répliquez pas davantage: ma fille sera marquise en dépit de tout le monde; et, si vous me mettez en colère, je la ferai duchesse.

MADAME JOURDAIN. Cléonte, ne perdez point courage encore. Suivez-moi, ma fille, et venez dire résolument à votre père que, si vous ne l'avez, vous ne voulez épouser personne.

SCÈNE XIII: CLÉONTE, COVIELLE

COVIELLE. Vous avez fait de belles affaires, avec vos beaux sentiments.

CLÉONTE. Que veux-tu? J'ai un scrupule là-dessus que l'exemple ne saurait vaincre.

COVIELLE. Vous moquez-vous, de le prendre sérieusement avec un homme comme cela? Ne voyez-vous pas qu'il est fou? et vous coûtait-il quelque chose de vous accommoder à ses chimères?

CLÉONTE. Tu as raison; mais je ne croyais pas qu'il fallût faire ses preuves de noblesse pour être gendre de monsieur Jourdain.

COVIELLE. Ah! ah! ah!

CLÉONTE. De quoi ris-tu?

COVIELLE. D'une pensée qui me vient pour jouer notre homme et vous faire obtenir ce que vous souhaitez.

CLÉONTE. Comment?

COVIELLE. L'idée est tout à fait plaisante.

CLÉONTE. Quoi donc?

COVIELLE. Il s'est fait depuis peu une certaine mascarade qui vient le mieux du monde ici, et que je prétends faire entrer dans une bourle[216] que je veux faire à notre ridicule.[217] Tout cela sent un peu sa comédie; mais, avec lui, on peut hasarder toute chose, il n'y faut point chercher tant de façons,[218] et il est homme à y jouer son rôle à merveille, à donner aisément dans toutes les

---

212. *malitorne:* lout.
213. *dadais:* booby.
214. *caquets:* gossip, back talk.
215. In this fine speech farce gives way to social comedy. Molière captures bourgeois values and the rhythms of bourgeois speech.
216. *bourle:* practical joke.
217. *ridicule:* funny fellow.
218. *il n'y faut point...façons:* you don't have to be too fussy about it.

fariboles[219] qu'on s'avisera de lui dire.
J'ai les acteurs, j'ai les habits tout prêts,
laissez-moi faire seulement.

CLÉONTE. Mais apprends-moi…

COVIELLE. Je vais vous instruire de tout;
retirons-nous, le voilà qui revient.

SCÈNE XIV: MONSIEUR JOURDAIN, LAQUAIS

MONSIEUR JOURDAIN. Que diable est-ce là?
Ils n'ont rien que les grands seigneurs à
me reprocher, et moi je ne vois rien de si
beau que de hanter les grands seigneurs;
il n'y a qu'honneur et que civilité avec
eux, et je voudrais qu'il m'eût coûté
deux doigts de la main et être né comte
ou marquis.

LAQUAIS.[220] Monsieur, voici monsieur le
comte, et une dame qu'il mène par la
main.

MONSIEUR JOURDAIN. Hé! mon Dieu, j'ai
quelques ordres à donner. Dis-leur que
je vais venir ici tout à l'heure.

SCÈNE XV: DORIMÈNE, DORANTE, LAQUAIS

LAQUAIS. Monsieur dit comme cela qu'il va
venir ici tout à l'heure.

DORANTE. Voilà qui est bien.

DORIMÈNE. Je ne sais pas, Dorante; je fais
encore ici une étrange démarche de me
laisser amener par vous dans une maison
où je ne connais personne.

DORANTE. Quel lieu voulez-vous donc,
madame, que mon amour choisisse pour
vous régaler, puisque, pour fuir l'éclat,[221]
vous ne voulez ni votre maison, ni la
mienne?

DORIMÈNE. Mais vous ne dites pas que je
m'engage insensiblement chaque jour
à recevoir de trop grands témoignages
de votre passion? J'ai beau me défendre
des choses, vous fatiguez ma résistance
et vous avez une civile opiniâtreté
qui me fait venir doucement à tout ce
qu'il vous plaît. Les visites fréquentes

ont commencé; les déclarations sont
venues ensuite, qui après elles ont traîné
les sérénades et les cadeaux, que les
présents ont suivi. Je me suis opposée
à tout cela, mais vous ne vous rebutez
point,[222] et pied à pied vous gagnez mes
résolutions. Pour moi, je ne puis plus
répondre de rien, et je crois qu'à la fin
vous me feriez venir au mariage, dont je
me suis tant éloignée.

DORANTE. Ma foi, madame, vous y devriez
déjà être. Vous êtes veuve, et ne
dépendez que de vous. Je suis maître
de moi et vous aime plus que ma vie. A
quoi tient-il que dès aujourd'hui vous ne
fassiez tout mon bonheur?

DORIMÈNE. Mon Dieu, Dorante, il faut des
deux parts bien des qualités pour vivre
heureusement ensemble; et les deux
plus raisonnables personnes du monde
ont souvent peine à composer une union
dont ils soient satisfaits.

DORANTE. Vous vous moquez, madame,
de vous y figurer tant de difficultés;
et l'expérience que vous avez faite ne
conclut rien pour tous les autres.

DORIMÈNE. Enfin j'en reviens toujours là.
Les dépenses que je vous vois faire
pour moi m'inquiètent par deux raisons:
l'une, qu'elles m'engagent plus que je
ne voudrais; et l'autre, que je suis sûre,
sans vous déplaire, que vous ne les faites
point que[223] vous ne vous incommodiez;
et je ne veux point cela.

DORANTE. Ah! madame, ce sont des
bagatelles, et ce n'est pas par là…

DORIMÈNE. Je sais ce que je dis; et entre
autres le diamant que vous m'avez forcé
à prendre est d'un prix…

DORANTE. Eh! madame, de grâce, ne
faites point tant valoir une chose que
mon amour trouve indigne de vous, et
souffrez…Voici le maître du logis.

---

219. *fariboles:* fooleries.
220. The lackey enters at this point and exits after the first speech in the following scene.
221. *fuir l'éclat:* avoid scandal.
222. *vous ne vous rebutez point:* you won't be discouraged.
223. *que = sans que.*

SCÈNE XVI: MONSIEUR JOURDAIN, DORIMÈNE, DORANTE, LAQUAIS

MONSIEUR JOURDAIN (*après avoir fait deux révérences, se trouvant trop près de* DORIMÈNE). Un peu plus loin, madame.

DORIMÈNE. Comment?

MONSIEUR JOURDAIN. Un pas, s'il vous plaît.

DORIMÈNE. Quoi donc?

MONSIEUR JOURDAIN. Reculez un peu pour la troisième.

DORANTE. Madame, monsieur Jourdain sait son monde.[224]

MONSIEUR JOURDAIN. Madame, ce m'est une gloire bien grande de me voir assez fortuné pour être si heureux que d'avoir le bonheur que vous ayez eu la bonté de m'accorder la grâce de me faire l'honneur de m'honorer de la faveur de votre présence; et, si j'avais aussi le mérite pour mériter un mérite comme le vôtre, et que le ciel…envieux de mon bien…m'eût accordé…l'avantage de me voir digne…des…

DORANTE. Monsieur Jourdain, en voilà assez; madame n'aime pas les grands compliments, et elle sait que vous êtes homme d'esprit. (*bas à* DORIMÈNE) C'est un bon bourgeois assez ridicule, comme vous voyez, dans toutes ses manières.

DORIMÈNE (*de même*). Il n'est pas malaisé de s'en apercevoir.

DORANTE (*haut*). Madame, voilà le meilleur de mes amis.

MONSIEUR JOURDAIN. C'est trop d'honneur que vous me faites.

DORANTE. Galant homme tout à fait.

DORIMÈNE. J'ai beaucoup d'estime pour lui.

MONSIEUR JOURDAIN. Je n'ai rien fait encore, madame, pour mériter cette grâce.

DORANTE (*bas à* M. JOURDAIN). Prenez bien garde, au moins, à ne lui point parler du diamant que vous lui avez donné.

MONSIEUR JOURDAIN. (*bas à* DORANTE). Ne pourrais-je pas seulement lui demander comment elle le trouve?

DORANTE (*bas à* M. JOURDAIN). Comment? gardez-vous-en bien. Cela serait vilain à

vous; et, pour agir en galant homme, il faut que vous fassiez comme si ce n'était pas vous qui lui eussiez fait ce présent. (*haut*) Monsieur Jourdain, madame, dit qu'il est ravi de vous voir chez lui.

DORIMÈNE. Il m'honore beaucoup.

MONSIEUR JOURDAIN (*bas à* DORANTE). Que je vous suis obligé, monsieur, de lui parler ainsi pour moi!

DORANTE (*bas à* M. JOURDAIN). J'ai eu une peine effroyable à la faire venir ici.

MONSIEUR JOURDAIN (*bas à* DORANTE). Je ne sais quelles grâces vous en rendre.

DORANTE. Il dit, madame, qu'il vous trouve la plus belle personne du monde.

DORIMÈNE. C'est bien de la grâce qu'il me fait.

MONSIEUR JOURDAIN. Madame, c'est vous qui faites les grâces, et…

DORANTE. Songeons à manger.

LAQUAIS (*à* M. JOURDAIN). Tout est prêt, monsieur.

DORANTE. Allons donc nous mettre à table, et qu'on fasse venir les musiciens.
(*Six* CUISINIERS *qui ont préparé le festin dansent ensemble et font le troisième intermède; après quoi ils apportent une table couverte de plusieurs mets.*)

ACTE IV

SCÈNE PREMIÈRE: DORANTE, DORIMÈNE, MONSIEUR JOURDAIN, DEUX MUSICIENS, UNE MUSICIENNE, LAQUAIS

DORIMÈNE. Comment, Dorante, voilà un repas tout à fait magnifique!

MONSIEUR JOURDAIN. Vous vous moquez, madame, et je voudrais qu'il fût digne de vous être offert. (*Tous se mettent à table.*)

DORANTE. Monsieur Jourdain a raison, madame, de parler de la sorte, et il m'oblige de vous faire si bien les honneurs de chez lui. Je demeure d'accord avec lui que le repas n'est pas digne de vous. Comme c'est moi qui l'ai ordonné, et que je n'ai pas sur cette

---

224. *son monde:* i.e., etiquette.

matière les lumières de nos amis, vous
n'avez pas ici un repas fort savant, et
vous y trouverez des incongruités de
bonne chère et des barbarismes de bon
goût. Si Damis[225] s'en était mêlé, tout
serait dans les règles; il y aurait partout
de l'élégance et de l'érudition, et il
ne manquerait pas de vous exagérer[226]
lui-même toutes les pièces du repas
qu'il vous donnerait, et de vous faire
tomber d'accord de sa haute capacité
dans la science des bons morceaux; de
vous parler d'un pain de rive, à biseau
doré, relevé de croûte partout, croquant
tendrement sous la dent; d'un vin à
sève veloutée, armé d'un vert qui n'est
point trop commandant, d'un carré de
mouton gourmandé de persil; d'une
longe de veau de rivière longue comme
cela, blanche, délicate, et qui sous les
dents est une vraie pâte d'amande, de
perdrix relevées d'un fumet surprenant;
et, pour son opéra, d'une soupe à
bouillon perlé soutenue d'un jeune
gros dindon cantonné de pigeonneaux
et couronné d'oignons blancs mariés
avec la chicorée.[227] Mais, pour moi, je
vous avoue mon ignorance; et, comme
monsieur Jourdain a fort bien dit, je
voudrais que le repas fût plus digne de
vous être offert.

DORIMÈNE. Je ne réponds à ce compliment
qu'en mangeant comme je fais.

MONSIEUR JOURDAIN. Ah! que voilà de belles
mains!

DORIMÈNE. Les mains sont médiocres,
monsieur Jourdain; mais vous voulez
parler du diamant, qui est fort beau.

MONSIEUR JOURDAIN. Moi, madame! Dieu

me garde d'en vouloir parler: ce ne
serait pas agir en galant homme, et le
diamant est fort peu de chose.

DORIMÈNE. Vous êtes bien dégoûté.

MONSIEUR JOURDAIN. Vous avez trop de
bonté…

DORANTE.[228] Allons, qu'on donne du vin à
monsieur Jourdain et à ces messieurs,
qui nous feront la grâce de nous chanter
un air à boire.

DORIMÈNE. C'est merveilleusement
assaisonner la bonne chère que d'y
mêler la musique, et je me vois ici
admirablement régalée.

MONSIEUR JOURDAIN. Madame, ce n'est pas…

DORANTE. Monsieur Jourdain, prêtons
silence à ces messieurs; ce qu'ils nous
diront vaudra mieux que tout ce que
nous pourrions dire.

(LES MUSICIENS et LA MUSICIENNE prennent
des verres, chantent deux chansons
à boire, et sont soutenus de toute la
symphonie.)[229]

DORIMÈNE. Je ne crois pas qu'on puisse
mieux chanter, et cela est tout à fait
beau.

MONSIEUR JOURDAIN. Je vois encore ici,
madame, quelque chose de plus beau.

DORIMÈNE. Ouais! monsieur Jourdain est
galant plus que je ne pensais.

DORANTE. Comment! madame, pour qui
prenez-vous monsieur Jourdain?

MONSIEUR JOURDAIN. Je voudrais bien
qu'elle me prît pour ce que je dirais.

DORIMÈNE. Encore!

DORANTE. Vous ne le connaissez pas.

MONSIEUR JOURDAIN. Elle me connaîtra
quand il lui plaira.

DORIMÈNE. Oh! je le quitte.[230]

---

225. *Damis:* no doubt a portrait of a gourmet
recognizable by the courtiers of the first
audience.

226. *exagérer:* offer a commentary on.

227. *de vous parler d'un pain de rive…avec la
chicorée:* He would not fail to mention the rolls,
cooked golden brown on the hearth's edge with
a uniform crust, crumbling delicately under the
tooth; the wine with a velvet bouquet, somewhat
young and saucy, but not to the point of
impudence; a rack of lamb pinked with parsley; a
loin of riverside veal from Normandy, no longer

than *that*—white, dainty, like almond paste on
the tongue; partridges set off with a surprising
aroma; and for his crowning triumph, a young
fat turkey flanked by squabs, crested with white
onions blended with chicory, swimming in a
pearly bouillon.

228. Dorante signals to M. Jourdain to drop the
subject.

229. The text of the two drinking songs is here
omitted.

230. *le quitte:* give up.

DORANTE. Il est homme qui a toujours la riposte en main. Mais vous ne voyez pas que monsieur Jourdain, madame, mange tous les morceaux que vous touchez?[231]

DORIMÈNE. Monsieur Jourdain est un homme qui me ravit…

MONSIEUR JOURDAIN. Si je pouvais ravir votre cœur, je serais…

SCÈNE II: MADAME JOURDAIN, MONSIEUR JOURDAIN, DORIMÈNE, DORANTE, MUSICIENS, MUSICIENNE, LAQUAIS

MADAME JOURDAIN. Ah! ah! je trouve ici bonne compagnie, et je vois bien qu'on ne m'y attendait pas. C'est donc pour cette belle affaire-ci, monsieur mon mari, que vous avez eu tant d'empressement à m'envoyer dîner chez ma sœur? Je viens de voir un théâtre[232] là-bas, et je vois ici un banquet à faire noces. Voilà comme vous dépensez votre bien, et c'est ainsi que vous festinez[233] les dames en mon absence, et que vous leur donnez la musique et la comédie tandis que vous m'envoyez promener.

DORANTE. Que voulez-vous dire, madame Jourdain? et quelles fantaisies sont les vôtres de vous aller mettre en tête que votre mari dépense son bien, et que c'est lui qui donne ce régale à madame? Apprenez que c'est moi, je vous prie; qu'il ne fait seulement que me prêter sa maison, et que vous devriez un peu mieux regarder aux choses que vous dites.

MONSIEUR JOURDAIN. Oui, impertinente, c'est monsieur le comte qui donne tout ceci à madame, qui est une personne de qualité. Il me fait l'honneur de prendre ma maison, et de vouloir que je sois avec lui.

MADAME JOURDAIN. Ce sont des chansons que cela; je sais ce que je sais.

DORANTE. Prenez, madame Jourdain, prenez de meilleures lunettes.

MADAME JOURDAIN. Je n'ai que faire de lunettes, monsieur, et je vois assez clair; il y a longtemps que je sens les choses, et je ne suis pas une bête. Cela est fort vilain à vous pour un grand seigneur, de prêter la main, comme vous faites, aux sottises de mon mari. Et vous, madame, pour une grand'dame, cela n'est ni beau ni honnête à vous de mettre de la dissension dans un ménage et de souffrir que mon mari soit amoureux de vous.

DORIMÈNE. Que veut donc dire tout ceci? Allez, Dorante, vous vous moquez, de m'exposer aux sottes visions de cette extravagante. (*Elle sort.*)

DORANTE. Madame, holà! madame, où courez-vous?

MONSIEUR JOURDAIN. Madame! monsieur le comte, faites-lui mes excuses, et tâchez de la ramener.[234] (*à* MME JOURDAIN) Ah! impertinente que vous êtes, voilà de vos beaux faits; vous me venez faire des affronts devant tout le monde, et vous chassez de chez moi des personnes de qualité.

MADAME JOURDAIN. Je me moque de leur qualité.

MONSIEUR JOURDAIN. Je ne sais qui me tient,[235] maudite, que je ne vous fende la tête avec les pièces du repas que vous êtes venu troubler.
(*On ôte la table.*)

MADAME JOURDAIN (*sortant*). Je me moque de cela. Ce sont mes droits que je défends, et j'aurai pour moi toutes les femmes.

MONSIEUR JOURDAIN. Vous faites bien d'éviter ma colère. Elle est arrivée là bien malheureusement. J'étais en humeur de dire de jolies choses et jamais je ne m'étais senti tant d'esprit. Qu'est-ce que c'est que cela?

---

231. *les morceaux que vous touchez:* The diners dipped into common dishes with their spoons.
232. *théâtre:* stage.
233. *festinez:* entertain.
234. *ramener:* Here Dorante exits.
235. *qui me tient = ce qui me retient.*

SCÈNE III: COVIELLE, déguisé, MONSIEUR JOURDAIN, LAQUAIS

COVIELLE. Monsieur, je ne sais pas si j'ai l'honneur d'être connu de vous?

MONSIEUR JOURDAIN. Non, monsieur.

COVIELLE. Je vous ai vu que vous n'étiez pas plus grand que cela.[236]

MONSIEUR JOURDAIN. Moi?

COVIELLE. Oui. Vous étiez le plus bel enfant du monde, et toutes les dames vous prenaient dans leurs bras pour vous baiser.

MONSIEUR JOURDAIN. Pour me baiser?

COVIELLE. Oui. J'étais grand ami de feu monsieur votre père.

MONSIEUR JOURDAIN. De feu monsieur mon père?

COVIELLE. Oui. C'était un fort honnête gentilhomme.

MONSIEUR JOURDAIN. Comment dites-vous?

COVIELLE. Je dis que c'était un fort honnête gentilhomme.

MONSIEUR JOURDAIN. Mon père?

COVIELLE. Oui.

MONSIEUR JOURDAIN. Vous l'avez fort connu?

COVIELLE. Assurément.

MONSIEUR JOURDAIN. Et vous l'avez connu pour gentilhomme?

COVIELLE. Sans doute.

MONSIEUR JOURDAIN. Je ne sais donc pas comment le monde est fait.

COVIELLE. Comment?

MONSIEUR JOURDAIN. Il y a de sottes gens qui me veulent dire qu'il a été marchand.

COVIELLE. Lui, marchand! C'est pure médisance, il ne l'a jamais été. Tout ce qu'il faisait, c'est qu'il était fort obligeant, fort officieux,[237] et, comme il se connaissait fort bien en étoffes, il en allait choisir de tous les côtés, les faisait apporter chez lui, et en donnait à ses amis pour de l'argent.

MONSIEUR JOURDAIN. Je suis ravi de vous connaître, afin que vous rendiez ce témoignage-là que mon père était gentilhomme.

COVIELLE. Je le soutiendrai devant tout le monde.

MONSIEUR JOURDAIN. Vous m'obligerez. Quel sujet vous amène?

COVIELLE. Depuis avoir connu feu monsieur votre père, honnête gentilhomme, comme je vous ai dit, j'ai voyagé par tout le monde.

MONSIEUR JOURDAIN. Par tout le monde!

COVIELLE. Oui.

MONSIEUR JOURDAIN. Je pense qu'il y a bien loin en ce pays-là.

COVIELLE. Assurément. Je ne suis revenu de tous mes longs voyages que depuis quatre jours; et, par l'intérêt que je prends à tout ce qui vous touche, je viens vous annoncer la meilleure nouvelle du monde.

MONSIEUR JOURDAIN. Quelle?[238]

COVIELLE. Vous savez que le fils du Grand Turc est ici?

MONSIEUR JOURDAIN. Moi? non.

COVIELLE. Comment! Il a un train tout à fait magnifique: tout le monde le va voir, et il a été reçu en ce pays comme un seigneur d'importance.

MONSIEUR JOURDAIN. Par ma foi, je ne savais pas cela.

COVIELLE. Ce qu'il y a d'avantageux pour vous, c'est qu'il est amoureux de votre fille.

MONSIEUR JOURDAIN. Le fils du Grand Turc?

COVIELLE. Oui; et il veut être votre gendre.

MONSIEUR JOURDAIN. Mon gendre, le fils du Grand Turc?

COVIELLE. Le fils du Grand Turc votre gendre. Comme je le fus voir, et que j'entends parfaitement sa langue, il s'entretint avec moi; et, après quelques autres discours, il me dit: *Acciam croc soler ouch alla moustaph gidelum amanahem varahini oussere carbulath.* C'est-à-dire: « N'as-tu point vu une jeune belle personne qui est la fille de monsieur Jourdain, gentilhomme parisien? »

---

236. Covielle holds his hand about a foot from the ground.

237. *officieux:* helpful.
238. *Quelle = Laquelle.*

MONSIEUR JOURDAIN. Le fils du Grand Turc dit cela de moi?

COVIELLE. Oui. Comme je lui eus répondu que je vous connaissais particulièrement et que j'avais vu votre fille: « Ah! me dit-il, *Marababa sahem* »; c'est-à-dire: « Ah! que je suis amoureux d'elle! »

MONSIEUR JOURDAIN. *Marababa sahem* veut dire: Ah! que je suis amoureux d'elle?

COVIELLE. Oui.

MONSIEUR JOURDAIN. Par ma foi, vous faites bien de me le dire, car, pour moi, je n'aurais jamais cru que ce *Marababa sahem* eût voulu dire: Ah! que je suis amoureux d'elle! Voilà une langue admirable que ce turc!

COVIELLE. Plus admirable qu'on ne peut croire. Savez-vous bien ce que veut dire *Cacaracamouchen?*

MONSIEUR JOURDAIN. *Cacaracamouchen?* Non.

COVIELLE. C'est-à-dire: Ma chère âme.

MONSIEUR JOURDAIN. *Cacaracamouchen* veut dire: Ma chère âme?

COVIELLE. Oui.

MONSIEUR JOURDAIN. Voilà qui est merveilleux! *Cacaracamouchen,* ma chère âme: dirait-on jamais cela? Voilà qui me confond.

COVIELLE. Enfin, pour achever mon ambassade, il vient vous demander votre fille en mariage; et pour avoir un beau-père qui soit digne de lui, il veut vous faire *Mamamouchi,* qui est une certaine grande dignité de son pays.

MONSIEUR JOURDAIN. *Mamamouchi?*

COVIELLE. Oui, *Mamamouchi;* c'est-à-dire, en notre langue, paladin. Paladin,[239] ce sont de ces anciens…Paladin enfin! Il n'y a rien de plus noble que cela dans le monde; et vous irez de pair avec les plus grands seigneurs de la terre.

MONSIEUR JOURDAIN. Le fils du Grand Turc m'honore beaucoup, et je vous prie de me mener chez lui pour lui en faire mes remerciements.

COVIELLE. Comment! le voilà qui va venir ici.

MONSIEUR JOURDAIN. Il va venir ici?

COVIELLE. Oui; et il amène toutes choses pour la cérémonie de votre dignité.

MONSIEUR JOURDAIN. Voilà qui est bien prompt.

COVIELLE. Son amour ne peut souffrir aucun retardement.

MONSIEUR JOURDAIN. Tout ce qui m'embarrasse ici, c'est que ma fille est une opiniâtre qui s'est allé mettre dans la tête un certain Cléonte, et elle jure de n'épouser personne que celui-là.

COVIELLE. Elle changera de sentiment quand elle verra le fils du Grand Turc; et puis il se rencontre ici une aventure merveilleuse: c'est que le fils du Grand Turc ressemble à ce Cléonte, à peu de chose près. Je viens de le[240] voir, on me l'a montré; et l'amour qu'elle a pour l'un pourra passer aisément à l'autre, et… Je l'entends venir; le voilà.

SCÈNE IV: CLÉONTE, en turc, avec trois pages portant sa veste, MONSIEUR JOURDAIN, COVIELLE, déguisé

CLÉONTE. *Ambousahim oqui boraf, Jordina, salamalequi.*[241]

COVIELLE. C'est-à-dire: « Monsieur Jourdain, votre cœur soit toute l'année comme un rosier fleuri. » Ce sont façons de parler obligeantes de ces pays-là.

MONSIEUR JOURDAIN. Je suis très humble serviteur de Son Altesse Turque.

COVIELLE. *Carigar camboto oustin moraf.*

CLÉONTE. *Oustin yoc catamalequi basum base alla moran.*

COVIELLE. Il dit que le ciel vous donne la force des lions et la prudence des serpents.

MONSIEUR JOURDAIN. Son Altesse Turque m'honore trop, et je lui souhaite toutes sortes de prospérités.

COVIELLE. *Ossa binamen sadoc babally oracaf ouram.*

---

239. *Paladin:* in the old *romans,* one of the knights and companions of Charlemagne.

240. *le:* i.e., Cléonte.

241. *salamalequi:* peace be with you (a greeting recognizable in Arabic and Hebrew).

CLÉONTE. *Bel-men.*

COVIELLE. Il dit que vous alliez vite avec lui vous préparer pour la cérémonie, afin de voir ensuite votre fille et de conclure le mariage.

MONSIEUR JOURDAIN. Tant de choses en deux mots?

COVIELLE. Oui; la langue turque est comme cela, elle dit beaucoup en peu de paroles. Allez vite où il souhaite.

SCÈNE V: DORANTE, COVIELLE

COVIELLE. Ha! ha! ha! Ma foi, cela est tout à fait drôle. Quelle dupe! Quand il aurait appris son rôle par cœur, il ne pourrait pas le mieux jouer. Ah! ah![242] Je vous prie, monsieur, de nous vouloir aider céans dans une affaire qui s'y passe.

DORANTE. Ah! ah! Covielle, qui t'aurait reconnu? Comme te voilà ajusté!

COVIELLE. Vous voyez. Ah! ah!

DORANTE. De quoi ris-tu?

COVIELLE. D'une chose, monsieur, qui le mérite bien.

DORANTE. Comment?

COVIELLE. Je vous le donnerais en bien des fois,[243] monsieur, à deviner le stratagème dont nous nous servons auprès de monsieur Jourdain pour porter son esprit à donner sa fille à mon maître.

DORANTE. Je ne devine point le stratagème, mais je devine qu'il ne manquera pas de faire son effet, puisque tu l'entreprends.

COVIELLE. Je sais, monsieur, que la bête vous est connue.[244]

DORANTE. Apprends-moi ce que c'est.

COVIELLE. Prenez la peine de vous tirer un peu plus loin pour faire place à ce que j'aperçois venir. Vous pourrez voir une partie de l'histoire, tandis que je vous conterai le reste.

(La cérémonie turque pour ennoblir le bourgeois se fait en danse et en musique, et compose le quatrième intermède.)

SCÈNE VI: *Cérémonie turque.* LE MUFTI,[245] DERVIS,[246] TURCS, ASSISTANTS DU MUFTI, *chantant et dansant*

PREMIÈRE ENTRÉE DE BALLET

Six TURCS *entrent gravement, deux à deux, au son des instruments. Ils portent trois tapis, qu'ils lèvent fort haut après en avoir fait, en dansant, plusieurs figures. Les* TURCS *chantants passent par-dessous ces tapis pour aller se ranger aux deux côtés du théâtre.* LE MUFTI, *accompagné des* DERVIS, *ferme cette marche.*

Alors LES TURCS *étendent les tapis par terre et se mettent dessus à genoux.* LE MUFTI *et* LES DERVIS *restent debout au milieu d'eux; et pendant que* LE MUFTI *invoque Mahomet en faisant beaucoup de contorsions et de grimaces sans proférer une seule parole,* LES TURCS *assistants se prosternent jusqu'à terre, chantant « Alli », lèvent les bras au ciel, chantant « Alla »; ce qu'ils continuent jusqu'à la fin de l'invocation, après laquelle ils se lèvent tous chantant « Alla ekber »,[247] et deux* DERVIS *vont chercher* M. JOURDAIN.

SCÈNE VII: LE MUFTI, DERVIS, TURCS, *chantant et dansant,* M. JOURDAIN, *vêtu à la turque, la tête rasée, sans turban et sans sabre.*

LE MUFTI (*à* M. JOURDAIN).

Se ti sabir,
Ti respondir;
Se non sabir,
Tazir, tazir.
Mi star Mufti;
Ti qui star ti?
Non intendir;

---

242. *Ah! ah!* Dorante enters at this point.
243. *Je vous le donnerais en bien des fois:* I would give you any number of guesses.
244. *la bête vous est connue:* you know me through and through.
245. *Mufti:* Mohammedan high priest.
246. *Dervis:* dervishes, a kind of mendicant monk.
247. *Alla ekber:* God is great (*Arabic*).

Tazir, tazir.[248]

(*Deux* DERVIS *font retirer* M. JOURDAIN.)

SCÈNE VIII: *LE MUFTI, DERVIS, TURCS, chantant et dansant*

LE MUFTI. Dice, Turque, qui star quista?
Anabatista? Anabatista?[249]

LES TURCS. Ioc.[250]

LE MUFTI. Zuinglista?[251]

LES TURCS. Ioc.

LE MUFTI. Coffita?[252]

LES TURCS. Ioc.

LE MUFTI. Hussita? Morista? Fronista?[253]

LES TURCS. Ioc, ioc, ioc.

LE MUFTI. Ioc, ioc, ioc. Star pagana?

LES TURCS. Ioc.

LE MUFTI. Luterana?

LES TURCS. Ioc.

LE MUFTI. Puritana?

LES TURCS. Ioc.

LE MUFTI. Bramina? Moffina? Zurina?[254]

LES TURCS. Ioc, ioc, ioc.

LE MUFTI. Ioc, ioc, ioc. Mahametana?
   Mahametana?

LES TURCS. Hi Valla! Hi Valla![255]

LE MUFTI. Como chamara? Como
   chamara?[256]

LES TURCS. Giourdina, Giourdina.

LE MUFTI (*sautant et regardant de côté et d'autre*). Giourdina, Giourdina.

LES TURCS. Giourdina, Giourdina.

LE MUFTI.

Mahameta, per Giourdina,
Mi pregar sera e matina,[257]
Voler far un Paladina
De Giourdina, de Giourdina;
Dar turbanta e dar scarcina,[258]
Con galera e brigantina,
Per deffender Palestina.
Mahameta, per Giourdina,

Mi pregar sera e matina.

(*aux* TURCS) Star bon Turca Giourdina?

LES TURCS. Hi Valla. Hi Valla.

LE MUFTI, *dansant et chantant.* Ha la ba, ba la chou, ba la ba, ba la da.

LES TURCS. Ha la ba, ba la chou, ba la ba, ba la da.

SCÈNE IX: *TURCS, chantant et dansant*

DEUXIÈME ENTRÉE DE BALLET

SCÈNE X: *LE MUFTI, DERVIS, M. JOURDAIN, TURCS, chantants et dansants*

LE MUFTI *revient coiffé avec son turban de cérémonie, qui est d'une grosseur démesurée, et garni de bougies allumées à quatre ou cinq rangs; il est accompagné de deux* DERVIS *qui portent l'Alcoran*[259] *et qui ont des bonnets pointus, garnis aussi de bougies allumées.*

Les deux autres DERVIS *amènent M. JOURDAIN et le font mettre à genoux, les mains par terre, de façon que son dos, sur lequel est mis l'Alcoran, sert de pupitre au* MUFTI, *qui fait une seconde invocation burlesque, fronçant le sourcil,*[260] *frappant de temps en temps sur l'Alcoran, et tournant les feuillets avec précipitation; après quoi, en levant les yeux au ciel, LE MUFTI crie à haute voix, « Hou ».*

Pendant cette seconde invocation, LES TURCS assistants, s'inclinant et se relevant alternativement, chantent aussi: « Hou, hou, hou ».

M. JOURDAIN (*après qu'on lui a ôté l'Alcoran de dessus le dos*). Ouf!

---

248. The language is *lingua franca* or *sabir,* a kind of pidgin language used by sailors and traders around the Mediterranean. Much of it is comprehensible enough. The Mufti's stanzas mean: "If you know, answer; if you don't know, keep still. I am a Mufti; who are you? You don't understand; keep still."
249. *Anabatista:* member of a Protestant sect.
250. *Ioc:* No (*Turkish*).
251. *Zuinglista:* follower of Protestant Zwingli.
252. *Coffita:* member of Coptic church.
253. *Hussita...Fronista:* Hussite; the other two words are obscure.
254. *Bramina...Zurina:* Brahmin; the other two words are obscure.
255. *Hi Valla!* Yes, by Allah!
256. *Como chamara?* What is his name?
257. *Mi pregar sera e matina:* I pray night and morning.
258. *scarcina:* scimitar.
259. *Alcoran:* Koran.
260. *fronçant le sourcil:* frowning.

LE MUFTI (*à* M. JOURDAIN). Ti non star furba?[261]

LES TURCS. No, no, no.

LE MUFTI. Non star forfanta?[262]

LES TURCS. No, no, no.

LE MUFTI (*aux* TURCS). Donar turbanta.

LES TURCS.

> Ti non star furba?
> No, no, no.
> Non star forfanta?
> No, no, no.
> Donar turbanta.

TROISIÈME ENTRÉE DE BALLET

LES TURCS *dansants mettent le turban sur la tête de* M. JOURDAIN *au son des instruments.*

LE MUFTI (*donnant le sabre à* M. JOURDAIN).

> Ti star nobile, non star fabbola:
> Pigliar schiabbola.[263]

LES TURCS (*mettant le sabre à la main*).

> Ti star nobile, non star fabbola;
> Pigliar schiabbola.

QUATRIÈME ENTRÉE DE BALLET

LES TURCS *dansants donnent, en cadence, plusieurs coups de sabre à* M. JOURDAIN.

LE MUFTI.

> Dara, dara,
> Bastonara.[264]

LES TURCS.

> Dara, dara,
> Bastonara.

CINQUIÈME ENTRÉE DE BALLET

LES TURCS *dansants donnent à* M. JOURDAIN *des coups de bâton en cadence.*

LE MUFTI.

> Non tener honta,
> Questa star l'ultima affronta.

LES TURCS.

> Non tener honta,
> Questa star l'ultima affronta.

LE MUFTI *commence une troisième invocation.*

LES DERVIS *le soutiennent par-dessous le bras avec respect; après quoi* LES TURCS *chantants et dansants sautent autour du*

MUFTI, *se retirent avec lui et emmènent* M. JOURDAIN.

ACTE V

SCÈNE PREMIÈRE: MADAME JOURDAIN, MONSIEUR JOURDAIN

MADAME JOURDAIN. Ah! mon Dieu! miséricorde! Qu'est-ce que c'est donc que cela? Quelle figure! Est-ce un momon[265] que vous allez porter, et est-il temps d'aller en masque? Parlez donc, qu'est-ce que c'est que ceci? Qui vous a fagoté[266] comme cela?

MONSIEUR JOURDAIN. Voyez l'impertinente, de parler de la sorte à un *Mamamouchi!*

MADAME JOURDAIN. Comment donc?

MONSIEUR JOURDAIN. Oui, il me faut porter du respect maintenant, et l'on vient de me faire *Mamamouchi.*

MADAME JOURDAIN. Que voulez-vous dire avec votre *Mamamouchi?*

MONSIEUR JOURDAIN. *Mamamouchi,* vous dis-je. Je suis *Mamamouchi.*

MADAME JOURDAIN. Quelle bête est-ce là?

MONSIEUR JOURDAIN. *Mamamouchi,* c'est-à-dire, en notre langue, paladin.

MADAME JOURDAIN. Baladin![267] Êtes-vous en âge de danser des ballets?

MONSIEUR JOURDAIN. Quelle ignorante! Je dis paladin; c'est une dignité dont on vient de me faire la cérémonie.

MADAME JOURDAIN. Quelle cérémonie donc?

MONSIEUR JOURDAIN. *Mahameta per Jordina.*[268]

MADAME JOURDAIN. Qu'est-ce que cela veut dire?

MONSIEUR JOURDAIN. *Jordina,* c'est-à-dire Jourdain.

MADAME JOURDAIN. Hé bien quoi, Jourdain?

MONSIEUR JOURDAIN. *Voler far un paladina de Jordina.*

MADAME JOURDAIN. Comment?

MONSIEUR JOURDAIN. *Dar turbanta con galera.*

---

261. *furba:* cheat.
262. *forfanta:* rascal.
263. *Pigliar schiabbola:* Take the sword.
264. *Bastonara:* Beating.
265. *momon:* mummery.
266. *fagoté:* rigged out.
267. *Baladin:* Comic dancer.
268. M. Jourdain imitates the style of the Mufti.

MADAME JOURDAIN. Qu'est-ce à dire cela?

MONSIEUR JOURDAIN. *Per deffender Palestina.*

MADAME JOURDAIN. Que voulez-vous donc dire?

MONSIEUR JOURDAIN. *Dara, dara, bastonnara.*

MADAME JOURDAIN. Qu'est-ce donc que ce jargon-là?

MONSIEUR JOURDAIN. *Non tener honta, questa star l'ultima affronta.*

MADAME JOURDAIN. Qu'est-ce que c'est donc que tout cela?

MONSIEUR JOURDAIN (*danse et chante*). *Hou la ba, ba la chou, ba la ba, ba la da.*[269]

MADAME JOURDAIN. Hélas! mon Dieu, mon mari est devenu fou.

MONSIEUR JOURDAIN (*sortant*). Paix, insolente! portez respect à monsieur le *Mamamouchi.*

MADAME JOURDAIN. Où est-ce qu'il a donc perdu l'esprit? Courons l'empêcher de sortir.[270] Ah! ah! voici justement le reste de notre écu![271]
Je ne vois que chagrin de tous les côtés.
(*Elle sort.*)

SCÈNE II: *DORANTE, DORIMÈNE*

DORANTE. Oui, madame, vous verrez la plus plaisante chose qu'on puisse voir; et je ne crois pas que dans tout le monde il soit possible de trouver encore un homme aussi fou que celui-là; et puis, madame, il faut tâcher de servir l'amour de Cléonte et d'appuyer toute sa mascarade. C'est un fort galant homme et qui mérite que l'on s'intéresse pour lui.

DORIMÈNE. J'en fais beaucoup de cas, et il est digne d'une bonne fortune.

DORANTE. Outre cela, nous avons ici, madame, un ballet qui nous revient,[272] que nous ne devons pas laisser perdre, et il faut bien voir si mon idée pourra réussir.

DORIMÈNE. J'ai vu là des apprêts magnifiques, et ce sont des choses, Dorante, que je ne puis plus souffrir. Oui, je veux enfin vous empêcher vos profusions; et, pour rompre le cours à toutes les dépenses que je vous vois faire pour moi, j'ai résolu de me marier promptement avec vous. C'en est le vrai secret, et toutes ces choses finissent avec le mariage, comme vous savez.

DORANTE. Ah! madame, est-il possible que vous ayez pu prendre pour moi une si douce résolution?

DORIMÈNE. Ce n'est que pour vous empêcher de vous ruiner; et sans cela je vois bien qu'avant qu'il fût peu vous n'auriez pas un sou.

DORANTE. Que j'ai d'obligation, madame, aux soins que vous avez de conserver mon bien! Il est entièrement à vous, aussi bien que mon cœur, et vous en userez de la façon qu'il vous plaira.

DORIMÈNE. J'userai de tous les deux. Mais voici votre homme: la figure[273] en est admirable.

SCÈNE III: *MONSIEUR JOURDAIN, DORANTE, DORIMÈNE*

DORANTE. Monsieur, nous venons rendre hommage, madame et moi, à votre nouvelle dignité, et nous réjouir avec vous du mariage que vous faites de votre fille avec le fils du Grand Turc.

MONSIEUR JOURDAIN, *après avoir fait les révérences à la turque.* Monsieur, je vous souhaite la force des serpents et la prudence des lions.

DORIMÈNE. J'ai été bien aise d'être des premières, monsieur, à venir vous féliciter du haut degré de gloire où vous êtes monté.

MONSIEUR JOURDAIN. Madame, je vous souhaite toute l'année votre rosier fleuri; je vous suis infiniment obligé de prendre part aux honneurs qui m'arrivent, et j'ai

---

269. Here M. Jourdain falls down.
270. At this point Mme Jourdain perceives Dorante and Dorimène.
271. *voici justement...écu!* This is the last straw!
272. *revient:* is coming to.
273. *figure:* get-up.

beaucoup de joie de vous voir revenue ici, pour vous faire les très humbles excuses de l'extravagance[274] de ma femme.

DORIMÈNE. Cela n'est rien; j'excuse en elle un pareil mouvement: votre cœur lui doit être précieux, et il n'est pas étrange que la possession d'un homme comme vous puisse inspirer quelques alarmes.

MONSIEUR JOURDAIN. La possession de mon cœur est une chose qui vous est tout acquise.

DORANTE. Vous voyez, madame, que monsieur Jourdain n'est pas de ces gens que les prospérités aveuglent, et qu'il sait, dans sa gloire, connaître encore ses amis.

DORIMÈNE. C'est la marque d'une âme tout à fait généreuse.

DORANTE. Où est donc son Altesse Turque? Nous voudrions bien, comme vos amis, lui rendre nos devoirs.

MONSIEUR JOURDAIN. Le voilà qui vient, et j'ai envoyé quérir ma fille pour lui donner la main.

SCÈNE IV: CLÉONTE, COVIELLE, MONSIEUR JOURDAIN, etc.

DORANTE (à CLÉONTE). Monsieur, nous venons faire la révérence à Votre Altesse comme amis de monsieur votre beau-père, et l'assurer avec respect de nos très humbles services.

MONSIEUR JOURDAIN. Où est le truchement[275] pour lui dire qui vous êtes et lui faire entendre ce que vous dites? Vous verrez qu'il vous répondra; et il parle turc à merveille. Holà! où diantre est-il allé? (à CLÉONTE) Strouf, strif, strof, straf. Monsieur est un grande segnore, grande segnore, grande segnore; et, madame, une granda dama, granda dama. (voyant qu'il ne se fait pas entendre) Ahi! (montrant CLÉONTE) lui monsieur, lui Mamamouchi français et madame, Mamamouchie française. Je ne puis pas

parler plus clairement. (COVIELLE entre.) Bon! voici l'interprète. Où allez-vous donc? Nous ne saurions rien dire sans vous. (montrant CLÉONTE) Dites-lui un peu que monsieur et madame sont des personnes de grande qualité qui lui viennent faire la révérence comme mes amis, et l'assurer de leurs services. (à DORIMÈNE et à DORANTE) Vous allez voir comme il va répondre.

COVIELLE. Alabala crociam acci boram alabamen.

CLÉONTE. Catalequi tubal ourin soter amalouchan.

MONSIEUR JOURDAIN (à DORIMÈNE et à DORANTE). Voyez-vous?

COVIELLE. Il dit que la pluie des prospérités arrose en tout temps le jardin de votre famille.

MONSIEUR JOURDAIN. Je vous l'avais bien dit, qu'il parle turc!

DORANTE. Cela est admirable.

SCÈNE V: LUCILE, MONSIEUR JOURDAIN, DORANTE, DORIMÈNE, etc.

MONSIEUR JOURDAIN. Venez, ma fille; approchez-vous, et venez donner votre main à monsieur, qui vous fait l'honneur de vous demander en mariage.

LUCILE. Comment! mon père, comme vous voilà fait![276] Est-ce une comédie que vous jouez?

MONSIEUR JOURDAIN. Non, non, ce n'est pas une comédie, c'est une affaire fort sérieuse, et la plus pleine d'honneur pour vous qui se peut souhaiter. (montrant CLÉONTE) Voilà le mari que je vous donne.

LUCILE. A moi, mon père?

MONSIEUR JOURDAIN. Oui, à vous. Allons, touchez-lui dans la main, et rendez grâces au ciel de votre bonheur.

LUCILE. Je ne veux point me marier.

MONSIEUR JOURDAIN. Je le veux, moi, qui suis votre père.

LUCILE. Je n'en ferai rien.

274. *extravagance:* excesses.
275. *truchement:* interpreter.
276. *fait:* gotten up.

MONSIEUR JOURDAIN. Ah! que de bruit!
Allons, vous dis-je. Çà, votre main.

LUCILE. Non, mon père, je vous l'ai
dit, il n'est point de pouvoir qui me
puisse obliger à prendre un autre
mari que Cléonte; et je me résoudrai
plutôt à toutes les extrémités que de…
(*reconnaissant* CLÉONTE) Il est vrai que
vous êtes mon père, je vous dois entière
obéissance; et c'est à vous à disposer de
moi selon vos volontés.

MONSIEUR JOURDAIN. Ah! je suis ravi de vous
voir si promptement revenue dans votre
devoir; et voilà qui me plaît d'avoir une
fille obéissante.

SCÈNE VI: *MADAME JOURDAIN, MONSIEUR JOURDAIN, CLÉONTE, etc.*

MADAME JOURDAIN. Comment donc? qu'est-
ce que c'est que ceci? On dit que vous
voulez donner votre fille en mariage à
un carême-prenant?[277]

MONSIEUR JOURDAIN. Voulez-vous vous taire,
impertinente? Vous venez toujours mêler
vos extravagances à toutes choses, et il
n'y a pas moyen de vous apprendre à
être raisonnable.

MADAME JOURDAIN. C'est vous qu'il n'y
a pas moyen de rendre sage, et vous
allez de folie en folie. Quel est votre
dessein, et que voulez-vous faire avec
cet assemblage?

MONSIEUR JOURDAIN. Je veux marier notre
fille avec le fils du Grand Turc.

MADAME JOURDAIN. Avec le fils du Grand
Turc?

MONSIEUR JOURDAIN. Oui. (*montrant*
COVIELLE) Faites-lui faire vos
compliments par le truchement que
voilà.

MADAME JOURDAIN. Je n'ai que faire de
truchement, et je lui dirai bien moi-
même, à son nez, qu'il n'aura point ma
fille.

MONSIEUR JOURDAIN. Voulez-vous vous taire,
encore une fois?

DORANTE. Comment! madame Jourdain,

vous vous opposez à un bonheur comme
celui-là? Vous refusez Son Altesse
Turque pour gendre?

MADAME JOURDAIN. Mon Dieu, monsieur,
mêlez-vous de vos affaires.

DORIMÈNE. C'est une grande gloire, qui
n'est pas à rejeter.

MADAME JOURDAIN. Madame, je vous prie
aussi de ne vous point embarrasser de ce
qui ne vous touche pas.

DORANTE. C'est l'amitié que nous avons
pour vous qui nous fait intéresser dans
vos avantages.

MADAME JOURDAIN. Je me passerai bien de
votre amitié.

DORANTE. Voilà votre fille qui consent aux
volontés de son père.

MADAME JOURDAIN. Ma fille consent à
épouser un Turc?

DORANTE. Sans doute.

MADAME JOURDAIN. Elle peut oublier
Cléonte?

DORANTE. Que ne fait-on pas pour être
grand'dame?

MADAME JOURDAIN. Je l'étranglerais de mes
mains, si elle avait fait un coup comme
celui-là.

MONSIEUR JOURDAIN. Voilà bien du caquet.
Je vous dis que ce mariage-là se fera.

MADAME JOURDAIN. Je vous dis, moi, qu'il
ne se fera point.

MONSIEUR JOURDAIN. Ah! que de bruit!

LUCILE. Ma mère!

MADAME JOURDAIN. Allez, vous êtes une
coquine.

MONSIEUR JOURDAIN (*à* MME JOURDAIN). Quoi!
vous la querellez de ce qu'elle m'obéit?

MADAME JOURDAIN. Oui, elle est à moi aussi
bien qu'à vous.

COVIELLE (*à* MME JOURDAIN). Madame!

MADAME JOURDAIN. Que me voulez-vous
conter, vous?

COVIELLE. Un mot.

MADAME JOURDAIN. Je n'ai que faire de
votre mot.

COVIELLE (*à* M. JOURDAIN). Monsieur, si elle
veut écouter une parole en particulier, je

---

277. *carême-prenant:* Mardi gras masquerader.

vous promets de la faire consentir à ce que vous voulez.

MADAME JOURDAIN. Je n'y consentirai point.

COVIELLE. Écoutez-moi seulement.

MADAME JOURDAIN. Non.

MONSIEUR JOURDAIN (à MME JOURDAIN). Écoutez-le.

MADAME JOURDAIN. Non, je ne veux pas écouter.

MONSIEUR JOURDAIN. Il vous dira…

MADAME JOURDAIN. Je ne veux point qu'il me dise rien.

MONSIEUR JOURDAIN. Voilà une grande obstination de femme! Cela vous fera-t-il mal de l'entendre?

COVIELLE. Ne faites que m'écouter, vous ferez après ce qu'il vous plaira.

MADAME JOURDAIN. Hé bien, quoi?

COVIELLE (à part à MME JOURDAIN). Il y a une heure, madame, que nous vous faisons signe. Ne voyez-vous pas bien que tout ceci n'est fait que pour nous ajuster aux visions de votre mari, que nous l'abusons sous ce déguisement, et que c'est Cléonte lui-même qui est le fils du Grand Turc?

MADAME JOURDAIN. Ah! ah!

COVIELLE. Et moi, Covielle, qui suis le truchement?

MADAME JOURDAIN. Ah! comme cela, je me rends.

COVIELLE. Ne faites pas semblant de rien.[278]

MADAME JOURDAIN. Oui, voilà qui est fait, je consens au mariage.

MONSIEUR JOURDAIN. Ah! voilà tout le monde raisonnable. Vous ne vouliez pas l'écouter. Je savais bien qu'il vous expliquerait ce que c'est que le fils du Grand Turc.

MADAME JOURDAIN. Il me l'a expliqué comme il faut, et j'en suis satisfaite. Envoyons quérir un notaire.[279]

DORANTE. C'est fort bien dit. Et afin, madame Jourdain, que vous puissiez avoir l'esprit tout à fait content, et que vous perdiez aujourd'hui toute la jalousie que vous pourriez avoir conçue de monsieur votre mari, c'est que nous nous servirons du même notaire pour nous marier, madame et moi.

MADAME JOURDAIN. Je consens aussi à cela.

MONSIEUR JOURDAIN. (bas à DORANTE). C'est pour lui faire accroire?[280]

DORANTE (bas à M. JOURDAIN). Il faut bien l'amuser avec cette feinte.

MONSIEUR JOURDAIN (bas à DORANTE). Bon, bon! (haut) Qu'on aille vite quérir le notaire.

DORANTE. Tandis qu'il viendra et qu'il dressera les contrats, voyons notre ballet, et donnons-en le divertissement à Son Altesse Turque.

MONSIEUR JOURDAIN. C'est fort bien avisé. Allons prendre nos places.

MADAME JOURDAIN. Et Nicole?

MONSIEUR JOURDAIN. Je la donne au truchement; et ma femme, à qui la voudra.

COVIELLE. Monsieur, je vous remercie. (à part) Si l'on en peut voir un plus fou, je l'irai dire à Rome.

(*La comédie finit par un ballet qui avait été préparé.*)

---

278. The double negative was characteristic of popular speech.

279. *quérir un notaire:* i.e., to draw up the marriage contract.

280. *lui faire accroire:* throw dust in her eyes.

6. Nicholas Boileau

[1636–1711]

The Codifier

Now that you have read a few examples of the classic literature of France, it is time to gain some acquaintance with the *critical theory* that was explicit or implicit in this literary art. Although the scope of our anthology does not specifically include literary critics, it is nonetheless proper to examine the one critic of the seventeenth century who wrote important poetry of his own and through it conveyed important opinions that would influence literature in France for all time to come. Nicolas Boileau was seen, and continues to be seen, as the great codifier of the rules of classicism. This reputation is somewhat of an exaggeration, as Boileau did not invent these rules. They had been formulated long before by a number of Italian and French critics who had influenced Corneille and Racine to write the way they did. Boileau came along after the fact, and distilled the essence of classicism into a codified set of ideals which he popularized very successfully.

Nicholas Boileau. From a reproduction in L. Petit de Julleville's Histoire de la Langue et de la Littérature française, *volume V, 1922*

A Family of Writers

Nicolas Boileau (who gave himself the more distinguished name of Boileau-Despréaux) was born in Paris, the fifteenth child of a prosperous government employee. He early lost his mother. His father then insisted that he study law (as is the case with so many of the authors that we are discussing), but after the father's death Boileau promptly gave up those studies. He and his brothers all wanted to become writers, and eventually did. A physical accident helped to make him an introspective, seeking his solace in books, in the private world of the imagination. Literature was his only occupation, trade, passion. (He never married.) He frequented literary cafes and salons and knew all the writers of his time, particularly the young radicals who are now our classics. He became a living legend, the critic who had read all, judged all, awarded marks of merit or blame to every work of art. There is no such figure in our literary life today.

Tastemaker of His Time

By modern conceptions, his taste was limited. He hated the excessive, the fantastic, the absurd; and as a consequence he condemned the *précieux,* the sentimental poets, the novelists of maudlin adventure, the writers of burlesque and fantasy — in short, the exponents of the *baroque* mood. He admired and praised the intelligent, reasonable writers, who could be profound with clarity, who could achieve beauty of expression without fuzziness of thought. He admired, evidently, such authors as Racine, Molière, and La Fontaine.

We cannot consider here his admirable *Satires, Épîtres,* etc. We are concerned only with his *Art poétique* (1674).

L'ART POÉTIQUE

[*Boileau wished to give his contemporaries a means of judgment of what is good and bad in literature. For this purpose he adopted the title and the scheme of Horace's* Ars poetica. *Like Horace, he chose an easy, familiar style, full of quips and neat phrases.*

The core of his doctrine *may be briefly stated. Descartes had convinced the seventeenth century that reason unaided may attain to essential truth, and that the human will may dominate human passions and emotions. Boileau agrees, and he concludes that the purpose of art is to search for* truth *with the instruments of reason. When we find truth, we will recognize that it is dictated by* nature. *What is more, the only true* beauty *is in harmony with nature. Hence truth, nature, and beauty are bound together; whoever pursues one of them with sound reason and vigorous will finds them all.*

The sincere artist must make constant choices between the one truth and the innumerable falsities. The truth may be known by the universal consent *accorded it by intelligent men, particularly by the great Greeks and Romans. Beware then of the temptations to depart from universal truth; beware of the wild imagination, the fantastic, the precious, the burlesque. Beware of the allurements of originality; anyone can be original — and absurd.*

It is not enough that a work of art be true. *It must also be* "trueseeming", vraisemblable. *Here is the chief task of the artist: to make his truth true-seeming. To succeed, he must incessantly study* technique, *he must know the trade of words, dramatic construction, poetic devices. Much of the* Art poétique *consists of counsels on technique.*

It is needless to dwell on the insufficiencies of this doctrine. It was at least a sensible aesthetic for a sensible age. It provided a formula which produced great works of art, such as Gide's Symphonie pastorale, *the novels of Henry James, Boris Pasternak's* Dr. Zhivago.

The influence *of the* Art poétique *was enormous. When it appeared, it represented only the views of a group; it became an official manual of literary procedure. Boileau came to be known as "le législateur du Parnasse." In England and throughout Europe his authority reigned in the eighteenth century. (Think of Pope and the Augustan Age.) But many writers took Boileau, even his little jokes, too literally, slavishly following his most restrictive rules, disregarding the excellent principles which prompted the questionable rules. The revolt against Boileau stirred in the eighteenth century and exploded in the Romanticism of the nineteenth century. (See the invective against him in Keats's* Sleep and Poetry.)

The student is likely to approach Boileau or any essay on poetic criticism with gingerly distrust, but in truth the Art poétique *should prove rewarding. The language is simple, the thought sensible, the satirical shafts amusing. Much of what Boileau has to say is still applicable.*

Ironically enough, the Art poétique *seems sometimes incoherent, jumpy, with abrupt, disconcerting transitions. Boileau composed it over a period of five years, and much of it is awkwardly patched together. Headings in English have therefore been inserted to indicate the development of the author's thought.*]

CHANT PREMIER

[*Introduction. Necessity of genius for writers. Variety of literary gifts.*]

C'est en vain qu'au Parnasse[1] un téméraire auteur
Pense de l'art des vers atteindre la hauteur:
S'il ne sent point du ciel l'influence secrète,
Si son astre en naissant ne l'a formé poète,
Dans son génie[2] étroit il est toujours captif;
Pour lui Phébus[3] est sourd, et Pégase est rétif.[4]
O vous donc qui, brûlant d'une ardeur périlleuse,
Courez du bel esprit[5] la carrière épineuse,[6]
N'allez pas sur des vers sans fruit vous consumer,[7]
Ni prendre pour génie un amour de rimer:
Craignez d'un vain plaisir les trompeuses amorces,[8]
Et consultez longtemps votre esprit et vos forces.
La nature, fertile en esprits excellents,
Sait entre les auteurs partager les talents:
L'un peut tracer en vers une amoureuse flamme;
L'autre d'un trait plaisant[9] aiguiser l'épigramme:
Malherbe[10] d'un héros peut vanter les exploits;
Racan,[11] chanter Philis,[12] les bergers et les bois:
Mais souvent un esprit qui se flatte et qui s'aime
Méconnaît son génie et s'ignore soi-même:

Ainsi tel autrefois qu'on vit avec Faret[13]
Charbonner[14] de ses vers les murs d'un cabaret
S'en va, mal à propos, d'une voix insolente,
Chanter du peuple hébreu la fuite triomphante,
Et, poursuivant Moïse[15] au travers des déserts,
Court avec Pharaon se noyer dans les mers.

[*The threats to good sense: irrationality, preciosity, prolixity*]

Quelque sujet qu'on traite, ou plaisant, ou sublime,
Que toujours le bon sens s'accorde avec la rime:
L'un l'autre vainement ils semblent se haïr;
La rime est une esclave et ne doit qu'obéir.
Lorsqu'à la bien chercher d'abord on s'évertue,[16]
L'esprit à la trouver aisément s'habitue;
Au joug de la raison sans peine elle fléchit[17]
Et, loin de la[18] gêner, la sert et l'enrichit.
Mais lorsqu'on la néglige, elle devient rebelle;
Et pour la rattraper le sens court après elle.
Aimez donc la raison: que toujours vos écrits
Empruntent d'elle seule et leur lustre et leur prix.[19]
La plupart, emportés d'une fougue[20] insensée,

---

1. Mount Parnassus, in Greece, home of the Muses.
2. *génie: here,* capabilities.
3. Phoebus Apollo, patron of poetry.
4. *Pégase est rétif:* Pegasus (winged horse representing inspiration) is skittish. (Boileau has been accused of belittling inspiration. But here he says, once and for all, that genius is necessary.)
5. *bel esprit:* poetry.
6. *carrière épineuse:* thorny path.
7. *N'allez...consumer:* Do not fruitlessly spend your strength on poetry.
8. *trompeuses amorces:* deceptive temptations.
9. *trait plaisant:* amusing touch.
10. *Malherbe:* poet and critic, early seventeenth century.
11. *Racan:* pastoral poet (1589–1670).
12. *Philis:* favorite name for poet's darling in pastoral literature.
13. *tel autrefois...Faret:* the man we used to see with Faret. (A minor literary man. His companion was Saint-Amand, libertine bohemian poet, who attempted a pious epic, *Moïse sauvé.*)
14. *Charbonner:* Scrawl.
15. *Moïse:* Moses.
16. *Lorsqu'à...s'évertue:* When, from the first, one struggles to search it out.
17. *elle fléchit:* it (*i.e.,* the rhyme) bends, submits.
18. *la = raison.*
19. Two bedrock lines which summarize Boileau's principle and which every French school child used to learn to quote.
20. *fougue:* passion.

Toujours loin du droit sens[21] vont chercher
   leur pensée;
Ils croiraient s'abaisser, dans leurs vers
   monstrueux[22]
S'ils pensaient ce qu'un autre a pu penser
   comme eux.
Évitons ces excès: laissons à l'Italie[23]
De tous ces faux brillants l'éclatante folie.
Tout doit tendre au bon sens: mais pour y
   parvenir
Le chemin est glissant et pénible à tenir;
Pour peu qu'on s'en écarte,[24] aussitôt on
   se noie.
La raison pour marcher n'a souvent qu'une
   voie.
Un auteur quelquefois trop plein de son
   objet
Jamais sans l'épuiser n'abandonne un sujet.
S'il rencontre un palais, il m'en dépeint la
   face,[25]
Il me promène après de terrasse en
   terrasse;
Ici s'offre un perron;[26] là règne un
   corridor;
Là ce balcon s'enferme en un balustre[27]
   d'or.
Il compte des plafonds les ronds et les
   ovales;
« Ce ne sont que festons,[28] ce ne sont
   qu'astragales.[29] »
Je saute vingt feuillets[30] pour en trouver
   la fin,
Et je me sauve à peine au travers du jardin.
Fuyez de ces auteurs l'abondance stérile,
Et ne vous chargez point d'un détail
   inutile.
Tout ce qu'on dit de trop est fade et
   rebutant;[31]

L'esprit rassasié[32] le rejette à l'instant.
Qui ne sait se borner ne sut jamais écrire.[33]
Souvent la peur d'un mal nous conduit
   dans un pire:
Un vers était trop faible, et vous le rendez
   dur:
J'évite d'être long, et je deviens obscur;
L'un n'est point trop fardé,[34] mais sa muse
   est trop nue;
L'autre a peur de ramper,[35] il se perd dans
   la nue.[36]

[*Variety of manner: its importance and
dangers*]

Voulez-vous du public mériter les amours?
Sans cesse en écrivant variez vos discours.
Un style trop égal et toujours uniforme
En vain brille à nos yeux, il faut qu'il nous
   endorme.
On lit peu ces auteurs, nés pour nous
   ennuye,
Qui toujours sur un ton semblent
   psalmodier.[37]
Heureux qui, dans ses vers, sait d'une voix
   légère[38]
Passer du grave au doux, du plaisant au
   sévère!
Son livre, aimé du ciel et chéri des
   lecteurs,
Est souvent chez Barbin[39] entouré
   d'acheteurs.
Quoi que vous écriviez, évitez la bassesse;
Le style le moins noble a pourtant sa
   noblesse.
Au mépris du bon sens, le burlesque
   effronté[40]
Trompa les yeux d'abord, plut par sa
   nouveauté.

---

21. *droit sens:* sound sense.
22. *monstrueux:* strange, excessive.
23. Much of the affectation Boileau disliked was derived from the Italians, Petrarch, Marino, etc.
24. *Pour peu...écarte:* If one strays from it even a little.
25. *face = façade.*
26. *perron:* external staircase.
27. *balustre:* balustrade.
28. *festons:* festoons.
29. *astragales:* ornamental moldings on a capital. (The line is quoted from a wearisome description by Georges de Scudéry.)
30. *saute vingt feuillets:* skip twenty leaves.

31. *fade et rebutant:* insipid and repellent.
32. *rassasié:* sated.
33. A much-quoted line. (See Goethe: "In der Beschränkung zeigt sich erst der Meister.")
34. *fardé:* decorative.
35. *ramper:* crawl.
36. *nue:* cloud.
37. *psalmodier:* chant (as in the singsong rendering of psalms).
38. *une voix légère:* an easy tone.
39. *Barbin:* popular bookseller.
40. Burlesques of famous poems, in coarse, trivial style, had long been popular in Italy, and were now flourishing in France.

On ne vit plus en vers que pointes[41]
 triviales;
Le Parnasse parla le langage des halles;[42]
La licence à rimer alors n'eut plus de frein;
Apollon travesti[43] devint un Tabarin.[44]
Cette contagion infecta les provinces,
Du clerc[45] et du bourgeois passa jusques
 aux princes.
Le plus mauvais plaisant[46] eut ses
 approbateurs;
Et, jusqu'à d'Assouci,[47] tout trouva des
 lecteurs.
Mais de ce style enfin la cour désabusée
Dédaigna de ces vers l'extravagance aisée,
Distingua le naïf[48] du plat et du bouffon
Et laissa la province admirer le *Typhon*.[49]
Que ce style jamais ne souille votre
 ouvrage.
Imitons de Marot l'élégant badinage,
Et laissons le burlesque aux plaisants du
 Pont-Neuf.[50]
Mais n'allez point aussi, sur les pas de
 Brébeuf,[51]
Même en une *Pharsale,* entasser sur les
 rives
« De morts et de mourants cent montagnes
 plaintives. »[52]
Prenez mieux votre ton. Soyez simple avec
 art,
Sublime sans orgueil, agréable sans fard.[53]

[*Practical advice on versification*]

N'offrez rien au lecteur que ce qui peut lui
 plaire.

Ayez pour la cadence[54] une oreille sévère:
Que toujours dans vos vers le sens,
 coupant les mots,
Suspende l'hémistiche,[55] en marque le
 repos.
Gardez qu'une voyelle à courir trop hâtée
Ne soit d'une voyelle en son chemin
 heurtée.[56]
Il est un heureux choix de mots
 harmonieux.
Fuyez des mauvais sons le concours[57]
 odieux:
Le vers le mieux rempli, la plus noble
 pensée
Ne peut plaire à l'esprit, quand l'oreille est
 blessée.

[*History of French poetry*]

Durant les premiers ans du Parnasse
 françois,
Le caprice tout seul faisait toutes les lois.[58]
La rime, au bout des mots assemblés sans
 mesure,
Tenait lieu d'ornements, de nombre et de
 césure.[59]
Villon sut le premier, dans ces siècles
 grossiers,
Débrouiller l'art confus de nos vieux
 romanciers.
Marot bientôt après fit fleurir les ballades,
Tourna des triolets,[60] rima des mascarades,
A des refrains réglés asservit les
 rondeaux[61]

---

41. *pointes:* conceits, jokes.
42. *halles:* markets.
43. *travesti:* in fancy dress.
44. *Tabarin:* famous low comedian.
45. *clerc:* law clerk.
46. *mauvais plaisant:* sorry joker.
47. *d'Assouci:* writer of a burlesque of Ovid's
     Metamorphoses.
48. *naïf:* natural.
49. *Typhon:* burlesque poem by Scarron, recounting
     war of giants against gods.
50. *Pont-Neuf:* Paris bridge, scene of street shows.
51. *Brébeuf:* poet in highfalutin style, translator of
     Lucan's *Pharsalia,* Latin epic.
52. Soame, the seventeenth-century translator of the
     Art poétique, happily adds at this point: "Nor,
     with Dubartas, 'bridle up the floods, And periwig
     with wool the baldpate woods.'"
53. *fard:* decoration. (This sentence epitomizes
     Boileau's doctrine.)

54. *cadence:* verse rhythm.
55. *hémistiche:* six-syllable word group composing
     half of twelve-syllable line. (Boileau, like
     Malherbe, demanded a *cesura,* or pause, after
     the sixth syllable.)
56. *Gardez...heurtée:* Beware lest a vowel, too
     hurried in its course, collide on its way with
     another vowel. (The juxtaposition of a final
     pronounced vowel and an initial vowel is a
     hiatus, forbidden by Boileau.)
57. *concours:* juxtaposition, combination.
58. In Boileau's brief survey of French versification
     he reveals much ignorance, as well as narrowness
     of taste. The medieval poets were in fact very
     punctilious about their verse form.
59. *césure:* cesura.
60. *triolets:* a difficult fixed form. (In fact, Marot
     wrote neither triolets nor masquerades.)
61. *rondeaux:* a fixed form. (See Charles
     d'Orléans.)

Et montra pour rimer des chemins tout
  nouveaux.[62]
Ronsard, qui le suivit, par une autre
  méthode,
Réglant tout, brouilla tout, fit un art à sa
  mode,
Et toutefois longtemps eut un heureux
  destin.
Mais sa muse, en français parlant grec et
  latin,
Vit dans l'âge suivant, par un retour
  grotesque,
Tomber de ses grands mots le faste
  pédantesque.[63]
Ce poète orgueilleux, trébuché[64] de si haut,
Rendit plus retenus[65] Desportes et
  Bertaut.[66]
Enfin Malherbe vint, et le premier en
  France,
Fit sentir dans les vers une juste cadence,[67]
D'un mot mis en sa place enseigna le
  pouvoir,
Et réduisit la muse aux règles du devoir.[68]
Par ce sage écrivain la langue réparée
N'offrit plus rien de rude à l'oreille
  épurée.[69]
Les stances avec grâce apprirent à tomber,
Et le vers sur le vers n'osa plus enjamber.[70]
Tout reconnut ses lois;[71] et ce guide fidèle[72]
Aux auteurs de ce temps sert encor de
  modèle.
Marchez donc sur ses pas: aimez sa pureté,
Et de son tour heureux imitez la clarté.
Si le sens de vos vers tarde à se faire
  entendre,

Mon esprit aussitôt commence à se
  détendre:[73]
Et, de vos vains discours prompt à se
  détacher,
Ne suit point un auteur qu'il faut toujours
  chercher.[74]

[*Importance of clear thought,
expression, organization*]

Il est certains esprits dont les sombres[75]
  pensées
Sont d'un nuage épais toujours
  embarrassées;
Le jour[76] de la raison ne le saurait percer.
Avant donc que d'écrire apprenez à
  penser.[77]
Selon que notre idée est plus ou moins
  obscure,
L'expression la suit, ou moins nette, ou
  plus pure.
Ce que l'on conçoit bien s'énonce
  clairement,
Et les mots pour le dire arrivent aisément.[78]
Surtout qu'en vos écrits la langue révérée
Dans vos plus grands excès vous soit
  toujours sacrée.
En vain vous me frappez d'un son
  mélodieux,
Si le terme est impropre ou le tour
  vicieux.[79]
Mon esprit n'admet point un pompeux
  barbarisme,[80]
Ni d'un vers ampoulé[81] l'orgueilleux
  solécisme.[82]
Sans la langue, en un mot, l'auteur le plus
  divin

---

62. An excessive statement.
63. *faste pédantesque:* pedantic pomposity.
  (Boileau's complete misunderstanding of
  Ronsard suggests perhaps that he had never
  actually read him.)
64. *trébuché:* fallen.
65. *retenus:* restrained.
66. *Desportes et Bertaut:* successors of Ronsard,
  end of sixteenth century.
67. Two very famous lines, often quoted to show the
  errors possible to a great critic.
68. It was this "reduction of the Muse to the rules of
  duty" which infuriated the rebellious nineteenth-
  century Romantics.
69. *épurée: here,* sensitive.
70. *enjamber:* overflow (*lit.*, step over); in verse, to
  carry over the thought from one line to the next

without a pause; to break a word-group at the
  end of a line.
71. In fact, there was much opposition. It was Boileau
  who finally imposed Malherbe's theories.
72. *fidèle: here,* trustworthy.
73. *se détendre: here,* wander.
74. Can these lines be properly applied to modern
  obscurantist poets?
75. *sombres:* obscure.
76. *jour:* light.
77. This means you.
78. Another much-quoted couplet. Is it true?
79. *le tour vicieux:* the idiom linguistically
  incorrect.
80. *barbarisme:* misuse of language.
81. *ampoulé:* puffed up (*lit.*, blistered).
82. *solécisme:* misuse of syntax.

Est toujours, quoi qu'il fasse, un méchant
écrivain.

Travaillez à loisir, quelque ordre[83] qui vous
presse,

Et ne vous piquez point d'une folle vitesse:

Un style[84] si rapide, et qui court en rimant,

Marque moins trop d'esprit que peu de
jugement.

J'aime mieux un ruisseau qui, sur la molle
arène,[85]

Dans un pré plein de fleurs lentement se
promène,

Qu'un torrent débordé qui, d'un cours
orageux,

Roule, plein de gravier,[86] sur un terrain
fangeux.[87]

Hâtez-vous lentement,[88] et, sans perdre
courage,

Vingt fois sur le métier remettez votre
ouvrage:[89]

Polissez-le sans cesse et le repolissez;

Ajoutez quelquefois, et souvent effacez.

C'est peu qu'en un ouvrage où les fautes
fourmillent[90]

Des traits d'esprit semés de temps en
temps pétillent.[91]

Il faut que chaque chose y soit mise en son
lieu;

Que le début, la fin répondent au milieu;

Que d'un art délicat les pièces assorties[92]

N'y forment qu'un seul tout de diverses
parties,

Que jamais du sujet le discours[93] s'écartant

N'aille chercher trop loin quelque mot
éclatant.

[*Value of criticism*]

Craignez-vous pour vos vers la censure
publique?

Soyez-vous à vous-même un sévère
critique.

L'ignorance toujours est prête à s'admirer.

Faites-vous des amis prompts à vous
censurer;

Qu'ils soient de vos écrits les confidents
sincères,

Et de tous vos défauts les zélés adversaires;

Dépouillez[94] devant eux l'arrogance
d'auteur,

Mais sachez de l'ami discerner le flatteur.

Tel vous semble applaudir qui vous raille
et vous joue.

Aimez qu'on vous conseille, et non pas
qu'on vous loue.

Un flatteur aussitôt cherche à se récrier:[95]

Chaque vers qu'il entend le fait extasier.

Tout est charmant, divin, aucun mot ne le
blesse;

Il trépigne[96] de joie, il pleure de tendresse;

Il vous comble partout d'éloges fastueux.[97]

La vérité n'a point cet air impétueux.

Un sage ami, toujours rigoureux,
inflexible,

Sur vos fautes jamais ne vous laisse
paisible:

Il ne pardonne point les endroits négligés,

Il renvoie en leur lieu[98] les vers mal
arrangés,

Il réprime des mots l'ambitieuse
emphase;[99]

Ici le sens le choque, et plus loin c'est la
phrase.

Votre construction semble un peu
s'obscurcir,

Ce terme est équivoque:[100] il le faut
éclaircir.

C'est ainsi que vous parle un ami
véritable.

---

83. *ordre:* i.e., commission, deadline.
84. *style:* stylus, pen.
85. *arène:* sand.
86. *gravier:* gravel.
87. *fangeux:* muddy.
88. *Hâtez-vous lentement:* The motto of Augustus, *festina lente.*
89. *Vingt...ouvrage:* Twenty times put your handiwork back on the loom. (Again a line that has become proverbial.)
90. *fourmillent:* swarm.
91. *Des traits...pétillent:* Scattered brilliant bits

sparkle from time to time.
92. *assorties:* well matched.
93. *discours: here,* development.
94. *Dépouillez:* Discard.
95. *se récrier:* exclaim admiringly.
96. *trépigne:* stamps.
97. *fastueux:* ostentatious.
98. *renvoie en leur lieu:* i.e., rearranges in proper order.
99. *emphase:* over-emphasis, bombast.
100. *équivoque:* equivocal, ambiguous.

Mais souvent sur ses vers un auteur intraitable[101]

A les protéger tous se croit intéressé,

Et d'abord[102] prend en main le droit de l'offensé.[103]

« De ce vers, direz-vous, l'expression est basse.

—Ah! monsieur, pour ce vers je vous demande grâce,

Répondra-t-il d'abord.—Ce mot me semble froid,

Je le retrancherais.[104]—C'est le plus bel endroit!

—Ce tour ne me plaît pas.—Tout le monde l'admire. »

Ainsi toujours constant à ne se point dédire,[105]

Qu'un mot dans son ouvrage ait paru vous blesser,

C'est un titre[106] chez lui pour ne point l'effacer.

Cependant, à l'entendre, il chérit la critique;

Vous avez sur ses vers un pouvoir despotique.

Mais tout ce beau discours dont il vient vous flatter

N'est rien[107] qu'un piège adroit pour vous les réciter.

Aussitôt il vous quitte; et, content de sa muse,

S'en va chercher ailleurs quelque fat[108] qu'il abuse;

Car souvent il en trouve: ainsi qu'en sots auteurs,

Notre siècle est fertile en sots admirateurs;

Et, sans[109] ceux que fournit la ville et la province,

Il en est chez le duc, il en est chez le prince.

L'ouvrage le plus plat a, chez les courtisans,

De tout temps rencontré de zélés partisans;

Et, pour finir enfin par un trait de satire,

Un sot trouve toujours un plus sot qui l'admire.[110]

CHANT III

[Tragedy; its principles]

Il n'est point de serpent, ni de monstre odieux,

Qui, par l'art imité, ne puisse plaire aux yeux:

D'un pinceau[111] délicat l'artifice[112] agréable

Du plus affreux objet fait un objet aimable.

Ainsi pour nous charmer, la tragédie en pleurs

D'Œdipe tout sanglant[113] fit parler les douleurs,

D'Oreste parricide[114] exprima les alarmes,

Et, pour nous divertir, nous arracha des larmes.

Vous donc qui, d'un beau feu pour le théâtre épris,

Venez en vers pompeux[115] y disputer[116] le prix,

Voulez-vous sur la scène étaler des ouvrages

Où tout Paris en foule apporte ses suffrages,

Et qui, toujours plus beaux, plus ils sont regardés

Soient au bout de vingt ans encor redemandés?

Que dans tous vos discours la passion émue

Aille chercher le cœur, l'échauffe et le remue.

---

101. *intraitable:* obstinate.
102. *d'abord:* immediately.
103. *le droit de l'offensé:* the (legal) right of the injured party to reply.
104. *Je le retran-cherais:* I would cut it out.
105. *à ne se point dédire:* not to retract anything.
106. *titre:* justification.
107. *rien = autre chose.*
108. *fat:* simpleton.
109. *sans:* without counting.
110. A line which has become proverbial.

111. *pinceau:* paintbrush.
112. *artifice: here,* art.
113. In Sophocles' *Oedipus the King,* Oedipus, having discovered himself guilty of unintentional incest and murder, tears out his eyes and so appears on the stage.
114. Orestes, subject of several Greek dramas, avenged the murder of his father, Agamemnon, by killing his mother, Clytemnestra.
115. *pompeux:* elevated.
116. *disputer:* compete for.

Si d'un beau mouvement l'agréable fureur
Souvent ne nous remplit d'une douce
    terreur,[117]
Ou n'excite en notre âme une pitié
    charmante,
En vain vous étalez une scène savante:
Vos froids raisonnements ne feront
    qu'attiédir[118]
Un spectateur toujours paresseux
    d'applaudir,
Et qui, des vains efforts de votre rhétorique
Justement fatigué, s'endort ou vous
    critique.
Le secret est d'abord de plaire et de
    toucher:[119]
Inventez des ressorts[120] qui puissent
    m'attacher.

[*The exposition*]

Que dès les premiers vers l'action préparée
Sans peine du sujet aplanisse l'entrée.[121]
Je me ris d'un acteur qui, lent à
    s'exprimer,
De ce qu'il veut d'abord ne sait pas
    m'informer,
Et qui, débrouillant mal une pénible
    intrigue,
D'un divertissement me fait une fatigue.
J'aimerais mieux encor qu'il déclinât[122]
    son nom
Et dit: « Je suis Oreste, ou bien
    Agamemnon »,
Que d'aller, par un tas de confuses
    merveilles,
Sans rien dire à l'esprit, étourdir les
    oreilles:
Le sujet n'est jamais assez tôt expliqué.

[*The unities*]

Que le lieu de la scène y soit fixe et
    marqué.

Un rimeur, sans péril, delà les Pyrénées,[123]
Sur la scène en un jour renferme des
    années:
Là souvent le héros d'un spectacle
    grossier,
Enfant au premier acte, est barbon[124] au
    dernier.
Mais nous, que la raison à ses règles
    engage,
Nous voulons qu'avec art l'action se
    ménage;[125]
Qu'en un lieu, qu'en un jour, un seul fait
    accompli
Tienne jusqu'à la fin le théâtre rempli.[126]

[*Verisimilitude; development of action*]

Jamais au spectateur n'offrez rien
    d'incroyable:
Le vrai peut quelquefois n'être pas
    vraisemblable.
Une merveille absurde est pour moi sans
    appas:
L'esprit n'est point ému de ce qu'il ne
    croit pas.
Ce qu'on ne doit point voir, qu'un récit
    nous l'expose:[127]
Les yeux en le voyant saisiraient mieux la
    chose;
Mais il est des objets que l'art judicieux
Doit offrir à l'oreille et reculer des yeux.
Que le trouble,[128] toujours croissant de
    scène en scène,
A son comble arrivé se débrouille sans
    peine.
L'esprit ne se sent point plus vivement
    frappé
Que lorsqu'en un sujet d'intrigue
    enveloppé
D'un secret tout à coup la vérité connue
Change tout, donne à tout une face
    imprévue.

---

117. According to Aristotle, the function of tragedy is to purge the spirit by pity and terror.
118. *attiédir:* cool.
119. A famous line. Racine and Molière said exactly the same thing.
120. *ressorts:* springs, developments.
121. *du sujet aplanisse l'entrée:* facilitate the exposition.
122. *déclinât:* state.
123. The Spanish dramatists, as Lope de Vega, did not accept the classic unities, nor in fact did the

English.
124. *barbon:* gray-beard.
125. *se ménage:* develop.
126. Celebrated summary of the unities of place, time, and action. Hitherto these had been much argued; henceforth Boileau's authority imposed them on French tragic writers.
127. Death and violent action were considered improper spectacles, on both the Greek and French stage.
128. *trouble: here,* plot.

[*Greek tragedy*]

La tragédie, informe et grossière en
    naissant,
N'était qu'un simple chœur, où chacun, en
    dansant
Et du dieu des raisins entonnant les
    louanges,[129]
S'efforçait d'attirer de fertiles vendanges.
Là, le vin et la joie éveillant les esprits,
Du plus habile chantre un bouc[130] était le
    prix.
Thespis[131] fut le premier qui, barbouillé de
    lie,[132]
Promena dans les bourgs[133] cette heureuse
    folie;
Et d'acteurs mal ornés chargeant un
    tombereau,[134]
Amusa les passants d'un spectacle
    nouveau.
Eschyle[135] dans le chœur jeta les
    personnages,
D'un masque plus honnête[136] habilla les
    visages,
Sur les ais[137] d'un théâtre en public
    exhaussé,[138]
Fit paraître l'acteur d'un brodequin[139]
    chaussé.
Sophocle enfin, donnant l'essor[140] à son
    génie,
Accrut encor la pompe, augmenta
    l'harmonie,
Intéressa le chœur dans toute l'action,
Des vers trop raboteux[141] polit
    l'expression,
Lui donna chez les Grecs cette hauteur
    divine

Où jamais n'atteignit la faiblesse latine.

[*Medieval French theater*]

Chez nos dévots aïeux le théâtre abhorré[142]
Fut longtemps dans la France un plaisir
    ignoré.
De pèlerins, dit-on, une troupe grossière
En public à Paris y monta la première:
Et, sottement zélée en sa simplicité,
Joua les saints, la Vierge et Dieu par piété.
Le savoir, à la fin, dissipant l'ignorance,
Fit voir de ce projet la dévote
    imprudence.[143]
On chassa ces docteurs prêchant sans
    mission;[144]
On vit renaître Hector, Andromaque,
    Ilion.[145]
Seulement, les acteurs laissant le masque
    antique,
Le violon tint lieu de chœur et de musique.

[*Advice to playwright: love as a theme*]

Bientôt l'amour, fertile en tendres
    sentiments,
S'empara du théâtre ainsi que des romans.
De cette passion la sensible peinture
Est pour aller au cœur la route la plus sûre.
Peignez donc, j'y consens, les héros
    amoureux;
Mais ne m'en formez pas des bergers
    doucereux:[146]
Qu'Achille aime autrement que Thyrsis et
    Philène;[147]
N'allez pas d'un Cyrus nous faire un
    Artamène;[148]

---

129. *Et du dieu...louanges:* Chanting the praise of the
    god of grapes (Dionysus, or Bacchus).
130. *bouc:* goat.
131. Thespis, traditional creator of Greek tragedy. He
    first had an actor engage in dialogue with the
    chorus.
132. *barbouillé de lie:* smeared with wine lees.
133. *bourgs:* villages (of Attica).
134. *chargeant un tombereau:* setting on a farm
    wagon.
135. Aeschylus, first of the great Greek tragedians,
    developed the dramatic dialogue.
136. *honnête:* decent. (Traditionally, Aeschylus
    invented the heavy mask worn by Greek actors.)
137. *ais:* boards.
138. *exhaussé:* raised.
139. *brodequin:* buskin, high shoe typical of tragedy.

140. *essor:* flight, full play.
141. *raboteux:* rough, rugged.
142. Boileau has only vague, inaccurate knowledge
    of the rich medieval dramatic literature.
143. I.e., the ignorant playwrights and actors distorted
    sacred teachings.
144. *docteurs...mission:* (self-constituted) scholars
    preaching without authority.
145. Hector, Trojan champion; Andromache, wife of
    Hector; *Ilion:* Troy.
146. *doucereux:* sickly sweet.
147. *Thyrsis et Philène:* typical names of pastoral
    heroes.
148. *Artamène:* reference to Mlle de Scudéry's
    gigantic sentimental novel, *Artamène ou le
    Grand Cyrus.*

Et que l'amour, souvent de remords combattu,
Paraisse une faiblesse et non une vertu.[149]

[*Truth to Nature*]

Des héros de roman fuyez les petitesses:
Toutefois aux grands cœurs donnez quelques faiblesses.
Achille déplairait moins bouillant et moins prompt:
J'aime à lui voir verser des pleurs pour un affront.[150]
A ces petits défauts marqués dans sa peinture,
L'esprit avec plaisir reconnaît la nature.
Qu'il soit sur ce modèle en vos écrits tracé:
Qu'Agamemnon soit fier, superbe, intéressé;[151]
Que pour ses dieux Énée[152] ait un respect austère.
Conservez à chacun son propre caractère.
Des siècles, des pays étudiez les mœurs;
Les climats font souvent les diverses humeurs.[153]

[*Local color*]

Gardez donc de donner, ainsi que dans *Clélie*,[154]
L'air ni l'esprit français à l'antique Italie;
Et, sous des noms romains faisant notre portrait,
Peindre Caton[155] galant, et Brutus[156] dameret.[157]
Dans un roman frivole aisément tout s'excuse;
C'est assez qu'en courant[158] la fiction amuse;
Trop de rigueur alors serait hors de saison:

Mais la scène demande une exacte raison;
L'étroite bienséance[159] y veut être gardée.

[*Consistency: variety in characterization; sincerity*]

D'un nouveau personnage[160] inventez-vous l'idée?
Qu'en tout avec soi-même il se montre d'accord,
Et qu'il soit jusqu'au bout tel qu'on l'a vu d'abord.
Souvent, sans y penser, un écrivain qui s'aime
Forme tous ses héros semblables à soi-même:
Tout a l'humeur gasconne en un auteur gascon;
Calprenède et Juba[161] parlent du même ton.
La nature est en nous plus diverse et plus sage;
Chaque passion parle un différent langage:
La colère est superbe et veut des mots altiers,
L'abattement[162] s'explique en des termes moins fiers.
Que devant Troie en flamme Hécube[163] désolée
Ne vienne pas pousser une plainte ampoulée,
Ni sans raison décrire en quel affreux pays
Par sept bouches l'Euxin reçoit le Tanaïs.[164]
Tous ces pompeux amas d'expressions frivoles
Sont d'un déclamateur amoureux des paroles.
Il faut dans la douleur que vous vous abaissiez.

---

149. Boileau's conception of love is the direct contrary of the Romantic view.
150. In the *Iliad* (Book I), Achilles withdraws from the battle and weeps because he thinks himself insulted.
151. *intéressé:* self-seeking.
152. *Énée:* Aeneas.
153. *humeurs:* i.e., characters.
154. *Clélie:* interminable pseudo-historical novel by Mlle de Scudéry.
155. *Caton:* Cato, grim Roman senator.
156. *Brutus:* probably Marcus Junius Brutus, republican leader who conspired against Julius Caesar.

157. *dameret:* foppish.
158. *en courant:* in a rapid reading.
159. *étroite bienséance:* strict propriety.
160. *un nouveau personnage:* i.e., an unhistorical character.
161. *Calprenède et Juba:* In *Cléopâtre*, a historical novel by La Calprenède, Juba, King of Mauretania, played an important part.
162. *L'abattement:* Dejection.
163. *Hécube:* Hecuba, wife of Priam, King of Troy.
164. *l'Euxin reçoit le Tanaïs:* the Black Sea receives the Don River (geographical error, in fact). (A dig at Seneca, Latin dramatist.)

Pour me tirer des pleurs, il faut que vous
  pleuriez.[165]
Ces grands mots dont alors l'acteur emplit
  sa bouche
Ne partent point d'un cœur que sa misère
  touche.

[*Style in tragedy*]

Le théâtre, fertile en censeurs pointilleux,[166]
Chez nous pour se produire[167] est un
  champ périlleux.
Un auteur n'y fait pas de faciles conquêtes;
Il trouve à le siffler[168] des bouches toujours
  prêtes.
Chacun le peut traiter de[169] fat et
  d'ignorant;
C'est un droit qu'à la porte on achète en
  entrant.
Il faut qu'en cent façons, pour plaire, il se
  replie;[170]
Que tantôt il s'élève et tantôt s'humilie;[171]
Qu'en nobles sentiments il soit partout
  fécond;
Qu'il soit aisé, solide, agréable, profond;
Que de traits surprenants sans cesse il nous
  réveille;
Qu'il coure dans ses vers de merveille en
  merveille;
Et que tout ce qu'il dit, facile à retenir,
De son ouvrage en nous laisse un long
  souvenir.
Ainsi la tragédie agit, marche et
  s'explique.[172]

[*The epic poem. Mythological
symbolism*]

D'un air plus grand encor la poésie épique,
Dans le vaste récit d'une longue action,
Se soutient par la fable[173] et vit de
  fiction.[174]
Là pour nous enchanter tout est mis en
  usage;

Tout prend un corps, une âme, un esprit,
  un visage.
Chaque vertu devient une divinité:
Minerve est la prudence, et Vénus la
  beauté.
Ce n'est plus la vapeur[175] qui produit le
  tonnerre,
C'est Jupiter armé pour effrayer la terre;
Un orage terrible aux yeux des matelots,
C'est Neptune en courroux qui gourmande
  les flots;[176]
Écho n'est plus un son qui dans l'air
  retentisse,
C'est une nymphe en pleurs qui se plaint
  de Narcisse.
Ainsi, dans cet amas de nobles fictions,
Le poète s'égaye en mille inventions,
Orne, élève, embellit, agrandit toutes
  choses,
Et trouve sous sa main des fleurs toujours
  écloses.
Qu'Énée et ses vaisseaux, par le vent
  écartés,
Soient aux bords africains d'un orage
  emportés,[177]
Ce n'est qu'une aventure ordinaire et
  commune,
Qu'un coup peu surprenant des traits de la
  fortune.
Mais que Junon, constante en son
  aversion,
Poursuive sur les flots les restes d'Ilion;
Qu'Éole,[178] en sa faveur, les chassant
  d'Italie,
Ouvre aux vents mutinés les prisons
  d'Éolie;
Que Neptune en courroux, s'élevant sur la
  mer,
D'un mot calme les flots, mette la paix
  dans l'air,
Délivre les vaisseaux, des syrtes[179] les
  arrache,

---

165. A famous couplet, imitated from Horace.
166. *pointilleux:* captious, carping.
167. *pour se produire:* to make oneself known.
168. *siffler:* whistle at, hiss.
169. *traiter de:* call.
170. *se replie:* twist; *here,* vary his manner.
171. *s'humilie:* descend.
172. *s'explique:* develops.
173. *fable:* story, plot.

174. *fiction:* invented tale (i.e., the marvelous).
175. *vapeur:* cloud.
176. *gourmande les flots:* scourges the waves.
177. Reference to first book of *Aeneid* and Juno's
  hatred of Trojans.
178. Aeolus, god of the winds, held them imprisoned
  in the Aeolian Islands, near Sicily.
179. *syrtes:* quicksands of African coast.

C'est là ce qui surprend, frappe, saisit, attache.
Sans tous ces ornements le vers tombe en langueur,
La poésie est morte ou rampe sans vigueur,
Le poète n'est plus qu'un orateur[180] timide,
Qu'un froid historien d'une fable insipide.

[*Inappropriateness of Christian story for epic*]

C'est donc bien vainement que nos auteurs déçus,
Bannissant de leurs vers ces ornements reçus,[181]
Pensent faire agir Dieu, ses saints et ses prophètes,
Comme ces dieux éclos du cerveau des poètes;
Mettent à chaque pas le lecteur en enfer,
N'offrent rien qu'Astaroth, Belzébuth, Lucifer.[182]
De la foi d'un chrétien les mystères terribles
D'ornements égayés ne sont point susceptibles.[183]
L'Évangile à l'esprit n'offre de tous côtés
Que pénitence à faire et tourments mérités;
Et de vos fictions le mélange coupable
Même à ses vérités donne l'air de la Fable.
Et quel objet enfin à présenter aux yeux
Que le diable toujours hurlant contre les cieux,[184]
Qui de votre héros veut rabaisser la gloire,
Et souvent avec Dieu balance la victoire!
Le Tasse,[185] dira-t-on, l'a fait avec succès.
Je ne veux point ici lui faire son procès:[186]

Mais, quoi que notre siècle à sa gloire publie,
Il n'eût point de son livre illustré l'Italie,
Si son sage héros, toujours en oraison,
N'eût fait que mettre enfin Satan à la raison;
Et si Renaud, Argant, Tancrède[187] et sa maîtresse
N'eussent de son sujet égayé la tristesse.

[*Defense of fable and allegory*]

Ce n'est pas que j'approuve, en un sujet chrétien,
Un auteur follement idolâtre et païen.[188]
Mais, dans une profane[189] et riante[190] peinture,
De n'oser de la Fable employer la figure,[191]
De chasser les Tritons[192] de l'empire des eaux;
D'ôter à Pan sa flûte, aux Parques leurs ciseaux;[193]
D'empêcher que Caron,[194] dans la fatale barque,
Ainsi que le berger ne passe[195] le monarque:
C'est d'un scrupule vain s'alarmer sottement,
Et vouloir aux lecteurs plaire sans agrément.[196]
Bientôt ils défendront de peindre la Prudence,
De donner à Thémis[197] ni bandeau ni balance,
De figurer aux yeux la Guerre au front d'airain,
Ou le Temps qui s'enfuit une horloge[198] à la main;

---

180. *orateur:* prose writer.
181. *reçus:* accepted (by tradition).
182. Astaroth, Phoenician deity; Beelzebub, idol of the Philistines; Lucifer, leader of the rebellious angels.
183. Boileau is condemning Tasso's *Jerusalem Delivered* (1574) and particularly Desmarets de Saint-Sorlin, who had attempted in his *Clovis* (1657) to introduce and defend *le merveilleux chrétien* (which is *not* to be translated "the marvelous Christian"). Boileau was probably ignorant of *Paradise Lost* (1665).
184. A reference to Tasso's *Jerusalem Delivered.*
185. *Le Tasse:* Torquato Tasso (1544–95).
186. *lui faire son procès:* put the case against him.
187. *Renaud, Argant, Tancrède:* characters in

Jerusalem Delivered.
188. A hit at Ariosto's *Orlando Furioso* (1532).
189. *profane:* nonreligious.
190. *riante:* amusing.
191. *de la…figure:* i.e., to use the form of mythological fictions.
192. *Tritons:* water gods.
193. *aux Parques leurs ciseaux:* their shears from the Parcae (Fates who measured and clipped the threads of men's lives).
194. *Caron:* Charon, who ferried dead souls across the Acheron.
195. *passe:* transports.
196. *agrément:* charm.
197. *Thémis:* Justice.
198. *horloge: here,* hourglass.

Et partout des discours, comme une
   idolâtrie,
Dans leur faux zèle iront chasser
   l'allégorie.
Laissons-les s'applaudir de leur pieuse
   erreur,
Mais, pour nous, bannissons une vaine
   terreur,
Et, fabuleux[199] chrétiens, n'allons point,
   dans nos songes,[200]
Du Dieu de vérité faire un dieu de
   mensonges.
La Fable offre à l'esprit mille agréments
   divers:
Là tous les noms heureux semblent nés
   pour les vers,
Ulysse, Agamemnon, Oreste, Idoménée,
Hélène, Ménélas, Pâris, Hector, Énée.[201]
O le plaisant projet d'un poète ignorant,
Que de tant de héros va choisir
   Childebrand![202]
D'un seul nom quelquefois le son dur ou
   bizarre
Rend un poème entier ou burlesque ou
   barbare.

[*Choice of hero and subject*]

Voulez-vous longtemps plaire et jamais ne
   lasser?
Faites choix d'un héros propre à
   m'intéresser,
En valeur éclatant, en vertus magnifique:
Qu'en lui, jusqu'aux défauts, tout se
   montre héroïque;
Que ses faits surprenants soient dignes
   d'être ouïs;
Qu'il soit tel que César, Alexandre ou
   Louis,[203]
Non tel que Polynice et son perfide
   frère;[204]
On s'ennuie aux exploits d'un conquérant
   vulgaire.
N'offrez point un sujet d'incidents trop
   chargé.

Le seul courroux d'Achille, avec art
   ménagé,
Remplit abondamment une Iliade entière:
Souvent trop d'abondance appauvrit la
   matière.

[*Epic style*]

Soyez vif et pressé dans vos narrations;
Soyez riche et pompeux dans vos
   descriptions.
C'est là qu'il faut des vers étaler
   l'élégance;
N'y présentez jamais de basse
   circonstance.
N'imitez pas ce fou[205] qui, décrivant les
   mers,
Et peignant, au milieu de leurs flots
   entr'ouverts,
L'Hébreu sauvé du joug de ses injustes
   maîtres,
Met, pour le voir passer, les poissons aux
   fenêtres,
Peint le petit enfant qui va, saute, revient,
« Et joyeux à sa mère offre un caillou qu'il
   tient. »
Sur de trop vains objets c'est arrêter la
   vue.
Donnez à votre ouvrage une juste étendue.

[*The beginning*]

Que le début soit simple et n'ait rien
   d'affecté.
N'allez pas dès l'abord, sur Pégase monté,
Crier à vos lecteurs, d'une voix de
   tonnerre:
« Je chante le vainqueur des vainqueurs de
   la terre. »[206]
Que produira l'auteur après tous ces
   grands cris?
La montagne en travail enfante une souris.
Oh! que j'aime bien mieux cet auteur plein
   d'adresse
Qui, sans faire d'abord de si haute
   promesse,

---

199. *fabuleux:* i.e., who can tolerate and enjoy ancient
   fables.
200. *songes: here,* wild imaginations.
201. *Ulysse...Énée:* figures of the Trojan War.
202. *Childebrand:* early Frankish hero, subject of an
   epic by Carel de Sainte-Garde.
203. *Louis:* Louis XIV.
204. *Polynice...frère:* Eteocles and Polynices,
   originators of legendary Theban War.
205. *ce fou:* Saint-Amand, in his *Moïse sauvé.*
206. Opening line of Georges de Scudéry's *Alaric.*

Me dit d'un ton aisé, doux, simple,
      harmonieux:
« Je chante les combats et cet homme
      pieux[207]
Qui, des bords phrygiens[208] conduit dans
      l'Ausonie,[209]
Le premier aborda les champs de
      Lavinie! »[210]
Sa muse en arrivant ne met pas tout en feu,
Et, pour donner beaucoup, ne nous promet
      que peu;
Bientôt vous la verrez, prodiguant les
      miracles,
Du destin des Latins prononcer les oracles,
De Styx et d'Achéron peindre les noirs
      torrents,
Et déjà les Césars dans l'Élysée[211] errants.

[*Vivacity recommended*]

De figures[212] sans nombre égayez votre
      ouvrage;
Que tout y fasse aux yeux une riante
      image:
On peut être à la fois et pompeux et
      plaisant;[213]
Et je hais un sublime ennuyeux et pesant.
J'aime mieux Arioste et ses fables
      comiques
Que ces auteurs toujours froids et
      mélancoliques
Qui dans leur sombre humeur se croiraient
      faire affront[214]
Si les Grâces jamais leur déridaient le
      front.[215]

[*Homer and his imitators*]

On dirait que pour plaire, instruit par la
      nature,
Homère ait à Vénus dérobé sa ceinture.
Son livre est d'agréments un fertile trésor:
Tout ce qu'il a touché se convertit en or,

Tout reçoit dans ses mains une nouvelle
      grâce:
Partout il divertit et jamais il ne lasse.
Une heureuse chaleur anime ses discours:
Il ne s'égare point en de trop longs
      détours.
Sans garder dans ses vers un ordre
      méthodique,
Son sujet de soi-même et s'arrange et
      s'explique;[216]
Tout, sans faire d'apprêts,[217] s'y prépare
      aisément;
Chaque vers, chaque mot, court à
      l'événement.
Aimez donc ses écrits, mais d'un amour
      sincère:
C'est avoir profité que de savoir s'y plaire.
Un poème excellent, où tout marche et se
      suit,
N'est pas de ces travaux qu'un caprice
      produit:
Il veut du temps, des soins; et ce pénible[218]
      ouvrage
Jamais d'un écolier ne fut l'apprentissage.
Mais souvent parmi nous un poète sans
      art,[219]
Qu'un beau feu quelquefois échauffa par
      hasard,
Enflant d'un vain orgueil son esprit
      chimérique,
Fièrement prend en main la trompette
      héroïque:
Sa muse déréglée, en ses vers
      vagabonds,[220]
Ne s'élève jamais que par sauts et par
      bonds:
Et son feu, dépourvu de sens et de lecture,
S'éteint à chaque pas faute de nourriture.
Mais en vain le public, prompt à le
      mépriser,
De son mérite faux le veut désabuser;

---

207. *cet homme pieux:* i.e., Aeneas.
208. *phrygiens:* of Asia Minor.
209. *Ausonie:* Italy.
210. *Lavinie:* Aeneas' colony in Italy. (These are the opening lines of the *Aeneid.*)
211. *l'Élysée:* the Elysian Fields.
212. *figures:* poetic images.
213. *pompeux et plaisant:* elevated and agreeable.
214. *se croiraient faire affront:* would think

themselves dishonored.
215. *leur...front:* let them relax (*lit.*, unwrinkled their brows).
216. *s'explique:* develops.
217. *apprêts:* laborious preparations.
218. *pénible:* here, arduous.
219. *un poète sans art:* Desmarets de Saint-Sorlin.
220. *vagabonds:* wandering, undisciplined.

Lui-même, applaudissant à son maigre
    génie,
Se donne par ses mains l'encens qu'on lui
    dénie:
Virgile, au prix de[221] lui, n'a point
    d'invention;
Homère n'entend point la noble fiction.
Si contre cet arrêt[222] le siècle se rebelle,
A la postérité d'abord il en appelle.
Mais attendant qu'ici le bon sens de retour
Ramène triomphants ses ouvrages au jour,
Leurs tas, au magasin, cachés à la lumière,
Combattent tristement les vers et la
    poussière.
Laissons-les donc entre eux s'escrimer en
    repos;[223]
Et, sans nous égarer, suivons notre
    propos.[224]

[*The Comedy in ancient times*]

Des succès fortunés du spectacle tragique
Dans Athènes naquit la comédie antique.
Là le Grec, né moqueur, par mille jeux
    plaisants
Distilla le venin de ses traits médisants.
Aux accès insolents d'une bouffonne joie
La sagesse, l'esprit, l'honneur furent en
    proie.
On vit par le public un poète avoué[225]
S'enrichir aux dépens du mérite joué;[226]
Et Socrate par lui, dans un chœur de
    nuées,[227]
D'un vil amas de peuple attirer les huées.[228]
Enfin de la licence on arrêta le cours:[229]
Le magistrat des lois emprunta le secours,
Et, rendant par édit les poètes plus sages,
Défendit de marquer[230] les noms et les
    visages.
Le théâtre perdit son antique fureur;
La comédie apprit à rire sans aigreur,
Sans fiel et sans venin sut instruire et

reprendre,[231]
Et plut innocemment dans les vers de
    Ménandre.[232]
Chacun, peint avec art dans ce nouveau
    miroir,
S'y vit avec plaisir, ou crut ne s'y point
    voir:
L'avare, des premiers, rit du tableau fidèle
D'un avare souvent tracé[233] sur son
    modèle;
Et mille fois un fat finement exprimé[234]
Méconnut le portrait sur lui-même formé.

[*Imitation of Nature, the essence of true
comedy*]

Que la nature donc soit votre étude unique,
Auteurs qui prétendez aux honneurs du
    comique.
Quiconque voit bien l'homme et, d'un
    esprit profond,
De tant de cœurs cachés a pénétré le fond;
Qui sait bien ce que c'est qu'un prodigue,
    un avare,
Un honnête homme, un fat, un jaloux, un
    bizarre,
Sur une scène heureuse, il peut les étaler,
Et les faire à nos yeux vivre, agir et parler.
Présentez-en partout les images naïves;[235]
Que chacun y soit peint des couleurs les
    plus vives.
La nature, féconde en bizarres portraits,
Dans chaque âme est marquée à de
    différents traits;
Un geste la découvre, un rien la fait
    paraître:
Mais tout esprit n'a pas des yeux pour la
    connaître.
Le temps, qui change tout, change aussi
    nos humeurs:
Chaque âge a ses plaisirs, son esprit et ses
    mœurs.

---

221. *au prix de:* in comparison with.
222. *arrêt:* decree.
223. *Laissons-les...repos:* Let us then allow them
(the works of Desmarets, worms, and dust) to
struggle among themselves at their ease.
224. *propos:* purpose.
225. *un poète avoué:* Aristophanes, who mocked
Socrates, Euripides, and others.
226. *joué:* mocked.
227. *nuées: The Clouds* of Aristophanes.

228. *huées:* hootings.
229. Reference to the "New Comedy" of Greece,
which portrayed social customs rather than
politics.
230. *marquer:* indicate, specify.
231. *reprendre:* reprove.
232. Menander, chief of the New Comedy.
233. *tracé:* modifies *tableau*.
234. *exprimé:* described.
235. *naïves:* natural.

Un jeune homme, toujours bouillant dans
    ses caprices,
Est prompt à recevoir l'impression des
    vices;
Est vain dans ses discours, volage[236] en ses
    désirs,
Rétif à la censure et fou dans les plaisirs.
L'âge viril, plus mûr, inspire un air plus
    sage,
Se pousse auprès des grands, s'intrigue, se
    ménage,[237]
Contre les coups du sort songe à se
    maintenir,
Et loin dans le présent regarde l'avenir.
La vieillesse chagrine[238] incessamment
    amasse;
Garde, non pas pour soi, les trésors qu'elle
    entasse,
Marche en tous ses desseins d'un pas lent
    et glacé;
Toujours plaint le présent et vante le passé;
Inhabile aux plaisirs dont la jeunesse
    abuse,
Blâme en eux[239] les douceurs que l'âge lui
    refuse.

[*Counsels to writer of comedy: Molière
is the model*]

Ne faites point parler vos acteurs au
    hasard,
Un vieillard en jeune homme, un jeune
    homme en vieillard.
Étudiez la cour et connaissez la ville:[240]
L'une et l'autre est toujours en modèles
    fertile.
C'est par là que Molière, illustrant[241] ses
    écrits,
Peut-être de son art eût remporté le prix,

Si, moins ami du peuple, en ses doctes
    peintures
Il n'eût point fait souvent grimacer ses
    figures,
Quitté, pour le bouffon, l'agréable et le fin,
Et sans honte à Térence[242] allié Tabarin.
Dans ce sac ridicule où Scapin
    s'enveloppe,[243]
Je ne reconnais plus l'auteur du
    Misanthrope.[244]
Le comique, ennemi des soupirs et des
    pleurs,
N'admet point en ses vers de tragiques
    douleurs;
Mais son emploi n'est pas d'aller, dans
    une place,[245]
De mots sales et bas charmer la populace.
Il faut que ses acteurs badinent[246]
    noblement;
Que son nœud[247] bien formé se dénoue
    aisément;
Que l'action, marchant où la raison la
    guide,
Ne se perde jamais dans un scène vide;[248]
Que son style humble et doux se relève à
    propos;
Que ses discours, partout fertiles en bons
    mots,
Soient pleins de passions finement
    maniées,
Et les scènes toujours l'une à l'autre liées.
Aux dépens du bon sens gardez de
    plaisanter;
Jamais de la nature il ne faut s'écarter.[249]
Contemplez de quel air un père dans
    Térence
Vient d'un fils amoureux gourmander[250]
    l'imprudence:

---

236. *volage:* flighty.
237. *se ménage:* governs itself.
238. *chagrine:* melancholy.
239. *eux = plaisirs.*
240. *la ville:* i.e., the bourgeois society of Paris.
241. *illustrant:* adding luster to.
242. *Térence:* Roman writer of comedy.
243. The reference is to a bit of horseplay in *Les Fourberies de Scapin.*
244. *Le Misanthrope:* the most serious in tone of Molière's plays. This whole passage is aptly transposed in Soame's version:
    Thus 'twas great Jonson purchased his renown,

    And in his art had borne away the crown,
    If, less desirous of the people's praise,
    He had not with low farce debased his plays,
    Mixing dull buffoon'ry with wit refined,
    And Harlequin with noble Terence joined.
    When in the Fox I see the tortoise hissed,
    I lose the author of the Alchemist.
245. *place:* public square.
246. *badinent:* trifle (*i.e.,* play comedy).
247. *nœud:* plot.
248. *vide:* empty (of action and progression).
249. Again the appeal to Nature.
250. *gourmander:* rebuke.

De quel air cet amant écoute ses leçons,
Et court chez sa maîtresse oublier ces
   chansons.
Ce n'est pas un portrait, une image
   semblable,
C'est un amant, un fils, un père véritable.
J'aime sur le théâtre un agréable auteur
Qui, sans se diffamer[251] aux yeux du
   spectateur,
Plaît par la raison seule, et jamais ne la
   choque.

Mais pour un faux plaisant, à grossière
   équivoque,[252]
Qui pour me divertir n'a que la saleté,
Qu'il s'en aille, s'il veut, sur deux
   tréteaux[253] monté,
Amusant le Pont-Neuf de ses sornettes[254]
   fades,
Aux laquais assemblés jouer ses
   mascarades.

7. For the Children:
Fairy Tales and Fables

Children's literature has traditionally been an overlooked and underappreciated genre. In the seventeenth century, France made a major contribution—equaled perhaps only in the following century by Germany's Brothers Grimm and Denmark's Hans Christian Anderson—when Charles Perrault and Jean de la Fontaine composed their brilliant stories aimed at children and adults alike. Unlike most other literature, these tales are universally known and revered in Western culture. All Americans are very familiar with the most popular fairy tales of Charles Perrault, even though the author's name is largely unknown. And the fables written by La Fontaine are almost as famous, featuring poetry regarded as the equal of any in the seventeenth century. Thanks to these two authors, in large measure, fairy tales (*contes de fée*) and other folklore gained in stature. Today, these genres are finally the respected object of much scholarly inquiry within the academic community. And since children's stories had long been the domain of mothers who told them to their offspring, it can be said that this new respect is also a boon to women's literature. Of course, the seventeenth century was willing to canonize such production only when it came through the filter of two male writers.

Charles Perrault

[1628-1703]

The Ancients vs. the Moderns

A lifelong government bureaucrat who worked on numerous building projects and academic initiatives for Louis XIV, Charles Perrault wrote stories and poems almost as a side endeavor, probably unaware of how he would be remembered. Born in Paris the son of a Jansenist politician who steered all four of his sons into public service, Perrault

---

251. *se diffamer:* lower himself.
252. *équivoque:* double meaning.

253. *tréteaux:* trestles.
254. *sornettes:* nonsense.

Little Red Riding Hood becomes suspicious. From Perrault's Mother Goose Illustrated by Gustave Doré, *n.d.*

rose steadily in the administration and was elected to the Académie française in 1671. He lectured his fellow members on the virtues of modern literature, extolling seventeenth-century authors as equal or greater in quality to the antique writers of Greece and Rome two millennia earlier. Perrault's discourses *Parallèles des Anciens et des Modernes* and *Hommes illustres qui ont paru en France pendant ce siècle* became instant sensations. Eager to flatter the king, other academicians and writers joined in this glorification of "Le Siècle de Louis le Grand," as Perrault called it. However, this was the age of Classicism, regarded as the official literary style sanctioned by the king. Consequently, other writers, led by La Fontaine and Boileau, rose up to champion the ancient authors and their great classical tradition. This *Querelle des Anciens et des Modernes,* as it came to be designated, became one of the livelier of literary debates, lasting in one form or another for the next two hundred years. Neither side can be said to have won during Louis XIV's time, as each served the monarch's purposes in different ways, and each garnered his approval. From a purely literary standpoint, the pro-Ancients contingent can be seen as having promoted writing based on solid scholarship and strong models from the past, whereas the pro-Moderns succeeded in freeing French literature from some of the artificiality that was hindering it and promoting an appreciation of medieval and Renaissance tales and folklore that had been nearly buried by the vogue for the Classical.

Perrault as Mother Goose

In 1697, Perrault wrote, or actually rewrote, eight children's fairy tales that mothers had been passing down orally since time unknown. Publishing the book under the name of Pierre Perrault (his ten-year-old son), Charles created an instant classic: *Histoires ou contes du temps passé, avec des moralités: Contes de ma mère l'Oye.* Mother Goose quickly conquered the world. The stories are so well known, especially today, that it is hard for us to imagine a time when they were not written down in a book. Thanks to Perrault, we have a collection that includes our culture's best known fairy tales: *Cinderella* (*Cendrillon, ou la petite pantoufle de verre*), *Sleeping Beauty* (*La Belle au bois dormant*), *Blue Beard* (*La Barbe bleue*), *Puss in Boots* (*Le Maistre Chat, ou le Chat botté*), and *Little Red Riding Hood* (*Le Petit Chaperon Rouge*), among others.

Our selection, *Le Petit Chaperon Rouge*, is certainly representative of its genre. In quick fashion it creates unforgettable characters, sets up a dangerous situation, gives us a simple but memorable plotline, and hits us with a powerful finish. Frightening children for their own good may seem cruel today, but each fairy tale has a moral to impress upon its listener or reader, and the element of fright is what makes that impression a permanent one. If you think you already know the story of Little Red Riding Hood, think again—and read on.

LE PETIT CHAPERON ROUGE

Il était une fois une petite fille de village, la plus jolie qu'on eût su voir; sa mère en était folle, et sa mère-grand[1] plus folle encore. Cette bonne femme lui fit faire un petit chaperon rouge, qui lui seyait[2] si bien, que partout on l'appelait le petit chaperon rouge.

Un jour sa mère, ayant cuit et fait des galettes,[3] lui dit : « Va voir comment se porte ta mère-grand, car on m'a dit qu'elle était malade, porte-lui une galette et ce petit pot de beurre. »

Le petit chaperon rouge partit aussitôt pour aller chez sa mère-grand, qui demeurait dans un autre village. En passant dans un bois elle rencontra compère[4] le loup, qui eut bien envie de la manger, mais il n'osa, à cause de quelques bûcherons[5] qui étaient dans la forêt. Il lui demanda ou elle alla; la pauvre enfant, qui ne savait pas qu'il est dangereux de s'arrêter à écouter un loup, lui dit : « Je vais voir ma mère-grand, et lui porter une galette avec un petit pot de beurre que ma mère lui envoie. »

« Demeure-t-elle bien loin ? » lui dit le loup.

« Oh! oui », dit le petit chaperon rouge, « c'est par delà le moulin que vous voyez tout là-bas, là-bas, à la première maison du village. »

« Eh bien! » dit le loup, « je veux y aller voir aussi; je m'y en vais par ce chemin-ci, et toi par ce chemin-là, et nous verrons qui plus tôt y sera. »

Le loup se mit à courir de toute sa force par le chemin qui était le plus court, et la petite fille s'en alla par le chemin le plus long, s'amusant à cueillir des noisettes,[6] à courir après des papillons, et à faire des bouquets des petites fleurs qu'elle rencontrait.

Le loup ne fut pas longtemps à arriver à la maison de la mère-grand; il heurte: toc, toc.[7]

« Qui est là ? »

« C'est votre fille le petit chaperon rouge » (dit le loup, en contrefaisant[8] sa voix) « qui vous apporte une galette et un petit pot de beurre que ma mère vous envoie. »

La bonne mère-grand, qui était dans son lit, car elle se trouvait un peu mal, lui cria : « Tire la chevillette, la bobinette cherra. »[9]

Le loup tira la chevillette, et la porte s'ouvrit. Il se jeta sur la bonne femme, et la dévora en moins de rien;[10] car il y avait plus de trois jours qu'il n'avait mangé. Ensuite

---

1. *mère-grand = grand-mère.*
2. *lui seyait:* suited her.
3. *galettes:* cakes.
4. *compère:* comrade.
5. *bûcherons:* woodcutters.
6. *cueillir des noisettes:* gather hazelnuts.

7. *toc, toc:* knock, knock.
8. *contrefaisant:* imitating.
9. *Tire la chevillette, la bobinette cherra:* Pull on the peg and the door latch will fall (open).
10. *et la dévora en moins de rien:* and devoured her in no time flat.

il ferma la porte, et s'alla coucher dans le lit de la mère-grand, en attendant le petit chaperon rouge, qui quelque temps après vint heurter à la porte. Toc, toc.

« Qui est là? »

Le petit chaperon rouge, qui entendit la grosse voix du loup, eut peur d'abord, mais croyant que sa mère-grand était enrhumée,[11] répondit : « C'est votre fille le petit chaperon rouge, qui vous apporte une galette et un petit pot de beurre que ma mère vous envoie. »

Le loup lui cria, en adoucissant[12] un peu sa voix : « Tire la chevillette, la bobinette cherra. »

Le petit chaperon rouge tira la chevillette, et la porte s'ouvrit. Le loup, la voyant entrer, lui dit en se cachant dans le lit sous la couverture: «Mets la galette et le petit pot de beurre sur la huche,[13] et viens te coucher avec moi.»

Le petit chaperon rouge se déshabille, et va se mettre dans le lit, où elle fut bien étonnée de voir comment sa mère-grand était faite en son déshabillé. Elle lui dit : «Ma mère-grand que vous avez de grands bras! »

« C'est pour mieux t'embrasser ma fille. »

« Ma mère-grand que vous avez de grandes jambes! »

« C'est pour mieux courir mon enfant. »

« Ma mère-grand que vous avez de grandes oreilles! »

« C'est pour mieux écouter mon enfant. »

« Ma mère-grand que vous avez de grands yeux! »

« C'est pour mieux voir mon enfant.»

« Ma mère-grand que vous avez de grandes dents! »

« C'est pour te manger. »

Et en disant ces mots, le méchant loup se jeta sur le petit chaperon rouge, et la mangea.[14]

Jean de La Fontaine

[1621-1695]

The Fabulist

Jean de la Fontaine was born in Château-Thierry, in the province of Champagne, not far to the northeast of Paris. His family was of *la magistrature,* that class of government employees which gave France so many of its intellectual leaders. After a somewhat desultory education, he married and became *Maitre des eaux et forets* in his home town, supervising the exploitation of natural resources for the government. He was a slack administrator and an unsatisfactory husband. A small-town dilettante, he published nothing until he was thirty-three. He then sought a literary career. He became a protege of the all-powerful Superintendant of Finance, Foucquet. When Foucquet fell from grace and was imprisoned, La Fontaine was one of the honorable few who did not desert him. Cut off from royal favor,

---

11. *enrhumée:* ill with a cold.
12. *adoucissant:* softening.
13. *huche:* bread bin.
14. Americans are invariably shocked by this version of the story, which has Little Red Riding Hood undressed in bed with the wolf, and lacks the addition of the fake happy ending (courtesy of the Brothers Grimm) that Americans insist upon. Fairy tales, as a traditional genre of folkloric oral French literature, for centuries served the practical purpose of frightening children into safer behavior. Learning not to play with wild animals in the woods was a literal necessity for children in rural areas if they were to survive. Fairy tales also work on other levels, such as teaching children to avoid the beds of human wolves in grandmothers' clothing. Many fairy tales serve to help children deal with their fears, especially sexual ones. Have we overly sanitized our children's stories in modern times?

he lived in Paris as a permanent house guest in rich, noble families, endearing himself to his hosts by his amusing, simple, kindly (but at bottom egotistic) charm. He became legendary for his absent-mindedness and for his wit, which depended largely on his disconcerting sincerity. He was famous for his *Contes,* amusing, often indecent, renderings in verse of traditional tales, told with much vivacity. But the *Fables* are his most important work. Long totally indifferent to religion, he was converted in his old age, and at his death in 1695 it was discovered that for two years this formerly happy hedonist had worn a hair shirt, a painful penitence designed to mortify the flesh.

Wise Wit, Free Verse, and Human Animals

Of all classic French writers, La Fontaine is the best known and perhaps the best loved by the average French person. In France, everyone reads and memorizes some of the *Fables* in school, quotes their proverbial wisdom to justify his actions (especially his ungenerous actions) and stay his opinions, and in time teaches his or her children to recite them before admiring family gatherings. Yet the American reader who for the first time reads the *Fables* in his maturity is likely to be nonplussed by the esteem in which the French hold them. "Their subjects," he is likely to say, "are traditional and conventional; their thought is slight and superficial; they teach the meanest virtues: prudence, self-interest, cunning, when they do not actually inculcate hypocrisy and all uncharitableness. Why then do the French rate them so high?"

The answer, essentially, is Art. La Fontaine, repeating familiar tales, transformed them by the manner of telling into tiny masterpieces of wit and wisdom. The pictures they evoke, the phrases by which the pictures are imposed on the reader, have become a part of the French person's experience of the world, not merely an experience of literature. They provide an extraordinary sense of rightness, even of perfection. The French fan of La Fontaine will permit not a word of these *Fables* to be changed or misquoted. They are his or her models of French style.

In reading the *Fables,* you must strive to recognize why and how they are to be regarded as models of style. La Fontaine labored long to achieve in each fable the utmost in concise, dramatic storytelling. Each word is carefully chosen for its expressiveness. The verse rhythms make a pattern of sound which blends with the pattern of meaning. His form is most commonly the *vers libre,* an innovation in his time. The lines may be seven to twelve syllables in length, according to no set scheme. The rhymes are rich and novel, often deftly displaced to gain an effect of surprise. He uses *enjambement,* or run-on lines, unexpected pauses, and many other devices to construct rhythmical patterns which delight the sensitive ear. Probably La Fontaine and Victor Hugo are the two greatest masters of French poetic technique.

The subject matter is commonly familiar. The 240 *Fables* recount, in general, stories of animals, with obvious applications to human affairs, particularly to the social system of seventeenth-century France. In some of them the characters are men and women. Some are mainly descriptive of a rustic scene. A few are small essays on philosophic themes. The *manner* varies; the fable may be a little drama, a comedy, an idyll, a joke, a song. Thus monotony is avoided.

His *sources* are many. None of his themes are of his own invention. Very many are taken from the Greek Aesop and the Latin Phaedrus. The Hindu fabulist Bidpal furnished subjects for the latter part of La Fontaine's collection. Other stories came from Old French or from anecdotes told by friends. One sees that La Fontaine did not much prize originality, or that for him originality lay in rendering and interpretation, not in subject matter. Compare this attitude with that of the painter.

His *pictures of animal life* have been much praised and much criticized. He was certainly no scientist. *La Cigale et la Fourmi,* for instance, is a mass of entomological errors. La Fontaine did not care, nor do most of his readers. What he does supremely well is to picture the external aspect and behavior of animals as he had affectionately observed them. For the most part, La Fontaine makes his animals *anthropomorphic*, i.e., human beings with the appearance of animals.

A Moral to Every Story

The *morality* of the *Fables* is, to say the least, questionable. Rousseau and Lamartine found their lessons revolting. Said Lamartine: "They are rather the hard, cold, egotistic philosophy of the old man than the affectionate, generous, naive, good philosophy of the child. They are poison." Indeed, the *Fables* show us a grim world, where the struggle for existence rules, where the devil, or the wolf, takes the hindmost. But surely children (especially the offspring of the powerful and wealthy) need such a warning in order to defend themselves

Jean de la Fontaine. Reproduction from O.B. Super, ed., One Hundred Fables, *1906*

from becoming the dupes of scheming flatterers and con men. The morality is utilitarian, pointing the way to self-preservation and success in an ugly society that rewards hypocrisy and corruption. But certainly that is one of the reasons for the great popularity of the *Fables*. One may properly protest against the meanness of La Fontaine's picture of human behavior. However, to sustain one's protest, one must first prove that his picture is false.

FABLES

La Cigale et la Fourmi[1]

La Cigale, ayant chanté
Tout l'été,
Se trouva fort dépourvue[2]
Quand la bise[3] fut venue:
Pas un seul petit morceau
De mouche ou de vermisseau.[4]
Elle alla crier famine
Chez la Fourmi sa voisine,

La priant de lui prêter
Quelque grain pour subsister
Jusqu'à la saison nouvelle.
« Je vous paierai, lui dit-elle,
Avant l'oût,[5] foi d'animal,[6]
Intérêt et principal. »
La Fourmi n'est pas prêteuse;
C'est là son moindre défaut.
« Que faisiez-vous au temps chaud? »

---

1. *La Cigale et la Fourmi:* The Cicada and the Ant. (Note the seven-syllable line, unusual in French prosody.)
2. *dépourvue:* destitute.
3. *bise:* north wind of winter.

4. *vermisseau:* earthworm.
5. *oût = août.*
6. *foi d'animal:* a play on *foi de gentilhomme*, on a gentleman's word.

Dit-elle à cette emprunteuse.
« Nuit et jour à tout venant[7]
Je chantais, ne vous déplaise.[8]
—Vous chantiez? j'en suis fort aise:[9]
Eh bien! dansez maintenant. » [10]
[I, 1]

Le Corbeau et le Renard

Maître[11] Corbeau, sur un arbre perché,
Tenait en son bec un fromage.
Maître Renard, par l'odeur alléché,[12]
Lui tint à peu près ce langage:
« Hé! bonjour, Monsieur du Corbeau,[13]
Que vous êtes joli! que vous me semblez
    beau!
Sans mentir, si votre ramage[14]
Se rapporte à[15] votre plumage,
Vous êtes le phénix des hôtes de ces
    bois. »
A ces mots le Corbeau ne se sent pas[16]
    de joie;
Et, pour montrer sa belle voix,
Il ouvre un large bec, laisse tomber sa
    proie.
Le Renard s'en saisit, et dit: « Mon bon
    Monsieur,
Apprenez que tout flatteur
Vit aux dépens de celui qui l'écoute.
Cette leçon vaut bien un fromage, sans
    doute. »
Le Corbeau, honteux et confus,
Jura, mais un peu tard, qu'on ne l'y
    prendrait plus.[17]
[I, 2]

La Grenouille[18] qui veut se faire aussi grosse que le Bœuf

Une Grenouille vit un Bœuf
Qui lui sembla de belle taille.
Elle, qui n'était pas grosse en tout
    comme un œuf,
Envieuse, s'étend, et s'enfle, et se
    travaille[19]
Pour égaler l'animal en grosseur,
Disant: « Regardez bien, ma sœur;
Est-ce assez? dites-moi; n'y suis-je point
    encore?
—Nenni.[20]—M'y voici donc?—Point du
    tout.—M'y voilà?
—Vous n'en approchez point. » La
    chétive pécore[21]
S'enfla si bien qu'elle creva.
Le monde est plein de gens qui ne sont
    pas plus sages:
Tout bourgeois veut bâtir comme les
    grands seigneurs,
Tout petit prince a des ambassadeurs,
Tout marquis veut avoir des pages.
[I, 3]

Le Loup et le Chien

Un Loup n'avait que les os et la peau,
Tant les chiens faisaient bonne garde.
Ce Loup rencontre un Dogue[22] aussi
    puissant que beau,
Gras, poli,[23] qui s'était fourvoyé par
    mégarde.[24]
L'attaquer, le mettre en quartiers,
Sire Loup l'eût fait volontiers;
Mais il fallait livrer bataille;

---

7. *à tout venant:* to all and sundry.
8. *ne vous déplaise:* if you don't mind.
9. *fort aise:* very glad.
10. What do you think of the moral?
11. *Maître:* title of honor given to lawyers, etc.
12. *alléché:* allured.
13. *Monsieur du Corbeau:* old formula of polite address.
14. *ramage:* song.
15. *Se rapporte à:* Matches.
16. *ne se sent pas:* cannot contain himself.
17. Remember that this old story was told in *Maître Pathelin.* Rousseau, in his *Émile* (1762), chooses this fable as an example of La Fontaine's immoral teaching. The child will admire the wicked fox instead of sympathizing with the simple crow, and will learn to prize trickery above honesty. What answer can one make to Rousseau?
18. *Grenouille:* Frog.
19. *se travaille:* strains. (The three verbs in this line are arranged in an ascending scale of effort, and each renders that effort by its sound.)
20. *Nenni:* No, no. (*Familiar and archaic.*)
21. *chétive pécore:* tiny creature. (In the preceding lines the action is not described but is suggested by the dialogue. Thus rapidity and vivacity are gained.)
22. *Dogue:* large watchdog.
23. *poli: polished* (*i.e.,* with healthy, lustrous hair).
24. *s'était...mégarde:* had strayed inadvertently.

Et le mâtin[25] était de taille
A se défendre hardiment.
Le Loup donc l'aborde humblement,
Entre en propos, et lui fait compliment
Sur son embonpoint,[26] qu'il admire.
« Il ne tiendra qu'à vous, beau sire,
D'être aussi gras que moi, lui repartit le
    Chien.
Quittez les bois, vous ferez bien;
Vos pareils y sont misérables,
Cancres,[27] hères[28] et pauvres diables,
Dont la condition est de mourir de faim.
Car, quoi? rien d'assuré, point de
    franche lippée,[29]
Tout à la pointe de l'épée.
Suivez-moi, vous aurez un bien meilleur
    destin.
Le Loup reprit: « Que me faudra-t-il
    faire?
—Presque rien, dit le Chien: donner la
    chasse aux gens
Portants bâtons et mendiants;[30]
Flatter ceux du logis, à son maître
    complaire:
Moyennant quoi[31] votre salaire
Sera force reliefs[32] de toutes les façons,
Os de poulets, os de pigeons;
Sans parler de mainte caresse. »
Le Loup déjà se forge une félicité
Qui le fait pleurer de tendresse.
Chemin faisant, il vit le cou du Chien
    pelé.[33]
« Qu'est-ce là? lui dit-il.—Rien.—
    Quoi? rien?—Peu de chose.
—Mais encor?—Le collier dont je suis
    attaché

De ce que vous voyez est peut-être la
    cause.
—Attaché! dit le Loup: vous ne courez
    donc pas
Où vous voulez?—Pas toujours: mais
    qu'importe?
—Il importe si bien que de tous vos
    repas
Je ne veux en aucune sorte,
Et ne voudrais pas même à ce prix un
    trésor. »[34]
Cela dit, maître Loup s'enfuit, et court
    encor.[35]
[I, 5]

LE LOUP ET L'AGNEAU

La raison du plus fort est toujours la
    meilleure:
Nous l'allons montrer tout à l'heure.[36]
Un Agneau se désaltérait[37]
Dans le courant d'une onde pure;
Un Loup survient à jeun,[38] qui cherchait
    aventure
Et que la faim en ces lieux attirait.
« Qui[39] te rend si hardi de troubler mon
    breuvage?[40]
Dit cet animal plein de rage:
Tu seras châtié de ta témérité.[41]
—Sire, répond l'Agneau, que Votre
    Majesté
Ne se mette pas en colère;
Mais plutôt qu'elle considère
Que je me vas désaltérant[42]
Dans le courant
Plus de vingt pas au-dessous d'Elle;[43]
Et que par conséquent, en aucune façon,

---

25. *mâtin:* mastiff.
26. *embonpoint:* healthy look.
27. *Cancres:* Starvelings.
28. *hères:* outcasts.
29. *franche lippée:* free meals.
30. *Portants bâtons et mendiants:* Wielding sticks and begging. (Notice agreement of participles, according to old usage.)
31. *Moyennant quoi:* In return for which.
32. *force reliefs:* many leftovers.
33. *pelé:* skinned.
34. Notice again the development of the action by dialogue. When reading this passage, try to hear the wolf's progression from suspicion to horror, the dog's shamefaced effort for self-respect.

35. Where is the moral?
36. *tout à l'heure:* immediately. (The moral comes at the beginning. What do you think of it? Is La Fontaine being ironic?
37. *se désaltérait:* was slaking his thirst.
38. *à jeun:* fasting.
39. *Qui = Qu'est-ce qui.*
40. In this line the repetition of r's, the vowels and nasals, are adapted to rendering the wolf's snarl.
41. In this line the repetition of t's helps the speaker to utter it with cold ferocity. In the speech of the lamb which follows, the sounds are adapted to a simple-minded, garrulous, truthful creature.
42. *je me vas désaltérant = je vais me désaltérant.*
43. *Elle = Votre Majesté.*

Lamb who chats with wolves. From La Fontaine's Fables Illustrated by Gustave Doré, *n.d.*

Je ne puis troubler sa boisson.
—Tu la troubles, reprit cette bête
    cruelle;
Et je sais que de moi tu médis[44] l'an
    passé.
—Comment l'aurais-je fait si je n'étais
    pas né?
Reprit l'Agneau, je tette[45] encor ma
    mère.
—Si ce n'est toi, c'est donc ton frère.
—Je n'en ai point.—C'est donc
    quelqu'un des tiens;
Car vous ne m'épargnez guère,
Vous, vos bergers, et vos chiens.
On me l'a dit: il faut que je me venge. »

Là-dessus, au fond des forêts
Le Loup l'emporte, et puis le mange,
Sans autre forme de procès.
[I, 10]

La Mort et le Bûcheron[46]

Un pauvre Bûcheron, tout couvert de
    ramée,[47]
Sous le faix du fagot [48] aussi bien que
    des ans
Gémissant et courbé, marchait à pas
    pesants,
Et tâchait de gagner sa chaumine
    enfumée.[49]
Enfin, n'en pouvant plus d'effort et de
    douleur,
Il met bas son fagot, il songe à son
    malheur.
Quel plaisir a-t-il eu depuis qu'il est au
    monde?
En est-il un plus pauvre en la machine
    ronde?[50]
Point de pain quelquefois, et jamais de
    repos:
Sa femme, ses enfants, les soldats,[51] les
    impôts,
Le créancier et la corvée[52]
Lui font d'un malheureux la peinture
    achevée.
Il appelle la Mort. Elle vient sans tarder,
Lui demande ce qu'il faut faire.[53]
« C'est, dit-il, afin de m'aider
A recharger ce bois; tu ne tarderas
    guère. »[54]

Le trépas vient tout guérir;
Mais ne bougeons d'où nous sommes:
Plutôt souffrir que mourir,
C'est la devise des hommes.
[I, 16]

---

44. *tu médis:* you slandered.
45. *tette:* am suckled by.
46. *Bûcheron:* Woodcutter.
47. *ramée:* green branches.
48. *le faix du fagot:* the burden of the fagots (small wood).
49. *chaumine enfumée:* smoky cottage. (In lines 1–4, notice the slow movement, the prevalence of long open vowels, *a*'s and *o*'s, to match the somberness of the picture.
50. *la machine ronde:* the earth (a Latinism).

51. *soldats:* Soldiers, billeted on the peasants, were likely to despoil them.
52. *corvée:* forced labor (a feudal obligation of the peasant).
53. Make a long pause between lines 14 and 15. During the pause, the peasant is horrified by the aspect of death, changes his mind, and resorts to a typical peasant ruse. La Fontaine forces the reader to collaborate with him.
54. *tu ne tarderas guère:* it won't take you long.

LE CHÊNE ET LE ROSEAU[55]

[*This is said to be La Fontaine's favorite fable. The reason obviously is the perfect fitting of form to substance. The movement develops from the delicacy of the first lines to the majesty and sonority of the close.*]

Le Chêne, un jour, dit au Roseau:
« Vous avez bien sujet d'accuser la
    nature;
Un roitelet[56] pour vous est un pesant
    fardeau;
Le moindre vent qui d'aventure[57]
Fait rider[58] la face de l'eau,
Vous oblige à baisser la tête;
Cependant que[59] mon front, au Caucase[60]
    pareil,
Non content d'arrêter les rayons du
    soleil,
Brave l'effort de la tempête.
Tout vous est aquilon,[61] tout me semble
    zéphyr.
Encor si vous naissiez à l'abri du
    feuillage
Dont je couvre le voisinage,
Vous n'auriez pas tant à souffrir,
Je vous défendrais de l'orage:
Mais vous naissez le plus souvent
Sur les humides bords des royaumes du
    vent.[62]
La nature envers vous me semble bien
    injuste.
—Votre compassion, lui répondit
    l'arbuste,[63]
Part d'un bon naturel; mais quittez ce
    souci:
Les vents me sont moins qu'à vous
    redoutables;
Je plie, et ne romps pas. Vous avez
    jusqu'ici

Contre leurs coups épouvantables
Résisté sans courber le dos;
Mais attendons la fin. » Comme il disait
    ces mots,
Du bout de l'horizon accourt avec furie
Le plus terrible des enfants
Que le Nord eût portés jusque-là dans
    ses flancs.
L'arbre tient bon; le Roseau plie.
Le vent redouble ses efforts,
Et fait si bien qu'il déracine
Celui de qui la tête au ciel était voisine,
Et dont les pieds touchaient à l'empire
    des morts.[64]
[I, 22]

LES ANIMAUX MALADES DE LA PESTE

[*We see clearly in this fable the application to the social system of the seventeenth century: the king (the lion), the nobles (tigers and bears), the courtier (fox), the magistrate (wolf), and the common people (the donkey).*]

Un mal qui répand la terreur,
Mal que le Ciel en sa fureur
Inventa pour punir les crimes de la terre,
La Peste (puisqu'il faut l'appeler par son
    nom[65]),
Capable d'enrichir en un jour
    l'Achéron,[66]
Faisait aux Animaux la guerre.
Ils ne mouraient pas tous, mais tous
    étaient frappés:
On n'en voyait point d'occupés
A chercher le soutien d'une mourante
    vie;[67]
Nul mets[68] n'excitait leur envie;
Ni loups ni renards n'épiaient
La douce et l'innocente proie;
Les tourterelles[69] se fuyaient:

---

55. *Roseau:* Reed.
56. *roitelet:* wren.
57. *d'aventure:* by chance.
58. *rider:* wrinkle, ruffle.
59. *Cependant que:* While.
60. *Caucase:* Caucasus.
61. *aquilon:* cold blast.
62. Notice the cunning alliterations in this line.
63. *arbuste:* shrub, plant.

64. Again the moral is not expressly stated.
65. To utter the name of the Plague (like that of the Devil) was thought to be an invitation to it.
66. *Achéron:* river of Hades, signifying Hades itself.
67. *le soutien...vie:* i.e., food.
68. *mets:* food.
69. *tourterelles:* doves.

Plus d'amour, partant[70] plus de joie.
Le Lion tint conseil, et dit: « Mes chers
    amis,
Je crois que le Ciel a permis
Pour nos péchés cette infortune.
Que le plus coupable de nous
Se sacrifie aux traits du céleste
    courroux;
Peut-être il obtiendra la guérison
    commune.
L'histoire nous apprend qu'en de tels
    accidents,
On fait de pareils dévouements.[71]
Ne nous flattons donc point: voyons sans
    indulgence
L'état de notre conscience.
Pour moi, satisfaisant mes appétits
    gloutons,
J'ai dévoré force moutons.
Que m'avaient-ils fait? Nulle offense;
Même il m'est arrivé quelquefois de
    manger
Le berger.[72]
Je me dévouerai donc, s'il le faut; mais
    je pense
Qu'il est bon que chacun s'accuse ainsi
    que moi;
Car on doit souhaiter, selon toute justice,
Que le plus coupable périsse.
—Sire, dit le Renard, vous êtes trop bon
    roi;
Vos scrupules font voir trop de
    délicatesse.
Eh bien! manger moutons, canaille, sotte
    espèce,
Est-ce un péché? Non, non. Vous leur
    fîtes, Seigneur,
En les croquant,[73] beaucoup d'honneur;
Et quant au berger, l'on peut dire

Qu'il était digne de tous maux,
Étant de ces gens-là qui sur les animaux
Se font un chimérique empire. »
Ainsi dit le Renard;[74] et flatteurs
    d'applaudir.[75]
On n'osa trop approfondir
Du Tigre, ni de l'Ours, ni des autres
    puissances,
Les moins pardonnables offenses.
Tous les gens querelleurs, jusqu'aux
    simples mâtins,[76]
Au dire de chacun, étaient de petits
    saints.
L'Ane vint à son tour, et dit: « J'ai
    souvenance[77]
Qu'en un pré de moines passant,
La faim, l'occasion, l'herbe tendre, et,
    je pense,
Quelque diable aussi me poussant,
Je tondis[78] de ce pré la largeur de ma
    langue.
Je n'en avais nul droit, puisqu'il faut
    parler net. »[79]
A ces mots, on cria haro[80] sur le Baudet.
Un Loup, quelque peu clerc,[81] prouva
    par sa harangue
Qu'il fallait dévouer[82] ce maudit animal,
Ce pelé, ce galeux,[83] d'où venait tout
    leur mal.
Sa peccadille fut jugée un cas pendable.[84]
Manger l'herbe d'autrui! quel crime
    abominable!
Rien que la mort n'était capable
D'expier son forfait: on le lui fit bien
    voir.
Selon que vous serez puissant ou
    misérable,
Les jugements de cour vous rendront
    blanc ou noir.
[VII, I]

---

70. *partant:* therefore.
71. *dévouements: here,* sacrifices.
72. What is the rhetorical purpose and effect of this surprising three-syllable line? How should it be read?
73. *croquant:* devouring.
74. Notice that the clever fox has avoided making any confession of his own.
75. *d'applaudir* (hist. inf.): applauded.
76. *mâtins:* mastiffs (*i.e.,* soldiers).
77. *J'ai souvenance:* I recollect.
78. *tondis:* cropped.

79. *parler net:* speak frankly. (The ass's offense, trifling in itself, is further palliated by the fact that he was grazing in a monks' meadow.)
80. *cria haro:* shouted down.
81. *clerc:* scholar.
82. *dévouer:* sacrifice.
83. *Ce pelé, ce galeux:* That skinned and mangy creature.
84. *cas pendable:* hanging crime. (Notice that the Wolf merely abuses the defendant, alleging no proofs.)

8. Two Moralists

Writing Original Proverbs

French literature is very rich in aphorisms, or pithy allegations about life and conduct. The classical period particularly was inclined to generalize its observations of human behavior and to cast them in concise, memorable form. Some few of the aphorists we may call moralists, for their observations add up to a reasoned, coherent judgment of ethical values. The enthusiasm for writing maxims came from the rediscovery by the classicists of the ancient Roman author Martial (Marcus Valerius Martialis, c. 40-104 AD), the greatest maxim writer of his age and a favorite of two emperors. His clever, insightful epigrams in Latin inspired seventeenth-century wits to attempt to equal him in French.

La Rochefoucauld

[1613-1680]

Gallantry and Bitterness

Francois, duc de La Rochefoucauld, was *un grand,* one of the few French writers who belonged to the high nobility. The marks of his caste are pride, courage, punctilious honor, and rapacity. He was a dreamy, romantic youth, loving gallant adventures, attempting even to abduct Queen Anne (wife of Louis XIII) to save her from the clutches of Cardinal Richelieu. For love of the beautiful turquoise-eyed Duchesse de Longueville, sister of *le grand Conde,* he joined the rebels in the Wars of the Fronde (1648-1652), was entangled in a bewildering series of conspiracies, was severely wounded, and lost his wealth and standing, most of his eyesight, and the Duchesse de Longueville. In his later years he frequented the literary *salons* of Paris, particularly that of Madame de Sable, patroness of letters and of artistic cuisine. He joined his invalidism to that of Madame de Lafayette in a liaison which the severest moralists hardly reproved. He was

Duc de la Rochefoucauld. Courtesy of Bibliothèque nationale de France

tortured by gout and by an ennui as savage as a disease. But, as he said, "l'extrême ennui sert a nous désennuyer." His chief refuge from boredom was the polishing of his *maximes.*

The writing of *maximes,* or *sentences,* was a favorite parlor game in the salon of Madame de Sable. And what is a *maxime?* In La Rochefoucauld's hands, it is an observation on man's behavior, laid to the account of humanity in general, expressed with the utmost brevity in such words as may startle the reader, prick him to protest, thought, perhaps agreement.

Maxims and Confessions

La Rochefoucauld's 641 *maximes* state his conclusions about the moral qualities of man's spirit. He takes for his epigraph this thought: "Nos vertus ne sont le plus souvent que des vices déguisés." This is his compelling idea; he illustrates it amply. "Les vices entrent dans la composition des vertus, comme les poisons entrent dans la composition des remèdes. La prudence les assemble et les tempère, et elle s'en sert utilement contre les maux de la vie." In developing his thesis, he often employs a nearly mechanical device; for it is obvious that the excess of every virtue is a vice, courage may turn into foolhardiness, liberality into prodigality, and it is easy to condemn a virtue by identifying it with its vicious excess. But La Rochefoucauld is not expressing ultimate truth; he merely finds in accepted valuations a regrettable simplification. Nothing is simple in the world, nothing is pure—not virtue, not vice either.

His picture of man's baseness is dark and pessimistic, certainly. But, he suggests, we should be wary of blaming man for what he is. He is not responsible; his depravity has been determined in advance. "Toutes les passions ne sont autre chose que les divers degrés de la chaleur et de la froideur du sang."

Man is then helpless. He is an automaton, condemned to work evil on himself and others. Yet there is always an implicit comparison between his wicked folly and his possible wisdom and virtue. The cynicism of the maxims is therefore not complete. Most of La Rochefoucauld's generalizations are, I think, confessions. This is the world, he implies, more evil and stupid than any of us had realized. We had expected something better; alas that we were so befooled, alas that we have had to learn the ugly truth. La Rochefoucauld parades before us his stoic coldness, but in fact he reveals his own exasperated sensibility, the suffering of his disillusion.

You should read the *maximes* slowly, penetrating the substance, relishing the form. You will inevitably ask yourself: "Is this true?" According to your experience you will give your answer. But it will be a provisional answer. When you are fifty, like La Rochefoucauld, you may revise your answer. But it will still be provisional.

The *maximes* are numbered as in the edition of 1678, the last to appear in La Rochefoucauld's lifetime.

♣ ♣ ♣

MAXIMES

[Selections]

[1]   Ce que nous prenons pour des vertus n'est souvent qu'un assemblage de diverses actions et de divers intérêts, que la fortune ou notre industrie[1] savent arranger; et ce n'est pas toujours par valeur et par chasteté que les hommes sont vaillants et que les femmes sont chastes.

[11]   Les passions en engendrent souvent qui leur sont contraires. L'avarice produit quelquefois la prodigalité, et la prodigalité l'avarice; on est souvent ferme par faiblesse, et audacieux par timidité.

[14]   Les hommes ne sont pas seulement sujets à perdre le souvenir des bienfaits et des injures: ils haïssent même ceux qui les ont obligés, et cessent de haïr ceux qui leur ont fait des outrages. L'application à récompenser le bien et à se venger du mal leur paraît une servitude

---

1.   *industrie:* skill, astuteness.

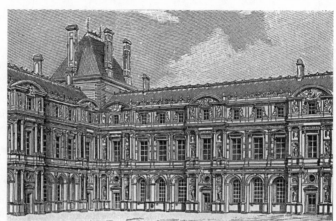

Louvre Palace, site of attack during the Fronde uprising. From an engraving in Ernest Lavisse's Histoire de France, *1919*

à laquelle ils ont peine de se soumettre.

[19] Nous avons tous assez de force pour supporter les maux d'autrui.

[20] La constance des sages n'est que l'art de renfermer leur agitation dans le cœur.

[26] Le soleil ni la mort ne se peuvent regarder fixement.

[29] Le mal que nous faisons ne nous attire pas tant de persécution et de haine que nos bonnes qualités.

[38] Nous promettons selon nos espérances, et nous tenons[2] selon nos craintes.

[39] L'intérêt[3] parle toutes sortes de langues et joue toutes sortes de personnages, même celui du désintéressé.

[49] On n'est jamais si heureux ni si malheureux qu'on s'imagine.

[68] Il est difficile de définir l'amour. Ce qu'on en peut dire est que, dans l'âme, c'est une passion de régner; dans les esprits, c'est une sympathie; et dans le corps, ce n'est qu'une envie cachée et délicate de posséder ce que l'on aime après beaucoup de mystères.

[69] S'il y a un amour pur et exempt du mélange de nos autres passions, c'est celui qui est caché au fond du cœur et que nous ignorons nous-mêmes.

[71] Il n'y a guère de gens qui ne soient honteux de s'être aimés, quand ils ne s'aiment plus.

[72] Si on juge de l'amour par la plupart de ses effets, il ressemble plus à la haine qu'á l'amitié.

[73] On peut trouver des femmes qui n'ont jamais eu de galanterie, mais il est rare d'en trouver qui n'en aient jamais eu qu'une.

[84] Il est plus honteux de se défier de[4] ses amis que d'en être trompé.

[86] Notre défiance justifie la tromperie d'autrui.

[89] Tout le monde se plaint de sa mémoire, et personne ne se plaint de son jugement.

[93] Les vieillards aiment à donner de bons préceptes, pour se consoler de n'être plus en état de donner de mauvais exemples.

[112] Les défauts de l'esprit augmentent en vieillissant, comme ceux du visage.

[113] Il y a de bons mariages, mais il n'y en a point de délicieux.

[114] On ne se peut consoler d'être trompé par ses ennemis et trahi par ses amis, et l'on est souvent satisfait de l'être par soi-même.

---

2. *tenons:* keep our promises.
3. *intérêt:* self-interest.

4. *se défier de:* distrust.

[120] L'on fait plus souvent des trahisons par faiblesse que par un dessein formé de trahir.

[122] Si nous résistons à nos passions, c'est plus par leur faiblesse que par notre force.

[123] On n'aurait guère de plaisir si on ne se flattait jamais.

[130] La faiblesse est le seul défaut que l'on ne saurait corriger.

[131] Le moindre défaut des femmes qui se sont abandonnées à faire l'amour, c'est de faire l'amour.

[135] On est quelquefois aussi différent de soi-même que des autres.

[136] Il y a des gens qui n'auraient jamais été amoureux s'ils n'avaient jamais entendu parler de l'amour.

[138] On aime mieux dire du mal de soi-même que de n'en point parler.

[149] Le refus des louanges est un désir d'être loué deux fois.

[168] L'espérance, toute trompeuse qu'elle est, sert au moins à nous mener à la fin de la vie par un chemin agréable.

[169] Pendant que la paresse et la timidité nous retiennent dans notre devoir, notre vertu en a souvent tout l'honneur.

[171] Les vertus se perdent dans l'intérêt, comme les fleuves se perdent dans la mer.

[185] Il y a des héros en mal comme en bien.

[192] Quand les vices nous quittent, nous nous flattons de la créance[5] que c'est nous qui les quittons.

[197] Il y a des gens de qui l'on peut ne jamais croire du mal sans l'avoir vu, mais il n'y en a point en qui il nous doive surprendre en le voyant.

[204] La sévérité des femmes est un ajustement[6] et un fard[7] qu'elles ajoutent à leur beauté.

[205] L'honnêteté des femmes est souvent l'amour de leur réputation et de leur repos.

[207] La folie nous suit dans tous les temps de la vie. Si quelqu'un paraît sage, c'est seulement parce que ses folies sont proportionnées à son âge et à sa fortune.

[209] Qui vit sans folie n'est pas si sage qu'il croit.

[214] La valeur[8] est, dans les simples soldats,[9] un métier périlleux qu'ils ont pris pour gagner leur vie.

[218] L'hypocrisie est un hommage que le vice rend à la vertu.

[220] La vanité, la honte, et surtout le tempérament, font souvent la valeur des hommes et la vertu des femmes.

[226] Le trop grand empressement qu'on a de s'acquitter d'une obligation est une espèce d'ingratitude.

[231] C'est une grande folie de vouloir être sage tout seul.

[237] Nul ne mérite d'être loué de bonté s'il n'a pas la force d'être méchant; toute autre bonté n'est le plus souvent qu'une paresse ou une impuissance de la volonté.

[257] La gravité est un mystère du corps inventé pour cacher les défauts de l'esprit.

[263] Ce qu'on nomme libéralité n'est le plus souvent que la vanité de donner, que nous aimons mieux que ce que nous donnons.

[271] La jeunesse est une ivresse continuelle; c'est la fièvre de la raison.

[276] L'absence diminue les médiocres passions et augmente les grandes, comme le vent éteint les bougies[10] et allume le feu.

[284] Il y a des méchants qui seraient moins dangereux s'ils n'avaient aucune bonté.

---

5.   *créance = croyance.*
6.   *adjustement:* adornment.
7.   *fard:* make-up.

8.   *valeur:* valor.
9.   *simples soldats:* privates.
10. *bougies:* candles.

[298] La reconnaissance de la plupart des hommes n'est qu'une secrète envie de recevoir de plus grands bienfaits.

[303] Quelque bien qu'on nous dise de nous, on ne nous apprend rien de nouveau.

[304] Nous pardonnons souvent à ceux qui nous ennuient, mais nous ne pouvons pardonner à ceux que nous ennuyons.

[305] L'intérêt, que l'on accuse de tous nos crimes, mérite souvent d'être loué de nos bonnes actions.

[308] On a fait une vertu de la modération, pour borner l'ambition des grands hommes et pour consoler les gens médiocres de leur peu de fortune et de leur peu de mérite.

[310] Il arrive quelquefois des accidents dans la vie d'où il faut être un peu fou pour se bien tirer.

[311] S'il y a des hommes dont le ridicule n'ait jamais paru, c'est qu'on ne l'a pas bien cherché.

[312] Ce qui fait que les amants et les maîtresses ne s'ennuient point d'être ensemble, c'est qu'ils parlent toujours d'eux-mêmes.

[313] Pourquoi faut-il que nous ayons assez de mémoire pour retenir jusqu'aux moindres particularités de ce qui nous est arrivé, et que nous n'en ayons pas assez pour nous souvenir combien de fois nous les avons contées à une même personne?

[316] Les personnes faibles ne peuvent être sincères.

[329] On croit quelquefois haïr la flatterie, mais on ne hait que la manière de flatter.

[351] On a bien de la peine à rompre quand on ne s'aime plus.

[361] La jalousie naît toujours avec l'amour; mais elle ne meurt pas toujours avec lui.

[366] Quelque défiance que nous ayons de la sincérité de ceux qui nous parlent, nous croyons toujours qu'ils nous disent plus vrai qu'aux autres.

[367] Il y a peu d'honnêtes femmes qui ne soient lasses de leur métier.

[368] La plupart des honnêtes femmes sont des trésors cachés, qui ne sont en sûreté que parce qu'on ne les cherche pas.

[372] La plupart des jeunes gens croient être naturels lorsqu'ils ne sont que mal polis et grossiers.

[373] Il y a de certaines larmes qui nous trompent souvent nous-mêmes après avoir trompé les autres.

[377] Le plus grand défaut de la pénétration n'est pas de n'aller point jusqu'au but, c'est de le passer.

[389] Ce qui nous rend la vanité des autres insupportable, c'est qu'elle blesse la nôtre.

[409] Nous aurions souvent honte de nos plus belles actions, si le monde voyait tous les motifs qui les produisent.

[417] En amour, celui qui est guéri le premier est toujours le mieux guéri.

[428] Nous pardonnons aisément à nos amis les défauts qui ne nous regardent pas.

[432] C'est en quelque sorte se donner part aux belles actions que de les louer de bon cœur.

[436] Il est plus aisé de connaître l'homme en général que de connaître un homme en particulier.

[451] Il n'y a point de sots si incommodes que ceux qui ont de l'esprit.

[471] Dans les premières passions, les femmes aiment l'amant; et dans les autres, elles aiment l'amour.

[476] Notre envie dure toujours plus longtemps que le bonheur de ceux que nous envions.

[494] Ce qui fait voir que les hommes connaissent mieux leurs fautes qu'on ne pense, c'est qu'ils n'ont jamais tort quand on les entend parler de leur conduite; le même amour-propre qui

les aveugle d'ordinaire les éclaire alors et leur donne des vues si justes qu'il leur fait supprimer ou déguiser les moindres choses qui peuvent être condamnées.

[523] Une preuve convaincante que l'homme n'a pas été créé comme il est, c'est que, plus il devient raisonnable, et plus il rougit en lui-même de l'extravagance, de la bassesse et de la corruption de ses sentiments et de ses inclinations.

[547] Il est quelquefois agréable à un mari d'avoir une femme jalouse; il entend toujours parler de ce qu'il aime.

[583] Dans l'adversité de nos meilleurs amis, nous trouvons toujours quelque chose qui ne nous déplaît pas.

[584] Comment prétendons-nous qu'un autre garde notre secret, si nous ne pouvons le garder nous-mêmes?

[593] La sobriété est l'amour de la santé, ou l'impuissance de manger beaucoup.

[608] Il y a des crimes qui deviennent innocents, et même glorieux, par leur éclat, leur nombre et leur excès; de là vient que les voleries publiques sont des habiletés, et que prendre des provinces injustement s'appelle faire des conquêtes.

Jean de La Bruyère

[1645-1696]

A Faithful Observer

Jean de La Bruyere is one of the few authors who wrote only one book and thereby gained lasting fame.

We know little of his early life. He was of obscure bourgeois origin; he studied law, and held a small government post which gave him plenty of time for study. At the age of forty he became tutor to the grandson of the Grand Condé, Prince of the Blood, hence of the very highest nobility. La Bruyere remained for the rest of his life an inmate of the noble household. Shy and clumsy, he suffered much, for his pupil was an unteachable brute, and the old Duke made of the tutor the butt of his cruel jokes. But La Bruyere bore all, because in the ducal mansion he could observe the great, the courtiers, and the King himself. His book, *Les Caractères,* was published timidly in 1688, presenting itself as a translation from the Greek of Theophrastus, with some modern additions by the anonymous translator. Its success led to a series of amplified editions, in which Theophrastus nearly disappeared and the modern additions swelled to over a thousand. The book might have grown indefinitely, had not the author died when barely fifty.

Portraits and Protest

Les Caractères is composed of *portraits,* or character sketches of recognizable types, and brief *pensées,* observations and critical remarks, and *maximes,* not unlike those of La Rochefoucauld. La Bruyere announced as his purpose to paint the manners and customs of his time. But in his last edition he added that he intended to paint man in general. Thus he fulfills the classic principle of seeking the general and universal in the local and temporary.

La Bruyere begins his book with his *aesthetic doctrine,* which is of course thoroughly classic. He then passes in review the various levels of society. As a satirist, he dwells much more on social evils and abuses than on the brighter side of life. His *picture of social life* is accurate but incomplete. He is concerned to reveal unsuspected vices, not to show familiar virtues. Everywhere he sees the corrupting influence of money, with the upstart financiers, the *partisans,* invading the old aristocratic world. In this emphasis on economic causation he is modern.

He is modern also in his *political and social criticism.* He is not a revolutionary; he accepts the absolutist system. Eminent clerics had denounced from the pulpit the moral and social abuses he portrays. Nevertheless it took courage for an obscure layman to expose himself to the anger of the powerful great. Certain of his remarks forecast strangely the social protest that was to arise in the following century and that was to culminate in the Revolution of 1789.

His *artistic merit* is very great.

Jean de La Bruyère. From a reproduction in L. Petit de Julleville's Histoire de la Langue et de la Littérature française, *volume V, 1922*

His style, rich, varied, and vivid, is still set as a model for the literary student to imitate. He sought new words for literature in the special vocabularies of the trades, the army, agriculture, etc. Herein he broke with the classic tendency to purify the language and confine it to abstraction. He employed every trick of rhetoric, falling sometimes into artifice, a too-conscious effort to surprise. Voltaire well called it "un style rapide, concis, nerveux; des expressions pittoresques; un usage tout nouveau de la langue, mais qui n'en blesse pas les règles."

⚜ ⚜ ⚜

LES CARACTÈRES

[*Selections*]

I. DES OUVRAGES DE L'ESPRIT

[1] Tout est dit,[1] et l'on vient trop tard depuis plus de sept mille ans[2] qu'il y a des hommes, et qui pensent. Sur ce qui concerne les mœurs, le plus beau et le meilleur est enlevé;[3] l'on ne fait que glaner après les anciens et les habiles d'entre les modernes.

[10] Il y a dans l'art un point de perfection, comme de bonté ou de maturité dans la nature. Celui qui le sent et qui l'aime a le goût parfait; celui qui ne le sent pas, et qui aime en deça ou au delà, a le goût défectueux. Il y a donc un bon et un mauvais goût, et l'on dispute des goûts avec fondement.[4]

---

1. the opening words of the book are intended to startle.
2. *sept mille ans:* the world's age was commonly reckoned at 6000 or 7000 years.
3. *enlevé:* carried off (as by a reaper).

4. An important enunciation of classic doctrine. Beauty is absolute, not relative; art is an effort to apprehend the absolute; taste is a recognition of the absolute.

[17] Entre toutes les différentes expressions qui peuvent rendre une seule de nos pensées, il n'y en a qu'une qui soit la bonne. On ne la rencontre pas toujours en parlant ou en écrivant: il est vrai néanmoins qu'elle existe, que tout ce qui ne l'est point est faible, et ne satisfait point un homme d'esprit qui veut se faire entendre.[5]

Un bon auteur, et qui écrit avec soin, éprouve souvent que l'expression qu'il cherchait depuis longtemps sans la connaître, et qu'il a enfin trouvée, est celle qui était la plus simple, la plus naturelle, qui semblait devoir se présenter d'abord et sans effort.

Ceux qui écrivent par humeur[6] sont sujets à retoucher à leurs ouvrages: comme elle[7] n'est pas toujours fixe et qu'elle varie en eux selon les occasions, ils se refroidissent bientôt pour les expressions et les termes qu'ils ont le plus aimés.

[31] Quand une lecture vous élève l'esprit et qu'elle vous inspire des sentiments nobles et courageux, ne cherchez pas une autre règle pour juger de l'ouvrage; il est bon et fait de main d'ouvrier.[8]

[69] *Horace ou Despréaux*[9] l'a dit avant vous.—Je le crois sur votre parole; mais je l'ai dit comme mien. Ne puis-je pas penser après eux une chose vraie et que d'autres encore penseront après moi?[10]

II. DU MÉRITE PERSONNEL

[27] L'or éclate, dites-vous, sur les habits de *Philémon*.[11]—Il éclate de même chez les marchands.—Il est habillé des plus belles étoffes.—Le sont-elles moins toutes déployées dans les boutiques et à la pièce?—Mais la broderie et les ornements y ajoutent encore la magnificence.—Je loue donc le travail de l'ouvrier.—Si on lui demande quelle heure il est, il tire une montre qui est un chef-d'œuvre; la garde de son épée est un onyx, il a au doigt un gros diamant qu'il fait briller aux yeux et qui est parfait; il ne lui manque aucune de ces curieuses[12] bagatelles que l'on porte sur soi autant pour la vanité que pour l'usage, et il ne se plaint[13] non plus toute sorte de parure qu'un jeune homme qui a épousé une riche vieille.—Vous m'inspirez enfin de la curiosité; il faut voir du moins des choses si précieuses: envoyez-moi cet habit et ces bijoux de Philémon, je vous quitte[14] de la personne.

[37] Il n'y a rien de si délié,[15] de si simple et de si imperceptible où il n'entre des manières qui nous décèlent.[16] Un sot ni n'entre ni ne sort, ni ne s'assied, ni ne se lève, ni ne se tait, ni n'est sur les jambes, comme un homme d'esprit.

[41] Celui qui, logé chez soi dans un palais avec deux appartements pour les deux saisons, vient coucher au Louvre[17] dans un entresol[18] n'en use pas ainsi par modestie. Cet autre qui, pour conserver une taille[19] fine, s'abstient du vin et ne fait qu'un seul repas, n'est ni sobre ni tempérant; et d'un troisième qui, importuné d'un ami pauvre, lui donne enfin quelque secours, l'on dit qu'il achète son repos, et nullement qu'il est libéral. Le motif seul fait le mérite des actions des hommes, et le désintéressement y met la perfection.

IV. DU CŒUR

[63] Il faut rire avant que d'être heureux, de peur de mourir sans avoir ri.

---

5. This is the doctrine of *le mot juste*, to be restated by Flaubert and others in the nineteenth century.
6. *par humeur:* i.e., according to whim or inspiration.
7. *elle = humeur.*
8. *d'ouvrier = de maître.*
9. *Despréaux:* Boileau.
10. Have you read something like this before? Where?
11. *Philémon:* The classic name introduces a *portrait* of a recognizable contemporary type.
12. *curieuses:* precious.
13. *se plaint:* here, denies himself.
14. *je vous quitte:* I renounce (*i.e.,* never mind.)
15. *délié:* slight, trifling.
16. *décèlent:* reveal.
17. *Louvre:* The King's palace. (His attendant nobles were lodged in garrets and inadequate quarters. They endured every discomfort for the advantages of attendance at court.)
18. *entresol:* mezzanine (low-ceilinged, cramped floor between ground floor and main floor).
19. *taille:* figure.

Château de Chantilly, where La Bruyère taught the Duc de Bourbon. Courtesy of Bibliothèque nationale de France

V. DE LA SOCIÉTÉ ET DE LA CONVERSATION

[16] L'esprit de la conversation consiste bien moins à en montrer beaucoup qu'à en faire trouver aux autres; celui qui sort de votre entretien content de soi et de son esprit, l'est de vous parfaitement. Les hommes n'aiment point à vous admirer, ils veulent plaire; ils cherchent moins à être instruits, et même réjouis, qu'à être goûtés et applaudis; et le plaisir le plus délicat est de faire celui d'autrui.

[19] Dire d'une chose modestement ou qu'elle est bonne ou qu'elle est mauvaise, et les raisons pourquoi elle est telle, demande du bon sens et de l'expression;[20] c'est une affaire. Il est plus court de prononcer, d'un ton décisif et qui emporte[21] la preuve de ce qu'on avance, ou qu'elle est exécrable, ou qu'elle est miraculeuse.

[65] L'on a vu, il n'y a pas longtemps, un cercle de personnes des deux sexes, liées ensemble par la conversation et par un commerce d'esprit. Ils laissaient au vulgaire l'art de parler d'une manière intelligible; une chose dite entre eux peu clairement en entraînait une autre encore plus obscure, sur laquelle on enchérissait par de vraies énigmes, toujours suivies de longs applaudissements: par tout ce qu'ils appelaient délicatesse, sentiments, tour et finesse d'expression, ils étaient enfin parvenus à n'être plus entendus[22] et à ne s'entendre pas eux-mêmes. Il ne fallait pour fournir à ces entretiens ni bon sens, ni jugement, ni mémoire, ni la moindre capacité: il fallait de l'esprit, non pas du meilleur, mais de celui qui est faux, et où l'imagination a trop de part.[23]

VI. DES BIENS DE FORTUNE

[26] Ce garçon si frais, si fleuri,[24] et d'une si belle santé, est seigneur d'une abbaye et de dix autres bénéfices;[25] tous ensemble lui rapportent six vingt mille livres[26] de revenu, dont il n'est payé qu'en médailles d'or.[27] Il y a ailleurs six vingts familles indigentes qui ne se chauffent point

---

20. *expression:* art of expression.
21. *emporte: here,* implies.
22. *entendus:* understood.
23. This is a satire on *précieux* gatherings and preciosity.
24. *fleuri:* florid (*i.e.,* well fed).
25. Under the Old Régime, many young gentlemen became *abbés commendataires,* taking only the first orders of priesthood, and receiving the revenues of abbeys and other *bénéfices,* or ecclesiastical livings and preferments. Being under no obligations except that of (supposedly) celibacy, they commonly lived at court and frequently led scandalous lives.
26. *six vingt mille livres:* (In old numerical system) 120,000 pounds; *une livre* was a monetary unit, like the franc.
27. *médailles d'or:* i.e., louis d'or, coins of varying value.

pendant l'hiver, qui n'ont point d'habits pour se couvrir, et qui souvent manquent de pain; leur pauvreté est extrême et honteuse. Quel partage! Et cela ne prouve-t-il pas clairement un avenir?[28]

[47] Il y a des misères sur la terre qui saisissent le cœur; il manque à quelques-uns jusqu'aux aliments, ils redoutent l'hiver, ils appréhendent de vivre. L'on mange ailleurs des fruits précoces, l'on force la terre et les saisons pour fournir à sa délicatesse; de simples bourgeois, seulement à cause qu'ils étaient riches, ont eu l'audace d'avaler en un seul morceau la nourriture de cent familles. Tienne qui voudra contre[29] de si grandes extrémités; je ne veux être, si je le puis, ni malheureux ni heureux: je me jette et me réfugie dans la médiocrité.[30]

[58] Il y a des âmes sales, pétries[31] de boue et d'ordure, éprises du gain et de l'intérêt, comme les belles âmes le sont de la gloire et de la vertu; capables d'une seule volupté, qui est celle d'acquérir ou de ne point perdre; curieuses[32] et avides du denier dix;[33] uniquement occupées de leurs débiteurs, toujours inquiètes sur le rabais[34] ou sur le décri[35] des monnaies, enfoncées et comme abîmées dans les contrats, les titres et les parchemins. De telles gens ne sont ni parents, ni amis, ni citoyens, ni chrétiens, ni peut-être des hommes: ils ont de l'argent.

[83] *Giton* a le teint frais, le visage plein et les joues pendantes, l'œil fixe et assuré, les épaules larges, l'estomac[36] haut, la démarche ferme et délibérée;[37] il parle avec confiance, il fait répéter celui qui l'entretient, et il ne goûte que médiocrement

tout ce qu'il[38] lui dit; il déploie un ample mouchoir et se mouche[39] avec grand bruit; il crache[40] fort loin et il éternue[41] fort haut; il dort le jour, il dort la nuit, et profondément; il ronfle[42] en compagnie. Il occupe à table et à la promenade plus de place qu'un autre; il tient le milieu en se promenant avec ses égaux, il s'arrête et l'on s'arrête, il continue de marcher et l'on marche: tous se règlent sur lui; il interrompt, il redresse[43] ceux qui ont la parole; on ne l'interrompt pas, on l'écoute aussi longtemps qu'il veut parler, on est de son avis, on croit les nouvelles qu'il débite.[44] S'il s'assied, vous le voyez s'enfoncer dans un fauteuil, croiser les jambes l'une sur l'autre, froncer le sourcil, abaisser son chapeau[45] sur ses yeux pour ne voir personne, ou le relever ensuite et découvrir son front par fierté et par audace. Il est enjoué,[46] grand rieur, impatient, présomptueux, colère,[47] libertin,[48] politique,[49] mystérieux sur les affaires du temps; il se croit des talents et de l'esprit: il est riche.

Phédon a les yeux creux, le teint échauffé,[50] le corps sec et le visage maigre; il dort peu et d'un sommeil fort léger: il est abstrait,[51] rêveur,[52] et il a avec de l'esprit l'air d'un stupide; il oublie de dire ce qu'il sait, ou de parler d'événements qui lui sont connus, et, s'il le fait quelquefois, il s'en tire mal, il croit peser à ceux à qui il parle, il conte brièvement, mais froidement, il ne se fait pas écouter, il ne fait point rire; il applaudit, il sourit à ce que les autres lui disent, il est de leur avis; il court, il vole pour leur rendre de petits services, il est

---

28. *un avenir:* i.e., in the next world.
29. *Tienne qui voudra contre:* Let him who will oppose.
30. *médiocrité:* middle ground.
31. *pétries:* molded.
32. *curieuses: here,* concerned.
33. *denier dix:* ten per cent.
34. *rabais:* devaluation.
35. *décri:* depreciation (by decree).
36. *estomac:* chest.
37. *démarche ferme et délibérée:* firm and resolute walk.
38. *il:* i.e., the interlocutor.
39. *se mouche:* blows his nose.

40. *crache:* spits.
41. *éternue:* sneezes (after taking snuff).
42. *ronfle:* snores.
43. *redresse:* corrects.
44. *débite:* tells.
45. Men wore their hats indoors, except in the presence of ladies or the King.
46. *enjoué:* gay.
47. *colère:* ill-tempered.
48. *libertin:* freethinker.
49. *politique:* politically minded.
50. *échauffé: here,* pimply, spotty.
51. *abstrait:* inattentive.
52. *rêveur:* dreamy.

complaisant, flatteur, empressé; il est mystérieux sur ses affaires, quelquefois menteur; il est superstitieux,[53] scrupuleux, timide; il marche doucement et légèrement, il semble craindre de fouler[54] la terre; il marche les yeux baissés, et il n'ose les lever sur ceux qui passent; il n'est jamais du nombre de ceux qui forment un cercle pour discourir, il se met derrière celui qui parle, recueille furtivement ce qui se dit, et il se retire si on le regarde; il n'occupe point de lieu, il ne tient point de place; il va les épaules serrées,[55] le chapeau abaissé sur ses yeux pour n'être point vu, il se replie et se renferme dans son manteau; il n'y a point de rues ni de galeries si embarrassées[56] et si remplies de monde où il ne trouve moyen de passer sans effort et de se couler[57] sans être aperçu. Si on le prie de s'asseoir, il se met à peine sur le bord d'un siège, il parle bas dans la conversation, et il articule mal; libre[58] néanmoins sur les affaires publiques, chagrin[59] contre le siècle, médiocrement prévenu[60] des ministres et du ministère; il n'ouvre la bouche que pour répondre; il tousse;[61] il se mouche sous son chapeau, il crache presque sur soi, et il attend qu'il soit seul pour éternuer, ou, si cela lui arrive, c'est à l'insu de[62] la compagnie, il n'en coûte à personne ni salut ni compliment:[63] il est pauvre.

VII. DE LA VILLE

[12] *Narcisse* se lève le matin pour se coucher le soir, il a ses heures de toilette comme une femme, il va tous les jours fort régulièrement à la belle messe aux Feuillants ou aux Minimes,[64] il est homme d'un bon commerce,[65] et l'on compte sur lui au quartier de*** pour un tiers ou pour un cinquième à l'hombre ou au reversi;[66] là il tient le fauteuil quatre heures de suite chez *Aricie,* où il risque chaque soir cinq pistoles d'or.[67] Il lit exactement la *Gazette de Hollande* et le *Mercure galant*; il a lu Bergerac,[68] des Marets,[69] Lesclache,[70] les *Historiettes* de Barbin,[71] et quelques recueils de poésies. Il se promène avec des femmes à la Plaine ou au Cours, et il est d'une ponctualité religieuse sur les visites. Il fera demain ce qu'il fait aujourd'hui et ce qu'il fit hier, et il meurt ainsi après avoir vécu.

VIII. DE LA COUR

[74] L'on parle d'une région où les vieillards sont galants,[72] polis et civils; les jeunes gens, au contraire, durs, féroces,[73] sans mœurs ni politesse: ils se trouvent affranchis de la passion des femmes dans un âge où l'on commence ailleurs à la sentir; ils préfèrent des repas, des viandes et des amours ridicules. Celui-là chez eux est sobre et modéré qui ne s'enivre que de vin: l'usage trop fréquent qu'ils en ont fait le leur a rendu insipide; ils cherchent à réveiller leur goût déjà éteint par des eaux-de-vie[74] et par toutes les liqueurs les plus violentes; il ne manque à leur débauche que de boire de l'eau-forte.[75] Les femmes du pays précipitent le déclin de leur beauté par des artifices qu'elles croient servir à les rendre belles: leur coutume est de peindre leurs lèvres, leurs joues, leurs sourcils et

---

53. *superstitieux: here,* punctilious.
54. *fouler:* tread upon.
55. *serrées:* hunched.
56. *embarrassées:* crowded.
57. *se couler:* slip through.
58. *libre:* open-minded.
59. *chagrin:* discontented.
60. *prévenu:* in favor.
61. *tousse:* coughs.
62. *à l'insu de:* unperceived by.
63. *compliment:* i.e., polite exclamation: "Dieu vous bénisse!" You have no doubt observed the perfect balance of this double portrait.
64. *Feuillants, Minimes:* religious orders, whose Paris churches were fashionable.
65. *d'un bon commerce:* sociable.
66. *hombre, reversi:* omber, hearts; popular card games.
67. *pistoles d'or:* the gold pistole was worth 11 francs.
68. Cyrano de Bergerac, seventeenth-century author of fantasies which we rate higher than did La Bruyère.
69. Desmarets de Saint-Sorlin. You will remember Boileau's attack on his epic, *Clovis.*
70. *Lesclache:* unimportant author.
71. *Historiettes de Barbin:* cheap, light fiction, published by Barbin.
72. *galants:* sociable.
73. *féroces: here,* proud.
74. *eaux-de-vie:* distilled liquors.
75. *eau-forte:* alcohol.

leurs épaules, qu'elles étalent avec leur gorge, leurs bras et leurs oreilles, comme si elles craignaient de cacher l'endroit par où elles pourraient plaire, ou de ne pas se montrer assez. Ceux qui habitent cette contrée ont une physionomie qui n'est pas nette,[76] mais confuse, embarrassée dans une épaisseur de cheveux étrangers qu'ils préfèrent aux naturels et dont ils font un long tissu pour couvrir leur tête; il descend à la moitié du corps, change les traits, et empêche qu'on ne connaisse les hommes à leur visage. Ces peuples, d'ailleurs, ont leur Dieu et leur roi: les grands de la nation s'assemblent tous les jours, à une certaine heure, dans un temple qu'ils nomment église; il y a au fond de ce temple un autel consacré à leur Dieu, où un prêtre célèbre des mystères qu'ils appellent saints, sacrés et redoutables; les grands forment un vaste cercle au pied de cet autel, et paraissent debout, le dos tourné directement au prêtre et aux saints mystères, et les faces élevées vers leur roi, que l'on voit à genoux sur une tribune, et à qui ils semblent avoir tout l'esprit et tout le cœur appliqués. On ne laisse pas de voir dans cet usage une espèce de subordination, car ce peuple paraît adorer le prince, et le prince adorer Dieu.[77] Les gens du pays le nomment***; il est à quelque quarante-huit degrés d'élévation[78] du pôle, et à plus de onze cents lieues de mer des Iroquois et des Hurons.

[75] Qui considérera que le visage du prince fait toute la félicité du courtisan,[79] qu'il s'occupe et se remplit pendant toute sa vie de le voir et d'en être vu, comprendra un peu comment voir Dieu peut faire toute la gloire et tout le bonheur des saints.

IX. DES GRANDS

[25] Si je compare ensemble les deux conditions des hommes les plus opposées, je veux dire les grands avec le peuple, ce dernier me paraît content du nécessaire et les autres sont inquiets et pauvres avec le superflu. Un homme du peuple ne saurait faire aucun mal, un grand ne veut faire aucun bien, et est capable de grands maux; l'un ne se forme et ne s'exerce que dans les choses qui sont utiles, l'autre y joint les pernicieuses; là se montrent ingénument la grossièreté et la franchise, ici se cache une sève[80] maligne et corrompue sous l'écorce de la politesse; le peuple n'a guère d'esprit, et les grands n'ont point d'âme; celui-là a un bon fond et n'a point de dehors, ceux-ci n'ont que des dehors et qu'une simple superficie. Faut-il opter? Je ne balance pas: je veux être peuple.

[28] Un grand aime la Champagne, abhorre la Brie,[81] il s'enivre de meilleur vin que l'homme du peuple: seule différence que la crapule[82] laisse entre les conditions les plus disproportionnées, entre le seigneur et l'estafier.[83]

[41] S'il est vrai qu'un grand donne plus à la fortune lorsqu'il hasarde une vie destinée à couler dans les ris,[84] le plaisir et l'abondance, qu'un particulier[85] qui ne risque que des jours qui sont misérables, il faut avouer aussi qu'il a un tout autre dédommagement,[86] qui est la gloire et la haute réputation. Le soldat ne sent pas qu'il soit connu, il meurt obscur et dans la foule; il vivait de même, à la vérité, mais il vivait, et c'est l'une des sources du défaut de courage dans les conditions[87] basses et serviles. Ceux, au contraire, que la naissance démêle d'avec[88] le peuple et expose aux yeux des

---

76. *nette:* clean-cut.
77. La Bruyère is referring to the disposition of the Royal Chapel at Versailles.
78. *élévation:* latitude. (Paris lies between the forty-eighth and forty-ninth parallels.)
79. *courtisan:* courtier.
80. *sève:* sap.
81. *la Champagne, la Brie = le vin de Champagne,*

le vin de Brie.
82. *crapule:* drunkenness.
83. *estafier:* footman.
84. *ris:* laughter, gaiety.
85. *particulier:* i.e., insignificant individual.
86. *dédommagement:* recompense.
87. *conditions:* ranks of life.
88. *démêle d'avec:* distinguishes from.

hommes, à leur censure et à leurs éloges, sont même capables de sortir par effort de leur tempérament, s'il ne les portait pas à la vertu;[89] et cette disposition de cœur et d'esprit qui passe des aïeuls[90] par les pères dans leurs descendants est cette bravoure si familière aux personnes nobles, et peut-être la noblesse même.

Jetez-moi dans les troupes comme un simple soldat, je suis Thersite;[91] mettez-moi à la tête d'une armée dont j'aie à répondre à toute l'Europe, je suis *Achille*.[92]

[53] A la cour, à la ville, mêmes passions, mêmes faiblesses, mêmes petitesses, mêmes travers d'esprit, mêmes brouilleries[93] dans les familles et entre les proches, mêmes envies, mêmes antipathies: partout des brus[94] et des belles-mères, des maris et des femmes, des divorces, des ruptures et de mauvais raccommodements, partout des humeurs,[95] des colères, des partialités, des rapports[96] et ce qu'on appelle de mauvais discours.[97] Avec de bons yeux, on voit sans peine la petite ville, la rue Saint-Denis[98] comme transportées à V*** ou à F***.[99] Ici l'on croit se haïr avec plus de fierté et de hauteur, et peut-être avec plus de dignité; on se nuit réciproquement avec plus d'habileté et de finesse; les colères sont plus éloquentes, et l'on se dit des injures plus poliment et en meilleurs termes; l'on n'y blesse point la pureté de la langue, l'on n'y offense que les hommes ou que leur réputation; tous les dehors du vice y sont spécieux,[100] mais le fond encore une fois y est le même que dans les conditions les plus ravalées;[101] tout le bas, tout le faible et tout l'indigne s'y trouvent. Ces hommes si grands ou par leur naissance, ou par leur faveur, ou par leurs dignités, ces têtes si fortes et si habiles, ces femmes si

polies et si spirituelles, tous méprisent le peuple, et ils sont peuple...

XI. DE L'HOMME

[1] Ne nous emportons point contre les hommes en voyant leur dureté, leur ingratitude, leur injustice, leur fierté,[102] l'amour d'eux-mêmes et l'oubli des autres: ils sont ainsi faits, c'est leur nature, c'est ne pouvoir supporter que la pierre tombe ou que le feu s'élève.

[48] Il n'y a pour l'homme que trois événements: naître, vivre et mourir; il ne se sent pas naître, il souffre à mourir, et il oublie de vivre.

[50] Les enfants sont hautains, dédaigneux, colères, envieux, curieux, intéressés, paresseux, volages, timides,[103] intempérants, menteurs, dissimulés; ils rient et pleurent facilement; ils ont des joies immodérées et des afflictions amères sur de très petits sujets; ils ne veulent point souffrir de mal, et aiment à en faire: ils sont déjà des hommes.

[128] L'on voit certains animaux farouches, des mâles et des femelles, répandus par la campagne, noirs, livides et tout brûlés du soleil, attachés à la terre qu'ils fouillent et qu'ils remuent avec une opiniâtreté invincible; ils ont comme une voix articulée, et, quand ils se lèvent sur leurs pieds, ils montrent une face humaine, et en effet ils sont des hommes; ils se retirent la nuit dans des tanières[104] où ils vivent de pain noir, d'eau et de racines; ils épargnent aux autres hommes la peine de semer, de labourer et de recueillir pour vivre, et méritent ainsi de ne pas manquer de ce pain qu'ils ont semé.[105]

---

89. *vertu:* courage.
90. *aïeuls = aïeux:* ancestors.
91. Thersites, the cowardly braggart in Homer's *Iliad.*
92. Achilles, paragon of valor.
93. *brouilleries:* quarrels.
94. *brus:* daughters-in-law.
95. *humeurs:* caprices.
96. *rapports:* tale bearings.
97. *mauvais discours:* slanders.
98. *rue Saint-Denis:* Main Street.

99. *V* * * *, F* * * *:* Versailles, Fontainebleau.
100. *spécieux:* fair-seeming.
101. *avalées:* inferior.
102. *fierté:* cruelty.
103. *timides:* cowardly.
104. *tanières:* dens.
105. A famous impression, hardly exaggerated, of the misery of peasants in the brilliant reign of Louis XIV. This passage, with others, represents the dawning of social consciousness and social conscience.

XII. DES JUGEMENTS

[24] Si nous entendions dire des Orientaux qu'ils boivent ordinairement d'une liqueur qui leur monte à la tête, leur fait perdre la raison et les fait vomir, nous dirions: « Cela est bien barbare ».

XIV. DE QUELQUES USAGES

[31] Il s'est trouvé des filles qui avaient de la vertu, de la santé, de la ferveur et une bonne vocation, mais qui n'étaient pas assez riches pour faire dans une riche abbaye vœu de pauvreté.

XVI. DES ESPRITS FORTS[106]

[24] Jusqu'où les hommes ne se portent-ils point par l'intérêt de la religion, dont ils sont si peu persuadés et qu'ils pratiquent si mal!

9. Two Clerics

In modern times, Western European and American literature have become secular. We are inclined to classify theology, sermons, hymns as a special field, as trade literature. Pulpit eloquence especially has faded, with the substitution of the chatty, one-on-one manner of speech for the rolling periods of old-fashioned oratory. But in France, the arts of the Church still hold an important place in the curricula of the schools and in the manuals of literary history.

Jacques-Bénigne Bossuet

[1627-1704]

The Christian Classicist

Jacques-Bénigne Bossuet is the greatest representative of the "Christian classicism"of France. Classical oratory, mixed with often passionate religious fervor, constituted the essence of this genre.

The Eagle of Meaux

His life was totally given to the Church. Born in Dijon, in a family of pious magistrates, he was tonsured, consecrated to religion, at the age of eight. His natural piety was developed by ecclesiastical training; doubt he never knew. His brilliance as a young priest brought him to Paris to preach before the King and Court. As tutor to the Dauphin, he wrote for his charge a series of textbooks on religion, history, and philosophy. He was named Bishop of Meaux, and is often referred to as "l'aigle de Meaux." Engaged in constant controversies, he defended the rights of the French, or Gallican, church against Rome, and opposed the "quietism" of Fénelon, Archbishop of Cambrai. (Quietism is the contention that by putting the spirit in a meditative state of passive receptivity one may attain spiritual exaltation and

---

106. *esprits forts:* freethinkers.

inspired awareness of truth.) He carried on an endless argument with Protestant leaders, for his dearest purpose was to bring the Protestants back to the Catholic fold. He died, in full activity, at seventy-seven.

Voice from the Pulpit

His fame rests on his *Sermons,* moving and poetic, still taken as models of pulpit eloquence; on his *Oraisons funèbres (Funeral Orations),* of which more will be said in the selection given below; and on his historical and controversial works. Of these last we need mention only two. His *Discours sur l'histoire universelle* traces the development of humanity from the earliest times. Providence, the hand of God, is shown as the determinant of human affairs. Modern historians, though contesting Bossuet's interpretation and

Jacques-Bénigne Bossuet. From a reproduction in L. Petit de Julleville's Histoire de la Langue et de la Littérature française, *volume V, 1922*

correcting his errors of fact, see in the book the first great effort at historical synthesis, containing many brilliant observations on man's progress toward civilization. His *Histoire des variations des églises protestantes* is a polemic against Protestantism. His theme is that the incessant division and subdivision of Protestant sects according to variations in dogma prove that they cannot possess the truth, which, he says, has come by revelation only to Catholic orthodoxy. The book is noteworthy for the moderation, even sympathetic understanding, with which the founders of Protestantism are treated.

Bossuet was a great *artist.* His style is both oratorical and poetic, elevated, a little archaic for its own time, latinistic, lyric. It is still regarded as the finest model of style for the purpose which it serves.

DE LA BRIÈVETÉ DE LA VIE

Méditation

[This work was written probably in 1648 or 1649, when Bossuet was just over twenty, as a spiritual—and literary—exercise. He already possesses his characteristic style, eloquent even in meditation. Observe the simple, harmonious language, the balancing of phrases, the musical repetition of themes and turns of speech. The Méditation *is clearly intended not so much to clarify his own thoughts as to move others.]*

C'est bien peu de chose que l'homme, et tout ce qui a fin est bien peu de chose. Le temps viendra où cet homme qui nous semblait si grand ne sera plus, où il sera comme l'enfant qui est encore à naître, où il ne sera rien. Si longtemps qu'on soit au monde, y serait-on mille ans, il en faut venir là. Il n'y a que le temps de ma vie qui me fait différent de ce qui ne fut jamais: cette différence est bien petite, puisqu'à la fin je serai encore confondu avec ce qui n'est point; ce qui arrivera le jour où il ne paraîtra pas seulement que j'aie été, et où peu m'importera combien de temps j'aie été, puisque je ne serai plus. J'entre dans la vie avec la loi d'en sortir, je viens faire mon personnage,[1] je viens me montrer comme les autres; après, il faudra disparaître. J'en vois passer devant moi, d'autres me verront passer; ceux-là mêmes donneront à leurs successeurs le même spectacle; et tous enfin se viendront confondre dans le néant.

Ma vie est de quatre-vingts ans au plus, prenons-en cent: qu'il y a eu de temps où je n'étais pas! qu'il y en a où je ne serai point! et que j'occupe peu de place dans ce grand abîme des ans! Je ne suis rien; ce petit intervalle n'est pas capable de me distinguer du néant où il faut que j'aille. Je ne suis venu que pour faire nombre; encore n'avait-on que faire de moi,[2] et la comédie ne se serait pas moins bien jouée, quand je serais demeuré derrière le théâtre.[3] Ma partie[4] est bien petite en ce monde, et si peu considérable que, quand je regarde de près, il me semble que c'est un songe de me voir ici, et que tout ce que je vois ne sont que de vains simulacres:[5] *Praeterit figura hujus mundi.*[6]

Ma carrière est de quatre-vingts ans tout au plus; et pour aller là, par combien de périls faut-il passer? par combien de maladies, etc.? à quoi tient-il que le cours ne s'en arrête à chaque moment? ne l'ai-je pas reconnu quantité de fois? J'ai échappé la mort à telle et telle rencontre:[7] c'est mal parler, « j'ai échappé la mort ». J'ai évité ce péril, mais non pas la mort: la mort nous dresse diverses embûches;[8]

si nous échappons l'une nous tombons en une autre; à la fin, il faut venir entre ses mains. Il me semble que je vois un arbre battu des vents; il y a des feuilles qui tombent à chaque moment; les unes résistent plus, les autres moins: que s'il y en a qui échappent de l'orage, toujours l'hiver viendra, qui les flétrira[9] et les fera tomber. Ou, comme dans une grande tempête, les uns sont soudainement suffoqués, les autres flottent sur un ais[10] abandonné aux vagues, et lorsqu'il croit avoir évité tous les périls, après avoir duré longtemps, un flot le pousse contre un écueil,[11] et le brise; il en est de même: le grand nombre d'hommes qui courent la même carrière fait que quelques-uns passent jusques au bout; mais après avoir évité les attaques diverses de la mort, arrivant au bout de la carrière où ils tendaient parmi tant de périls, ils la vont trouver eux-mêmes, et tombent à la fin de leur course: leur vie s'éteint d'elle-même comme une chandelle qui a consumé sa matière.

Ma carrière est de quatre-vingts ans au plus,[12] et de ces quatre-vingts ans, combien y en a-t-il que je compte pendant ma vie? le sommeil est plus semblable à la mort; l'enfance est la vie d'une bête. Combien de temps voudrais-je avoir effacé de mon adolescence? et quand je serai plus âgé, combien encore? Voyons à quoi tout cela se réduit: qu'est-ce que je compterai donc? car tout cela n'en[13] est déjà pas. Le temps où j'ai eu quelque contentement, où j'ai acquis quelque honneur? Mais combien ce temps est-il clairsemé[14] dans ma vie? c'est comme des clous attachés à une longue muraille; dans[15] quelque distance vous diriez que

---

1. *faire mon personnage:* play my part. (The metaphor of the actor is carried through the following paragraph. Think of Shakespeare's "All the World's a Stage" speech in *As You Like It* for a parallel.)
2. *n'avait-on...moi:* there was no need of me.
3. *derrière le théâtre:* i.e., in the wings.
4. *partie:* rôle.
5. *simulacres:* images, representations.
6. *Praeterit...mundi:* The fashion of this world passeth away. (Biblical quotation: I Corinthians 7:31.)

7. *recontre:* occasion.
8. *embûches:* ambushes.
9. *flétrira:* will wither.
10. *ais:* plank.
11. *écueil:* reef.
12. Notice that almost the same phrase has opened the last three paragraphs. Assuming that Bossuet is anything but careless, why would he use such repetition?
13. *en = de ma carrière.*
14. *clairsemé:* scattered.
15. *dans = à.*

cela occupe bien de la place; amassez-les, il n'y en a pas pour emplir la main. Si j'ôte le sommeil, les maladies, les inquiétudes, etc., de ma vie: que je prenne maintenant tout le temps où j'ai eu quelque contentement ou quelque honneur, à quoi cela va-t-il? Mais ces contentements, les ai-je eus tous ensemble? mais les ai-je eus autrement que par parcelles? mais les ai-je eus sans inquiétude? et, s'il y a de l'inquiétude, les donnerai-je au temps que j'estime, ou à celui qui ne compte pas? et ne l'ayant pas eu à la fois, l'ai-je du moins eu tout de suite? l'inquiétude n'a-t-elle pas toujours divisé[16] deux contentements? ne s'est-elle pas toujours jetée à la traverse pour les empêcher de se toucher? Mais que reste-t-il? des plaisirs licites,[17] un souvenir inutile; des illicites, un regret, une obligation à l'enfer, ou à pénitence, etc. Ah! que nous avons bien raison de dire que nous passons notre temps! nous le passons véritablement, et nous passons avec lui. Tout mon être tient à un moment; voilà ce qui me sépare du rien; celui-là s'écoule, j'en prends un autre; ils se passent les uns après les autres: les uns après les autres, je les joins, tâchant de m'assurer; et je n'aperçois pas qu'ils m'entraînent insensiblement avec eux et que je manquerai au temps, non pas le temps à moi.

Voilà ce que c'est que ma vie; et ce qui est épouvantable, c'est que cela passe à mon égard;[18] devant Dieu cela demeure, ces choses me regardent. Ce qui est à moi, la possession en dépend du temps, parce que j'en dépends moi-même; mais elles sont à Dieu devant[19] moi, elles dépendent de Dieu devant que du temps, le temps ne les peut retirer de son empire, il est au-dessus du temps:[20] a son égard cela demeure, cela entre dans ses trésors; ce que j'y aurai mis, je le trouverai. Ce que je fais dans le temps, passe par le temps à l'éternité; d'autant que le temps est compris et est sous l'éternité, et aboutit à l'éternité. Je ne jouis des moments de ce plaisir que durant le passage; quand ils passent, il faut que j'en réponde comme s'ils demeuraient. Ce n'est pas assez dire: « Ils sont passés, je n'y songerai plus »; ils sont passés, oui pour moi, mais à Dieu, non; il m'en demandera compte.

Eh bien! mon âme, est-ce donc si grande chose que cette vie? et si cette vie est si peu de chose,[21] parce qu'elle passe, qu'est-ce que les plaisirs qui ne tiennent pas toute la vie, et qui passent en un moment? cela vaut-il bien la peine de se damner? cela vaut-il bien la peine de se donner tant de peine, d'avoir tant de vanité? Mon Dieu, je me résous de tout mon cœur en votre présence, de penser tous les jours, au moins en me couchant et en me levant, à la mort. En cette pensée: « J'ai peu de temps, j'ai beaucoup de chemin à faire, peut-être en ai-je encore moins que je ne pense », je louerai Dieu de m'avoir retiré ici pour songer à la pénitence. Je mettrai ordre à mes affaires, à ma confession, à mes exercices,[22] avec grande exactitude, grand courage, grande diligence; pensant non pas à ce qui passe, mais à ce qui demeure.

---

16. *divisé:* separated.
17. *licites:* licit, permissible.
18. *passe à mon égard:* concerns me.
19. *devant = avant.*

20. Notice the repetition of *temps* in this paragraph.
21. Bossuet picks up the phrase with which he had begun.
22. *exercices:* spiritual practices.

ORAISON FUNÈBRE DU PRINCE DE CONDÉ

[*Instead of merely celebrating the virtues of the deceased, as the convention of the funeral oration prescribed, Bossuet commonly took the life of his subject as a lesson for the living. Thus the theme of his oration on the death of the Prince de Condé (1687) is the necessity of piety.*

Le Grand Condé, Prince of the Blood and near relative of the King, was one of the greatest generals in French history. Bossuet tells of his life and victories; he analyzes his character and describes his last hours and death. He draws the lesson that glory is nothing without piety.

We have room here only for the peroration. This was said by Chateaubriand to be the utmost effort of human eloquence. One should imagine Bossuet in the high pulpit of Notre-Dame. The vast cathedral is draped with black banners bearing symbols of death and allegorical inscriptions. In the front of the nave stands a giant catafalque containing the coffin of Condé. King Louis XIV sits on a high seat looking up at the preacher; behind him are arrayed all the members of the Court, giving free vent to their tears. Now imagine Bossuet speaking with all the full-voiced sonority and emotion at his command.]

Péroraison

Venez, peuples, venez maintenant; mais venez plutôt, princes et seigneurs; et vous qui jugez la terre, et vous qui ouvrez aux hommes les portes du ciel; et vous, plus que tous les autres, princes et princesses, nobles rejetons[23] de tant de rois, lumières de la France, mais aujourd'hui obscurcies et couvertes de votre douleur comme d'un nuage; venez voir le peu qui nous reste d'une si auguste naissance, de tant de grandeur, de tant de gloire. Jetez les yeux de toutes parts:[24] voilà tout ce qu'a pu faire la magnificence et la piété pour honorer un héros; des titres, des inscriptions, vaines marques de ce qui n'est plus; des figures qui semblent pleurer autour d'un tombeau, et de fragiles images d'une douleur que le temps emporte avec tout le reste; des colonnes qui semblent vouloir porter jusqu'au ciel le magnifique témoignage de notre néant, et rien enfin ne manque dans tous ces honneurs que celui à qui on les rend. Pleurez donc sur ces faibles restes de la vie humaine, pleurez sur cette triste immortalité que nous donnons aux héros; mais approchez en particulier, ô vous qui courez avec tant d'ardeur dans la carrière de la gloire, âmes guerrières et intrépides; quel autre fut plus digne de vous commander?[25] Mais dans quel autre avez-vous trouvé le commandement plus honnête? Pleurez donc ce grand capitaine, et dites en gémissant: Voilà celui qui nous menait dans les hasards; sous lui se sont formés tant de renommés capitaines que ses exemples ont élevés aux premiers honneurs de la guerre; son ombre eût pu encore gagner des batailles, et voilà que dans son silence son nom même nous anime, et ensemble[26] il nous avertit que pour trouver à la mort quelque reste de nos travaux et n'arriver pas sans ressource à notre éternelle demeure, avec le roi de la terre il faut encore servir le roi du ciel.[27] Servez donc ce roi immortel et si plein de miséricorde, qui vous comptera un soupir et un verre d'eau[28] donné en son nom, plus[29] que tous les autres ne feront jamais tout votre sang répandu; et commencez à

---

23. *rejetons:* offspring.
24. Here he gestures solemnly to the funereal trappings of the cathedral as they are enumerated.
25. Points to the group of army generals.

26. *ensemble:* at the same time.
27. Indicates with his hand the King sitting below him; then point upward to Heaven.
28. *verre d'eau:* see Matthew 10:42.
29. *comptera...plus:* will count as of more worth.

compter le temps de vos utiles services, du jour que vous vous serez donnés à un maître si bienfaisant. Et vous, ne viendrez-vous pas à ce triste monument, vous, dis-je, qu'il a bien voulu mettre au rang de ses amis?[30] Tous ensemble, en quelque degré de sa confiance qu'il vous ait reçus, environnez ce tombeau, versez des larmes avec des prières; et, admirant dans un si grand prince une amitié si commode[31] et un commerce[32] si doux, conservez le souvenir d'un héros dont la bonté avait égalé le courage. Ainsi puisse-t-il toujours vous être un cher entretien![33] Ainsi puissiez-vous profiter de ses vertus; et que sa mort, que vous déplorez, vous serve à la fois de consolation et d'exemple! Pour moi,[34] s'il m'est permis, après tous les autres, de venir rendre les derniers devoirs à ce tombeau, ô prince, le digne sujet de nos louanges et de nos regrets, vous vivrez éternellement dans ma mémoire: votre image y sera tracée, non point avec cette audace qui promettait la victoire; non, je ne veux rien voir en vous de ce que la mort y efface. Vous aurez dans cette image des traits immortels: je vous y verrai tel que vous étiez à ce dernier jour sous la main de Dieu, lorsque sa gloire sembla commencer à vous apparaître. C'est là que je vous verrai plus triomphant qu'à Fribourg et à Rocroi;[35] et ravi d'un si beau triomphe, je dirai en action de grâces[36] ces belles paroles du bien-aimé disciple: *Et haec est victoria quae vincit mundum, fides nostra*: « La véritable victoire, celle qui met sous nos pieds le monde entier, c'est notre foi. »[37] Jouissez, prince, de cette victoire; jouissez-en éternellement par l'immortelle vertu de ce sacrifice.[38] Agréez[39] ces derniers efforts d'une voix qui vous fut connue. Vous mettrez fin à tous ces discours.[40] Au lieu de déplorer la mort des autres, grand prince, dorénavant je veux apprendre de vous à rendre la mienne sainte; heureux si, averti par ces cheveux blancs du compte que je dois rendre de mon administration, je réserve au troupeau que je dois nourrir de la parole de vie les restes d'une voix qui tombe et d'une ardeur qui s'éteint.[41]

---

30. Indicates, with a sweep of the hand, the noble mourners.
31. *commode:* accommodating.
32. *commerce:* sociability.
33. *entretien:* subject of conversation.
34. Here he bows his head, and after a pause addresses the catafalque in a simple, intimate, but deeply moved tone.
35. *Fribourg, Rocroi:* famous victories of Condé.
36. *action de grâces:* thanksgiving.
37. *La véritable...foi:* I John 5:4.
38. *sacrifice:* the Mass which has just been celebrated.
39. *Agréez:* Accept.
40. Bossuet thus announces that he will deliver no more funeral orations.
41. Imagine Bossuet rendering the beautiful "dying fall" of the closing very slowly, quietly, with a voice that seems barely able to conclude. Then a moment of silent prayer.

Fénelon

[1651-1715]

The Quietist

François de Salignac de La Mothe-Fénelon, offspring of minor country nobility, was, like Bossuet, destined from youth for the Church. Again like Bossuet, whose protégé he became, he labored for the conversion of Protestants, attracted attention by his eloquence, and was named tutor to the eldest son of the Dauphin (future heir to the throne), Bossuet's erstwhile pupil. He was consecrated Archbishop of Cambrai (and was called "le cygne de Cambrai" in contrast to "l'aigle de Meaux"). But he lost all his court favor by espousing the cause of *quietism*. ("The basic tenet of quietism," says an anonymous writer in the London *Times Literary Supplement*, "was that the soul should renounce all acts, all concern with the possibility of sin, and await the coming of grace in a state of complete passiveness. This practice, which ignored the vital distinction between the *appearance* and the *reality* of an experience, could obviously induce states which had nothing to do with religion and in which

Fénelon. From a reproduction in L. Petit de Julleville's Histoire de la Langue et de la Littérature française, *volume V, 1922*

strange things might happen. They sometimes did.") Bossuet carried on a long, envenomed controversy about quietism with his former friend. Fénelon's book defending quietism was condemned by the Pope, and Fénelon was exiled from court to his Cambrai diocese. He died in 1715, a few months before Louis XIV.

Education, Fiction, Politics

As *educator*, Fénelon wrote, notably, a *Traité de l'éducation des filles* (1687), proposing to train upperclass girls to be worthy Christian wives and mothers. Though the book is sympathetic in a paternalistic way, on the whole it opposes the efforts of women to emancipate themselves and to attain intellectual culture.

As a *writer of fiction*, he produced for his noble pupil *Les Aventures de Télémaque* (1699). This book, presented as a continuation of the Odyssey, tells of the further adventures of Telemachus, son of Odysseus (or Ulysses). Mentor, the tutor, guides Telemachus in the right direction. The purpose of the book is moral, to show the young prince by indirection the rewards of righteous behavior and of good government. *Télémaque* is the first true *prose poem* in French literature. It had a most extraordinary success. For two centuries it was read by every literate young Frenchman and by nearly every young foreign student of the French language. Then, by an interesting change of taste, teachers and students alike revolted against its sugary moralizing. Nevertheless, to this day the practice of offering good guidance to a younger person is still called *mentoring*.

As a *political writer*, Fénelon marks the transition between the orthodoxy of the seventeenth century and the free thought of the eighteenth. He accepted the principle of absolutism, the divine right of the King, but he attacked the abuses of despotism with amazing vigor.

Louis XIV's luxurious Palace of Versailles. Courtesy of Bibliothèque nationale de France

(The crown was spending hugely on ill-advised wars, which would eventually bankrupt the treasury. Moreover, Louis XIV was constructing the unbelievably luxurious and gigantic Palace of Versailles at enormous expense during a time known to climatologists as the "Little Ice Age" when France and the rest of Europe were in an economic depression marked by weather-induced agriculture failure and spot famines. The King's shrewd plan was to entice the ever-rebellious nobles to leave their faltering lands and live at Versailles where he could keep an eye on them and distract them from politics by lavishly entertaining them at all costs.) Fénelon was outraged at the King's policies, which seemed extraordinarily inappropriate in an era when the public was so poorly fed and clothed. He proposed as a corrective not a new order of things but a return to an earlier system, in which the King was held in check by a powerful aristocracy. Specific reforms are suggested in *Télémaque* and clearly stated in other works.

Fénelon's *style,* like his thought, is transitional. He brought to classic prose a new melodious richness, full of sensuous suggestion. His style was to influence many writers of the following period.

❖ ❖ ❖

LETTRE À LOUIS XIV

[*This remarkable picture of the misery and discontent underlying the pomp of the Old Régime was written probably in 1694, to ease Fénelon's indignation at the sorry state of France. He holds Louis XIV alone to blame—for absolutism has its responsibilities as well as its privileges. The eloquent letter sounds every note, from denunciation to exhortation and encouragement. Was it ever delivered to its destined recipient? One can hardly believe it. No contemporary mentions it. If the King had read it, his fury would have been beyond his powers of concealment.*]

La personne, Sire, qui prend la liberté de vous écrire cette lettre, n'a aucun intérêt en ce monde. Elle ne l'écrit ni par chagrin, ni par ambition, ni par envie de se mêler des grandes affaires. Elle vous aime sans être connue de vous; elle regarde Dieu en votre personne. Avec toute votre puissance, vous ne pouvez lui donner aucun bien qu'elle désire, et il n'y a aucun mal qu'elle ne souffrît de bon cœur pour vous faire connaître les vérités nécessaires à votre salut. Si elle vous parle fortement, n'en soyez pas étonné, c'est que la vérité est libre et forte. Vous n'êtes guères accoutumé à l'entendre. Les gens accoutumés à être flattés prennent aisément pour chagrin, pour âpreté et pour excès, ce qui n'est que la vérité toute pure. C'est la trahir que de ne vous la montrer pas dans toute son étendue. Dieu est témoin que la personne qui vous parle le fait avec un cœur plein de zèle, de respect, de fidélité et d'attendrissement sur tout ce qui regarde votre véritable intérêt.

Vous êtes né, Sire, avec un cœur droit et équitable; mais ceux qui vous ont élevé ne vous ont donné pour science de gouverner que la défiance, la jalousie, l'éloignement de la vertu, la crainte de tout mérite éclatant, le goût des hommes souples et rampants,[1] la hauteur et l'attention à votre seul intérêt.

Depuis environ trente ans, vos principaux ministres ont ébranlé et renversé toutes les anciennes maximes de l'État, pour faire monter jusqu'au comble votre autorité, qui était devenue la leur parce qu'elle était dans leurs mains. On n'a plus parlé de l'État ni des règles; on n'a parlé que du Roi et de son bon plaisir. On a poussé vos revenus et vos dépenses à l'infini. On vous a élevé jusqu'au ciel, pour avoir effacé, disait-on, la grandeur de tous vos prédécesseurs ensemble, c'est-à-dire pour avoir appauvri la France entière, afin d'introduire à la cour un luxe monstrueux et incurable. Ils ont voulu vous élever sur les ruines de toutes les conditions[2] de l'État, comme si vous pouviez être grand en ruinant tous vos sujets, sur qui votre grandeur est fondée. Il est vrai que vous avez été jaloux de l'autorité,[3] peut-être même trop, dans les choses extérieures; mais, pour le fond, chaque ministre a été le maître dans l'étendue de son administration. Vous avez cru gouverner, parce que vous avez réglé les limites entre ceux qui gouvernaient. Ils ont bien montré au public leur puissance, et on ne l'a que trop sentie. Ils ont été durs, hautains, injustes, violents, de mauvaise foi. Ils n'ont connu d'autre règle, ni pour l'administration du dedans de l'État, ni pour les négociations étrangères, que de menacer, que d'écraser, que d'anéantir tout ce qui leur résistait. Ils ne vous ont parlé que

pour écarter de vous tout mérite[4] qui pouvait leur faire ombrage. Ils vous ont accoutumé à recevoir sans cesse des louanges outrées[5] qui vont jusqu'à l'idolâtrie, et que vous auriez dû, pour votre honneur, rejeter avec indignation. On a rendu votre nom odieux, et toute la nation française insupportable à tous nos voisins. On n'a conservé aucun ancien allié parce qu'on n'a voulu que des esclaves. On a causé depuis plus de vingt ans des guerres sanglantes. Par exemple, Sire, on fit entreprendre à Votre Majesté, en 1672, la guerre de Hollande pour votre gloire et pour punir les Hollandais, qui avaient fait quelque raillerie, dans le chagrin[6] où on les avait mis en troublant les règles de commerce établies par le cardinal de Richelieu. Je cite en particulier cette guerre, parce qu'elle a été la source de toutes les autres. Elle n'a eu pour fondement qu'un motif de gloire et de vengeance, ce qui ne peut jamais rendre une guerre juste; d'où il s'ensuit que toutes les frontières que vous avez étendues par cette guerre sont injustement acquises dans l'origine. Il est vrai, Sire, que les traités de paix subséquents semblent couvrir et réparer cette injustice, puisqu'ils vous ont donné les places[7] conquises; mais une guerre injuste n'en est pas moins injuste, pour être heureuse. Les traités de paix signés par les vaincus ne sont point signés librement. On signe le couteau sur la gorge; on signe malgré soi, pour éviter de plus grandes pertes; on signe comme on donne sa bourse quand il la faut donner ou mourir. Il faut donc, Sire, remonter jusqu'à cette origine de la guerre de Hollande, pour examiner devant Dieu toutes vos conquêtes.

Il est inutile de dire qu'elles étaient nécessaires à votre État: le bien d'autrui ne nous est jamais nécessaire. Ce qui nous est véritablement nécessaire, c'est d'observer une exacte justice. Il ne faut pas même prétendre que vous soyez en droit, de retenir

---

1. *rampants:* crawling, sycophantic.
2. *conditions:* social ranks.
3. *jaloux de l'autorité:* jealous to preserve your authority.
4. *mérite:* i.e., worthy civil servants.
5. *outrées:* exaggerated.
6. *chagrin:* ill humor.
7. *places:* strongholds.

toujours certaines places, parce qu'elles servent à la sûreté de vos frontières. C'est à vous à chercher cette sûreté par de bonnes alliances, par votre modération, ou par des places que vous pouvez fortifier derrière; mais enfin, le besoin de veiller à notre sûreté ne nous donne jamais un titre de prendre la terre de notre voisin.[8] Consultez là-dessus des gens instruits et droits; ils vous diront que ce que j'avance est clair comme le jour.

En voilà assez, Sire, pour reconnaître que vous avez passé votre vie entière hors du chemin de la vérité et de la justice, et par conséquent hors de celui de l'Évangile. Tant de troubles affreux qui ont désolé toute l'Europe depuis plus de vingt ans, tant de sang répandu, tant de scandales commis, tant de provinces saccagées,[9] tant de villes et de villages mis en cendres, sont les funestes suites de cette guerre de 1672, entreprise[10] pour votre gloire et pour la confusion des faiseurs de gazettes et de médailles[11] de Hollande. Examinez, sans vous flatter, avec des gens de bien si vous pouvez garder tout ce que vous possédez en conséquence des traités auxquels vous avez réduit vos ennemis par une guerre si mal fondée.[12]

Elle est encore la vraie source de tous les maux que la France souffre. Depuis cette guerre, vous avez toujours voulu donner la paix en maître, et imposer les conditions, au lieu de les régler avec équité et modération. Voilà ce qui fait que la paix n'a pu durer. Vos ennemis, honteusement accablés, n'ont songé qu'à se relever et qu'à se réunir contre vous. Faut-il s'en étonner? vous n'avez pas même demeuré dans les termes de cette paix que vous aviez donnée avec tant de hauteur. En pleine paix, vous avez fait la guerre et des conquêtes prodigieuses. Vous avez

établi une chambre des réunions,[13] pour être tout ensemble juge et partie:[14] c'était ajouter l'insulte et la dérision à l'usurpation et à la violence. Vous avez cherché dans le traité de Westphalie des termes équivoques pour surprendre Strasbourg.[15] Jamais aucun de vos ministres n'avait osé, depuis tant d'années, alléguer ces termes dans aucune négociation, pour montrer que vous eussiez la moindre prétention sur cette ville. Une telle conduite a réuni et animé toute l'Europe contre vous. Ceux mêmes qui n'ont pas osé se déclarer ouvertement souhaitent du moins avec impatience votre affaiblissement et votre humiliation, comme la seule ressource pour la liberté et pour le repos de toutes les nations chrétiennes. Vous qui pouviez, Sire, acquérir tant de gloire solide et paisible à être le père de vos sujets et l'arbitre de vos voisins, on vous a rendu l'ennemi commun de vos voisins, et on vous expose à passer pour un maître dur dans votre royaume.

Le plus étrange effet de ces mauvais conseils est la durée de la ligue formée contre vous. Les alliés aiment mieux faire la guerre avec perte que de conclure la paix avec vous, parce qu'ils sont persuadés, sur leur propre expérience, que cette paix ne serait point une paix véritable, que vous ne la tiendriez non plus que les autres, et que vous vous en serviriez pour accabler séparément sans peine chacun de vos voisins dès qu'ils se seraient désunis. Ainsi, plus vous êtes victorieux, plus ils vous craignent et se réunissent pour éviter l'esclavage dont ils se croient menacés. Ne pouvant vous vaincre, ils prétendent du moins vous épuiser à la longue. Enfin ils n'espèrent plus de sûreté avec vous, qu'en vous mettant dans l'impuissance de leur nuire. Mettez-vous, Sire, un moment en

---

8. This is an early formulation of the right of self-determination.
9. *saccagées:* sacked, devastated.
10. *entreprise:* from *entreprendre.*
11. *faiseurs...médailles:* distributors of military reports and honors.
12. Thus the "right of conquest" is to be rejected as immoral.

13. *chambre des réunions:* commission established to seek historical claims for uniting minor German territories to France.
14. *partie:* party to a lawsuit.
15. The Treaty of Westphalia (1648) ended the Thirty Years' War. France regained Alsace, but not Strasbourg, which was declared a free city. Louis XIV seized Strasbourg in 1681.

leur place, et voyez ce que c'est que d'avoir préféré son avantage à la justice et à la bonne foi.

Cependant vos peuples, que vous devriez aimer comme vos enfants, et qui ont été jusqu'ici si passionnés pour vous, meurent de faim. La culture des terres est presque abandonnée, les villes et la campagne se dépeuplent; tous les métiers languissent et ne nourrissent plus les ouvriers. Tout commerce est anéanti. Par conséquent vous avez détruit la moitié des forces réelles du dedans de votre État, pour faire et pour défendre de vaines conquêtes au dehors. Au lieu de tirer de l'argent de ce pauvre peuple, il faudrait lui faire l'aumône et le nourrir. La France entière n'est plus qu'un grand hôpital désolé et sans provision. Les magistrats sont avilis et épuisés. La noblesse, dont tout le bien est en décret,[16] ne vit que de lettres d'État.[17] Vous êtes importuné de la foule des gens qui demandent et qui murmurent. C'est vous-même, Sire, qui vous êtes attiré tous ces embarras; car, tout le royaume ayant été ruiné, vous avez tout entre vos mains, et personne ne peut vivre que de vos dons. Voilà ce grand royaume si florissant sous un roi qu'on nous dépeint tous les jours comme les délices du peuple, et qui le serait en effet si les conseils flatteurs ne l'avaient point empoisonné.

Le peuple même (il faut tout dire), qui vous a tant aimé, qui a eu tant de confiance en vous, commence à perdre l'amitié, la confiance, et même le respect. Vos victoires et vos conquêtes ne le réjouissent plus; il est plein d'aigreur et de désespoir. La sédition s'allume peu à peu de toutes parts. Ils croient que vous n'avez aucune pitié de leurs maux, que vous n'aimez que votre autorité et votre gloire. Si le Roi, dit-on, avait un cœur de père pour son peuple, ne mettrait-il pas plutôt sa gloire à leur donner du pain, et à les faire respirer après tant de maux, qu'à garder quelques places de la frontière, qui causent la guerre? Quelle réponse à cela, Sire? Les émotions[18] populaires, qui étaient inconnues depuis si longtemps, deviennent fréquentes. Paris même, si près de vous, n'en est pas exempt. Les magistrats sont contraints de tolérer l'insolence des mutins,[19] et de faire couler sous main quelque monnaie pour les apaiser; ainsi on paye ceux qu'il faudrait punir. Vous êtes réduit à la honteuse et déplorable extrémité, ou de laisser la sédition impunie et de l'accroître par cette impunité, ou de faire massacrer avec inhumanité des peuples que vous mettez au désespoir en leur arrachant, par vos impôts pour cette guerre, le pain qu'ils tâchent de gagner à la sueur de leurs visages.

Mais, pendant qu'ils manquent de pain, vous manquez vous-même d'argent, et vous ne voulez pas voir l'extrémité où vous êtes réduit. Parce que vous avez toujours été heureux, vous ne pouvez vous imaginer que vous cessiez jamais de l'être. Vous craignez d'ouvrir les yeux; vous craignez d'être réduit à rabattre quelque chose de votre gloire. Cette gloire, qui endurcit votre cœur, vous est plus chère que la justice, que votre propre repos, que la conservation de vos peuples, qui périssent tous les jours des maladies causées par la famine, enfin que votre salut éternel incompatible avec cette idole de gloire.

Voilà, Sire, l'état où vous êtes. Vous vivez comme ayant un bandeau fatal sur les yeux; vous vous flattez sur les succès journaliers, qui ne décident rien, et vous n'envisagez point d'une vue générale le gros des affaires, qui tombe insensiblement sans ressource. Pendant que vous prenez, dans un rude combat, le champ de bataille et le canon de l'ennemi,[20] pendant que vous forcez les places, vous ne songez pas que vous combattez sur un terrain qui s'enfonce sous vos pieds, et que vous allez tomber malgré vos victoires.

---

16. *dont tout...décret:* all of whose property is under state control (seized for tax delinquency).
17. *lettres d'État:* state pensions.
18. *émotions:* uprisings.
19. *mutins:* mutineers, mob leaders.
20. Allusion to indecisive victories of Steinkerque, 1692, and Neerwinden, 1693.

Tout le monde le voit et personne n'ose vous le faire voir. Vous le verrez peut-être trop tard. Le vrai courage consiste à ne se point flatter, et à prendre un parti ferme sur la nécessité. Vous ne prêtez volontiers l'oreille, Sire, qu'à ceux qui vous flattent de vaines espérances. Les gens que vous estimez les plus solides sont ceux que vous craignez et que vous évitez le plus. Il faudrait aller au-devant de la vérité puisque vous êtes roi, presser les gens de vous la dire sans adoucissement, et encourager ceux qui sont trop timides. Tout au contraire, vous ne cherchez qu'à ne point approfondir; mais Dieu saura bien enfin lever le voile qui vous couvre les yeux, et vous montrer ce que vous évitez de voir. Il y a longtemps qu'il tient son bras levé sur vous; mais il est lent à vous frapper, parce qu'il a pitié d'un prince qui a été toute sa vie obsédé de flatteurs, et parce que, d'ailleurs, vos ennemis sont aussi les siens.[21] Mais il saura bien séparer sa cause juste d'avec la vôtre, qui ne l'est pas, et vous humilier pour vous convertir; car vous ne serez chrétien que dans l'humiliation. Vous n'aimez point Dieu; vous ne le craignez même que d'une crainte d'esclave; c'est l'enfer, et non pas Dieu que vous craignez. Votre religion ne consiste qu'en superstitions, en petites pratiques superficielles. Vous êtes comme les Juifs dont Dieu dit: *Pendant qu'ils m'honorent des lèvres, leur cœur est loin de moi.*[22] Vous êtes scrupuleux sur des bagatelles, et endurci sur des maux terribles. Vous n'aimez que votre gloire et votre commodité. Vous rapportez tout à vous, comme si vous étiez le Dieu de la terre, et que tout le reste n'eût été créé que pour vous être sacrifié. C'est, au contraire, vous que Dieu n'a mis au monde que pour votre peuple. Mais, hélas! vous ne comprenez point ces vérités; comment les

goûteriez-vous? Vous ne connaissez point Dieu, vous ne l'aimez point, vous ne le priez point du cœur, et vous ne faites rien pour le connaître.

Vous avez un archevêque[23] corrompu, scandaleux, incorrigible, faux, malin, artificieux,[24] ennemi de toute vertu, et qui fait gémir tous les gens de bien. Vous vous en accommodez,[25] parce qu'il ne songe qu'à vous plaire par ses flatteries. Il y a plus de vingt ans qu'en prostituant son honneur, il jouit de votre confiance. Vous lui livrez les gens de bien, vous lui laissez tyranniser l'Église, et nul prélat vertueux n'est traité aussi bien que lui.

Pour votre confesseur,[26] il n'est pas vicieux, mais il craint la solide vertu, et il n'aime que les gens profanes et relâchés; il est jaloux de son autorité, que vous avez poussée au delà de toutes les bornes. Jamais confesseurs des rois n'avaient fait seuls les évêques, et décidé de toutes les affaires de conscience. Vous êtes seul en France, Sire, à ignorer qu'il ne sait rien, que son esprit est court et grossier, et qu'il ne laisse pas d'avoir son artifice avec cette grossièreté d'esprit. Les jésuites mêmes le méprisent et sont indignés de le voir si facile[27] à l'ambition ridicule de sa famille. Vous avez fait d'un religieux un ministre d'État.[28] Il ne se connaît point en hommes, non plus qu'en autre chose. Il est la dupe de tous ceux qui le flattent et lui font de petits présents. Il ne doute ni n'hésite sur aucune question difficile. Un autre très droit et très éclairé n'oserait décider seul. Pour lui, il ne craint que d'avoir à délibérer avec des gens qui sachent les règles. Il va toujours hardiment, sans craindre de vous égarer; il penchera toujours au relâchement et à vous entretenir dans l'ignorance. Du moins il ne penchera aux partis[29] conformes aux règles que quand il craindra de vous scandaliser.

---

21. I.e., the King and the Church are both fighting the heretic Protestants.
22. *Pendant...moi:* Isaiah 29:13.
23. *archevêque:* François de Harlay de Champvallon (1625–95), Archbishop of Paris.
24. *artificieux:* crafty.
25. *Vous vous en accommodez:* You put up with

him.
26. *confesseur:* Père de La Chaise, Jesuit (1624–1709).
27. *le voir si facile:* see him yield so readily.
28. *Vous avez...d'État:* i.e., you give your confessor the responsibilities of a Minister.
29. *partis:* decisions, courses.

Ainsi, c'est un aveugle qui en conduit un autre, et, comme dit Jésus-Christ, *ils tomberont tous deux dans la fosse.*[30]

Votre archevêque et votre confesseur vous ont jeté dans les difficultés de l'affaire de la régale,[31] dans les mauvaises affaires de Rome; ils vous ont laissé engager par M. de Louvois[32] dans celle de Saint-Lazare,[33] et vous auraient laissé mourir dans cette injustice, si M. de Louvois eût vécu plus que vous.[34]

On avait espéré, Sire, que votre conseil[35] vous tirerait de ce chemin si égaré; mais votre conseil n'a ni force ni vigueur pour le bien. Du moins Mme de M…[36] et M. le D. de B…[37] devaient-ils se servir de votre confiance en eux pour vous détromper; mais leur faiblesse et leur timidité les déshonorent et scandalisent tout le monde. La France est aux abois;[38] qu'attendent-ils pour vous parler franchement? que tout soit perdu? Craignent-ils de vous déplaire? ils ne vous aiment donc pas; car il faut être prêt à fâcher ceux qu'on aime, plutôt que de les flatter ou de les trahir par son silence. A quoi sont-ils bons, s'ils ne vous montrent pas que vous devez restituer les pays qui ne sont pas à vous, préférer la vie de vos peuples à une fausse gloire, réparer les maux que vous avez faits à l'Église, et songer à devenir un vrai chrétien avant que la mort vous surprenne? Je sais bien que, quand on parle avec cette liberté chrétienne, on court le risque de perdre la faveur des rois; mais votre faveur leur est-elle plus chère que votre salut? Je sais bien aussi qu'on doit vous plaindre, vous consoler, vous soulager, vous parler avec zèle, douceur et respect; mais enfin il faut dire la vérité. Malheur, malheur à eux s'ils ne la disent pas, et malheur à vous si vous n'êtes pas digne de l'entendre! Il est honteux qu'ils aient votre confiance sans fruit depuis tant de temps. C'est à eux à se retirer si vous êtes trop ombrageux[39] et si vous ne voulez que des flatteurs autour de vous. Vous demanderez peut-être, Sire, qu'est-ce qu'ils doivent vous dire; le voici: ils doivent vous représenter qu'il faut vous humilier sous la puissante main de Dieu,[40] si vous ne voulez qu'il vous humilie; qu'il faut demander la paix, et expier par cette honte toute la gloire dont vous avez fait votre idole; qu'il faut rejeter les conseils injustes des politiques flatteurs; qu'enfin il faut rendre au plus tôt à vos ennemis, pour sauver l'État, des conquêtes que vous ne pouvez d'ailleurs retenir sans injustice. N'êtes-vous pas trop heureux, dans vos malheurs, que Dieu fasse finir les prospérités qui vous ont aveuglé, et qu'il vous contraigne de faire des restitutions essentielles à votre salut, que vous n'auriez jamais pu vous résoudre à faire dans un état paisible et triomphant?

La personne qui vous dit ces vérités, Sire, bien loin d'être contraire à vos intérêts, donnerait sa vie pour vous voir tel que Dieu vous veut, et elle ne cesse de prier pour vous.

---

30. *ils tomberont…fosse:* Matthew 15:14.
31. *régale:* right of the King to receive revenues of vacant bishoprics, etc. (Louis XIV attempted to extend his rights, thus entailing "les mauvaises affaires de Rome.")
32. *Louvois:* Minister of War.
33. *Saint-Lazare:* Louvois, who was vicar-general of the Order of Saint Lazarus, appropriated the order's revenues.
34. Louvois died in 1691, and the scandal was quashed.
35. *conseil:* privy council, cabinet.
36. Mme de Maintenon, mistress, later wife, of Louis XIV.
37. Probably le Duc de Beauvilliers, Minister of State.
38. *aux abois:* at bay, desperate.
39. *ombrageux:* touchy.
40. *il faut…Dieu:* I Peter 5:6.

10. Two Noblewomen

Is there such a thing as a uniquely female literature? And what quality of literature have women authors attained? If you try to answer these questions, be sure to put aside all preconceived notions. It is true that relatively few French women writers succeeded in making themselves well known prior to the modern era; nevertheless, certain women in the Classical era proved that they could do anything men could do in the field of letters and often do it better. Likewise, certain men (such as Racine and Corneille) displayed remarkable sensitivity in the creation of female characters. At least we may recognize that, historically, certain periods of general cultivation, of leisure and refinement, of social self-consciousness, have encouraged women writers. The seventeenth century (in France) was such a time, even though the women who were so encouraged were usually denied publication in their lifetime. Social attitudes were at least beginning to change enough to permit a few privileged women to get a foot in the door and try their hand at authorship. But even so, they often had to come in through the back door, and make their mark in some genre that most men considered unworthy of using, such as the epistolary art (letter writing) or the novel (very widely regarded as a scandalously low-class format in those times.)

Madame de Sévigné

[1626- 1696]

1,500 Letters in 30 Years

The case of Madame de Sévigné must be nearly unique in literary history. Here are a long row of volumes, recognized as among the great books of the world, written by a woman who did not know she was an author or that she was writing a book, who never saw herself in print, who would have been horrified at our invasion of her privacy.

Her work consists entirely of letters. The letter, as an art form, has now almost disappeared. Electronic communication today is made for speed, not artistry. Instead of writing the news, we send a newspaper clipping or forward an internet story; instead of a description of the family, a photograph; or we simply telephone, e-mail, or enter a chat room. But in the seventeenth century there were no newspapers in the modern sense, and since postage was very expensive and was commonly paid by the recipient, the receiver of a letter prized it highly and was likely to pass it around to friends. Hence the writer of a letter took pains to make it worthy of its fate. Communication by letter was a remarkable art, and many consider the letters of this refined lady to be the artistic equal of any play ever written by Racine.

A Commentator on her Times

Madame de Sévigné (Marie de Rabutin-Chantal) was born a child of the high nobility. What is more, her grandmother was a saint of the Church (Sainte Jeanne de Chantal, cofounder of the Order of the Visitation). She was orphaned in childhood. At eighteen she married the Marquis de Sévigné, a typical brawling noble. Seven years later he was killed in a duel about a woman. Madame de Sévigné did not remarry, but devoted herself to her son and daughter. She lived in Paris, in a splendid town house which has become the Musée Carnavalet, and in her country house, *Les Rochers,* in Brittany. Her beloved daughter married

Madame de Sévigné. From the Y. de Ternay Collection, courtesy of the Musée des Rochers-Sévigné. Photo Bernard.

the Comte de Grignan in 1669 and went to live in the château de Grignan, near Montélimar in southern France. There Madame de Sévigné died of smallpox, while on a visit in 1696.

Her letters have an *external* or *historical* value as a picture of life in the seventeenth century. They are filled with information about material existence, about food, dress, travel, etc. They also give an intelligent woman's opinions about current events, politics, scandals, crimes, the new plays and books, striking sermons, men in the public eye. Especially, the letters are a precious record of the King and Court. One many compare the tone of high comedy which imbues the lady's descriptions of that brilliant spectacle with the somber moralizing of La Bruyère.

The letters have as well an *internal* or *psychological* value. The character of Madame de Sévigné, a singularly engaging one, shines through her gossip. Her correspondents come to life as in a very realistic novel, the central theme of which is the relationship of Madame de Sévigné and her daughter. Madame de Sévigné was a possessive mother, loving greatly and demanding constant assurance of love. The daughter struggled to possess herself, to be herself; she found her mother's affection overwhelming, her demands oppressive, her attentions stifling. Every girl can surely identify with the situation.

The *art* of the letters is sometimes overconscious. Madame de Sévigné likes the verbal trickery she learned in the *précieux* salons. But more commonly her style follows the forms of cultivated speech: playful, imaginative, vivid, above all natural. She had trained herself to see clearly and to render brightly what she saw in order to capture her correspondent. Today we can all be her correspondents.

LETTRE À M. DE COULANGES[1]

A Paris, ce vendredi 15e décembre [1670]

Je m'en vais vous mander la chose la plus étonnante, la plus surprenante, la plus merveilleuse, la plus miraculeuse, la plus triomphante, la plus étourdissante,[2] la plus inouïe, la plus singulière, la plus extraordinaire, la plus incroyable, la plus imprévue, la plus grande, la plus petite, la plus rare, la plus commune, la plus éclatante, la plus secrète jusqu'aujourd'hui, la plus brillante, la plus digne d'envie: enfin une chose dont on ne trouve qu'un exemple[3] dans les siècles passés, encore cet

---

1. M. de Coulanges, Mme de Sévigné's cousin, who was at Lyon with his wife. This is one of the *précieux* letters, in which the writer plays amusingly with her correspondent.

2. *étourdissante:* staggering.

3. Perhaps reference to Marie d'Angleterre, widow of Louis XII, who married the Count of Suffolk. Or perhaps, under a discreet disguise, Anne d'Autriche, Queen of Louis XIII, who was supposed to have secretly married Cardinal Mazarin.

exemple n'est-il pas juste, une chose que l'on ne peut pas croire à Paris (comment la pourrait-on croire à Lyon?); une chose qui fait crier miséricorde à tout le monde, une chose qui comble de joie Mme de Rohan et Mme d'Hauterive;[4] une chose enfin qui se fera dimanche, où ceux qui la verront croiront avoir la berlue;[5] une chose qui se fera dimanche, et qui ne sera peut-être pas faite lundi. Je ne puis me résoudre à la dire; devinez-la: je vous le donne en trois.[6] Jetez-vous votre langue aux chiens?[7] Eh bien! il faut donc vous la dire: M. de Lauzun[8] épouse dimanche au Louvre, devinez qui? Je vous le donne en quatre, je vous le donne en dix, je vous le donne en cent. Mme de Coulanges dit: Voilà qui est bien difficile à deviner; c'est Mme de La Vallière.[9]— Point du tout, Madame.—C'est donc Mlle de Retz?[10]—Point du tout, vous êtes bien provinciale.—Vraiment nous sommes bien bêtes, dites-vous, c'est Mlle Colbert.[11]— Encore moins.—C'est assurément Mlle de Créquy.[12]—Vous n'y êtes pas. Il faut donc à la fin vous le dire: il épouse dimanche, au Louvre, avec la permission du Roi, Mademoiselle, Mademoiselle de…Mademoiselle…devinez le nom: il épouse Mademoiselle, ma foi! par ma foi! ma foi jurée! Mademoiselle,[13] la grande Mademoiselle; Mademoiselle, fille de feu[14] Monsieur; Mademoiselle, petite-fille de Henri IV; mademoiselle d'Eu, mademoiselle de Dombes, mademoiselle de Montpensier, mademoiselle d'Orléans; Mademoiselle, cousine germaine du Roi; Mademoiselle, destinée au trône; Mademoiselle, le seul parti de France qui fût digne de Monsieur.[15] Voilà un beau sujet de discourir. Si vous criez, si vous êtes hors de vous-même, si vous dites que nous avons menti, que cela est faux, qu'on se moque de vous, que voilà une belle raillerie, que cela est bien fade[16] à imaginer; si enfin vous nous dites des injures: nous trouverons que vous avez raison; nous en avons fait autant que vous.

Adieu; les lettres qui seront portées par cet ordinaire[17] vous feront voir si nous disons vrai ou non.[18]

LETTRES À MADAME DE GRIGNAN

[*Mme de Sévigné's daughter married the Comte de Grignan in Paris in January, 1669. Ten months later the Count was appointed Governor of Provence, and shortly left for his post. Mme de Sévigné succeeded in keeping her daughter for a year, but early in February, 1671, the Comtesse left to join her husband.*]

---

4. *Mme de Rohan, Mme d'Hauterive:* Two great ladies who married beneath them.
5. *berlue:* eye trouble.
6. *je vous…trois:* I give you three guesses.
7. *Jetez-vous…chiens?* Do you give up?
8. *Lauzun:* a penniless Gascon adventurer, a mere count.
9. *La Vallière:* the King's official mistress, who later became a nun.
10. *Mlle de Retz:* niece of famous Cardinal de Retz.
11. *Mlle Colbert:* daughter of Louis XIV's great Minister.
12. *Mlle de Créquy:* daughter of the eminent duke.
13. *Mademoiselle:* Mlle de Montpensier, "la grande Mademoiselle," daughter of the King's uncle, Gaston d'Orléans, commonly called Monsieur. She was a cousin of Louis XIV, and had aspired

to marry him. All her projects had failed; she was now forty-three and unmarried.
14. *feu:* the late.
15. *Monsieur:* name given to the younger brother of the King. The current Monsieur was Philippe d'Orléans. Terrified of the Grande Mademoiselle, and thirteen years younger, he had dodged the match.
16. *fade:* silly.
17. *ordinaire:* regular post.
18. The King gave his permission for the marriage. But Lauzun, presuming on his good fortune, made such demands that in four days the King revoked his permission, to Mademoiselle's despair. A year later Lauzun was sent to prison, where he remained for ten years. After his release he is said to have secretly married Mademoiselle.

A Paris, lundi 9ᵉ février [1671].

Je reçois vos lettres, ma bonne, comme vous[19] avez reçu ma bague; je fonds en larmes en les lisant: il semble que mon cœur veuille se fendre par la moitié; il semble que vous m'écriviez des injures ou que vous soyez malade, ou qu'il vous soit arrivé quelque accident, et c'est tout le contraire: vous m'aimez, ma chère enfant, et vous me le dites d'une manière que je ne puis soutenir sans des pleurs en abondance. Vous continuez votre voyage sans aucune aventure fâcheuse, et lorsque j'apprends tout cela, qui est justement tout ce qui me peut être le plus agréable, voilà l'état où je suis. Vous vous avisez donc de penser à moi, vous en parlez, et vous aimez mieux m'écrire vos sentiments que vous n'aimez à me les dire. De quelque façon qu'ils me viennent, ils sont reçus avec une tendresse et une sensibilité qui n'est comprise que de ceux qui savent aimer comme je fais. Vous me faites sentir pour vous tout ce qu'il est possible de sentir de tendresse; mais si vous songez à moi, ma pauvre bonne, soyez assurée aussi que je pense continuellement à vous: c'est ce que les dévots appellent une pensée habituelle;[20] c'est ce qu'il faudrait avoir pour Dieu, si l'on faisait son devoir.

Rien ne me donne de distraction; je suis toujours avec vous; je vois ce carrosse qui avance toujours, et qui n'approchera jamais de moi: je suis toujours dans les grands chemins; il me semble même que j'ai quelquefois peur qu'il ne verse;[21] les pluies qu'il fait depuis trois jours me mettent au désespoir; le Rhône me fait une peur étrange. J'ai une carte devant les yeux; je sais tous les lieux où vous couchez: vous êtes ce soir à Nevers, et vous serez dimanche à Lyon, où vous recevrez cette lettre. Je n'ai pu vous écrire qu'à Moulins par Mme de Guénégaud. Je n'ai reçu que deux de vos lettres; peut-être que la troisième viendra; c'est la seule consolation que je souhaite; pour d'autres, je n'en cherche pas…

Mardi 3ᵉ mars [1671].

Si vous étiez ici, ma chère bonne, vous vous moqueriez de moi; j'écris de provision,[22] mais c'est par une raison bien différente de celle que je vous donnais un jour, pour m'excuser d'écrire à quelqu'un une lettre qui ne devait partir que dans deux jours: c'était parce que dans deux jours je n'aurais pas autre chose à lui dire. Voici tout le contraire; c'est que j'aime à vous entretenir à toute heure, et que c'est la seule consolation que je puisse avoir présentement. Je suis aujourd'hui toute seule dans ma chambre par l'excès de ma mauvaise humeur.[23] Je suis lasse de tout; je me suis fait un plaisir de dîner ici, et je m'en fais un de vous écrire hors de propos:[24] mais, hélas! vous n'avez pas de ces loisirs-là. J'écris tranquillement, et je ne comprends pas que vous puissiez lire de même: je ne vois pas un moment où vous soyez à vous. Je vois un mari qui vous adore, qui ne peut se lasser d'être auprès de vous, et qui peut à peine comprendre son bonheur. Je vois des harangues, des infinités de compliments, de civilités, de visites;[25] on vous fait des honneurs extrêmes, il faut répondre à tout cela, vous êtes accablée; moi-même, sur[26] ma petite bonté, je n'y suffirais pas. Que fait votre paresse pendant tout ce tracas? Elle souffre, elle se retire dans quelque petit cabinet, elle meurt de peur de ne plus retrouver sa place: elle vous attend dans quelque moment perdu pour vous faire au moins souvenir d'elle, et vous dire un mot en passant. « Hélas! dit-elle, mais vous m'oubliez: songez que je suis votre plus ancienne amie; celle qui ne vous ai jamais abandonnée, la fidèle compagne de vos

---

19. True to noble etiquette, Mme de Sévigné never used *tu* to her daughter.
20. *pensée habituelle:* disposition of the soul constantly fixed on God.
21. *verse:* tip over.
22. *de provision:* in advance.
23. *mauvaise humeur:* unhappiness.
24. *hors de propos:* apropos of nothing.
25. Mme de Grignan was making an official tour of Provence with her husband.
26. *sur:* out of.

plus beaux jours; celle qui vous consolais de tous les plaisirs, et quelquefois vous les faisais haïr…Quelquefois votre mère troublait nos plaisirs,[27] mais je savais bien où vous reprendre, et elle avait des égards pour moi; présentement je ne sais plus où j'en suis; la dignité et l'éclat de votre mari me fera périr, si vous n'avez soin de moi. » Il me semble que vous lui dites en passant un petit mot d'amitié, vous lui donnez quelque espérance de la posséder à Grignan; mais vous passez vite, et vous n'avez pas le loisir d'en dire davantage. Le devoir et la raison sont autour de vous, qui ne vous donnent pas un moment de repos. Moi-même, qui les ai toujours tant honorés, je leur suis contraire, et ils me le sont; le moyen qu'ils vous donnent le temps de lire de telles lanterneries?[28]

Je vous assure, ma chère bonne, que je songe à vous continuellement, et je sens tous les jours ce que vous me dîtes une fois, qu'il ne fallait point appuyer sur ces pensées. Si l'on ne glissait pas dessus, on serait toujours en larmes, c'est-à-dire moi. Il n'y a lieu dans cette maison qui ne me blesse le cœur. Toute votre chambre me tue; j'y ai fait mettre un paravent[29] tout au milieu, pour rompre un peu la vue d'une fenêtre sur ce degré[30] par où je vous vis monter dans le carrosse de d'Hacqueville,[31] et par où je vous rappelai. Je me fais peur quand je pense combien alors j'étais capable de me jeter par la fenêtre, car je suis folle quelquefois; ce cabinet, où je vous embrassai sans savoir ce que je faisais; ces Capucins,[32] où j'allais entendre la messe; ces larmes qui tombaient de mes yeux à terre, comme si c'eût été de l'eau qu'on eût répandue; Sainte-Marie,[33] Mme de La Fayette,[34] mon retour dans cette maison, votre appartement, la nuit et le lendemain; et votre première lettre, et toutes les autres, et encore tous les jours, et tous les entretiens de ceux qui entrent dans mes sentiments: ce pauvre d'Hacqueville est le premier; je n'oublierai jamais la pitié qu'il eut de moi. Voilà donc où j'en reviens: il faut glisser sur tout cela, et se bien garder de s'abandonner à ses pensées et aux mouvements de son cœur. J'aime mieux m'occuper de la vie que vous faites présentement; cela me fait une diversion, sans m'éloigner pourtant de mon sujet et de mon objet, qui est ce qui s'appelle poétiquement l'objet aimé. Je songe donc à vous, et je souhaite toujours de vos lettres; quand je viens d'en recevoir, j'en voudrais bien encore. J'en attends présentement, et reprendrai ma lettre quand j'en aurai reçu. J'abuse de vous, ma chère bonne: j'ai voulu aujourd'hui me permettre cette lettre d'avance; mon cœur en avait besoin, je n'en ferai pas une coutume.

A Paris, ce dimanche 26ᵉ avril [1671].

Il est dimanche 26 avril; cette lettre ne partira que mercredi; mais ceci n'est pas une lettre, c'est une relation que vient de me faire Moreuil, à votre intention,[35] de ce qui s'est passé à Chantilly[36] touchant Vatel.[37] Je vous écrivis vendredi qu'il s'était poignardé: voici l'affaire en détail.

Le Roi arriva jeudi au soir; la chasse, les lanternes, le clair de la lune, la promenade, la collation[38] dans un lieu tapissé de jonquilles, tout cela fut à souhait. On soupa; il y eut quelques tables où le rôti manqua, à cause de plusieurs dîners où[39] l'on ne s'était point attendu. Cela saisit[40] Vatel; il dit plusieurs fois: « Je suis perdu d'honneur;

---

27. Active Mme de Sévigné was constantly adjuring her slothful daughter to be up and doing.
28. *de telles lanterneries:* such nonsense (as my fancies).
29. *paravent:* screen.
30. *degré:* step, stair.
31. *d'Hacqueville:* eminent King's councillor, who had apparently lent his carriage for the journey.
32. *Capucins:* church of the Capuchin order.
33. *Sainte-Marie:* Convent of the Visitation.
34. *Mme de La Fayette:* Mme de Sévigné's dear

friend, of whom more presently.
35. *à votre intention:* with you in mind.
36. *Chantilly:* magnificent château of Le Grand Condé, who there lavishly entertained the King.
37. *Vatel:* Condé's chef, still famous in culinary circles.
38. *collation:* light repast, between the noon *dîner* and evening *souper.*
39. *où* = *auxquels.*
40. *saisit:* moved deeply.

voici un affront que je ne supporterai pas. »
Il dit à Gourville:[41] « La tête me tourne, il
y a douze nuits que je n'ai dormi; aidez-
moi à donner des ordres. » Gourville le
soulagea en ce qu'il put. Ce rôti qui avait
manqué, non pas à la table du Roi, mais aux
vingt-cinquièmes,[42] lui revenait toujours
à la tête. Monsieur le Prince[43] alla jusque
dans sa chambre, et lui dit: « Vatel, tout va
bien, rien n'était si beau que le souper du
Roi. » Il lui dit: « Monseigneur, votre bonté
m'achève;[44] je sais que le rôti a manqué à
deux tables.—Point du tout, dit Monsieur le
Prince, ne vous fâchez[45] point, tout va bien. »
La nuit vient: le feu d'artifice[46] ne réussit
pas, il fut couvert d'un nuage; il coûtait
seize mille francs. A quatre heures du
matin, Vatel s'en va partout, il trouve tout
endormi; il rencontre un petit pourvoyeur[47]
qui lui apportait seulement deux charges
de marée;[48] il lui demande: « Est-ce là
tout? » Il lui dit: « Oui, Monsieur. » Il ne
savait pas que Vatel avait envoyé à tous les
ports de mer. Il attend quelque temps; les
autres pourvoyeurs ne viennent point; sa
tête s'échauffait, il croit qu'il n'aura point
d'autre marée; il trouve Gourville, et lui dit:
« Monsieur, je ne survivrai pas à cet affront-
ci; j'ai de l'honneur et de la réputation à
perdre. » Gourville se moqua de lui. Vatel
monte à sa chambre, met son épée contre
la porte, et se la passe au travers du cœur;
mais ce ne fut qu'au troisième coup, car il
s'en donna deux qui n'étaient pas mortels:
il tombe mort. La marée cependant arrive
de tous côtés; on cherche Vatel pour la
distribuer; on va à sa chambre; on heurte,[49]
on enfonce la porte; on le trouve noyé dans
son sang; on court à Monsieur le Prince, qui
fut au désespoir. Monsieur le Duc[50] pleura;

c'était sur Vatel que roulait[51] tout son voyage
de Bourgogne. Monsieur le Prince le dit au
Roi fort tristement: on dit que c'était à force
d'avoir de l'honneur en sa manière; on le
loua fort, on loua et blâma son courage. Le
Roi dit qu'il y avait cinq ans qu'il retardait
de venir à Chantilly, parce qu'il comprenait
l'excès de cet embarras. Il dit à Monsieur le
Prince qu'il ne devait avoir que deux tables
et ne se point charger du reste. Il jura qu'il
ne souffrirait plus que Monsieur le Prince
en usât[52] ainsi; mais c'était trop tard pour
le pauvre Vatel. Cependant Gourville tâche
de réparer la perte de Vatel; elle le[53] fut: on
dîna très bien, on fit collation, on soupa,
on se promena, on joua, on fut à la chasse;
tout était parfumé de jonquilles, tout était
enchanté. Hier, qui était samedi, on fit encore
de même; et le soir, le Roi alla à Liancourt,[54]
où il avait commandé un *médianoche;* [55] il y
doit demeurer aujourd'hui. Voilà ce que m'a
dit Moreuil, pour vous mander.[56] Je jette mon
bonnet par-dessus le moulin,[57] et je ne sais
rien du reste. M. d'Hacqueville, qui était à
tout cela, vous fera des relations sans doute;
mais comme son écriture n'est pas si lisible
que la mienne, j'écris toujours.[58] Voilà bien
des détails, mais parce que je les aimerais
en pareille occasion, je vous les mande.

[*Two more years pass. Mme de Sévigné
has just spent 14 months with her daughter
at Grignan. Returning to Paris, she writes at
her first stop, in the town of Montélimar.*]

A Montélimar, jeudi 5e octobre [1673].

Voici un terrible jour, ma chère fille, je
vous avoue que je n'en puis plus. Je vous
ai quittée dans un état qui augmente ma
douleur. Je songe à tous les pas que vous
faites et à tous ceux que je fais, et combien

---

41. *Gourville:* Condé's business manager.
42. *vingt-cinquièmes:* i.e., about twenty-five tables
     down from King's table No. 1.
43. *Monsieur le Prince:* Condé.
44. *m'achève:* overwhelms me, is the last straw.
45. *vous fâchez:* here, distress yourself.
46. *feu d'artifice:* fireworks.
47. *pourvoyeur:* purveyor, supplier.
48. *charges de marée:* loads of seafood.
49. *heurte:* knocks.
50. *Monsieur le Duc:* le Duc d'Enghien, eldest son

of Condé.
51. *roulait:* depended (for its success).
52. *en usât:* should behave.
53. *le = réparée.*
54. *Liancourt:* nearby estate.
55. *médianoche:* midnight supper (*Spanish*).
56. *pour vous mander:* to be sent on to you.
57. *Je jette…moulin:* And that's all for today, my
     dears (phrase which ends fairy stories).
58. *toujours:* anyway.

Les Rochers, Mme de Sévigné's home in Brittany. Courtesy of Bibliothèque nationale de France

il s'en faut[59] qu'en marchant toujours de cette sorte nous puissions jamais nous rencontrer. Mon cœur est en repos quand il est auprès de vous: c'est son état naturel et le seul qui peut lui plaire. Ce qui s'est passé ce matin me donne une douleur sensible et me fait un déchirement dont votre philosophie[60] sait les raisons: je les ai senties et les sentirai long-temps. J'ai le cœur et l'imagination tout remplis de vous; je n'y puis penser sans pleurer, et j'y pense toujours: de sorte que l'état où je suis n'est pas une chose soutenable;[61] comme il est extrême, j'espère qu'il ne durera pas dans cette violence. Je vous cherche toujours, et je trouve que tout me manque parce que vous me manquez. Mes yeux qui vous ont tant rencontrée depuis quatorze mois ne vous trouvent plus. Le temps agréable qui est passé rend celui-ci[62] douloureux, jusqu'à ce que j'y sois un peu accoutumée; mais ce ne sera jamais assez pour ne pas souhaiter ardemment de vous revoir et de vous embrasser. Je ne dois pas espérer mieux de l'avenir que du passé. Je sais ce que votre absence m'a fait souffrir; je serai encore plus à plaindre, parce que je me suis fait imprudemment une habitude nécessaire de vous voir. Il me semble que je ne vous ai point assez embrassée en partant: qu'avais-

je à ménager?[63] Je ne vous ai point dit assez combien je suis contente de votre tendresse; je ne vous ai point assez recommandée à M. de Grignan et je ne l'ai point assez remercié de toutes ses politesses pour moi. Je suis dévorée de curiosité; je n'espère de consolation que de vos lettres qui me feront encore bien soupirer. En un mot, ma fille, je ne vis que pour vous. Dieu me fasse la grâce de l'aimer quelque jour comme je vous aime. Je songe aux *pichons,*[64] je suis toute pétrie de Grignans,[65] je tiens partout.[66] Jamais un voyage n'a été si triste que le nôtre; nous ne disons pas un mot.

Adieu ma chère enfant; aimez-moi toujours: hélas! nous revoilà dans les lettres… . Voilà M. de Saint-Géniez qui vient me consoler. Ma fille, plaignez-moi de vous avoir quittée.

[*In this vivid vignette of the heartless arrogance of a high prelate, the author reveals her sympathies in only a single word, but her ironic judgment is clear. Notice the rapidity of the narration.*]

A Paris, lundi 5ᵉ février [1674].

…L'archevêque de Reims revenait fort vite de Saint-Germain, c'était comme un tourbillon:[67] il croit bien être grand seigneur; mais ses gens le croient encore plus que lui.

---

59. *combien il s'en faut:* how impossible it is.
60. Mme de Grignan was an earnest student of Descartes.
61. *soutenable:* endurable.
62. *celui-ci:* i.e., this time of our separation.
63. *qu'avais-je à ménager:* why should I have

restrained myself?
64. *pichons:* (Provençal) little ones (Mme de Grignan's two children).
65. *pétrie de Grignans:* steeped in Grignans.
66. *je tiens partout:* I am utterly bound to them.
67. *tourbillon:* whirlwind.

Ils passaient au travers de Nanterre, *tra, tra, tra*; ils rencontrent un homme à cheval, *gare, gare*:[68] ce pauvre homme se veut ranger;[69] son cheval ne veut pas; et enfin le carrosse et les six chevaux renversent cul par-dessus tête[70] le pauvre homme et le cheval, et passent par-dessus, et si bien par-dessus que le carrosse en fut versé et renversé: en même temps l'homme et le cheval, au lieu de s'amuser[71] à être roués et estropiés,[72] se relèvent miraculeusement, remontent l'un sur l'autre, et s'enfuient, et courent encore,[73] pendant que le laquais de l'archevêque et le cocher, et l'archevêque même se mettent à crier: « Arrête, arrête ce coquin, qu'on lui donne cent coups. » L'archevêque, en racontant ceci, disait: « Si j'avais tenu ce maraud-là[74] je lui aurais rompu les bras et coupé les oreilles. »

[*The* Affaire des poisons *revealed the dark underworld of the Old Régime, an organized trade in poisons, love potions, and magic formulas, and the celebration of blasphemous black masses. Mme Voisin was the ringleader; some of her clients turned out to be the greatest people at Court, including Mme de Montespan, the King's beloved. After the execution of Mme Voisin, the King burned the papers and quashed the proceedings.*]

A Paris, 23ᵉ *février [1680].*

Je ne vous parlerai que de Mme Voisin: ce ne fut point mercredi, comme je vous l'avais mandé, qu'elle fut brûlée, ce ne fut qu'hier. Elle savait son arrêt[75] dès lundi, chose fort extraordinaire. Le soir elle dit à ses gardes: « Quoi? nous ne ferons point médianoche! » Elle mangea avec eux à minuit, par fantaisie, car il n'était point jour maigre;[76] elle but beaucoup de vin, elle chanta vingt chansons à boire. Le mardi elle eut la question ordinaire, extraordinaire;[77] elle avait dîné et dormi huit heures; elle fut confrontée à Mme de Dreux, Le Féron et plusieurs autres, sur le matelas[78]: on ne dit pas encore ce qu'elle a dit; on croit toujours qu'on verra des choses étranges.

Elle soupa le soir, et recommença, toute brisée qu'elle était, à faire la débauche avec scandale: on lui en fit honte, et on lui dit qu'elle ferait bien mieux de penser à Dieu, et de chanter un *Ave maris stella,* ou un *Salve,*[79] que toutes ses chansons: elle chanta l'une et l'autre en ridicule,[80] elle mangea le soir et dormit. Le mercredi se passa de même en confrontations, et débauches, et chansons: elle ne voulut point voir de confesseur. Enfin le jeudi, qui était hier, on ne voulut lui donner qu'un bouillon: elle en gronda,[81] craignant de n'avoir pas la force de parler à ces Messieurs.[82] Elle vint en carrosse de Vincennes à Paris; elle étouffa un peu, et fut embarrassée; on la voulut faire confesser, point de nouvelles.[83] A cinq heures on la lia; et avec une torche à la main, elle parut dans le tombereau,[84] habillée de blanc: c'est une sorte d'habit pour être brûlée; elle était fort rouge, et l'on voyait qu'elle repoussait le confesseur et le crucifix avec violence. Nous la vîmes passer à l'hôtel de Sully, Mme de Chaulnes et Mme de Sully, la Comtesse, et bien d'autres. A Notre-Dame, elle ne voulut jamais prononcer l'amende honorable,[85] et à la Grève[86] elle se défendit, autant qu'elle put, de sortir du tombereau: on l'en tira de

---

68. *gare:* out of the way!
69. *se veut ranger:* tries to pull aside.
70. *cul par-dessus tête:* bottom up.
71. *s'amuser:* wait.
72. *roués et estropiés:* crushed (by the wheels) and maimed.
73. *courent encore:* recollection of last line of La Fontaine's *Le Loup et le Chien.*
74. *ce maraud-là:* that scoundrel.
75. *arrêt:* sentence.
76. *jour maigre:* fast day.
77. *question ordinaire, extraordinaire:* two degrees of legal torture, used to extract confessions from suspects.
78. *matelas:* mattress (on which Mme Voisin lay after her torture).
79. *Ave maris stella, Salve:* prayers to the Virgin, often sung.
80. *en ridicule:* in mockery.
81. *en gronda:* grumbled at it.
82. *ces Messieurs:* (presumably) her judges.
83. *point de nouvelles:* nothing doing.
84. *tombereau:* tumbril (cart conveying prisoner to execution).
85. *amende honorable:* public avowal of guilt.
86. *Place de Grève:* site of executions; now Place de l'Hôtel de Ville.

force, on la mit sur le bûcher,[87] assise et liée avec du fer; on la couvrit de paille; elle jura beaucoup; elle repoussa la paille cinq ou six fois; mais enfin le feu s'augmenta, et on l'a perdue de vue, et ses cendres sont en l'air présentement.

Voilà la mort de Mme Voisin, célèbre par ses crimes et par son impiété. On croit qu'il y aura de grandes suites qui nous surprendront. Un juge, à qui mon fils disait l'autre jour que c'était une étrange chose que de la faire brûler à petit feu,[88] lui dit: « Ah! Monsieur! il y a certains petits adoucissements à cause de la faiblesse du sexe.—Eh quoi! Monsieur, on les étrangle?—Non, mais on leur jette des bûches[89] sur la tête; les garçons du bourreau leur arrachent la tête avec des crocs[90] de fer. » Vous voyez bien, ma fille, que cela n'est pas si terrible que l'on pense: comment vous portez-vous de ce petit conte? Il m'a fait grincer les dents.[91]

Une de ces misérables, qui fut pendue l'autre jour, avait demandé la vie à M. de Louvois, et qu'en ce cas elle dirait des choses étranges; elle fut refusée. « Eh bien! dit-elle, soyez persuadé que nulle douleur ne me fera dire une seule parole. » On lui donna la question ordinaire, extraordinaire et si extraordinairement extraordinaire, qu'elle pensa y mourir,[92] comme une autre qui expira, le médecin lui tenant le pouls, cela soit dit en passant. Cette femme donc souffrit tout l'excès de ce martyre sans parler. On la mène à la Grève; avant que d'être jetée, elle dit qu'elle voudrait parler; elle se présente héroïquement: « Messieurs, dit-elle, assurez M. de Louvois que je suis sa servante, et que je lui ai tenu ma parole; allons, qu'on achève! » Elle fut expédiée[93] à l'instant. Que dites-vous de cette sorte de courage? Je sais encore mille petits contes agréables comme celui-là; mais le moyen de tout dire?...

A Paris, ce lundi 3ᵉ janvier [1689].

La cérémonie de vos *frères*[94] fut donc faite le jour de l'an à Versailles. Coulanges en est revenu...

Il m'a donc conté que l'on commença dès le vendredi, comme je vous l'ai dit: ceux-là étaient profès[95] avec de beaux habits et leurs colliers et de fort bonne mine. Le samedi, c'étaient tous les autres; deux maréchaux de France étaient demeurés: le maréchal de Bellefonds totalement ridicule, parce que, par modestie et par mine indifférente, il avait négligé de mettre des rubans au bas de ses chausses[96] de page; de sorte que c'était une véritable nudité. Toute la troupe était magnifique, M. de La Trousse des mieux: il y eut embarras dans sa perruque qui lui fit passer ce qui était à côté assez longtemps derrière, de sorte que sa joue était fort découverte; il tirait toujours ce qui l'embarrassait, qui ne voulait pas venir: cela fut un petit chagrin. Mais, sur la même ligne, M. de Montchevreuil et M. de Villars s'accrochèrent l'un à l'autre d'une telle furie, les épées, les rubans, les dentelles, tous les clinquants,[97] tout se trouva tellement mêlé, brouillé, embarrassé, toutes les petites parties crochues[98] étaient si parfaitement entrelacées, que nulle main d'homme ne put les séparer: plus on y tâchait, plus on brouillait, comme les anneaux des armes de Roger;[99] enfin toute la cérémonie, toutes les révérences, tout le manège[100] demeurant arrêté, il fallut les arracher de force, et le plus fort l'emporta. Mais ce qui déconcerta entièrement la gravité de la cérémonie, ce fut la négligence du bon d'Hocquincourt, qui était tellement habillé comme les Provençaux et les Bretons, que ses chausses de page étant moins commodes que celles qu'il a d'ordinaire, sa chemise ne voulut jamais y demeurer, quelque prière qu'il

---

87. *bûcher:* pile of fagots.
88. *petit feu:* slow fire.
89. *bûches:* logs.
90. *crocs:* hooks.
91. *grincer les dents:* set my teeth on edge.
92. *pensa y mourir:* almost died.
93. *expédiée:* finished off.
94. *frères:* L'Ordre du Saint Esprit, of which M. de Grignan was a member. (A noble order with a

pious purpose, it had become largely honorary.)
95. *profès:* professed, bound by vows.
96. *chausses:* kneebreeches.
97. *clinquants:* tinsel, finery.
98. *crochues:* hooked (a reference to Descartes' system of physics).
99. Episode in Ariosto's *Orlando furioso*, Canto X.
100. *manège: here,* performance.

lui en fît; car sachant son état, il tâchait incessamment d'y donner ordre, et ce fut toujours inutilement: de sorte que Mme la Dauphine ne put tenir plus longtemps les éclats de rire; ce fut une grande pitié; la majesté du Roi en pensa être ébranlée, et jamais il ne s'était vu, dans les registres de l'Ordre, l'exemple d'une telle aventure. Le Roi dit le soir: « C'est toujours moi qui soutiens ce pauvre d'Hocquincourt, car c'était la faute de son tailleur »; mais enfin cela fut fort plaisant…

Madame de La Fayette

[1634- 1693]

Poverty and Nobility

Marie-Madeleine Pioche de La Vergne was born to a family of the minor nobility. Her mother's second marriage united her to the Sévignés and to the greater *noblesse*. She was an intellectual, a *précieuse* in her younger days. She was married, not brilliantly, to the Comte de La Fayette, a bumpkin of Auvergne, whose only interest was his crumbling castles on their poor mountain farms. He was obliging enough to live in the south while his wife set up a small house in Paris. Poor among the rich, making her way by her wits, constantly harassed by illness, she labored mightily to establish her two sons in the world. She was closely bound with the aging author La Rochefoucauld. The two met daily at her house to read old novels aloud, to receive friends, to tend each other's chronic invalidism. "He formed my mind," she said, "but I reformed his heart."

One Great Psychological Novel

The only one of her works that need concern us is *La Princesse de Clèves* (1678). La Rochefoucauld certainly had a hand in it, whether as collaborator or as constructive critic. The situation is a triangle. The beautiful, high-minded Princesse de Clèves cannot respond with love to the adoration of her husband. She is pursued by an irresistible gallant, the Duc de Nemours. She loves him despite herself, but she loves also her honor. In the famous *scène de l'aveu,* given below, she confesses the situation to her husband, and begs him to aid her against her own weakness. (The Duc de Nemours is eavesdropping during the scene.) The Prince de Clèves is so wounded by his wife's confession that he pines away and dies. The Princesse enters a convent, in expiation and for security against her still lively love for Nemours. The Duc de Nemours is sobered by the consciousness that he has met a really good and noble woman.

The book is brief, and consists almost wholly of the depiction and analysis of a passionate crisis. In this sense it is *classic*. It is the first properly *psychological novel* in modern literature, the first, that is, in which the psychology of the characters determines the action and in which the interest of the writer and reader is fixed on the emotional development of the characters. It is the ancestor of probably hundreds of thousands of psychological novels—and a few million romance novels—that have never equaled it.

LA PRINCESSE DE CLÈVES

LA SCÈNE DE L'AVEU

[Le Duc de Nemours, hidden in a park, listens, in a manner we should now consider ungentlemanly, to the conversation of the Prince and Princesse de Clèves.]

Il[1] entendait que M. de Clèves disait à sa femme: « Mais pourquoi ne voulez-vous point revenir à Paris?[2] Qui[3] vous peut retenir à la campagne? Vous avez depuis quelque temps un goût pour la solitude qui m'étonne et qui m'afflige, parce qu'il nous sépare. Je vous trouve même plus triste que de coutume, et je crains que vous n'ayez quelque sujet d'affliction.

—Je n'ai rien de fâcheux dans l'esprit, répondit-elle avec un air embarrassé; mais le tumulte de la cour est si grand, et il y a toujours un si grand monde chez vous qu'il est impossible que le corps et l'esprit ne se lassent et que l'on ne cherche du repos.

—Le repos, répliqua-t-il, n'est guère propre pour une personne de votre âge. Vous êtes chez vous et dans la cour, de manière à ne vous pas donner de lassitude, et je craindrais plutôt que vous ne fussiez bien aise d'être séparée de moi.

—Vous me feriez une grande injustice d'avoir cette pensée, reprit-elle avec un embarras qui augmentait toujours: mais je vous supplie de me laisser ici. Si vous y pouviez demeurer, j'en aurais beaucoup de joie, pourvu que vous y demeurassiez seul et que vous voulussiez bien n'y avoir point ce nombre infini de gens[4] qui ne vous quittent presque jamais.

—Ah! madame, s'écria M. de Clèves, votre air et vos paroles me font voir que vous avez des raisons pour souhaiter d'être seule; je ne les sais point, et je vous conjure de me les dire. »

Il la pressa longtemps de les lui apprendre sans pouvoir l'y obliger; et, après qu'elle se fut défendue d'une manière qui augmentait toujours la curiosité de son mari, elle demeura dans un profond silence, les

Mme de la Fayette. From a reproduction in L. Petit de Julleville's Histoire de la Langue et de la Littérature française, *volume V, 1922*

yeux baissés: puis tout d'un coup, prenant la parole et le regardant:

« Ne me contraignez point, lui dit-elle, à vous avouer une chose que je n'ai pas la force de vous avouer, quoique j'en aie eu plusieurs fois le dessein. Songez seulement que la prudence ne veut pas qu'une femme de mon âge, et maîtresse de sa conduite, demeure exposée au milieu de la cour.

—Que me faites-vous envisager, madame? s'écria M. de Clèves; je n'oserais vous le dire de peur de vous offenser. »

Mme de Clèves ne répondit point, et son silence achevant de confirmer son mari dans ce qu'il avait pensé: « Vous ne me dites rien, reprit-il, et c'est me dire que je ne me trompe pas.

—Eh bien, monsieur, lui répondit-elle en se jetant à ses genoux, je vais vous faire

---

1. *Il = Le Duc de Nemours.*
2. The Princesse in fact fears that, if she goes to Court and meets Nemours, she may yield to

temptation. Notice the spouse's use of *vous*.
3. *Qui = Qu'est-ce qui.*
4. *gens:* servants.

un aveu que l'on n'a jamais fait à un mari[5]; mais l'innocence de ma conduite et de mes intentions m'en donne la force. Il est vrai que j'ai des raisons pour m'éloigner de la cour, et que je veux éviter les périls où se trouvent quelquefois les personnes de mon âge. Je n'ai jamais donné nulle marque de faiblesse, et je ne craindrais pas d'en laisser paraître, si vous me laissiez la liberté de me retirer de la cour, ou si j'avais encore Mme de Chartres[6] pour aider à me conduire. Quelque dangereux que soit le parti que je prends, je le prends avec joie pour me conserver digne d'être à vous. Je vous demande mille pardons, si j'ai des sentiments qui vous déplaisent: du moins je ne vous déplairai jamais par mes actions. Songez que, pour faire ce que je fais, il faut avoir plus d'amitié et plus d'estime pour un mari que l'on n'en a jamais eu: conduisez-moi, ayez pitié de moi, et aimez-moi encore, si vous pouvez. »

M. de Clèves était demeuré, pendant tout ce discours, la tête appuyée sur ses mains, hors de lui-même, et il n'avait pas songé à faire relever sa femme.[7] Quand elle eut cessé de parler, qu'il la vit à ses genoux, le visage couvert de larmes, et d'une beauté si admirable, il pensa mourir de douleur, et l'embrassant en la relevant:

« Ayez pitié de moi vous-même, madame, lui dit-il, j'en suis digne, et pardonnez si dans les premiers moments d'une affliction aussi violente qu'est la mienne, je ne réponds pas comme je dois à un procédé comme le vôtre. Vous me paraissez plus digne d'estime et d'admiration que tout ce qu'il y a jamais eu de femmes au monde; mais aussi je me trouve le plus malheureux homme qui ait jamais existé. Vous m'avez donné de la passion dès le premier moment que je vous ai vue; vos rigueurs et votre possession n'ont pu l'éteindre, elle dure encore: je n'ai jamais pu vous donner[8] de l'amour, et je vois que vous craignez d'en

avoir pour un autre. Et qui est-il, madame, cet homme heureux qui vous donne cette crainte? Depuis quand vous plaît-il? Qu'a-t-il fait pour vous plaire? Quel chemin a-t-il trouvé pour aller à votre cœur? Je m'étais consolé en quelque sorte de ne l'avoir pas touché par la pensée qu'il était incapable de l'être. Cependant un autre fait ce que je n'ai pu faire: j'ai tout ensemble la jalousie d'un mari et celle d'un amant; mais il est impossible d'avoir celle d'un mari après un procédé comme le vôtre. Il est trop noble pour ne pas me donner une sûreté;[9] il me console même comme votre amant. La confiance et la sincérité que vous avez pour moi sont d'un prix infini: vous m'estimez assez pour croire que je n'abuserai pas de cet aveu. Vous avez raison, madame, je n'en abuserai pas et je ne vous en aimerai pas moins. Vous me rendez malheureux par la plus grande marque de fidélité que jamais une femme ait donnée à son mari; mais, madame, achevez, et apprenez-moi qui est celui que vous voulez éviter.

—Je vous supplie de ne me le point demander, répondit-elle; je suis résolue de ne pas vous le dire, et je crois que la prudence ne veut pas que je vous le nomme.[10]

—Ne craignez point, madame, reprit M. de Clèves; je connais trop le monde pour ignorer que la considération[11] d'un mari n'empêche pas que l'on ne soit amoureux de sa femme. On doit haïr ceux qui le sont, et non pas s'en plaindre; et, encore une fois, madame, je vous conjure de m'apprendre ce que j'ai envie de savoir.

—Vous m'en presseriez inutilement, répliqua-t-elle; j'ai de la force pour taire ce que je ne crois pas devoir dire. L'aveu que je vous ai fait n'a pas été par faiblesse, et il faut plus de courage pour avouer cette vérité que pour entreprendre de la cacher. »

M. de Nemours ne perdait pas une parole de cette conversation; et ce que

---

5. Such a situation had in fact already appeared in French literature.
6. *Mme de Chartres:* the mother of the Princesse de Clèves.
7. Notice how the code of formal behavior, *les bienséances,* prevails in the characters' behavior,

even in moments of high emotional tension.
8. *vous donner:* awake in you.
9. *sûreté:* gage, guarantee of good faith.
10. I.e., M. de Clèves would fight a duel with his rival.
11. *considération:* importance in society.

venait de dire Mme de Clèves ne lui donnait guère moins de jalousie qu'à son mari. Il était si éperdument amoureux d'elle qu'il croyait que tout le monde avait les mêmes sentiments. Il était véritable aussi qu'il avait plusieurs rivaux; mais il s'en imaginait encore davantage, et son esprit s'égarait à chercher celui dont Mme de Clèves voulait parler. Il avait cru bien des fois qu'il ne lui était pas désagréable, et il avait fait ce jugement sur des choses qui lui parurent si légères dans ce moment qu'il ne put s'imaginer qu'il eût donné une passion qui devait être bien violente pour avoir[12] recours à un remède si extraordinaire. Il était si transporté qu'il ne savait quasi ce qu'il voyait, et il ne pouvait pardonner à M. de Clèves de ne pas assez presser sa femme de lui dire ce nom qu'elle lui cachait.

M. de Clèves faisait néanmoins tous ses efforts pour le savoir; et, après qu'il l'en eut pressée[13] inutilement: « Il me semble, répondit-elle, que vous devez être content de ma sincérité; ne m'en demandez pas davantage, et ne me donnez point lieu de me repentir de ce que je viens de faire: contentez-vous de l'assurance, que je vous donne encore, qu'aucune de mes actions n'a fait paraître mes sentiments et que l'on ne m'a jamais rien dit dont j'aie pu m'offenser.

—Ah! madame, reprit tout d'un coup M. de Clèves, je ne vous saurais croire. Je me souviens de l'embarras où vous fûtes le jour que votre portrait se perdit. Vous avez donné, madame, vous avez donné ce portrait qui m'était si cher et qui m'appartenait si légitimement; vous n'avez pu cacher vos sentiments; vous aimez, on le sait; votre vertu jusqu'ici vous a garantie du reste.

—Est-il possible, s'écria cette princesse, que vous puissiez penser qu'il y a quelque déguisement dans un aveu comme le mien, qu'aucune raison ne m'obligeait à vous faire! Fiez-vous à mes paroles; c'est par un assez grand prix que j'achète la confiance que je vous demande. Croyez, je vous en conjure, que je n'ai point

A gallant encounter, as in La Princesse de Clève*s. From Galerie des Modes, 1778-87*

donné mon portrait. Il est vrai que je le vis prendre; mais je ne voulus pas faire paraître que je le voyais, de peur de m'exposer à me faire dire des choses que l'on ne m'a pas encore osé dire.

—Par où vous a-t-on donc fait voir qu'on vous aimait, reprit M. de Clèves, et quelles marques de passion vous a-t-on données?

—Épargnez-moi la peine, répliqua-t-elle, de vous dire des détails qui me font honte à moi-même de les avoir remarqués, et qui ne m'ont que trop persuadée de ma faiblesse.

—Vous avez raison, madame, reprit-il; je suis injuste. Refusez-moi toutes les fois que je vous demanderai de pareilles choses, mais ne vous offensez pourtant pas si je vous les demande. »

Dans ce moment plusieurs de leurs gens qui étaient demeurés dans les allées vinrent avertir M. de Clèves qu'un gentilhomme venait le chercher de la part du roi, pour lui ordonner de se trouver le soir à Paris. M. de Clèves fut contraint de s'en aller, et il ne put

---

12. *pour avoir:* since it had.   13. *après...pressée:* after he had urged her to do so.

rien dire à sa femme, sinon qu'il la suppliait de venir le lendemain, et qu'il la conjurait de croire que, quoiqu'il fût affligé, il avait pour elle une tendresse et une estime dont elle devait être satisfaite.

Lorsque ce prince fut parti, que Mme de Clèves demeura seule, qu'elle regarda ce qu'elle venait de faire, elle en fut si épouvantée qu'à peine put-elle s'imaginer que ce fût une vérité. Elle trouva qu'elle s'était ôté elle-même le cœur et l'estime de son mari, et qu'elle s'était creusé un abîme dont elle ne sortirait jamais. Elle se demandait si elle avait fait une chose si hasardeuse, et elle trouvait qu'elle s'y était engagée sans en avoir presque eu le dessein. La singularité d'un pareil aveu, dont elle ne trouvait point d'exemple, lui en faisait voir tout le péril.

Mais, quand elle venait à penser que ce remède, quelque violent qu'il fût, était le seul qui la pouvait défendre contre M. de Nemours, elle trouvait qu'elle ne devait point se repentir et qu'elle n'avait point trop hasardé. Elle passa toute la nuit, pleine d'incertitude, de trouble et de crainte; enfin le calme revint dans son esprit. Elle trouva même de la douceur à avoir donné ce témoignage de fidélité à un mari qui le méritait si bien, qui avait tant d'estime et tant d'amitié pour elle, et qui venait de lui en donner encore des marques, par la manière dont il avait reçu ce qu'elle lui avait avoué.

BIBLIOGRAPHY

For further reading about the authors and their works, the following secondary source books are recommended. Some are renowned classics of their kind, while others represent more recent research. Almost all are widely available as of this writing.

French Literature in General

Cabeen, David C., editor. *Critical Bibliography of French Literature.* (Syracuse University Press, 1983.)

Dictionnaire des Oeuvres littéraires de langue française. (Bordas, 1994.)

Harvey, Paul, and Heseltine, J.E., editors. *New Oxford Companion to Literature in French.* (Oxford University Press, 1995.)

Hollier, Denis, editor. *A New History of French Literature.* (Harvard University Press, 1989.)

Lagarde, André and Michard, Laurent, editors. *Le Lagarde et Michard.* (Bordas, four-volume set with CD Rom, 2003.)

Lanson, Gustave and Tuffrau, Paul, editors. *Manuel illustré d'histoire de la litterature francaise.* (Hachette, 1968.)

Levi, Anthony. *Guide to French Literature: Beginnings to 1789* (St. James, 1994.)

Stade, George, editor. *European Writers.* (Scribner, 1989.)

The Seventeenth Century

Barthes, Roland. *Sur Racine.* (Seuil, 1962.)

Biard, Jean Dominique. *Le Style des fables de La Fontaine.* (Nizet, 1970.)

DeJean, Joan. *Ancients against Moderns: Culture Wars and the Making of a Fin de Siècle.* (University of Chicago Press, 1997.)

Doubrovsky, Serge. *Corneille et la dialectique du héros.* (Gallimard, 1963.)

Goldmann, Lucien. *Le Dieu caché: Etude sur la vision tragique dans les Pensées de Pascal et dans le théâtre de Racine.* (Gallimard, 1959.)

Hubert, Judd D. *Molière and the Comedy of the Intellect.* (University of California Press, 1962.)

Pavel, Thomas. *L'Art de l'éloignement: Essai sur l'imagination classique.* (Gallimard, 1996.)

Showalter, English. *The Evolution of the French Novel (1641-1782).* (Princeton University Press, 1972.)

A BIOGRAPHICAL NOTE ABOUT THE EDITORS

Kenneth T. Rivers is a Professor of French at Lamar University, Beaumont, in the Texas State University System. Born in Oakland, California in 1950, he went on to receive his BA, MA, and PhD in French, with a minor in History, from the University of California at Berkeley. While there in the 1960's and 70's during much social upheaval, he developed an expertise on socially conscious literature and art. He has authored one previous book, *Transmutations: Understanding Literary and Pictorial Caricature*, and many scholarly articles on a variety of subjects including the works of Balzac, Flaubert, and other authors; the art of Daumier; French cinema; French politics; and, perhaps most notably, the effects of climate changes throughout history upon European culture. The journals in which he has published include, among others, the *Stanford French Review*, *The European Studies Journal*, *Images*, and *Revue du Pacifique*. He has also authored fourteen biographical encyclopedia entries on French writers and filmmakers from Lesage and Prévost to Cousteau and Godard. He has been awarded two National Endowment for the Humanities fellowships and eight grants. He experienced his fifteen minutes of fame when interviewed on CNN about his research on the effects of the Internet upon language and international relations. In his spare time, he has acted in community theater, won a play writing contest, and led, or co-led with his wife, Dr. Dianna Rivers, over a dozen study-abroad tours to at least ten European countries. He believes the study of literature and languages, combined with world travel, to be a key to international understanding that ought to be made available to all students. His next project is the subsequent volume of the anthology that you have in your hand.

Kenneth Rivers with Pierre Corneille. Photo by Dianna Rivers

Morris Bishop

Morris Gilbert Bishop (1893-1973) was one of the great literary scholars of his time and an acclaimed biographer. He championed the academic life, not only in books — *A Survey of French Literature* (first and second editions) and *A History of Cornell* — but also by serving as President of the Modern Language Association. He had a unique start in life, being born at Willard State Insane Asylum in Ovid, New York, where his father was a medical doctor. Bishop would remark that he learned early that five out of six of the people he met were insane, and saw little reason to revise his opinion later. Although orphaned as a boy, he went on to attend Cornell University, graduating in the class of 1914. He was an infantry lieutenant in World War I, using his college French to serve as a translator. He gained an abiding love of France — its people, not just its literature. After some time in advertising, he obtained his PhD at Cornell and taught there for the rest of his life, punctuated by sabbaticals in Europe. He wrote light verse for the New Yorker and Saturday Evening Post, hundreds of essays, and biographies of people he admired, including writers such as Pascal, Ronsard and Petrarch, the explorers Champlain and Cabeza de Vaca, and Saint Francis of Assisi. Returning from the devastated Europe of World War II, Bishop declared that "literature, in the broadest sense, is wisdom. It represents the long effort of man to understand himself and, if the youth of today are to guide the world safely through the terrors of the atomic age, they must now serve their apprenticeship to wisdom. If I propose the study of literature as a means to wisdom, it is because I believe that in literature are most clearly written the means for the understanding of man's nature and man's world. And I propose that the teacher of literature take up this dreadful burden, not for the sake of literature, but for the sake of humanity."